다 하면 합격하는
30일 챌린지 공부전

키워느 속 숨은 그림 찾기

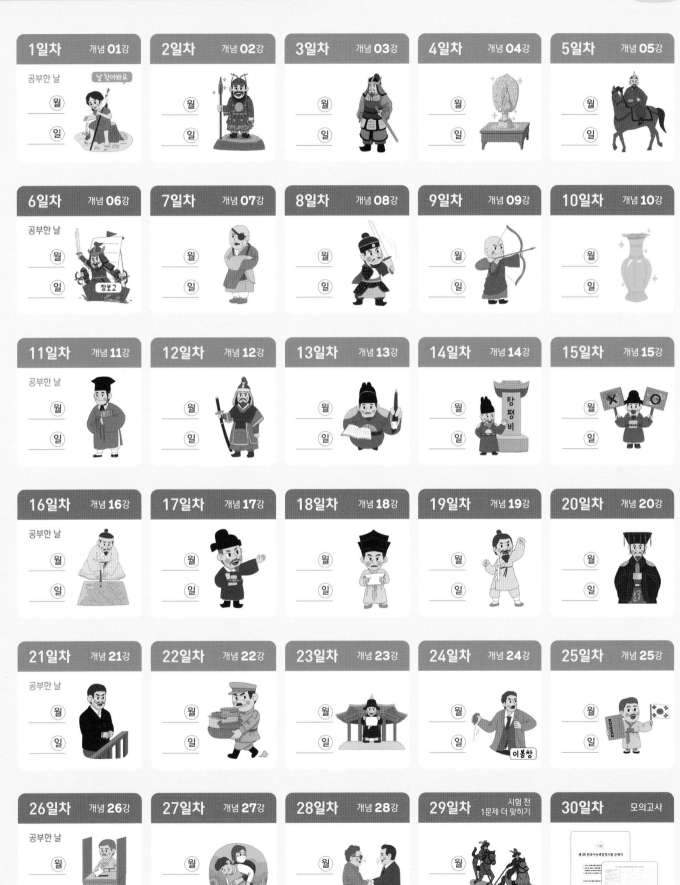

1일차 개념 01강	2일차 개념 02강	3일차 개념 03강	4일차 개념 04강	5일차 개념 05강
공부한 날 날 찾아봐요 월 일	월 일	월 일	월 일	월 일
6일차 개념 06강	7일차 개념 07강	8일차 개념 08강	9일차 개념 09강	10일차 개념 10강
공부한 날 월 일 장보고	월 일	월 일	월 일	월 일
11일차 개념 11강	12일차 개념 12강	13일차 개념 13강	14일차 개념 14강	15일차 개념 15강
공부한 날 월 일	월 일	월 일	월 일 탕평비	월 일
16일차 개념 16강	17일차 개념 17강	18일차 개념 18강	19일차 개념 19강	20일차 개념 20강
공부한 날 월 일	월 일	월 일	월 일	월 일
21일차 개념 21강	22일차 개념 22강	23일차 개념 23강	24일차 개념 24강	25일차 개념 25강
공부한 날 월 일	월 일	월 일	월 일 이봉창	월 일
26일차 개념 26강	27일차 개념 27강	28일차 개념 28강	29일차 시험 전 1문제 더 맞히기	30일차 모의고사
공부한 날 월 일 5·10 총선거	월 일	월 일 김정일 김대중	월 일	기본 제1회 한국사능력검정시험 문제지

다 채우면 뿌듯한

30일 챌린지 공부후

키워드 속 숨은 그림 찾기로
집중력 *UP* 암기력 *UP*

1일차
• 어디서 찾았나요?
11 **쪽** 키워드: 가락바퀴
• 오늘의 공부 만족도

2일차
• 어디서 찾았나요?
쪽 _____
• 오늘의 공부 만족도

3일차
• 어디서 찾았나요?
쪽 _____
• 오늘의 공부 만족도

4일차
• 어디서 찾았나요?
쪽 _____
• 오늘의 공부 만족도

5일차
• 어디서 찾았나요?
쪽 _____
• 오늘의 공부 만족도

6일차
• 어디서 찾았나요?
쪽 _____
• 오늘의 공부 만족도

7일차
• 어디서 찾았나요?
쪽 _____
• 오늘의 공부 만족도

8일차
• 어디서 찾았나요?
쪽 _____
• 오늘의 공부 만족도

9일차
• 어디서 찾았나요?
쪽 _____
• 오늘의 공부 만족도

10일차
• 어디서 찾았나요?
쪽 _____
• 오늘의 공부 만족도

11일차
• 어디서 찾았나요?
쪽 _____
• 오늘의 공부 만족도

12일차
• 어디서 찾았나요?
쪽 _____
• 오늘의 공부 만족도

13일차
• 어디서 찾았나요?
쪽 _____
• 오늘의 공부 만족도

14일차
• 어디서 찾았나요?
쪽 _____
• 오늘의 공부 만족도

15일차
• 어디서 찾았나요?
쪽 _____
• 오늘의 공부 만족도

16일차
• 어디서 찾았나요?
쪽 _____
• 오늘의 공부 만족도

17일차
• 어디서 찾았나요?
쪽 _____
• 오늘의 공부 만족도

18일차
• 어디서 찾았나요?
쪽 _____
• 오늘의 공부 만족도

19일차
• 어디서 찾았나요?
쪽 _____
• 오늘의 공부 만족도

20일차
• 어디서 찾았나요?
쪽 _____
• 오늘의 공부 만족도

21일차
• 어디서 찾았나요?
쪽 _____
• 오늘의 공부 만족도

22일차
• 어디서 찾았나요?
쪽 _____
• 오늘의 공부 만족도

23일차
• 어디서 찾았나요?
쪽 _____
• 오늘의 공부 만족도

24일차
• 어디서 찾았나요?
쪽 _____
• 오늘의 공부 만족도

25일차
• 어디서 찾았나요?
쪽 _____
• 오늘의 공부 만족도

26일차
• 어디서 찾았나요?
쪽 _____
• 오늘의 공부 만족도

27일차
• 어디서 찾았나요?
쪽 _____
• 오늘의 공부 만족도

28일차
• 어디서 찾았나요?
쪽 _____
• 오늘의 공부 만족도

29일차
• 어디서 찾았나요?
쪽 _____
• 오늘의 공부 만족도

30일차
• 나의 점수는?
_____ **점**
• 오늘의 공부 만족도

기분 좋은 상상

합격이 현실이 되는 날까지, 함께 준비해요.

미리 맛보는

한국사능력검정시험인증서

성   명 : _____

생 년 월 일 : _____

성   별 : _____

합 격 등 급 : _____

위 사람은 제   회 한국사능력검정시험에서

위 급수에 합격하였기에 이 증서를 드립니다.

년   월   일   합격

한국사능력검정시험
시험 안내

✓ 평가 등급 및 문항 수

시험 구분	평가 등급						문항 수(선택형)
심화	1급	80점 이상	2급	70~79점	3급	60~69점	50문항 (5지 택1형)
기본	4급	80점 이상	5급	70~79점	6급	60~69점	50문항 (4지 택1형)

✓ 기본 방침

- 응시 대상은 한국사에 관심 있는 사람은 모두 해당합니다(외국인도 가능).
- 문항 출제 유형은 선택형(객관식)으로 하고, 문항 수는 심화 50문항, 기본 50문항으로 합니다.
- 합격 기준은 1 · 4급 80점 이상, 2 · 5급 70~79점, 3 · 6급 60~69점입니다.
- 공정한 운영을 위해 '한국사능력검정시험자문위원회'의 자문을 받습니다.

✓ 접수 방법

- 시험 실시 4주 전, 약 1주일 동안 원서를 접수합니다.
- 원서 접수는 한국사능력검정시험 홈페이지(http://www.historyexam.go.kr)에서 진행합니다.
  − 원서 접수 진행을 할 때에는 회원 가입 시 등록한 정보에서 변경된 사항(이메일, 전화번호 등)은 없는지 꼼꼼하게 확인합니다.
  − 시험 종류, 장애 여부, 시험장, 응시 목적 체크 완료 후, 시험 접수가 제대로 되었는지 확인합니다.
  − 결제 방식을 선택한 후, 결제하여 원서 접수를 정상적으로 마무리합니다.

✓ 준비물

❶ 수험표   ❷ 신분증   ❸ 컴퓨터용 수성 사인펜, 수정테이프

한국사능력검정시험 인정 신분증
▶ 초등학생 : 수험표
▶ 중고등학생 : 주민등록증(발급신청확인서), 기간만료 전의 여권, 사진 부착된 (국외)학생증, 청소년증(발급신청확인서), 장애인등록증[복지카드], 학교생활기록부(인적사항이 포함된 1면을 활용하며, 학교장 직인 반드시 포함), 재학증명서 (사진, 성명, 생년월일, 학교장 직인 반드시 포함), 한국사능력검정시험 신분확인증명서
▶ 일반인(대학생, 군인 포함) : 주민등록증(발급신청확인서), 기간만료 전의 여권 · 운전면허증, 장애인등록증[복지카드], 공무원증, 한국사능력검정시험 신분확인증명서(군인만 해당), 국가유공자증
▶ 재외국민 : 재외국민 등록증, 기간만료 전의 여권
▶ 외국인 : 외국인 등록증, 기간만료 전의 여권, 국내 거소 신고증

✓ 시험 시간 (한국사능력검정시험 기본)

시간	내용	소요 시간
10 : 00 ~ 10 : 10	오리엔테이션(시험 시 주의 사항)	10분
10 : 10 ~ 10 : 15	신분증 확인(감독관)	5분
10 : 15 ~ 10 : 20	문제지 배부 및 파본 검사	5분
10 : 20 ~ 11 : 30	시험 실시(50문항)	70분

한국사능력검정시험 X 학교 공부

시험 대비부터 교과서 학습까지 한 권으로 끝!

'한국사능력검정시험 기본'은 초등 교육과정은 물론, 중학교 교과서의 일부 내용까지 연결 지어 공부해야 해요.
따라서 시험 공부가 자연스레 학교 공부에도 도움이 되지요.

메가스터디 한국사능력검정시험	초등 사회 3, 5, 6학년 교과서	중등 역사② 교과서
01강 선사 시대	3-2 2-1 옛날과 오늘날의 생활 모습	1-1 선사 문화와 고조선
02강 고조선의 건국과 여러 나라의 성장		1-2 여러 나라의 성장
03강 삼국과 가야의 성립과 발전		1-3 삼국의 성립과 발전
04강 삼국과 가야의 사회와 문화	5-2 1-1 나라의 등장과 발전	1-4 삼국의 문화와 대외 교류
05강 신라의 삼국 통일과 발해의 건국과 발전		2-1 신라의 삼국 통일과 발해의 건국
		2-2 남북국의 발전과 변화
06강 통일 신라와 발해의 사회와 문화		2-3 남북국의 문화와 대외 관계
07강 고려의 건국과 발전		3-1 고려의 건국과 정치 변화
08강 고려의 변화와 사회 모습		
09강 고려의 대외 항쟁	5-2 1-2 독창적 문화를 발전시킨 고려	3-2 고려의 대외 관계
		3-3 몽골의 간섭과 고려의 개혁
10강 고려의 경제·사회·문화		3-4 고려의 생활과 문화
11강 조선의 건국과 발전		4-1 통치 체제와 대외 관계
		4-2 사림 세력과 정치 변화
12강 임진왜란과 병자호란	5-2 1-3 민족 문화를 지켜 나간 조선	4-4 왜란·호란의 발발과 영향
13강 조선 전기의 사회와 문화		4-3 문화의 발달과 사회 변화
14강 조선 후기의 정치		5-1 조선 후기의 정치 변동
15강 조선 후기의 경제와 사회		5-2 사회 변화와 농민의 봉기
16강 조선 후기의 문화		5-3 학문과 예술의 새로운 경향
17강 흥선 대원군의 정책과 강화도 조약	5-2 2-1 새로운 사회를 향한 움직임	5-4 생활과 문화의 새로운 양상
18강 임오군란과 갑신정변		
19강 동학 농민 운동과 갑오·을미개혁		
20강 자주독립과 근대화를 위한 노력		6-1 국민 국가의 수립
21강 국권 피탈과 국권 수호 운동		6-2 자본주의와 사회 변화
22강 일제의 식민지 지배 정책	5-2 2-2 일제의 침략과 광복을 위한 노력	
23강 3·1 운동과 대한민국 임시 정부		
24강 무장 독립 투쟁의 전개		
25강 민족 문화 수호 운동		
26강 대한민국 정부 수립과 6·25 전쟁	5-2 2-3 대한민국 정부의 수립과 6·25 전쟁	6-2 자본주의와 사회 변화
27강 민주주의의 발전	6-1 1-1 민주주의의 발전과 시민 참여	6-3 민주주의의 발전
28강 경제 성장과 발전, 통일을 위한 노력	6-1 2-2 우리나라의 경제 성장	6-4 평화 통일을 위한 노력
	6-2 2-1 한반도의 미래와 통일	

기출로 공부하면 나도 한 번에 합격!

한국사능력검정시험은 합격 기준점 안에 들면 합격하는 **절대평가** 시험이에요.
따라서 다른 친구들보다 더 높은 점수를 받기 위해 경쟁하지 않아도 되지요.
시험에 나오는 **개념과 문제의 유형**만 제대로 공부하면 누구나 **원하는 급수**를 획득할 수 있어요.
자, 지금부터 어떻게 공부하면 좋을지 합격 비법을 알아볼까요?

1 기출 분석으로 시험 패턴 파악하기

과거에 출제되었던 문제가 미래의 기출이에요.

닮은 꼴! 시험 문제

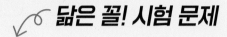

2 기출에서 뽑은 핵심 키워드 공략하기

시험에 항상 나오는 단골 용어가 따로 있어요.

또 나왔다! 시험 속 키워드

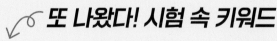

단원	키워드	총 횟수	63회	61회	60회	58회	57회	55회	54회	52회	51회	50회	49회	48회
고려의 건국과 발전	견훤	3				11번			10번					10번
	왕건	4	10번	11번		11번				10번				
	5도 양계	3		17번					13번	12번				
	성종	7		49번			12번	11번	17번	11번		15번		15번

기출 문장 ≫ 국자감이 설치되었어요.
최승로의 시무 28조를 받아들였어요.

메가스터디 교재로 공부하면 나도 한 방에 합격!

시험에 꼭 나오는 키워드를 중심으로 공부해요.

1 키워드로 익히는 개념

→ 보기만 해도 키워드가 저절로
떠오르는 이미지 연상 학습

문제에서 정답을 고를 수 있도록 시험 적응력을 길러요.

2 키워드로 풀리는 기출

친절하고 꼼꼼한 풀이로 혼자서도 이해할 수 있어요.

3 키워드로 답을 찾는 해설

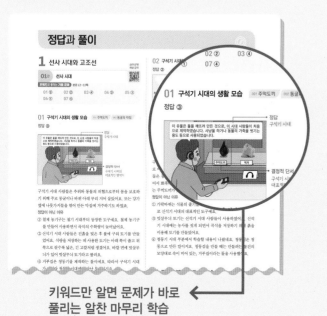

→ 키워드만 알면 문제가 바로
풀리는 알찬 마무리 학습

시험 직전에 본 것이 가장 기억에 많이 남아요.

4 시험 직전 점검하는 합격 키워드

키워드 그림 카드   모의고사 + PMR카드

차 례

1

선사 시대와 고조선

선사 시대 사람들은 기후와 환경에 적응하며 살아가기 위해 자연에서 구하기 쉬운 돌, 나무, 동물의 뼈 등으로 도구를 만들어 사용했어요. 이들이 만든 도구의 종류에 따라 선사 시대를 구석기, 신석기로 구분하죠.

선사 시대는 '역사 이전의 시대', 즉 역사 기록이 없는 시대를 말해요. 한국사 최초의 기록이 고조선부터 시작되므로 고조선 이전은 선사 시대에 해당되지요.

한편, 청동기가 만들어지기 시작하면서 국가가 등장하였어요. 우리나라 최초의 국가는 단군 왕검이 청동기 문화를 바탕으로 건국한 고조선이에요. 하지만 고조선은 중국 한 무제의 침입으로 멸망하였죠. 고조선이 멸망하기 전부터 만주와 한반도 지역에는 철기 문화가 발달하였어요. 이를 바탕으로 우리나라에는 부여, 고구려, 옥저, 동예, 삼한 등의 여러 나라가 생겨났습니다.

그럼, 지금부터 선사 시대와 고조선에 대해 알아볼까요?

키워드 기출 분석

01강 선사 시대

주먹도끼

▶ 02강 고조선의 건국과 여러 나라의 성장

고인돌

소도

1 선사 시대와 고조선

4%

최근 3개년 시험 출제 비중

기본 47~63회 기출 문제 약 660 문항을 분석하였어요.

01강 선사 시대		46%
02강 고조선의 건국과 여러 나라의 성장		54%

동굴과 막집

갈판과 갈돌

빗살무늬 토기

가락바퀴

고조선의 건국 이야기

비파형 동검

8조법

사출도

01강

선사 시대

◉ 선사 시대
선사 시대는 문자 기록이 남아 있지 않은 시대를 말해요. 반면, 문자로 기록되기 시작한 시대는 역사 시대라고 하죠. 선사 시대는 도구를 만드는 방법에 따라 구석기 시대와 신석기 시대로 구분해요.

◉ 뗀석기 만드는 법

돌끼리 부딪쳐서 떼어낸 돌조각의 날카로운 부분을 도구로 사용했어요.

중학교 수준

슴베찌르개
후기 구석기 시대의 대표적인 유물이에요. 나무 막대기에 슴베(자루 속에 박히는 부분)를 연결해 창을 만들어 사냥 도구로 사용했죠. 충북 단양 수양개, 경기도 남양주 등에서 출토되었어요.

흥수아이

충북 청원군 두루봉 동굴에서 발견된 어린아이의 유골이에요. 발견 당시 흥수아이의 주변에는 고운 흙이 뿌려져 있었고, 둘레는 국화를 꺾어 놓아둔 흔적이 있었어요. 이를 통해 구석기 시대에 죽은 사람을 애도하는 장례 풍습이 있었음을 알 수 있죠.

---

1 구석기 시대   001 주먹도끼   002 동굴과 막집

(1) 시기
① 문자를 사용하기 이전 시대인 선사 시대에 해당합니다.
② 구석기 시대는 약 70만 년 전부터 시작되었습니다.
③ 구석기 시대부터 한반도와 만주 지역에서 사람이 살기 시작하였습니다.

(2) 도구
① 자연에서 얻은 나무나 동물의 뼈, 돌을 이용해 도구를 만들어 사용하였습니다.
② 돌을 깨뜨리거나 떼어서 뾰족하게 만든 뗀석기를 사용하였습니다.
③ 하나의 뗀석기를 여러 용도로 사용하다가 점차 쓰임에 맞게 다양한 도구를 제작하였습니다.

주먹도끼	찍개	긁개	슴베찌르개 중학
도끼 모양의 도구로, 손에 쥐고 다양한 용도로 사용	나무를 자르거나 물건을 찍는 데 사용	짐승의 가죽이나 나무 껍질 등을 벗기는 데 사용	슴베 부분을 자루에 연결해 창처럼 사용

(3) 생활 모습

나뭇가지, 동물의 가죽 등을 이용하여 임시로 지은 집

주거	• 동굴, 바위 그늘, 강가 막집에서 생활함 • 불을 이용하여 몸을 따뜻하게 하였고 음식을 익혀 먹었으며 사나운 짐승을 쫓아냄
경제	• 사냥, 채집(나무 열매나 풀뿌리 등을 찾아서 모음), 물고기잡이를 통해 먹을 것을 구함 • 넓은 나뭇잎, 사냥해 잡은 짐승의 가죽 등으로 옷을 만듦
사회	• 이동 생활 : 먹을 것을 찾아 무리를 지어 이동함 • 계급이 없는 평등 사회 : 나이가 많거나 경험이 많아 지혜로운 사람이 무리의 지도자 역할을 함

우리나라에서 주먹도끼가 최초로 발견된 구석기 유적지

(4) 주요 유적지 : 충남 공주 석장리, 경기도 연천 전곡리, 충북 청원 두루봉 동굴, 충북 제천 점말 동굴 등이 있습니다.

중학 두루봉 동굴에서 구석기 시대 어린아이(흥수아이)의 뼈가 발견되었어요.

키워드
기출 문장 ▶▶

001 주먹도끼

뗀석기(주먹도끼)를 주로 사용하였다

주먹에 쥐고 사용하는 도끼 모양의 돌멩이 도구로, 구석기 시대 사람들에게 최고의 스마트템이었어요. 짐승을 사냥할 때 찌르고, 짐승의 가죽을 벗길 때 자르고, 풀이나 나무뿌리를 캘 때 땅을 파는 등 만능 도구였답니다.

002 동굴과 막집

주로 동굴과 강가의 막집에 거주하였다

구석기 시대 사람들은 주로 동굴과 막집에서 살았어요. 동굴은 비바람과 추위를 막아 주고 사나운 짐승의 공격으로부터 몸을 피할 수 있는 곳이었어요. 먹을거리를 찾아 이동했기 때문에 강가 주변에 막집을 짓고 살기도 하였죠.

2 신석기 시대   003 갈판과 갈돌   004 빗살무늬 토기   005 가락바퀴

궁금 ❓

왜 신석기 시대라고 부를까요?
신석기 시대에는 돌을 던지거나 깨기만 하던 구석기 시대에 비해 돌을 다루는 수준이 매우 발달하였어요. 자신이 원하는 모양으로 돌을 갈고 다듬어 정교한 도구를 만든 것이지요. 이처럼 새로운 석기를 사용하였다는 뜻에서 신석기 시대라고 불러요.

(1) 시기 : 신석기 시대는 기원전 약 8000년경에 시작되었습니다. 궁금
→ 예수가 태어난 해를 원년으로 하여 그 이전 시기를 말해요.

(2) 도구

→ 뗀석기보다 튼튼하고 날카로웠으며, 손상된 부분은 손질해서 재사용할 수 있었어요.

① 돌을 갈아 더 사용하기 좋게 만든 간석기를 사용하였습니다.

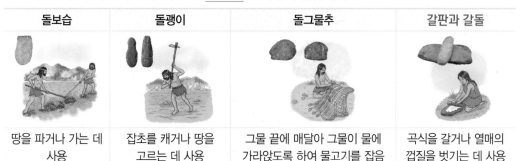

돌보습	돌괭이	돌그물추	갈판과 갈돌
땅을 파거나 가는 데 사용	잡초를 캐거나 땅을 고르는 데 사용	그물 끝에 매달아 그물이 물에 가라앉도록 하여 물고기를 잡음	곡식을 갈거나 열매의 껍질을 벗기는 데 사용

→ 흙으로 빚어 구워 만든 그릇

② 빗살무늬 토기를 사용하고, 가락바퀴와 뼈바늘로 그물을 만들거나 옷을 지어 입었습니다.

빗살무늬 토기 궁금	가락바퀴	뼈바늘
토기를 불에 구울 때 갈라지지 않도록 하기 위해 무늬를 새겼어요. / 무른 땅에 쉽게 꽂기 위해 토기의 밑을 뾰족하게 만들었어요.		
진흙으로 빚은 후 불에 구워 만든 토기로, 음식을 만들거나 식량을 보관할 때 사용	식물의 줄기를 꼬아서 실을 만드는 데 사용	실로 옷감을 짠 후, 뼈바늘을 이용해 옷을 제작

궁금 ❓

토기는 왜 구석기 시대에 없다가 신석기 시대에 등장했나요?
구석기 시대에는 자연에서 먹을 만큼만 식량을 구해 먹었고, 식량을 저장할 만큼 넉넉하지도 못했어요. 하지만 신석기 시대에는 농경이 시작되면서 식량을 저장할 도구, 즉 토기가 필요해졌어요.

◉ 움집

신석기 시대 사람들은 땅을 움푹 파서 만든 움집에서 살았어요. 바닥은 대체로 원형이거나 모서리가 둥근 사각형이며, 바닥 중앙에는 음식 조리와 난방을 위한 화덕이 있었어요.

◉ 장신구와 조개껍데기 가면

◉ 서울 암사동 유적

└ 불을 피운 흔적

(3) 생활 모습

주거	물과 식량을 얻기 쉬운 강가나 바닷가에 움집을 짓고 모여서 생활함
경제	→ 신석기 시대에는 밭에 조, 수수 등의 곡식을 심었어요. · 농사를 짓고 가축을 기르기 시작(농경과 목축) → 한곳에 머무는 정착 생활을 함 · 사냥과 채집, 물고기잡이도 계속 이루어짐 · 가락바퀴를 이용해 실을 뽑고 뼈바늘로 옷을 만듦
사회	· 계급이 없는 평등 사회 중학 · 동물의 뼈, 이빨을 이용한 장신구와 조개껍데기 가면 제작 └ 부적의 의미를 가지고 있어요.

(4) 주요 유적지 : 서울 암사동, 부산 동삼동, 황해도 봉산 지탑리, 제주 고산리 유적 등이 있습니다.
조개껍데기 가면 출토   불에 탄 좁쌀 발견

---

003 갈판과 갈돌

갈판과 갈돌로 곡식을 갈았다

농사가 시작되면서 곡식의 껍질을 벗기는 도구가 필요했어요. 갈판에 곡식이나 열매를 놓고 갈돌로 밀면 껍질이 벗겨지고, 작은 알갱이나 가루가 되었죠. 신석기 시대 사람들에게는 최고의 믹서기이자 조리 도구였어요.

004 빗살무늬 토기

토기를 만들어 식량을 저장하였다

빗살무늬 토기는 신석기 시대 요리 도구이자, 저장 도구였어요. 덕분에 음식물을 끓여서 먹을 수 있었고, 남은 식량을 담아 저장할 수 있었죠.

005 가락바퀴

가락바퀴를 이용하여 실을 뽑았다

실을 만들 때 사용한 신석기 시대의 도구예요. 가락바퀴 중앙의 구멍에 가락을 끼우고, 섬유를 막대에 연결한 후 돌리면, 섬유에 꼬임이 생기면서 실이 만들어지는 거죠.

01강 선사 시대

키워드 품은 기출 문장

| 보기 |

ㄱ 가락바퀴   ㄴ 주먹도끼

ㄷ 빗살무늬 토기   ㄹ 막집   ㅁ 갈판과 갈돌

❶ 구석기 시대에는 뗀석기인 　　　를 주로 사용하였다.

❷ 구석기 시대에는 주로 동굴과 강가의 　　　에 거주하였다.

❸ 신석기 시대에는 　　　를 만들어 식량을 저장하였다.

❹ 　　　은 곡식을 갈거나 열매의 껍질을 벗기는 데 사용하였다.

❺ 　　　는 식물의 줄기를 꼬아서 만든 실로 옷이나 그물을 만드는 데 사용하였다.

답 ①ㄴ ②ㄹ ③ㄷ ④ㅁ ⑤ㄱ

02 다음 축제에서 체험할 수 있는 활동으로 적절한 것은? [1점]

전곡리 구석기 문화제

주로 동굴이나 강가의 막집에서 살았던 구석기 시대의 생활상을 체험할 수 있는 축제에 초대합니다.

- 기간 : 2022년 ○○월 ○○일~○○월 ○○일
- 장소 : 연천 전곡리 유적 체험 마을

① 가락바퀴로 실 뽑기
② 뗀석기로 고기 자르기
③ 점토로 빗살무늬 토기 빚기
④ 거푸집으로 청동검 모형 만들기

키워드로 풀리는 기출 문제

기본 4·5·6급

01 밑줄 그은 '이 시대'의 생활 모습으로 옳은 것은? [1점]

이 유물은 돌을 깨뜨려 만든 것으로, 이 시대 사람들이 처음으로 제작하였습니다. 사냥을 하거나 동물의 가죽을 벗기는 용도 등으로 사용되었습니다.

주먹도끼   찍개

① 철제 농기구로 농사를 지었다.
② 토기를 만들어 식량을 저장하였다.
③ 주로 동굴이나 막집에서 거주하였다.
④ 거푸집을 사용하여 청동기를 제작하였다.

03 (가) 도구가 처음 사용된 시대의 생활 모습으로 옳은 것은? [2점]

선사 문화 체험전

지금 만드신 것이 무엇인가요?

돌을 떼어내 만든 (가) 입니다.

① 철제 무기를 사용하였다.
② 농사를 짓고 가축을 길렀다.
③ 청동으로 장신구를 제작하였다.
④ 주로 동굴이나 막집에서 살았다.

63회

04 (가)에 들어갈 내용으로 가장 적절한 것은? [1점]

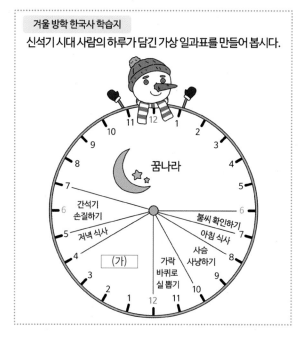

겨울 방학 한국사 학습지
신석기 시대 사람의 하루가 담긴 가상 일과표를 만들어 봅시다.

꿈나라

간석기
손질하기
저녁 식사
(가)
가락
바퀴로
실 뽑기
사슴
사냥하기
아침 식사
불씨 확인하기

① 거친 무늬 거울 닦기
② 비파형 동검 제작하기
③ 빗살무늬 토기 만들기
④ 철제 농기구로 밭 갈기

44회

05 다음 체험전에서 볼 수 있는 유물로 적절한 것은? [2점]

신석기 시대 체험전

갈돌과 갈판을 이용해서 곡식을 갈았네.

빗살무늬 토기에 식량을 저장했구나!

①
가락바퀴

②
호우명 그릇

③
농경문 청동기

④
기마 인물형 토기

47회

06 (가) 시대의 사회 모습으로 옳은 것은? [1점]

단양 수양개 유적에서 출토된 이 슴베찌르개는 주먹도끼와 함께 (가) 시대의 대표적인 유물 중 하나입니다. 이 유적에서는 슴베찌르개와 함께 돌날과 몸돌 등의 뗀석기도 출토되었습니다.

① 주로 동굴이나 막집에 거주하였다.
② 가락바퀴를 이용하여 실을 뽑았다.
③ 명도전을 이용하여 중국과 교역하였다.
④ 철제 농기구를 사용하여 농사를 지었다.
⑤ 의례 도구로 청동 방울 등을 제작하였다.

48회

07 (가) 시대의 생활 모습으로 옳은 것은? [1점]

❖ 특별 기획전 ❖

(가) 시대, 새로운 도구를 사용하다

우리 박물관에서는 농경과 정착 생활이 시작된 (가) 시대 특별전을 마련하였습니다. 당시 사람들이 사용하였던 도구를 통해 그들의 생활 모습을 살펴보는 기회가 되길 바랍니다.

• 기간 : 2020. ○○. ○○. ~ ○○. ○○.
• 장소 : △△ 박물관 기획 전시실
• 주요 전시 유물

① 주로 동굴이나 강가의 막집에서 살았다.
② 지배층의 무덤으로 고인돌을 축조하였다.
③ 거푸집을 이용하여 세형 동검을 제작하였다.
④ 빗살무늬 토기를 만들어 식량을 저장하였다.
⑤ 쟁기, 쇠스랑 등의 철제 농기구를 사용하였다.

개념 마스터

02강

고조선의 건국과 여러 나라의 성장

궁금 ❓

청동기 시대인데 왜 농사 도구를 청동으로 만들지 않았나요?
청동은 구리를 불에 녹여서 주석이나 아연을 섞어 만든 금속을 말해요. 청동은 제작이 어렵고 재료를 구하기 힘들기 때문에 몇몇의 지배층을 위한 장식품으로만 제작되었고, 농사 도구를 만드는 데에는 여전히 돌이나 나무를 사용했어요.

1 청동기 시대 `006 고인돌`

(1) 시기 : 청동기 시대는 기원전 약 2000년~기원전 약 1500년경에 시작되었습니다.

(2) 도구

청동기	농기구	토기
지배 계급의 무기나 장신구, 제사를 지낼 때 쓰는 도구를 만들어 사용	농사 도구는 여전히 돌과 나무로 만들어 사용 `궁금`	무늬가 없고 바닥이 평평한 민무늬 토기를 만들어 사용
비파형 동검 청동 거울 청동 방울	반달 돌칼	민무늬 토기

○ **농경문 청동기**

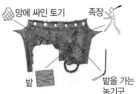

망에 싸인 토기 / 족장 / 밭 / 밭을 가는 농기구

농경문 청동기에는 청동기 시대 사람들이 농사짓는 모습이 새겨져 있어요. 농사 도구인 괭이와 따비로 땅을 가는 모습, 토기에 수확물을 담는 모습을 볼 수 있죠.

(3) 생활 모습

곡식을 수확할 때 이삭을 자르거나 낟알을 훑을 때 사용한 도구로, 뚫려 있는 두 개의 구멍에 줄을 꿰고 손가락에 걸어 사용했어요.

주거	• 움집은 점차 지상 가옥으로 발전하였고 마을을 이루고 생활함 • 다른 부족의 침입을 막기 위해 마을 주변에 울타리(목책)를 두르고, 도랑을 만듦
경제	• 조, 보리, 콩, 수수 등을 재배 → 한반도 일부 지역에서 벼농사가 시작됨 • 농사짓는 모습이 새겨진 농경문 청동기가 출토됨
사회	• 농경의 발달로 생산량이 늘어 남는 식량(잉여 생산물) 발생 • 곡식을 얼마나 갖느냐에 따라 빈부 격차 발생 　부족의 우두머리로 경제력과 정치 권력을 가지고 　하늘에 대한 제사도 주관했어요. • 권력과 재산이 많은 사람이 부족을 이끄는 군장이 됨 • 부족 사이에 전쟁이 일어나면서 지배자와 피지배자가 나누어져 계급이 발생함 • 지배자의 무덤으로 고인돌을 제작함 • 여러 부족들은 세력을 키우고자 경쟁하였고, 그 과정에서 나라가 세워짐

○ **고인돌**

부족장 등 지위가 높은 사람이 죽으면 고인돌이라는 무덤을 만들었어요. 고인돌을 만들기 위해서는 많은 사람들이 필요하였기 때문에 고인돌의 주인이 아주 큰 힘을 가진 사람임을 알 수 있답니다. 우리나라에서는 강화, 고창, 화순 지역에 고인돌이 많이 남아 있죠.

(4) 주요 유적지 : 부여 송국리, 여주 흔암리 유적 등이 있습니다.
┗ 우리나라 최대의 청동기 시대 마을 유적이 남아 있는 곳이에요. 반달 돌칼 등의 석기와 민무늬 토기가 함께 출토되었어요. 특히 불에 탄 쌀이 발견되어 청동기 시대에 벼농사를 지었다는 사실을 알 수 있답니다.

2 최초의 국가 고조선 `007 고조선의 건국 이야기`

(1) 고조선의 등장 : 청동기 시대 이후 한반도와 주변 지역에서 권력을 가진 사람들이 다른 사람들을 지배하기 시작하였습니다. 이 과정에서 기원전 2333년, 아사달을 도읍으로 하여 우리나라 최초의 국가인 고조선이 등장하였습니다. 고조선은 '홍익인간'을 건국 이념으로 삼고, 청동기 문화를 바탕으로 발전하였습니다.

키워드
기출 문장 ≫

`006` **고인돌**

지배자의 무덤으로 고인돌을 만들었다

청동기 시대의 무덤으로, '큰 돌을 고여(괴어) 놓았다'고 해서 붙여진 이름이죠. 고인돌의 주인은 지배자(군장)일 것으로 짐작돼요. 크고 무거운 돌을 옮겨야 했기에 많은 사람들이 동원되어야 했죠. 이를 통해 청동기 시대에 계급이 발생했음을 알 수 있죠.

`007` **고조선의 건국 이야기**

고조선의 건국 이야기가 삼국유사에 실렸다.

하늘신의 아들 환웅이 웅녀와 결혼하여 단군왕검을 낳았고, 그가 우리나라 최초의 국가인 고조선을 세웠다는 이야기가 전해져 내려오고 있어요. 이는 하늘의 자손이라 주장한 새로운 세력이 원래부터 있었던 곰을 숭배하는 부족과 함께 나라를 세웠음을 의미하는 것이에요.

홍익인간

(2) 고조선의 건국 이야기에 담겨 있는 의미

└→ 고려의 승려 일연이 고조선부터 후삼국까지의 역사를 기록한 책

『삼국유사』에 실린 내용	담긴 의미
 하늘나라를 다스리는 환인에게 환웅이라는 아들이 있었습니다. 환웅은 인간 세상을 직접 다스리고 싶어 하였습니다. 이에 ❶ 바람, 비, 구름을 다스리는 신하와 무리 삼천 명을 이끌고 하늘에서 내려왔습니다. 어느 날 ❷ 곰과 호랑이가 환웅을 찾아와 사람이 되게 해 달라고 빌었습니다. 환웅은 쑥과 마늘을 주며 100일 동안 햇빛을 보지 말아야 한다고 하였습니다. … 곰은 잘 참아 여자로 변해 웅녀가 되었습니다. ❸ 웅녀는 환웅과 결혼해 자식을 낳았는데, 그가 바로 단군왕검입니다. …	❶ • 하늘에서 내려온 자손임을 내세우며 신성함을 강조 • 바람, 비, 구름은 농사를 짓는 데 중요한 요소 → 환웅이 농사짓는 기술이 발달한 무리와 함께 한반도에 왔음을 의미함 ❷ 곰을 믿는 부족과 호랑이를 믿는 부족이 환웅 부족과 연합하려 했음을 뜻함 ❸ 곰을 믿는 부족이 환웅 부족과 연합하였다는 사실을 의미함

❸ 고조선의 성장　008 비파형 동검　009 8조법

(1) 고조선의 유물 : 탁자식 고인돌, 비파형 동검, 미송리식 토기의 분포 지역을 통해°고조선의 문화 범위를 짐작할 수 있습니다.

└→ 청동 도구를 제작하는 틀인 거푸집에 구리와 주석을 부어 만들었어요.

┌→ 비파라는 악기와 형태가 비슷해서 붙여진 이름이에요.

탁자식 고인돌	비파형 동검	미송리식 토기
	─ 손잡이	
받침돌을 세우고 그 위에 큰 덮개돌을 얹은 탁자 모양의 고인돌	중국과 달리 칼날 부분과 손잡이를 따로 만들어 조립해서 사용한 동검	민무늬 토기 중 표주박 모양처럼 생긴 토기로, 양 옆에 손잡이가 달림

(2) 고조선의 발전과 멸망

① 왕이라는 칭호를 사용하고, 중국의 연과 맞설 정도로 성장하였습니다.

②°위만이 무리를 이끌고 고조선으로 와 왕을 몰아내고 왕위를 차지하였습니다(기원전 194). 이때부터 고조선은 본격적으로 철기 문화를 받아들였습니다. (중학)

③ 중국 한 무제의 침략을 받아 1년 넘게 싸웠지만 기원전 108년에 멸망하였습니다.

(3) 고조선의 8조법 : 사회 질서를 유지하기 위한 8조법(범금 8조)이 있었으나, 지금은 3개 조항만이 전해지고 있습니다.

고조선의 법	고조선의 사회 모습
사람을 죽인 자는 사형에 처한다.	큰 죄는 법으로 엄격하게 다스렸다.
남을 다치게 한 자는 곡식으로 갚는다.	농사를 짓는 사회였고, 개인의 재산을 인정하였다.
남의 물건을 훔친 사람은 데려다 노비로 삼는다. 만일 죄를 벗으려면 50만 전을 내야 한다.	신분의 차이가 있었고, 화폐를 사용하였다.

◎ 단군왕검
하늘에 제사를 지내는 제사장을 의미하는 '단군'과 정치 지배자를 뜻하는 '왕검'이 합쳐진 말이에요. 이를 통해 고조선이 제사와 정치가 일치한, 제정일치 사회였음을 알 수 있죠.

◎ 고조선의 문화 범위

고조선은 한반도 북쪽 지역과 만주에 자리잡고 있었어요. 이곳에서 탁자식 고인돌, 비파형 동검, 미송리식 토기가 많이 발견되었지요.

◎ 위만
위만은 중국의 연 지역에서 무리를 이끌고 고조선으로 망명하였어요. 이후 세력을 키워 준왕을 몰아내고 고조선의 왕이 되었죠. 위만을 고조선 출신의 사람으로 보기도 해요.

---

008 비파형 동검

비파형 동검을 제작하였다

비파형 동검은 청동기 시대 지배층이 갖고 싶어 하는 최고의 아이템이었죠. 청동은 재료가 귀하고 다루기 어려워서 아무나 가질 수 없었어요. 그래서 비파형 동검은 지배층의 권위를 상징하는 도구로 사용되었답니다.

009 8조법

8조법으로 백성을 다스렸다

고조선에는 백성을 다스리기 위한 8조법이 있었어요. 8조법을 통해 고조선 사람들이 어떻게 살았는지 살펴볼 수 있죠. 생명을 중요하게 여겼으며, 농경을 중시했음을 짐작할 수 있어요. 또 개인이 가진 재산도 인정하였고, 노비가 있었던 신분제 사회였다는 것도 알 수 있답니다.

여러 나라의 등장

● **연맹 왕국**

국가의 한 형태로, 유력한 몇몇 부족이 연합해 왕국을 결성한 형태예요. 이후 왕권이 강화되며 중앙 집권 국가로 발전하게 되지요.

● **서옥제**

신랑이 신부 집 뒤편에 서옥이라는 집을 짓고 신부 집의 일을 하며 살다가 자식이 태어나 어느 정도 자라면 아내와 자식을 데리고 본래 자신의 집으로 돌아가는 제도예요.

● **민며느리제**

여자아이를 신랑 집에 데려와 키우고 어른이 되면 남자가 여자 집에 돈을 보내고 정식으로 혼인하는 제도예요.

---

4 철기 시대 중학

(1) 시기 : 기원전 5세기경부터 만주와 한반도 지역에서 철기 문화가 성장하였습니다.

(2) 도구 : 청동보다 훨씬 단단한 철을 이용하여 도구를 만들기 시작하였습니다.

청동기(점차 의식용 도구로 변함)		철기(철제 무기·농기구를 만들어 사용함)	
세형 동검	잔무늬 거울	철제 무기	철제 농기구

(3) 생활 모습

① 철로 만든 농기구의 사용으로 농업이 발달하여 수확하는 곡식의 양이 늘어났습니다.

② 철로 만든 무기를 사용하면서 부족 간의 전쟁이 자주 발생했으며, 그 과정에서 강한 힘을 가진 세력을 중심으로 만주와 한반도 지역에서 여러 나라가 등장하였습니다.

③ '명도전(중국 화폐)'을 통해 중국과 교류했음을 알 수 있습니다.

④ '경남 창원 다호리 붓'을 통해 한반도에 한자가 전래되었음을 알 수 있습니다.

5 고조선 이후 등장한 여러 나라 중학 010 사출도 011 소도

└→ 한 해를 무사히 보내게 해 준 하늘에 대해 감사의 제사를 올리는 것

부여	• 만주 쑹화강 유역의 평야 지역을 중심으로 농업과 목축업이 발달함 • 중앙은 왕이 통치하고 마가·우가·저가·구가 등의 여러 가(加)들이 사출도를 통치 → 왕권이 약한 연맹 왕국 • 제천 행사 : 영고(12월) • 형벌 제도 : 1책 12법(도둑질을 하다 잡히면 훔친 물건의 12배로 갚아야 함) • 장례 풍습 : 순장(지배층이 죽으면 부인이나 신하, 노비 등의 사람과 껴묻거리를 함께 묻음)

└→ 시신을 묻을 때 함께 묻는 물건

고구려	• 제가 회의 : 국가의 중요 사항을 결정함 • 결혼 풍습 : 서옥제 • 제천 행사 : 동맹(10월)	
옥저	• 결혼 풍습 : 민며느리제 • 장례 풍습 : 가족 공동 무덤(가족이 죽으면 뼈만 추려 보관함)	왕이 없고, 읍군·삼로 등으로 불리는 군장이 부족을 다스림
동예	• 한반도 동쪽의 해안가에 자리잡고 있어 해산물이 풍부함 • 제천 행사 : 무천(10월) • 풍습 : 책화(읍락 간 경계를 중시해 다른 부족의 영역을 침범하면 소·말·노비 등으로 물어 주어야 함), 족외혼(같은 씨족끼리 결혼하지 않는 풍습) • 특산물 : 단궁(활), 과하마(작은 말), 반어피(바다표범의 가죽)	

삼한	• 철기 문화를 바탕으로 생긴 마한·진한·변한을 삼한이라 함, 세력이 가장 컸던 마한 목지국의 지배자가 삼한을 대표함 • 신지·읍차라 불리는 군장이 정치를 담당함 • 천군이라는 제사장이 종교를 주도하고 소도를 다스림 • 제천 행사 : 계절제(5월, 10월) • 변한에서 철이 많이 생산되어 철을 화폐처럼 사용하고, 주변 나라에 수출함

---

010 **사출도**

여러 가(加)들이 별도로 사출도를 다스렸다

부여는 5개의 세력이 연맹하여 이루어진 나라예요. 중앙은 왕이 직접 다스렸고, 마가·우가·저가·구가 등 여러 가(우두머리)들이 사출도를 다스렸어요. 가의 호칭을 말·소·돼지·개의 이름을 따서 지은 것은 부여가 목축을 중시했기 때문이에요.

011 **소도**

소도라고 불리는 신성 지역이 있었다

삼한에는 소도라는 신성한 지역이 있었어요. 제사장인 천군은 소도에서 제사를 주관했어요. 소도에는 정치적 지배자인 군장의 힘이 미치지 못해 죄인이 소도로 숨어도 함부로 잡아갈 수 없었어요. 이를 통해 삼한이 정치와 종교가 분리된 사회였다는 것을 알 수 있죠.

기출 마스터

02강 고조선의 건국과 여러 나라의 성장

키워드 품은 기출 문장

| 보기 |
| ㉠ 8조법 | ㉡ 건국 이야기 | ㉢ 고인돌 |
| ㉣ 사출도 | ㉤ 소도 | ㉥ 비파형 동검 |

❶ 고조선은 　　　으로 백성을 다스렸다.

❷ 삼한에는 　　　라고 불리는 신성 지역이 있었다.

❸ 청동기 시대에 지배자의 무덤으로 　　　을 만들었다.

❹ 부여에서는 여러 가(加)들이 별도로 　　　를 다스렸다.

❺ 비파를 닮아 이름 붙여진 　　　을 사용하였다.

❻ 고조선의 　　　가 삼국유사에 실렸다.

답 ① ㉠ ② ㉤ ③ ㉢ ④ ㉣ ⑤ ㉥ ⑥ ㉡

키워드로 풀리는 기출 문제

기본 4·5·6급

58회

01 (가) 시대의 생활 모습으로 옳은 것은?　[1점]

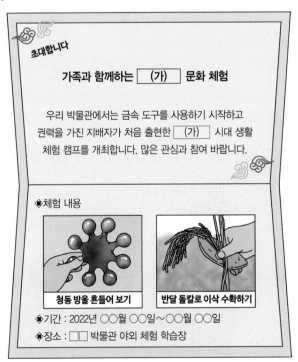

초대합니다

가족과 함께하는 [(가)] 문화 체험

우리 박물관에서는 금속 도구를 사용하기 시작하고 권력을 가진 지배자가 처음 출현한 [(가)] 시대 생활 체험 캠프를 개최합니다. 많은 관심과 참여 바랍니다.

◈체험 내용

청동 방울 흔들어 보기　반달 돌칼로 이삭 수확하기

◈기간 : 2022년 ○○월 ○○일~○○월 ○○일

◈장소 : □□ 박물관 야외 체험 학습장

① 우경이 널리 보급되었다.

② 비파형 동검을 사용하였다.

③ 가락바퀴가 처음 등장하였다.

④ 주로 동굴이나 막집에서 살았다.

46회

02 (가) 시대의 생활 모습으로 옳은 것은?　[2점]

이것은 부여 송국리 유적에서 발굴된 [(가)] 시대의 토기입니다. 이전 시대에 사용한 빗살무늬 토기와 달리 무늬가 없고 바닥이 평평한 것이 특징입니다.

민무늬 토기

① 목화솜으로 옷을 만들어 입었다.

② 주로 동굴이나 바위 그늘에서 살았다.

③ 무덤 안에 방을 만들어 벽화를 그렸다.

④ 거푸집을 활용하여 청동 도끼를 만들었다.

49회

03 다음 퀴즈의 정답으로 옳은 것은?　[2점]

제시된 단계별 힌트를 종합하여 알 수 있는 국가는 어디일까요?

1단계 청동기 문화를 바탕으로 성립하였다.

2단계 평양성을 도읍으로 삼았다.

3단계 범금 8조가 있었다.

4단계 한 무제의 공격으로 멸망하였다.

한국사 퀴즈왕

310　300

① 동예　② 부여　③ 고구려　④ 고조선

02강 고조선의 건국과 여러 나라의 성장

40회

04 선생님의 질문에 대한 학생의 대답으로 옳은 것은?
[2점]

이 우표에는 곰에서 인간이 된 웅녀가 환웅과 결혼하여 단군왕검을 낳은 이야기가 그려져 있습니다. 이 단군왕검이 세웠다고 전해지는 나라에 대해 말해 볼까요?

① 대가야를 정복했어요.
② 낙랑과 왜에 철을 수출했어요.
③ 8조법으로 백성을 다스렸어요.
④ 동맹이라는 제천 행사를 열었어요.

52회

06 학생들이 공통으로 이야기하고 있는 나라를 지도에서 옳게 찾은 것은?
[2점]

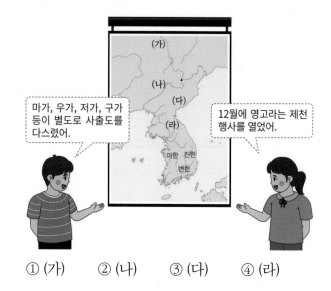

마가, 우가, 저가, 구가 등이 별도로 사출도를 다스렸어.

12월에 영고라는 제천 행사를 열었어.

① (가)　　② (나)　　③ (다)　　④ (라)

55회

05 (가) 나라에 대한 설명으로 옳은 것은?
[2점]

범금 8조

만화로 보는 　(가)　의 사회 모습

사람을 죽인 자는 사형에 처한다.

남에게 상해를 입힌 자는 곡식으로 갚아야 한다.

도둑질한 자는 노비로 삼되, 용서받고자 할 때에는 50만 전을 내야 한다.

① 낙랑과 왜에 철을 수출하였다.
② 영고라는 제천 행사를 열었다.
③ 서옥제라는 혼인 풍습이 있었다.
④ 건국 이야기가 삼국유사에 실려 있다.

47회

07 밑줄 그은 '이 나라'에 대한 설명으로 옳은 것은?
[3점]

이것은 솟대 모형이야. 솟대는 이 나라의 소도에서 유래했다고도 해.

이 나라에는 제사장인 천군도 있었어.

① 범금 8조로 백성을 다스렸다.
② 영고라는 제천 행사를 열었다.
③ 서옥제라는 혼인 풍습이 있었다.
④ 신지, 읍차 등의 지배자가 있었다.

50회

08 (가)에 들어갈 내용으로 옳은 것은?   [2점]

① 소도라고 불리는 신성 지역이 있었다.
② 읍락 간의 경계를 중시한 책화가 있었다.
③ 범금 8조를 통해 사회 질서를 유지하였다.
④ 여러 가(加)들이 별도로 사출도를 주관하였다.

48회

09 다음 자료에 해당하는 나라를 지도에서 옳게 고른 것은?
                [3점]

이 나라에는 여자가 열 살이 되기 전에 혼인을 약속하고, 신랑 집에서는 여자를 데려와 기른 후 성인이 되면 신부 집에 대가를 주고 며느리로 삼는 풍속이 있었다. 또한 가족이 죽으면 뼈만 추려 보관하는 장례 풍습이 있었다.

① (가)   ② (나)   ③ (다)   ④ (라)

47회

10 (가) 나라에 대한 설명으로 옳은 것은?   [2점]

한국사 교양 강좌

고구려와 백제의 기원, ___(가)___

우리 연구소에서는 고구려와 백제의 왕족이 자신들의 기원으로 삼았던 ___(가)___ 을/를 주제로 한 역사 강좌를 3차에 걸쳐 마련하였습니다. 고대사에 관심 있는 시민들의 많은 참여 바랍니다.

◆ 강좌 내용
  제1강 : 쑹화강 유역의 자연환경과 경제 생활
  제2강 : 사출도를 통해 본 연맹 왕국의 구조
  제3강 : 1책 12법으로 알아보는 형벌 제도
◆ 일시 : 2020년 6월 ○○일~○○일,
      매주 목요일 저녁 7시
◆ 장소 : △△ 연구소 대강당

① 신성 구역인 소도를 두었다.
② 영고라는 제천 행사를 열었다.
③ 혼인 풍속으로 민며느리제가 있었다.
④ 부족 간의 경계를 중시하는 책화가 있었다.
⑤ 목지국을 비롯한 많은 소국으로 이루어졌다.

50회

11 (가) 나라에 대한 설명으로 옳은 것은?   [2점]

___(가)___ 의 사회와 경제

풍습
산천을 중시하며, 산과 내마다 읍락의 경계가 있어 함부로 들어가지 않는다. 다른 읍락을 침범하면 소, 말 등으로 변상하게 하는 책화가 있다.

특산물
낙랑의 단궁이 그 땅에서 나고, 바다에서는 반어피가 산출된다. 무늬 있는 표범과 과하마 등이 유명하다.

① 신성 지역인 소도가 존재하였다.
② 정사암에 모여 재상을 선출하였다.
③ 읍군이나 삼로라는 지배자가 있었다.
④ 12월에 영고라는 제천 행사를 열었다.
⑤ 도둑질한 자에게 12배로 배상하게 하였다.

2

삼국과 가야

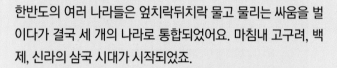

한반도의 여러 나라들은 엎치락뒤치락 물고 물리는 싸움을 벌이다가 결국 세 개의 나라로 통합되었어요. 마침내 고구려, 백제, 신라의 삼국 시대가 시작되었죠.

삼국은 왕을 중심으로 나라를 운영하기 위해 법을 만들고 제도를 정비하였으며, 중국으로부터 불교를 받아들여 백성들이 왕을 믿고 따르게 하였어요. 한반도에서의 주도권을 차지하기 위해 삼국은 서로 한강 유역을 두고 경쟁하였고, 한강 유역을 차지했을 때 각각 전성기를 이끌었어요.

삼국이 생겨날 무렵, 변한의 낙동강 유역에서 가야가 성장했어요. 가야는 여러 소국으로 이루어진 연맹 국가로, 농경과 철 생산을 바탕으로 발전하였지요. 하지만 가야는 힘을 하나로 모으지 못하고 공격을 받다가 신라에 의해 멸망했어요.

치열한 경쟁을 펼친 삼국, 그리고 가야에 대해 지금부터 알아보도록 하겠습니다.

키워드 기출 분석 ▶

03강 삼국과 가야의 성립과 발전

★ 광개토 대왕과 장수왕

진흥왕

▶ **04강 삼국과 가야의 사회와 문화**

진대법

철제 판갑옷과 투구

7%

2
삼국과 가야

최근 3개년 시험 출제 비중

기본 47~63회 기출 문제 약 660 문항을 분석하였어요.

살수 대첩

근초고왕

★ 22담로

법흥왕

김수로왕

금동 연가 7년명 여래 입상

익산 미륵사지 석탑

부여 정림사지 5층 석탑

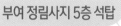

골품제

칠지도

개념 마스터

03강

삼국과 가야의 성립과 발전

1 고구려   012 광개토 대왕과 장수왕   013 살수 대첩

(1) 고구려의 건국과 성장

건국	부여를 떠난 주몽이 남쪽으로 내려와 졸본을 수도로 삼고 고구려를 건국함
유리왕	국내성(지안)으로 수도를 옮김
고국천왕	을파소의 건의를 받아들여 진대법을 처음으로 실시함
고국원왕	백제 근초고왕의 공격으로 전사
소수림왕	• 불교 공인, 율령(형벌, 나라의 제도에 관한 규정) 반포 • 태학(귀족의 자제를 대상으로 학문을 가르친 국립 교육 기관) 설립 → 중앙 집권 체제 강화

(중학)

→ 굶주린 백성(빈민)을 구제하기 위해 실시한 제도로, 봄에 곡식을 빌려 주고 가을에 갚게 하였어요.

(2) 고구려의 전성기 → 어느 집단의 힘이 가장 강하던 시기

광개토 대왕 4세기 말 ~ 5세기 초	• 백제를 공격하여 한강 지역으로 세력을 확장함 • 신라 왕의 요청으로 신라에 침입한 왜를 물리침 400 → 호우명 그릇 • 금관가야를 공격하여 금관가야의 세력이 약해짐 • 동부여 정복, 요동 지역과 만주 지역까지 진출함 • '영락'이라는 독자적인 연호 사용 (중학)
장수왕 5세기 중·후반	• 평양 천도 427 → 남쪽으로 영토 확장 • 백제를 공격해 수도 한성을 빼앗고 한강 유역 차지 475 → 백제가 웅진(공주)으로 도읍을 옮김 • 광개토 대왕릉비, 충주 고구려비 건립 : 영토 확장 및 업적 기념

황제나 왕이 즉위한 해에 붙였던 이름

→ 중국의 랴오허강(요하)을 기준으로 하여 동쪽 지역을 말해요.

고구려의 전성기(5세기)

(3) 고구려의 대외 항쟁 (중학)

살수 대첩 612	중국을 통일한 수나라의 고구려 침입 → 수의 우중문이 이끄는 30만 별동대가 평양성 공격 → 을지문덕이 이끈 고구려 군대가 살수(청천강)에서 수의 군대와 싸워 승리
안시성 싸움 645	당의 고구려 압박 → 고구려가 당의 침입에 대비하여 국경에 천리장성을 쌓음 → 연개소문의 정변을 구실로 당의 군대가 고구려에 침입 → 당의 군대는 흙으로 산을 쌓아 안시성을 치지하려 함 → 안시성의 성주와 백성들이 끝까지 저항하여 당의 군대를 물리치고 승리

↳ 살수 대첩에서 패한 수는 국력이 약해져 멸망하였고, 이후 당이 세워졌어요.

(4) 고구려의 멸망과 부흥 운동 (중학)

① 연개소문이 죽은 뒤 자식들 간의 왕위 다툼으로 혼란과 분열에 빠진 고구려는 나당 연합군의 공격으로 평양성이 함락되면서 멸망하였습니다. 668

◉ 주몽
주몽은 원래 부여 사람으로, 활을 잘 쏘는 사람이라 하여 '주몽'이라 했어요. 하늘 신의 아들인 해모수와 물의 신 하백의 딸 유화의 아들로, 알에서 태어났다고 전해지지요.

◉ 호우명 그릇

신라의 수도 경주의 고분(호우총)에서 출토된 청동 그릇이에요. 밑바닥에 고구려의 광개토 대왕(국강상광개토지호태왕)을 기념하는 문구가 새겨져 있어 당시 신라와 고구려의 밀접한 관계를 엿볼 수 있어요.

◉ 광개토 대왕릉비(좌)와 충주 고구려비(우)

6m / 2m

광개토 대왕릉비에는 고구려의 건국과 광개토 대왕의 활발한 정복 활동이 기록되어 있어요. 충주 고구려비는 고구려가 한반도 중부 지역까지 영토를 확장하였다는 사실을 알려 주는 비석이에요.

중학교 수준

연개소문
연개소문은 정변으로 고구려 영류왕을 제거하고 스스로 대막리지라는 벼슬에 올라 권력을 잡았어요. 연개소문이 죽고 그의 아들들이 분열하면서 고구려는 멸망의 길로 접어들게 되었죠.

키워드
기출 문장 ▷▷

012 광개토 대왕과 장수왕

장수왕은 평양으로 천도하였다

광개토 대왕은 요동과 만주, 백제를 공격하는 등 활발한 정복 활동으로 넓은 영토를 차지하였어요. 광개토 대왕의 아들인 장수왕은 평양으로 수도를 옮기고, 남진 정책을 폈어요. 그 결과 고구려는 삼국 경쟁에서 중요한 한강 유역 전체를 차지하게 되었지요.

광개토 대왕 / 장수왕

013 살수 대첩

을지문덕이 살수에서 대승을 거두었다

수의 대군이 고구려를 침략했지만 고구려에는 을지문덕이 있었죠. 을지문덕은 유인 작전을 펼쳐 수의 군대를 고구려 영토 깊숙이 끌어들이고는 살수에서 퇴각하는 수의 군대를 공격해 큰 승리를 거두었죠.

② 당이 고구려의 옛 땅을 지배하자 고연무는 오골성에서 고구려의 부흥 운동을 전개했습니다.

③ 검모잠이 안승을 왕으로 세우고, 한성(황해도 재령) 일대에서 당에 대항하였습니다.

④ 지배층의 내부 다툼으로 부흥 운동은 실패했으나 이후 고구려 유민 출신 대조영이 발해를 건국하면서 결실을 맺었습니다.
　　└ 망해서 없어진 나라의 백성

2 백제　014 근초고왕　015 22담로

(1) 백제의 건국과 성장
└ 서울 송파구에 위치한 풍납토성을 백제 건국 초기에 만들어진 위례성으로 보는 견해가 많아요.

건국	온조가 위례성(한강 유역)에 자리를 잡고 백제를 세움
고이왕	관리의 복색을 제정하고 관제를 마련해 지배 체제를 정비함
근초고왕 4세기	• 한강 유역의 넓은 평야 차지 : 농사 짓기에 유리하고, 황해를 통해 중국의 발전된 문물을 쉽게 받아들일 수 있어서 삼국 중 가장 먼저 전성기를 맞이함 • 고구려를 공격하여 북쪽의 황해도 일부 지역을 차지하고, 남쪽으로 마한을 정복함 → 남해안까지 영토 확대, 가야에 영향력 행사 • 고구려의 평양성 공격 371 → 고구려 고국원왕 전사 • 외교 관계 : 중국의 동진·왜의 규슈 등지와 활발히 교류함 • 백제의 역사서인 『서기』를 지어 나라의 권위를 높임

백제의 전성기(4세기)

(2) 백제의 중흥 노력
┌ 고구려 장수왕이 남쪽으로 진출하자 신라와 백제는 나제 동맹을 맺어 고구려에 맞섰어요.

배경	고구려 장수왕의 공격 → 수도 한성 함락 → 개로왕 전사 웅진(공주) 천도 475
무령왕	• 지방에 22담로를 설치하여 왕족을 보내 다스리게 함 중학 • 중국 남조의 양과 활발한 교류 → 문화 발전 → 무령왕릉을 통해 알 수 있어요.
중학 성왕	• 사비(부여) 천도, 나라 이름을 '남부여'로 고침 538 • 한강 유역을 되찾기 위해 신라 진흥왕과 연합 → 한강 하류 지역을 일시적으로 회복 → 신라의 배신, 한강 하류 지역을 빼앗김 → 신라를 공격하다가 관산성 전투에서 전사함

수도 변천

(3) 백제의 멸망과 부흥 운동

① 나당 연합군의 공격을 받은 계백의 백제군이 황산벌 전투에서 패배하였습니다.

② 사비성이 함락되고 의자왕이 항복하면서 백제가 멸망하였습니다. 660

③ 복신과 도침 등은 주류성(충남 서천)에서 왕자인 부여풍을 왕으로 추대하였고, 흑치상지는 임존성(충남 예산)에서 부흥 운동을 이끌었습니다.

④ 백강(금강 하구 유역) 전투에서 패하고, 지배층의 내분이 일어나면서 백제 부흥 운동은 실패하였습니다.
　　└ 신라와 당의 침략을 우려하던 왜는 많은 군대와 배를 보내 백제군을 도왔어요.

온조

주몽의 아들이며 고구려의 왕자로, 백제를 건국한 인물이에요. 이러한 사실은 백제가 고구려 지역에서 내려온 사람들이 한강 유역에서 살던 사람들과 결합하여 세운 나라임을 의미하죠. 온조의 형이었던 비류는 미추홀(인천)에 자리 잡았는데, 비류가 죽자 온조가 그 백성들을 받아들였다고 전해져요.

웅진과 사비

고구려의 공격으로 한성이 함락되자 백제는 적을 막기에 유리한 웅진으로 수도를 옮겼어요. 이후 6세기에 성왕은 대외 진출을 위해 웅진을 떠나 비교적 넓은 벌판이 펼쳐진 사비로 도읍을 옮겼어요.

중학교 수준

관산성 전투

신라는 백제와 힘을 합쳐 고구려로부터 한강 유역을 빼앗은 후, 백제와의 동맹을 깨고 한강 하류 지역을 공격하여 차지했어요. 그러자 성왕이 관산성을 공격하였는데, 이 과정에서 신라의 기습 공격을 받아 전사했지요.

황산벌 전투

백제의 계백은 군사 5천여 명으로 신라의 김유신이 이끄는 군사 5만여 명과 전투를 벌여 네 차례나 이겼어요. 계백은 황산벌에서 최후의 결전을 앞두고 "나라가 망해 남의 나라의 노비가 되느니 차라리 죽는 게 낫다."라고 하면서 가족들을 죽이고 전쟁터로 나갔고, 결국 황산벌 전투에서 전사하였지요.

---

014 근초고왕

백제의 전성기를 이루었다

백제는 4세기 근초고왕 때 크게 발전했어요. 근초고왕은 고구려의 평양성을 공격해 황해도 일대를 차지하고, 남쪽으로 마한의 남은 세력을 정복해 남해안까지 영토를 넓혔죠. 삼국 중 백제가 먼저 전성기를 이룰 수 있었던 건 근초고왕 덕분이에요.

고국원왕

015 22담로

무령왕은 지방에 22담로를 두었다

담로란 백제가 지방의 중요한 지역에 설치했던 행정 구역을 말해요. 무령왕은 백제를 다시 일으켜 세우고자 지방의 중요 지역에 22담로를 설치하고, 왕족을 보내 다스리게 했어요. 이로 인해 지방 통치 제도를 정비하고, 나라의 기틀을 다져 나갈 수 있었답니다.

백제

🔲3 신라와 가야 　016 법흥왕　017 진흥왕　018 김수로왕

(1) 신라의 건국과 성장

건국	• 진한의 사로국에서 시작됨 • 박혁거세가 경주 지역을 중심으로 신라를 건국함　이전에는 박, 석, 김씨가 번갈아서 왕위에 올랐어요.
내물 마립간	• 김씨가 왕위를 독점적으로 세습하도록 하고, 왕의 칭호로 '마립간(대군장)'을 사용함 • 왜가 침입하였을 때 고구려에 도움을 요청 → 광개토 대왕의 도움으로 왜 격퇴 400

(2) 신라의 발전

지증왕	• 나라 이름을 '사로'에서 '신라'로 바꿈 • '왕' 칭호 사용 → 신라 왕의 칭호는 거서간, 차차웅, 이사금, 마립간, 왕으로 변화했어요. • 이사부를 보내 우산국(울릉도와 독도) 복속
법흥왕	• 율령 반포, '건원'이라는 연호 사용 • 병부(군사에 관한 일을 담당하는 부서)를 설치함 • 이차돈의 순교를 계기로 불교를 공인함 중학 • 남쪽으로 낙동강을 넘어 금관가야를 병합해 영토를 확대함
진흥왕 6세기	• 화랑도를 국가적인 조직으로 만들어 인재를 길러 냄 신라 진골 귀족 출신 중에 뽑은 화랑과, 화랑을 따르는 낭도로 구성된 청소년 단체 • 거칠부에게 명하여 역사서인 『국사』 편찬 중학 • 황룡사 건립 → 황룡사 9층 목탑은 삼국 통일 이후 선덕 여왕 때 만듦 • 백제와 연합해 고구려 공격 → 한강 상류 지역 차지 → 백제(성왕)가 되찾은 한강 하류 지역까지 빼앗음 • 대가야 정복, 함경도까지 영토 확대 → 중국과 바다를 통해 직접 교류, 삼국 통일의 기반 마련 • 영토 확장을 기념하여 단양 신라 적성비와 4개의 순수비(북한산 순수비, 창녕 척경비, 황초령비, 마운령비)를 세움

신라의 전성기(6세기)

(3) 가야의 형성과 발전

① 가야는 철기 문화를 기반으로 성장하였습니다.　약 1~6세기 때 경상도와 전라도의 일부 지역을 차지하였던 연맹 국가예요.

② 낙동강 하류의 변한 지역에서 성장한 작은 나라들이 모여 가야 연맹으로 발전하였습니다.

전기 가야 연맹	• 김수로왕이 김해 지역을 중심으로 건국한 금관가야가 우수한 철기 문화와 낙동강 하류의 해상 교통을 기반으로 성장하여 연맹을 주도　바닷길 등을 이용해 중국, 낙랑, 왜 등에 철을 수출했어요. • 고구려 광개토 대왕의 공격으로 세력 약화
후기 가야 연맹	고구려의 공격에 직접적인 피해를 입지 않은 고령 지역의 대가야가 후기 가야 연맹을 주도

(4) 가야의 쇠퇴

① 신라와 백제의 끊임없는 간섭과 압력 속에 두 나라와 경쟁할 만한 중앙 집권 국가로는 성장하지 못하였습니다.

② 금관가야는 신라 법흥왕 때인 532년, 대가야는 진흥왕 때인 562년에 신라에 병합되어 멸망하였습니다.

⊙ 박혁거세

진한 가운데 하나인 사로국은 경주에 위치한 작은 나라였어요. 사로국의 한 촌장이 우물가에서 알을 발견했는데 여기서 남자아이가 태어났지요. 이 아이를 사로국의 첫 번째 왕으로 삼았는데, 이 아이가 바로 신라의 시조인 박혁거세랍니다.

중학교 수준

이차돈의 순교 　자신이 믿는 신앙을 지키기 위해 목숨을 바치는 일

신라는 토속 신앙의 영향력이 강했기 때문에 당시의 귀족들은 중국에서 전해진 불교를 쉽게 받아들이지 않았어요. 이차돈은 법흥왕에게 자신을 죽이면 신기한 일이 일어날 거라 하였고, 이에 왕이 이차돈을 처형하자 그의 목에서 흰 피가 솟구쳤어요. 이를 계기로 신라는 불교를 공식적으로 인정하였죠.

⊙ 순수비

순수비는 왕이 자기 영토를 돌아본 것을 기념하여 세운 비석을 뜻해요. 북한산 순수비는 진흥왕이 한강 유역을 살펴본 후 세운 것이고, 단양 적성비는 진흥왕이 한강 중상류 지역의 적성을 차지한 후 세운 비석이에요.

북한산 순수비　　단양 적성비

---

016 **법흥왕**

불교를 공인하였다

법흥왕은 병부를 만들어 왕의 힘을 강화하고, 나라를 다스리는 법률 체계인 율령과 등급에 따라 관리의 옷 색깔을 정하는 등 나라의 질서를 체계적으로 만들었어요. 여기에 백성들의 마음을 하나로 모으고자 한 일이 있었으니, 바로 불교의 공식적인 인정이랍니다.

017 **진흥왕**

북한산에 순수비를 세웠다

진흥왕은 영토 확장에 힘써 고구려와 백제로부터 한강 유역을 차지하며 신라의 전성기를 이끌었어요. 또 대가야를 흡수하고, 동해안을 따라 북쪽으로 함흥평야까지 진출해 영토를 확 넓혔죠. 점령 지역엔 이를 기념하는 비석도 세웠고요.

018 **김수로왕**

김해 지역을 중심으로 금관가야를 세웠다

마을 사람들이 구지봉에 올라 막대기로 땅을 두드리며 춤을 추자, 금빛 상자가 하늘에서 내려왔어요. 상자엔 여섯 개의 황금색 알이 있었죠. 알에서 남자아이 여섯 명이 나왔고, 그중 첫 번째로 태어난 아이가 금관가야의 시조, 김수로왕이에요.

03강 삼국과 가야의 성립과 발전

키워드 품은 기출 문장

| 보기 |

㉠ 장수왕	㉤ 살수
㉢ 근초고왕	㉣ 22담로
㉥ 법흥왕	㉦ 진흥왕	㉧ 김수로왕

❶ 을지문덕이 ☐에서 대승을 거두었다.

❷ 무령왕은 지방에 ☐를 두었다.

❸ 신라의 ☐은 불교를 공인하였다.

❹ 고구려의 ☐은 평양으로 천도하였다.

❺ 금관가야는 ☐이 김해 지역을 중심으로 건국하였다.

❻ ☐은 북한산에 순수비를 세웠다.

❼ 백제는 ☐ 때 전성기를 이루었다.

답 ① ㉤ ② ㉣ ③ ㉥ ④ ㉠ ⑤ ㉧ ⑥ ㉦ ⑦ ㉢

키워드로 풀리는 기출 문제

기본 4·5·6급

01 (가) 나라에 대한 설명으로 옳은 것은? [2점]

건국 이야기에 따르면 해모수와 유화 사이에서 태어난 주몽이 부여에서 무리를 이끌고 내려와 졸본에 (가) 을/를 세웠다고 해요.

① 화백 회의를 열었다.

② 독서삼품과를 실시하였다.

③ 국내성으로 도읍을 옮겼다.

④ 소도라는 신성 구역이 있었다.

02 (가)에 들어갈 내용으로 옳은 것은? [2점]

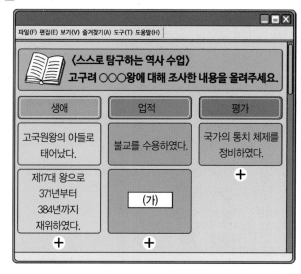

파일(F) 편집(E) 보기(V) 즐겨찾기(A) 도구(T) 도움말(H)

〈스스로 탐구하는 역사 수업〉
고구려 ○○○왕에 대해 조사한 내용을 올려주세요.

| 생애 | 업적 | 평가 |

고국원왕의 아들로 태어났다.

불교를 수용하였다.

국가의 통치 체제를 정비하였다.

제17대 왕으로 371년부터 384년까지 재위하였다.

(가)

① 태학을 설립하였다.

② 병부를 설치하였다.

③ 화랑도를 정비하였다.

④ 웅진으로 천도하였다.

03 선생님의 질문에 대한 학생의 대답으로 옳은 것은? [2점]

이 비석은 영락이라는 연호를 사용한 왕의 업적을 기리기 위해 세워졌어요. 이 왕에 대해 말해 볼까요?

① 국호를 남부여로 바꿨어요.

② 신라의 요청으로 왜를 격퇴했어요.

③ 불교를 처음으로 공식 인정했어요.

④ 화랑도를 국가적인 조직으로 정비했어요.

03강 삼국과 가야의 성립과 발전

61회

04 (가)에 들어갈 내용으로 옳은 것은? [2점]

(앞면)　　　(뒷면)

- 고구려 제19대 왕
- 영락이라는 연호를 사용함
- ___(가)___
- 한강 이북 지역을 차지함
- 숙신, 후연, 거란, 동부여 등을 정벌함

① 태학을 설립함
② 평양으로 천도함
③ 천리장성을 축조함
④ 신라에 침입한 왜를 격퇴함

47회

06 (가)~(다)를 일어난 순서대로 옳게 나열한 것은? [2점]

고구려의 발전 과정

(가) 영락 연호 사용　(나) 태학 설립　(다) 평양 천도

① (가) - (나) - (다)
② (가) - (다) - (나)
③ (나) - (가) - (다)
④ (다) - (나) - (가)

46회

05 (가) 왕의 업적으로 옳은 것은? [2점]

고구려

(가)

친구 추가　메시지　더 보기

⚑ 광개토 대왕의 아들로 태어남
🏛 고구려 제20대 왕에 즉위함
⚔ 백제를 공격하여 한성을 함락함

① 정해진을 설치하였다.
② 수도를 평양으로 옮겼다.
③ 지방에 22담로를 두었다.
④ 독서삼품과를 실시하였다.

57회

07 (가) 왕에 대한 설명으로 옳은 것은? [2점]

이것은 경주의 고분에서 출토된 청동 그릇입니다. 바닥 면에 ___(가)___ 을/를 나타내는 글자가 새겨져 있어, 당시 신라와 고구려의 관계를 알 수 있습니다. ___(가)___ 은/는 군대를 보내 신라에 침입한 왜를 격퇴하였습니다.

호우명 청동 그릇

① 태학을 설립하였다.
② 낙랑군을 몰아내였다.
③ 천리장성을 축조하였다.
④ 영락이라는 연호를 사용하였다.

39회

08 (가)에 들어갈 인물로 옳은 것은? [2점]

① 곽재우 ② 김유신

③ 연개소문 ④ 을지문덕

50회

09 다음에서 보도하고 있는 사건이 일어난 시기를 연표에서 옳게 고른 것은? [3점]

391	427	554	612	668
	(가)	(나)	(다)	(라)
광개토 대왕 즉위	고구려 평양 천도	관산성 전투	살수 대첩	고구려 멸망

① (가) ② (나) ③ (다) ④ (라)

61회

10 (가) 국가에 대한 설명으로 옳은 것은? [2점]

① 주몽이 건국하였다.

② 지방에 22담로를 두었다.

③ 8조법으로 백성을 다스렸다.

④ 골품제라는 신분 제도가 있었다.

50회

11 학생들이 공통으로 이야기하고 있는 왕으로 옳은 것은? [2점]

① 성왕 ② 무열왕

③ 근초고왕 ④ 소수림왕

41회

12 (가)에 해당하는 왕으로 옳은 것은? [2점]

(가)
• 백제 제13대 왕
• 백제의 전성기를 이룸
• 371년 평양성 전투에서 승리
• 중국 및 왜와 활발하게 교류

① 성왕　② 온조왕　③ 의자왕　④ 근초고왕

52회

13 다음 가상 인터뷰에 등장하는 왕의 재위 기간에 있었던 사실로 옳은 것은? [3점]

즉위한 이후에 어떤 일을 하셨나요?

국호를 신라로 확정하고 임금의 칭호를 마립간에서 왕으로 고쳤습니다.

① 불교가 공인되었다.
② 노비안검법이 시행되었다.
③ 이사부가 우산국을 정벌하였다.
④ 황룡사 9층 목탑이 건립되었다.

47회

14 다음 가상 인터뷰에 등장하는 왕으로 옳은 것은? [2점]

이차돈의 순교를 계기로 불교를 공인하셨습니다. 이후 어떠한 일들을 하셨나요?

금관가야를 병합하여 영토를 넓혔습니다.

① 성왕　② 법흥왕　③ 지증왕　④ 근초고왕

43회

15 밑줄 그은 '나'의 업적으로 옳은 것은? [3점]

나는 신라의 제24대 왕으로 백제로부터 한강 유역을 차지한 후 북한산에 순수비를 세우게 하였노라.

① 태학을 설립하였다.
② 8조법으로 백성을 다스렸다.
③ 지방에 22담로를 설치하였다.
④ 화랑도를 국가 조직으로 만들었다.

44회

16 (가) 나라에 대한 설명으로 옳은 것은? [3점]

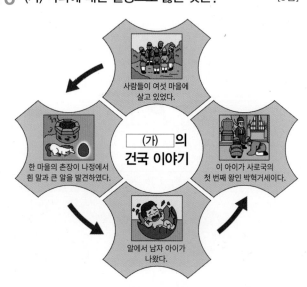

사람들이 여섯 마을에 살고 있었다.

한 마을의 촌장이 나정에서 흰 말과 큰 알을 발견하였다.

(가)의 건국 이야기

이 아이가 사로국의 첫 번째 왕인 박혁거세이다.

알에서 남자 아이가 나왔다.

① 위례성을 도읍으로 하였다.
② 서옥제라는 풍습이 있었다.
③ 제천 행사인 무천이 열렸다.
④ 화백 회의라는 제도가 있었다.

55회

17 다음 가상 인터뷰에 등장하는 왕의 업적으로 옳은 것은? [2점]

① 국학을 설립하였다.
② 병부를 설치하였다.
③ 대가야를 정복하였다.
④ 독서삼품과를 설치하였다.

46회

18 밑줄 그은 '나라'에 대한 설명으로 옳은 것은? [3점]

① 8조법으로 백성을 다스렸다.
② 영고라는 제천 행사를 열었다.
③ 김해 지역을 중심으로 성장하였다.
④ 화백 회의에서 중요한 일을 결정하였다.

50회

19 (가) 나라에 대한 설명으로 옳은 것은? [2점]

① 골품에 따라 관등 승진에 제한이 있었다.
② 만장일치제로 운영된 화백 회의가 있었다.
③ 여러 가(加)들이 별도로 사출도를 주관하였다.
④ 박, 석, 김의 3성이 교대로 왕위를 계승하였다.
⑤ 철이 많이 생산되어 낙랑과 왜 등에 수출하였다.

42회 중급

20 다음 대화가 있었던 시기를 연표에서 옳게 고른 것은? [3점]

589	612	645	663	676	698
(가)	(나)	(다)	(라)	(마)	
수 중국 통일	살수 대첩	안시성 전투	백강 전투	신라 삼국 통일	발해 건국

① (가) ② (나) ③ (다) ④ (라) ⑤ (마)

개념 마스터

04강 삼국과 가야의 사회와 문화

1 삼국 시대 사람들의 생활 모습 중학

(1) 사회 모습 : 신분에 따른 차별이 존재한 신분 사회였습니다.

		귀족 회의		
귀족	• 지배 계층으로, 많은 토지와 노비를 소유함 • 귀족 회의에 참여하는 등 여러 특권을 누림	고구려	백제	신라
		제가 회의	정사암 회의	화백 회의
평민	대부분 농민, 해마다 농사를 지어 나라에 세금을 납부함, 궁궐을 짓거나 성을 쌓는 등 나라의 공사에 동원되고 전쟁 시 나가서 싸워야 함			
노비	가장 낮은 신분으로 귀족들의 농사를 지어 주거나 주인집의 일을 했음, 주인의 소유물로 여겨져 사고 팔리기도 함			

(2) 경제 생활 : 철제 농기구와 소를 이용해 농사를 지었고(우경), 벼농사가 널리 행해졌습니다.

2 고구려의 사회와 문화 중학   019 진대법   020 금동 연가 7년명 여래 입상

(1) 사회 모습 : 고국천왕 때 빈민을 구제하기 위하여 진대법이 실시되었습니다.

(2) 종교와 사상

┌ 신선(늙지도 죽지도 않는 신의 경지에
이른 사람)의 존재를 믿고 신선이 되기
를 바라는 사상을 말해요.

불교	• 삼국 중 가장 먼저 소수림왕 때 불교 공인 • 중국의 왕이 보낸 스님이 불상을 가지고 고구려에 와 불교를 전함 • 대표 불상: **금동 연가 7년명 여래 입상** '연가'는 고구려의 연호(연도를 나타내는 이름)로 추측되고, '여래'는 석가모니를 의미해요.
도교	• 신선 사상과 결합되어 귀족층에서 유행 • 대표 벽화 : 사신도
유학	• 수도에 태학 설치 : 유교 경전 교육 • 지방에 경당 설치 : 한학과 무술 교육

(3) 고분 → 옛 사람들이 남긴 무덤이에요. 사람들은 고분 안에 시신과 함께 무덤의 주인이 살아 있을 때 사용하던 물건을 함께 묻고, 무덤 벽과 천장에 그림을 그리기도 했지요.

돌무지 무덤	• 고구려 초기의 무덤 구조 • 돌을 쌓아 올려 만든 계단식 무덤 • 무덤 구조상 입구와 벽화가 없고, 도굴이 어려움	구조도 장군총

	• 고구려 후기의 무덤 구조 • 돌로 방을 만들어 입구와 통로를 연결한 후 그 위를 흙으로 덮은 무덤 → 무덤 구조상 도굴이 쉬움 • 고분에 남겨진 벽화를 통해 고구려 사람들의 진취적인 기상과 풍속, 의식주, 종교와 관련된 생활 모습 등을 짐작할 수 있음

굴식
돌방무덤

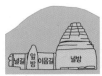
구조도

강서대묘 사신도
동서남북을 지키는
네 가지 상징적인
동물을 그린 것이에요.

각저총 씨름도
서역의 인물 모습이
그려져 있어요.

무용총 수렵도
말을 타고 활을 쏘는
고려 무사의 용맹한
모습이 그려져 있어요.

무용총 무용도
무용수와 악사를 통해
당시 사람들의 복장을
알 수 있어요.

무용총 접객도
손님을 대접하는 모습을
그린 벽화로, 신분에 따라
인물의 크기와 복장이 달라요.

키워드
기출 문장 ▶▶

019 진대법

빈민 구제를 위해 진대법을 실시하였다

고구려의 고국천왕이 재상 을파
소의 건의로 실시한 정책이에요.
매년 봄부터 가을까지 관청의
곡식을 빌려 주고, 수확한 후
갚게 하였어요. 우리나라에
서 처음 실시된 빈민 구제
제도예요.

020 금동 연가 7년명 여래 입상

신라의 옛 영토였던 경남 의령에서 발
견된 고구려 불상이에요. 작은 불상이
지만 몸에서 나온 빛을 표현한 광배가
인상적이죠. 불상 뒷면에 불상을 만
든 시기로 추정되는 고구려의
연호인 '연가 7년'이
새겨져 있어요.

3 백제의 문화   021 익산 미륵사지 석탑   022 부여 정림사지 5층 석탑

(1) 종교와 사상 중학

불교	침류왕 때 불교 공인 → 곳곳에 절을 짓는 등 적극적으로 불교를 받아들여 전파함		도교	산수무늬 벽돌 백제 금동 대향로
	 익산 미륵사지 석탑 부여 정림사지 5층 석탑  서산 용현리 마애 여래 삼존상		유학	오경박사를 두어 유학을 가르침

• 미륵사는 무왕 때 지은 절로 현재는 건물의 터와 석탑만 남아 있어요. 미륵사지 석탑은 건립 연대가 명확하게 밝혀진 한국의 석탑 중 가장 크고 오래되었어요. 복원 과정에서 금제 사리 장엄구와 봉안기가 발견되었지요.

(2) 고분

돌무지무덤	• 한성 시대의 무덤 구조 • 고구려 초기의 고분 형태와 유사함  서울 석촌동 고분	▶ 굴식 돌방무덤	• 웅진(공주), 사비(부여) 시대의 무덤 구조 • 백제의 고분 형태는 돌무지무덤에서 점차 굴식 돌방무덤으로 변화함 부여 능산리 고분	부여 능산리 고분군 주변 절터에서 출토되었으며, 백제의 뛰어난 공예 기술을 알 수 있어요.
벽돌무덤	• 벽돌을 쌓아 만든 방에 목관(시신 안치)과 껴묻거리를 묻는 무덤 • 공주 무령왕릉 ❶ 삼국 시대 고분 중 유일하게 무덤의 주인을 알 수 있는 무덤 ❷ 중국 남조의 영향을 받아 벽돌로 만들어짐 ❸ 일본의 소나무인 금송으로 만든 관 → 일본과 교류하였음을 알 수 있음			

구조도

무령왕릉 내부

무령왕릉 출토 유물

묘지석

진묘수(석수)

왕관 장식

• 묘지석이 발견되어 무령왕과 왕비의 무덤이라는 것을 알 수 있어요.

4 신라의 사회와 문화   023 골품제

(1) 사회 모습

① 화백 회의 : 귀족들의 회의 기구로, 신라의 중요한 일을 만장일치로 결정하였습니다.

② 골품제 : 골품에 따라 왕족·귀족·평민으로 구분하는 신분 제도로, 삼국 통일 이전부터 신라에서 엄격하게 지켜졌으며, 신분에 따라 관직의 직급, 집의 크기, 옷의 색깔 등까지 차별을 받았습니다.

③ 화랑도 : 청소년 수련 단체로 진흥왕 때 국가적인 조직으로 개편, 원광의 세속 5계를 규범으로 삼아 진골부터 평민까지 함께 어우러져 여러 곳을 다니며 심신을 연마하거나 군사 훈련을 하였습니다. 중학

화랑

---

021 익산 미륵사지 석탑

백제 무왕 때 지은 익산 미륵사 터에 있는 탑으로, 석탑이지만 목탑 양식으로 지었어요. 이 탑은 우리나라의 석탑 중 가장 크고, 가장 오래되었어요. 최근 미륵사지 석탑 보수 공사가 완료되어 온전한 탑의 모습을 볼 수 있게 되었죠.

022 부여 정림사지 5층 석탑

충남 부여 정림사 터에 있는 백제의 탑으로, 목탑 양식이지만 돌의 특성을 살려 만든 석탑이에요. 당의 소정방이 이 탑의 아랫부분에 '당이 백제를 정벌하였다.'라고 새겨 놓아 오해를 받기도 했죠.

023 골품제

골품제라는 엄격한 신분제가 있었다

지배층인 왕족은 성골과 진골, 그 아래 지배층은 6두품에서 1두품으로 나누었어요. 골품에 따라 집의 규모와 옷의 색깔 등이 달랐죠. 6두품 이하의 신분은 벼슬에 나아갈 기회도 적고, 승진에도 제한이 있었어요.

성골 진골 6두품 5두품 4두품 1-3 두품

(2) 신라의 문화

불교	• 법흥왕 때 이차돈의 순교를 계기로 불교 공인 • 큰 규모의 사찰과 탑 건축	

이차돈 순교비　분황사 모전 석탑　황룡사 9층 목탑(모형)

유학 [중학]	임신서기석 : 두 청년이 유교 공부에 힘쓸 것을 맹세하는 내용이 새겨져 있음	
천문	첨성대 : 선덕 여왕 때 제작, 하늘의 별·해와 달 등을 관찰하는 시설로 동양에서 현존하는 가장 오래된 천문대	

첨성대와 구조도

돌무지 덧널무덤	• 삼국 통일 이전 신라의 무덤 구조 • 시신을 넣은 널(관) 위에 나무로 덧널(매장 시설)을 만들고, 그 위에 돌을 덮은 후 흙을 씌워 만듦 • 무덤 구조상 입구와 벽화가 없어, 도굴이 어려움

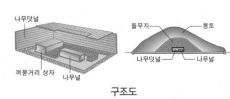

나무덧널 / 돌무지 / 봉토 / 안장 / 나무덧널 / 나무널 / 껴묻거리 상자 / 나무널 / 말다래

구조도　천마총과 천마도　황남대총　금관총 금관

말의 안장 양쪽에 달아 늘어뜨리는 말다래(사람 옷에 흙이 튀지 않게 하는 도구)에 그려진 그림으로, 벽화가 아니에요.

5 가야의 문화 　024 철제 판갑옷과 투구

• 질 좋은 철을 많이 생산하여 수출하는 등 주변 나라와 활발히 교역함
• 가야의 왕이 우륵에게 명해 가야금을 만들고 12곡을 짓게 함

• 일본에 토기 제작 기술을 전해 스에키 제작에 영향을 줌

→ 철의 소재로 쓰이거나 돈으로 사용되었어요.

김해 대성동 고분군　고령 지산동 고분군　철제 판갑옷과 투구　덩이쇠　가야 토기　스에키 토기

6 삼국의 대외 교류 　025 칠지도

일본과의 교류 [중학]			서역과의 교류
고구려	백제	신라	

고구려	백제	신라
• 담징 : 종이와 먹 제조법 전수 • 혜자 : 쇼토쿠 태자의 스승이 됨 고구려의 수산리 고분 벽화(좌) 일본 다카마쓰 고분 벽화(우) → 여성의 옷차림이 비슷함	칠지도 : 백제의 왕이 왜왕에게 보냈다고 전해짐 → 강철로 만들어진 칼에 금으로 글씨를 새겼어요. 백제의 뛰어난 공예 기술을 알 수 있지요. • 아직기, 왕인 : 유학과 한문을 전함 • 노리사치계 : 불상과 불경을 전함	배 만드는 기술, 둑 쌓는 기술을 전함

오른쪽 두 명은 삼국 시대 남자들이 썼던 조우관과 칼을 차고 있어요.
우즈베키스탄 아프라시압 궁전 벽화에 그려진 고구려 사신

황남대총에서 출토된 서역의 유리 공예품(좌)
금제 보검(우)

024 철제 판갑옷과 투구

대가야의 옛 영토였던 경북 고령에는 수백 기의 가야 무덤이 있어요. 철제 판갑옷과 투구도 이 무덤에서 출토되었죠. 가야의 갑옷은 쇳조각을 이어 붙인 것이 아니라 몇 개의 얇은 철판을 이은 판갑옷이었어요. 이 유물로 가야가 비록 작은 나라지만 철 가공 기술이 뛰어났다는 사실을 알 수 있죠.

025 칠지도

백제가 왜에 칠지도를 보냈다

칠지도는 7개의 가지가 달린 칼이에요. 일본에서 발견되었으며 칼에 백제의 왕세자가 왜왕에게 전했다는 기록이 있어요. 근초고왕이 왜왕에게 보낸 것으로 추정되고 있지요.

기출 마스터

04강 삼국과 가야의 사회와 문화

키워드 품은 기출 문장

| 보기 |

㉠ 진대법   ㉡ 익산 미륵사지 석탑
㉢ 칠지도   ㉣ 골품제

❶ 백제가 왜에 ▢▢▢ 를 보냈다.

❷ 고국천왕이 빈민 구제를 위해 ▢▢▢ 을 실시하였다.

❸ ▢▢▢ 은 우리나라 석탑 중 가장 오래되었다.

❹ 신라에는 ▢▢▢ 라는 엄격한 신분제가 있었다.

┄┄┄┄┄┄┄┄┄┄┄┄┄┄┄┄┄┄┄┄┄┄┄┄┄┄┄┄

답 ①㉢ ②㉠ ③㉡ ④㉣

키워드로 풀리는 기출 문제

기본 4·5·6급

42회

01 (가)에 들어갈 문화유산으로 옳은 것은? [2점]

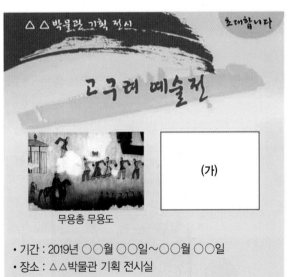

무용총 무용도

· 기간 : 2019년 ○○월 ○○일~○○월 ○○일
· 장소 : △△박물관 기획 전시실

① ▢ 금동 대향로

② ▢ 오리모양 토기

③ ▢ 금동 연가 7년명 여래 입상

④ ▢ 산수무늬 벽돌

60회

02 밑줄 그은 '제도'로 옳은 것은? [2점]

우리나라에 이런 제도가 생겼군!

매년 봄부터 가을까지 관청의 곡식을 내어 백성 가구의 많고 적음에 따라 차등을 두어 식량을 빌려주도록 하고, 겨울에 갚게 하라. 고국천왕

이제 우리도 조금 살 만해지겠어.

① 흑창   ② 상평창
③ 진대법   ④ 제위보

40회

03 (가)에 들어갈 문화유산으로 옳은 것은? [3점]

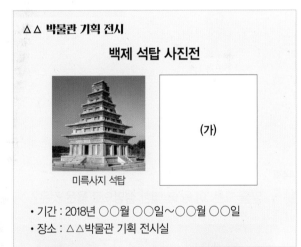

△△ 박물관 기획 전시

백제 석탑 사진전

미륵사지 석탑   (가)

· 기간 : 2018년 ○○월 ○○일~○○월 ○○일
· 장소 : △△박물관 기획 전시실

① ▢ 불국사 다보탑

② ▢ 경천사지 10층 석탑

③ 정림사지 5층 석탑

④  월정사 팔각 9층 석탑

04강 삼국과 가야의 사회와 문화

41회

04 (가)에 들어갈 문화유산으로 옳은 것은? [2점]

검색어 ▼ 삼국과 일본의 교류 ▼ 검색
↳ 이미지 검색 결과

수산리 고분 벽화 / 목조 미륵보살 반가 사유상 / (가)

①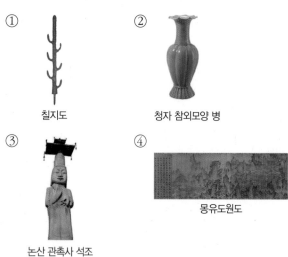
칠지도

② 청자 참외모양 병

③ 논산 관촉사 석조 미륵보살 입상

④ 몽유도원도

44회

05 밑줄 그은 '이 왕'에 대한 설명으로 옳은 것은? [2점]

입체 체험실

나는 백제 이 왕의 무덤을 지키는 석수야. 이 무덤은 중국 남조의 영향을 받아 벽돌로 만들어졌어.

① 수나리의 침략을 막아냈다.
② 도읍을 평양성으로 옮겼다.
③ 22담로에 왕족을 파견하였다.
④ 진대법을 처음으로 실시하였다.

39회

06 (가)에 들어갈 문화유산으로 옳지 않은 것은? [2점]

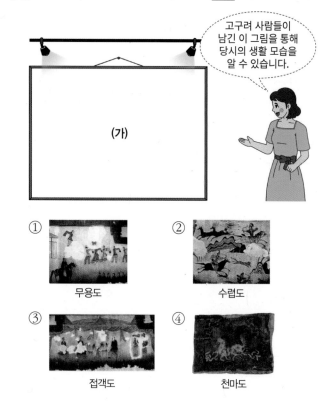

고구려 사람들이 남긴 이 그림을 통해 당시의 생활 모습을 알 수 있습니다.

(가)

① 무용도
② 수렵도
③ 접객도
④ 천마도

58회

07 밑줄 그은 '이 나라'에 대한 설명으로 옳은 것은? [2점]

사진은 이 나라의 왕성인 경주 월성입니다. 월성은 2014부터 본격적인 발굴 작업이 진행 중이며, 올해에는 방어 시설인 해자의 복원이 마무리될 예정입니다.

이 사진에 대해 설명해 주세요.

① 골품제라는 엄격한 신분 제도가 있었다.
② 전국을 5도 양계로 나누어 통치하였다.
③ 빈민 구제를 위해 진대법을 실시하였다.
④ 정사암에서 국가의 중대사를 결정하였다.

49회

08 밑줄 그은 '이 탑'에 대한 설명으로 옳은 것은? [2점]

지금 제작하고 있는 것은 백제 무왕이 창건한 미륵사 터에 남아 있는 탑의 모형입니다. 이 탑은 건립 연대가 명확하게 밝혀진 한국의 석탑 중 가장 크고 오래되었습니다.

3D 프린터로 문화유산 만들기

① 목탑 양식을 반영하였다.
② 돌을 벽돌 모양으로 다듬어 쌓아 올렸다.
③ 원의 영향을 받아 대리석으로 제작되었다.
④ 내부에서 무구정광대다라니경이 발견되었다.

45회

09 (가) 나라의 문화유산으로 옳은 것은? [2점]

조사 보고서

○○ 모둠

1. 주제 : (가) 의 역사
2. 방법 : 문헌 조사, 인터넷 검색
3. 조사 내용
   – 김수로의 건국 이야기
   – 연맹 왕국의 형태
   – 낙랑·왜와 무역

①
철제 판갑옷

② 금동 대향로

③ 호우명 그릇

④ 금관총 금관

31회

10 (가)에 해당하는 문화유산으로 옳은 것은? [1점]

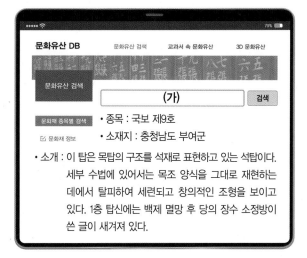

문화유산 DB   문화유산 검색   교과서 속 문화유산   3D 문화유산

문화유산 검색   (가)   검색

문화재 종목별 검색
문화재 정보

• 종목 : 국보 제9호
• 소재지 : 충청남도 부여군
• 소개 : 이 탑은 목탑의 구조를 석재로 표현하고 있는 석탑이다. 세부 수법에 있어서는 목조 양식을 그대로 재현하는 데에서 탈피하여 세련되고 창의적인 조형을 보이고 있다. 1층 탑신에는 백제 멸망 후 당의 장수 소정방이 쓴 글이 새겨져 있다.

①   ②   ③

④   ⑤

48회

11 (가) 나라의 문화유산으로 옳은 것은? [2점]

이곳은 김해 대성동 고분군 108호분 발굴 조사 설명회 현장입니다. 대형 덩이쇠 40매와 둥근고리큰칼, 화살촉 등 130여 점의 철기 유물이 출토되었습니다. 이번 발굴로 김수로왕이 건국하였다고 전해지는 (가) 에 대한 연구가 활발하게 이루어질 전망입니다.

①   ②   ③

④   ⑤

3

통일 신라와 발해

한강 유역을 차지하며 세력을 키운 신라는 고구려와 백제의 견제를 막기 위해 당과 동맹을 맺었어요. 이후 백제와 고구려를 무너뜨린 신라는 한반도 지배에 욕심을 부리던 당과 전쟁을 벌인 끝에 676년, 마침내 삼국을 통일하였지요.

한편, 고구려 멸망 이후 고구려 옛 땅에는 고구려 유민인 대조영이 세운 나라인 발해가 들어섰어요. 한반도의 남쪽에는 신라, 북쪽에는 발해가 자리 잡으면서 남북국 시대가 시작되었죠.

통일 신라는 넓은 영토를 다스리고, 하나 된 신라를 만들기 위해 여러 정책을 펼치고 제도를 정비하였어요. 불교를 중심으로 문화를 크게 꽃피우기도 하였지요. 발해는 고구려의 옛 땅을 대부분 차지해 넓은 땅을 차지하였고, 고구려의 기상과 문화를 계승하였어요. 주변국과 활발히 교류하며 전성기를 맞은 발해는 중국인들로부터 '바다 동쪽의 융성한 나라'란 뜻의 해동성국이라고 불리기도 하였죠.

그럼, 지금부터 통일 신라와 발해에 대해 알아볼까요?

9%

3
통일 신라와
발해

최근 3개년 시험 출제 비중

기본 47~63회 기출 문제 약 660 문항을 분석하였어요.

황산벌 전투

대조영

★ 해동성국

원효

불국사와 석굴암

고구려와 발해의 닮은꼴

05강 신라의 삼국 통일과 발해의 건국과 발전

◎ 나당 전쟁과 신라의 삼국 통일

- ✳ 격전지
- → 당군의 진격로
- → 신라군의 진격로

대동강~원산만 경계로
삼국 통일(676)

평양
수곡성
매소성에서 대승(675)
회양
매소성
철성
한주
명주
황해
삭주
웅주
동해
국원
상주
기벌포
사비
금성
탐라
당의 해군 격파(676)
주류성

1 통일 신라 026 김춘추 027 황산벌 전투

(1) 신라의 삼국 통일

나당 연합	• 신라의 위기 : 백제의 연이은 공격으로 대야성(경남 합천) 등 많은 영토를 잃음 ┌• 신라 서쪽의 요충지 • 신라와 당의 연합 : 신라는 고구려에 김춘추를 보내 도움을 요청함 → 고구려의 보장왕에게 거절당한 김춘추는 당에 도움을 요청 → 신라와 당의 동맹 └• 신라의 김춘추가 대동강 이북 지역의 고구려 영토를 당에 넘기는 조건으로 연합했어요.
백제 멸망 660	• 황산벌 전투 : 백제의 계백 장군이 신라의 김유신 장군에게 패배함 • 신라와 당의 연합군에 의해 사비성이 함락되고 의자왕이 항복 → 백제 멸망
고구려 멸망 668	• 고구려는 연개소문이 죽은 뒤 자식들 간의 권력 다툼으로 국력이 쇠퇴함 • 이 틈을 타 신라와 당의 연합군은 고구려를 공격해 평양성을 함락시킴 → 고구려 멸망
나당 전쟁	당이 동맹을 깨고 한반도 전체를 차지하려 하자 신라 문무왕이 매소성(경기도 연천)·기벌포(금강 하구) 전투에서 당군을 격퇴함
삼국 통일 676	무열왕의 뒤를 이은 문무왕 때 대동강에서 원산만을 경계로 삼국 통일을 이룸

(2) 통일 신라의 발전

┌• 신라가 삼국을 통일한 후 옛 고구려의 영토 대부분은 당이 차지하였어요. 고구려를 계승한 발해가 들어서면서 옛 고구려의 영토를 되찾았지요. 남쪽에 신라, 북쪽에 발해가 자리 잡고 있던 이 시기를 '남북국 시대'라고 해요.

태종 무열왕 (김춘추)	• 나당 연합으로 삼국 통일의 발판을 마련함 • 김유신의 도움으로 진골 출신으로는 최초로 왕위에 오름 ┌• 신라는 성골 출신만 왕이 될 수 있었는데, → 이후 무열왕의 직계 자손이 왕위 세습 └ 진덕 여왕을 끝으로 성골이 없었어요. 진지왕의 손자인 김춘추는 진골 출신이었지요.
문무왕	• 나당 전쟁에서 승리하여 삼국 통일 완성 • '동해의 용이 되어 나라를 지키겠다'는 유언에 따라 문무 대왕 수중릉(대왕암)에 묻힘
신문왕 (중학)	┌• 신문왕의 장인인 김흠돌의 난이 대표적이에요. • 귀족들의 난을 진압하고 반란에 가담한 진골 귀족을 없애 왕권을 강화함 • 지방 행정 조직 정비 : 전국을 9주 5소경으로 정비함 • 국학을 설립하여 유학 교육 실시 • 관료전 지급, 녹읍 폐지 → 귀족의 경제적 기반 약화 (궁금) • 아버지인 문무왕을 위해 감은사 건립 └• '아버지의 은혜에 감사한다'는 뜻의 절이에요.

(3) 신라 말의 사회 혼란과 새로운 세력의 등장 (중학)

① 사회 혼란

왕위 계승 분쟁	• 진골 귀족들의 왕위 쟁탈전으로 왕권이 약화됨 • 지방 세력의 반란 📖 김헌창의 난, 장보고의 난 ┌• 아버지 김주원이 왕위 계승 다툼에서 원성왕에게 밀려 왕위에 오르지 못한 것에 불만을 품고 반란을 일으켰어요.
농민 봉기	• 자연재해와 기근, 귀족과 사원의 대토지 소유로 농민들의 삶이 힘들어짐 • 진성 여왕 때 중앙 정부가 지방에 세금을 독촉하자 전국 각지에서 농민 봉기가 일어남 📖 원종과 애노의 난(사벌주)

중학교 수준

신문왕과 만파식적 이야기

신문왕이 동해의 용으로부터 만파식적을 받았다는 설화가 전해지고 있어요. 만파식적은 나라의 모든 걱정과 어려움을 해결해 준다는 전설의 대나무 피리예요.

궁금 ❓

왜 신문왕은 관료전을 지급했나요?
관료전은 관리에게 준 토지로 해당 토지를 경작하는 농민에게 조세만 거둘 수 있었어요. 반면에 녹읍은 토지에 딸린 노동력과 세금을 모두 거둘 수 있었지요. 신문왕은 관료전을 지급하고, 진골 귀족들의 경제적 기반이었던 녹읍을 폐지하여 왕권을 강화하고자 했던 겁니다.

키워드 기출 문장 ▶▶▶

026 김춘추

당과의 군사 동맹을 성사시켰다

백제의 침입으로 대야성이 함락되자 신라의 김춘추는 고구려에 도움을 요청했어요. 하지만 고구려는 거절하죠. 그러자 김춘추는 당으로 가서 당 태종을 설득하는 데 성공해요. 김춘추의 외교 덕분에 위기에서 벗어난 신라는 나당 연합군을 결성하죠.

027 황산벌 전투

백제가 황산벌 전투에서 신라에 패배하였다

백제의 계백은 황산벌에서 5천여 명의 결사대로 김유신이 이끄는 5만여 명의 신라군에 맞서 싸웠어요. 황산벌 전투는 백제의 운명을 결정짓는 중요한 전투였지만, 화랑의 활약을 앞세운 신라의 김유신이 결국 승리를 거두었죠.

김유신 계백

② 새로운 세력의 등장

호족	• 중앙 정부의 통치력이 약해지자 지방에서 호족이 성장(스스로 장군 또는 성주라 칭함) • 독자적으로 군사력과 경제력을 갖추고 지방을 실질적으로 지배 예 장보고, 견훤, 궁예, 왕건 등
6두품	진골 위주의 사회 체제에 반발해 골품제의 문제점을 비판하고 새로운 사회를 세우려 함 예 최치원 중학

2 발해   028 대조영   029 해동성국

(1) 고구려 멸망 이후의 모습 : 당은 고구려를 직접 다스리려 하였으며, 고구려 유민들이 대항하지 못하도록 그들을 당에서 강제로 살게 하였습니다.

(2) 발해의 건국 : 고구려 유민인 <u>대조영</u>은 당이 정치적으로 어지러운 틈을 타 자신을 따르는 고구려의 유민들과 말갈족을 이끌고 지린성 동모산에서 발해를 세웠습니다. 698 발해의 주민은 고구려인과 말갈인으로 구성되었습니다.

> 거란의 영향력이 미치는 영주에서 탈출하여 뒤쫓아 오는 당의 군대를 천문령에서 물리치고 스스로 '고왕'이라 칭하고 동모산에서 발해를 세웠어요.

(3) 발해의 발전 중학

무왕	• 영토 확장 : 장문휴를 보내어 당의 산둥반도(등주)를 공격함 • '인안'이라는 연호를 사용함
문왕	• 일본에 보낸 외교 문서 : '고려', '고려 국왕'이라는 명칭 사용 → 발해가 고구려를 계승한 나라임을 밝힘 • 상경으로 수도를 옮김 → 당의 수도인 장안성을 본떠 상경성 건설 • 건국 초 당과 적대적 관계였지만 문왕 때부터 친선 관계를 회복하여 당의 문물을 수용함(3성 6부 제도) • 교통로인 '신라도'를 설치하여 신라와 교류함 • '대흥'이라는 연호를 사용함
선왕	• 연해주~요동 지방까지 영토 확장 → 옛 고구려 영토 대부분 회복 • 전성기 : 중국으로부터 '바다 동쪽의 가장 융성한 나라'라는 뜻의 해동성국이라 불림 • 지방 행정 제도 정비 : 5경 15부 62주 • '건흥'이라는 연호를 사용함 → 수도를 비롯한 행정 중심지에 5경을 두었고, 교통로와 군사적 요지에 15부와 62주를 둠

지도 내 텍스트: 거란 / 송화강 / 698년 발해 건국 / 상경 용천부(닝안) / 동모산(돈화) / 동경 용원부(훈춘) / 발해 / 중경 현덕부(허룽) / 서경 압록부(린장) / 남경 남해부(북청 추정) / 당 / 랴오허강 / 신라 / 황허 / 동해 / 금성 / 일본 / ●발해의 5경

발해의 영역

(4) 발해의 고구려 계승

① 발해 지배층의 핵심은 고구려인으로 구성되었습니다.

② 당의 역사서인 『구당서』에 대조영을 '고(구)려 별종'으로 기록하였습니다.

③ 『속일본기』를 보면 문왕이 일본에 보낸 외교 문서에 자신을 '고려 국왕'이라 하였습니다.

④ 일본의 목간 기록에 따르면, 일본이 발해에 보낸 사신을 '견고려사'라고 불렀습니다.

⑤ 고구려 문화 양식을 계승한 유물과 유적이 발견되었습니다. 예 수막새(기와), 치미, 온돌 등

(5) 발해의 멸망 926 : 발해는 200여 년간 지속되다가 귀족의 내분과 거란의 침입으로 멸망하면서 만주를 포함한 한반도 북쪽 지역이 다른 나라의 영토가 되었습니다.

중학교 수준

최치원

6두품 출신으로 관직 진출에 한계를 느껴 당으로 유학을 갔어요. 당의 빈공과에 합격하여 관직 생활을 하다가 신라로 돌아와 진성 여왕에게 10여 조의 개혁안을 올리기도 했지요. '토황소격문'을 짓고, 『계원필경』을 저술했어요.

◉ **발해의 건국과 발전**

◉ **3성 6부 제도**
당의 3성 6부제를 받아들인 발해의 중앙 정치 기구예요. 정당성·중대성·선조성의 3성과 충·인·의·지·예·신의 6부로 구성되었어요. 당의 제도를 받아들였지만 6부의 명칭을 정할 때 유교 덕목을 반영하는 등 독자적으로 운영하였답니다.

◉ **'견고려사'가 기록된 일본의 목간**

종이를 발명하기 전, 기록을 남기기 위하여 사용한 판자 모양의 나무

일본의 옛 왕궁터에서 발견된 목간으로, 발해에 대한 기록이 남아 있어요.

---

028 대조영

동모산에서 발해를 건국하였다

신라의 삼국 통일 이후 남쪽에 신라, 북쪽에 발해가 세워졌어요. 고구려 출신 대조영은 당에서 반란이 일어난 틈을 타 고구려 유민과 말갈 집단을 이끌고 동쪽으로 떠났어요. 대조영은 뒤쫓아 오는 당을 물리치고 동모산 기슭에 발해를 세웠죠.

029 해동성국

발해는 전성기에 해동성국이라 불렸다

발해는 선왕 때 연해주와 요동 지방까지 영토를 넓혀 고구려의 옛 땅을 대부분 회복하며 크게 세력을 떨쳤어요. 이런 발해를 두고 중국에서는 '바다 건너 동쪽의 가장 번성한 나라'라는 뜻의 '해동성국'이라 불렸죠.

키워드 품은
기출 문장

보기
㉠ 김춘추	㉡ 황산벌 전투
㉢ 대조영	㉣ 해동성국

❶ 신라의 [　　] 가 당과의 군사 동맹을 성사시켰다.

❷ [　　] 이 동모산에서 발해를 건국하였다.

❸ 발해는 전성기인 선왕 때 [　　] 이라고 불렸다.

❹ 백제군은 [　　] 에서 신라군에게 패배하였다.

정답 ①㉠ ②㉢ ③㉣ ④㉡

키워드로 풀리는
기출 문제

기본 4·5·6급

01 다음 대화 이후에 있었던 사실로 옳은 것은? [2점]

자네 소식 들었는가? 며칠 전 김유신 장군이 이끄는 우리 신라군이 황산벌 전투에서 마침내 승리하였다네.

나도 들었네. 계백이 이끄는 결사대와 싸워 힘겹게 승리했다더군.

① 대가야가 신라에 정복되었다.
② 고구려가 안시성에서 당군을 격퇴하였다.
③ 흑치상지가 백제 부흥 운동을 전개하였다.
④ 김춘추가 당과의 군사 동맹을 성사시켰다.

02 밑줄 그은 '그'로 옳은 것은? [1점]

이때 고구려 관리에게 토끼와 거북이의 이야기를 듣게 되었답니다. 그는 뜻을 알아차리고 꾀를 내어 영토를 돌려주겠다고 한 뒤 신라로 무사히 돌아왔어요. 그리고 몇 해 후 당으로 건너가 동맹을 맺었지요.

선덕 여왕 11년 그는 군사를 청하러 고구려로 떠났습니다. 하지만 죽령 이북의 땅을 돌려 달라는 보장왕의 요구를 들어 주지 않아 별관에 갇히게 되었지요.

－3－　　　－4－

① 김대성　② 김춘추　③ 사다함　④ 이사부

03 밑줄 그은 '전쟁' 중에 있었던 전투로 옳은 것은? [3점]

백제와 고구려의 멸망 후 당이 신라까지 지배하려 하자, 문무왕은 당을 몰아내기 위해 전쟁을 벌여 승리하였어요.

① 광성보 전투　　② 기벌포 전투
③ 우금치 전투　　④ 처인성 전투

04 (가)에 들어갈 내용으로 옳은 것은? [2점]

<역사 다큐멘터리 제작 기획안>

흔들리는 신라

1. 기획 의도 : 신라 하대의 역사적 사건을 소재로, 당시의 혼란한 시대 상황을 조명한다.

2. 구성
 · 제1편 : 김헌창의 난
 · 제2편 : 　(가)
 · 제3편 : 적고적의 난

① 만적의 난　　② 홍경래의 난
③ 망이·망소이의 난　　④ 원종과 애노의 난

40회
05 다음 퀴즈의 정답으로 옳은 것은? [2점]

단계별로 제시된 힌트를 종합하여 알 수 있는 용어는 무엇일까요?

퀴즈 한국사

1단계 신라 말 지방에서 나타남.

2단계 스스로 성주 또는 장군이라고 칭함.

3단계 독자적으로 군대를 보유하고 백성에게 세금을 거둠.

① 양반 ② 중인 ③ 호족 ④ 문벌 귀족

46회
06 밑줄 그은 '나라'에 대한 설명으로 옳은 것은? [2점]

우리는 당의 추격을 물리치고 이곳 동모산에 이르러 나라를 세웠습니다. 우리 선조인 고구려의 옛 영광을 되찾겠습니다.

동모산

① 진대법을 실시하였다.

② 왜에 칠지도를 보냈다.

③ 전국에 9주 5소경을 두었다.

④ 전성기에 해동성국이라고도 불렸다.

60회
07 (가)에 들어갈 사실로 옳은 것은? [2점]

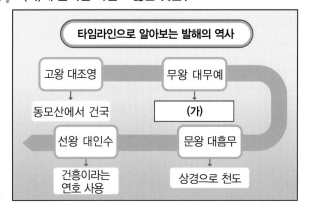

타임라인으로 알아보는 발해의 역사

고왕 대조영 → 동모산에서 건국 → 선왕 대인수 → 건흥이라는 연호 사용

무왕 대무예 → (가) → 문왕 대흠무 → 상경으로 천도

① 대마도 정벌

② 4군 6진 개척

③ 동북 9성 축조

④ 산둥반도의 등주 공격

42회
08 밑줄 그은 '왕'의 정책으로 옳은 것은? [2점]

설화 속에 담긴 역사

• 왕이 한여름날 설총에게 이야기를 청하였다. 설총이 아첨하는 미인 장미와 충언하는 백두옹(白頭翁: 할미꽃)을 두고 누구를 택할까 망설이는 화왕(花王)에게 백두옹이 간언한 이야기를 해 주었다. 이에 왕이 정색하고 낯빛을 바꾸며 "그대의 우화 속에는 실로 깊은 뜻이 있구나. 이를 기록하여 임금 된 자의 교훈으로 삼도록 하라."고 하고, 드디어 설총을 높은 벼슬에 발탁하였다.

• 동해 가운데 홀연히 한 작은 산이 나타났는데, 형상이 거북 머리와 같았다. 그 위에 한 줄기의 대나무가 있어, 낮에는 갈라져 둘이 되고 밤에는 합하여 하나가 되었다. 왕이 사람을 시켜 베어다가 피리를 만들어 이름을 만파식적(萬波息笛)이라고 하였다.

① 관료전을 지급하고 녹읍을 폐지하였다.

② 관리 채용을 위해 독서삼품과를 시행하였다.

③ 병부와 상대등을 설치하고 관등을 정비하였다.

④ 자장의 건의로 황룡사 9층 목탑을 건립하였다.

⑤ 위홍과 대구화상에게 삼대목을 편찬하도록 하였다.

38회
09 다음 검색창에 들어갈 왕에 대한 설명으로 옳은 것은? [1점]

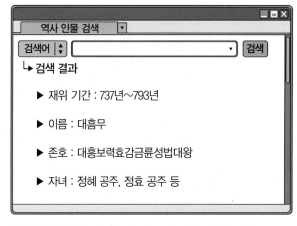

역사 인물 검색

검색어 검색

↳ 검색 결과

▶ 재위 기간 : 737년~793년

▶ 이름 : 대흠무

▶ 존호 : 대흥보력효감금륜성법대왕

▶ 자녀 : 정혜 공주, 정효 공주 등

① 인안이라는 독자적 연호를 사용하였다.

② 장문휴를 보내 당의 등주를 공격하였다.

③ 수도를 중경 현덕부에서 상경 용천부로 옮겼다.

④ 대문예로 하여금 흑수 말갈을 정벌하게 하였다.

⑤ 고구려 유민을 이끌고 동모산에서 나라를 세웠다.

06강 개념 마스터

통일 신라와 발해의 사회와 문화

골품제 → 삼국 통일 이전부터 있었어요.

관 등		골 품			복색
등급	관등명	진골	6두품	5두품	4두품	
1	이벌찬					복색
2	이 찬					
3	잡 찬					자색
4	파진찬					
5	대아찬					
6	아 찬					비색
7	일길찬					
8	사 찬					
9	급벌찬					
10	대나마					청색
11	나 마					
12	대 사					
13	사 지					
14	길 사					황색
15	대 오					
16	소 오					
17	조 위					

골품에서 골은 왕족을 의미하는 것으로 성골, 진골이 있었고, 두품은 6~1두품까지 있었어요. 이 중 성골만 왕이 될 수 있었지만 성골이 사라지면서 진골 출신도 왕이 되었지요. 경주에 사는 지배층을 대상으로 하였기 때문에 지방민이나 천민은 해당되지 않았어요.

민정 문서

일본 도다이사 쇼소인에서 발견되었으며, 촌락의 경제 상황과 세금을 어떻게 거두었는지를 보여 주는 중요한 자료예요. 지금의 청주인 서원경 부근 4개 촌락에 대한 기록이며 촌주로 하여금 3년마다 작성하도록 했어요. 신라는 이를 통해 지방의 농민을 효과적으로 지배하고자 했답니다.

화엄 사상

의상은 화엄 사상을 한마디로 '하나가 전체요, 전체가 하나다'라고 말했어요. 우주에 있는 모든 것은 서로 조화를 이루고 있다는 내용을 핵심으로 하는 사상이에요.

1 통일 신라의 사회 [중학] [030 청해진]

(1) **골품제** : 신라의 신분제로, 혈통에 따라 신분의 등급(골품)을 나누었습니다. 골품에 따라 오를 수 있는 관직의 직급, 집 크기, 옷의 종류와 색깔 등을 차별하였습니다.

(2) **통일 신라 귀족들의 생활 모습**

① 수도인 금성에 거주하며, 토지를 대대로 물려받거나 국가에서 받았고, 많은 노비와 사병을 거느렸습니다.

② 신분제의 혜택으로 화려한 연회를 베풀거나, 풍족하고 호화로운 생활을 하였습니다.

→ 귀족의 놀이 문화를 보여 주는 '주령구(나무 주사위)'와 '금동 초 심지 가위'가 출토되었어요.

월지(안압지) | 포석정
임금들이 연회를 베풀던 곳

(3) **신라 촌락 문서(민정 문서)** : 세금을 거두고 노동력을 파악하기 위해 작성하였으며, 촌락의 토지 종류·면적, 가구와 인구수, 소·말의 수, 뽕나무·잣나무의 수 등이 적혀 있습니다.

(4) **대외 교류**

국제 무역	• 국제 무역이 번성하여 울산항에 아라비아 상인이 왕래함 • 신라 괘릉(원성왕릉)에 서역 사람 모습을 한 무인상 → 신라와 서역의 교류를 짐작
장보고	• 완도를 해상 무역의 중심지로 삼아 청해진을 설치 → 당·일본과의 무역을 주도, 해적 소탕 • 중국 산둥반도에 법화원이라는 불교 사찰을 건립함 [중학]

무인상

2 통일 신라의 문화 [031 원효] [032 불국사와 석굴암]

(1) **대표적인 불교 승려** [중학]

┌ 일심 사상

원효	• 의상과 함께 당에 유학을 떠났다가 모든 것은 마음에 달려 있음을 깨닫고 신라로 돌아옴 • 어려운 불경 대신 '나무아미타불'만 열심히 외우면 극락에 갈 수 있다고 주장하였고, 무애가를 지어 부름 → 불교의 대중화에 힘씀 • 『십문화쟁론』, 『대승기신론소』 등을 저술
의상	• 진골 출신의 승려로 원효와 같은 시대에 활동함 • 당에서 화엄 사상을 공부하고 신라로 돌아와 화엄종을 개창함 • 낙산사, 영주 부석사 등을 세움 • '화엄일승법계도' 등을 지음
혜초	『왕오천축국전』 저술 : 인도와 중앙아시아 지역의 종교·풍속·문화 등을 기록한 기행문

큰 박을 들고 다니며 부른 불교 가요

혜초

키워드 기출 문장

030 청해진

장보고가 청해진을 설치하여 해상 무역을 주도하였다

당으로 건너가 장군으로 활약하던 장보고는 해적 소탕을 결심하며 신라로 돌아왔어요. 왕에게 간청해 완도에 청해진을 설치하여 해적으로부터 신라인을 보호하는 한편 신라와 당, 일본을 연결하는 해상 무역을 주도했어요.

031 원효

무애가를 지어 불교 대중화에 기여하였다

원효는 당 유학길에 해골에 괸 물을 마시고 세상 모든 것이 마음먹기에 달려 있음을 깨달은 후 유학을 포기하고 돌아왔어요. 이후 누구든 '나무아미타불'을 열심히 외우면 극락에 갈 수 있다며 불교 대중화에 앞장섰지요.

(2) 유학의 발달 중학

→ 충신을 등용할 것을 강조하는 내용을 담았어요.

① 설총은 신문왕에게 화왕계를 지어 바쳤고, 한자의 음과 훈을 빌려 우리말을 표기하는 이두를 정리하였습니다.

② 원성왕 때 관리를 등용하기 위해 독서삼품과를 실시하여 유교 경전의 이해 수준을 평가하였습니다.

→ 유교 경전을 얼마나 이해하고 있는지 시험하여 상·중·하로 등급을 매김

③ 당에 유학을 가 빈공과에 급제한 신라 사람들이 늘어났습니다.

→ 외국 학생들을 대상으로 당에서 실시된 과거 시험이에요.

(3) 통일 신라의 문화유산

→ '부처님의 나라'라는 의미를 지님

불국사 경북 경주 토함산	다보탑	3층 석탑 = 석가탑, 무영탑	무구정광대다라니경
• 부처님의 세계인 불국토를 지상 세계에 표현 • 법흥왕 때 세워져 경덕왕 때 김대성이 다시 지음 • 독창적이며 뛰어난 예술성을 지닌 신라 최고의 건축물 • 다보탑과 3층 석탑, 청운교와 백운교 등이 있음			불국사 3층 석탑의 보수 과정에서 다른 유물들과 함께 출토되었어요. 부처의 말씀을 정리해 놓은 두루마리 형식의 불경으로 현존하는 세계에서 가장 오래된 목판 인쇄물 
석굴암	감은사지 3층 석탑	성덕 대왕 신종 중학	
• 경덕왕의 뜻을 받들어 김대성이 세움 • 돌(화강암)을 쌓아 동굴처럼 만든 인공 사원 • 사원 안에 본존불상과 조각 등이 있음 • 불국사와 함께 유네스코 세계유산으로 선정됨		• 경덕왕이 아버지인 성덕왕의 명복을 빌기 위해 만들어 혜공왕 때 완성 → 절에서 사람들을 모이게 하거나 시각을 알리기 위해 치는 종 • 우리나라 범종 중 가장 크며, 뛰어난 과학·금속 주조 기술을 보여 줌 	

3 발해의 문화 033 고구려와 발해의 닮은 꼴

(1) 고구려의 문화 계승

→ 아궁이에 불을 때서 바닥을 데우는 전통 난방 시설로, 특히 고구려에서 발달했어요.
→ 지붕 끝머리에 얹는 장식
→ 문왕의 둘째 딸

온돌 유적	연꽃무늬 수막새	치미	발해 석등	이불병좌상	돌사자상	정혜 공주 묘
	 고구려　발해	 고구려　발해	상경성 출토 높이 6m		정혜 공주 묘 출토 	 모줄임 천장 구조

→ 한 벽의 중간 지점에서 옆에 닿은 벽의 중간 점을 기다란 돌로 덮어 모서리를 줄여 나가다가 천장을 막는 구조

(2) 당의 문화 계승 중학

발해 상경성	문왕의 넷째 딸 정효 공주 묘
당의 수도인 장안성을 본떠서 상경성을 만듦  당 장안성 구조　발해 상경성 구조	• 당과 고구려의 양식이 혼합된 형태 • 벽돌무덤 : 벽돌로 쌓는 것은 당의 양식이지만 모줄임 천장 구조는 고구려와 유사함 • 묘지석에 유교 경전과 중국 역사서의 내용이 인용되어 있어 발해의 높은 한문 수준을 알 수 있음 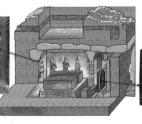 정효 공주 묘의 벽화　묘지석

→ 궁궐의 남쪽 문과 궁궐을 둘러싼 외성의 남쪽 문을 직선으로 연결하는 대로

---

032 **불국사와 석굴암**

김대성이 불국사를 창건하였다

경주의 불국사와 석굴암은 통일 신라의 불교 예술을 대표하는 문화유산이에요. 불국사는 부처님의 나라를 신라 땅에 재현한다는 신라인들의 바람을 안고 창건되었죠. 석굴암은 인공으로 만든 석굴 사원으로, 완벽한 수학적 비례와 불상 조각의 아름다움으로 높이 평가받고 있어요.

033 **고구려와 발해의 닮은 꼴**

수막새 안에 그려진 연꽃무늬와 치미의 생김새가 비슷해요. 이는 발해의 문화가 고구려 문화의 흔적이라는 사실을 뒷받침해 주죠.

고구려 치미　발해 치미　고구려 수막새　발해 수막새

06강 통일 신라와 발해의 사회와 문화

03 (가)에 들어갈 내용으로 옳은 것은? [3점]

① 단군의 건국 이야기가 수록되어 있어요.
② 병인양요 때 프랑스군에게 약탈당하였어요.
③ 유네스코 세계 기록유산으로 등재되었어요.
④ 노동력 동원과 세금 징수를 위해 작성되었어요.

키워드 품은 기출 문장

| 보기 |
⊙ 청해진　　　ⓒ 원효　　　ⓒ 불국사

❶ 김대성이 　　　를 창건하였다.

❷ 장보고가 　　　을 설치하여 해상 무역을 주도하였다.

❸ 　　　는 무애가를 지어 불교 대중화에 기여하였다.

답 ①ⓒ　②⊙　③ⓒ

키워드로 풀리는 기출 문제

기본 4·5·6급

01 (가)에 들어갈 제도로 옳은 것은? [1점]

우리 신라에서는 (가) 때문에 큰 재주와 공이 있어도 진골이 아니면 승진에 제한이 있지 않은가?

그러게 말일세. 심지어 집의 크기도 제한하고 있지.

① 화랑도
② 골품 제도
③ 화백 회의
④ 상수리 제도

04 학생들이 공통으로 이야기하는 문화유산으로 옳은 것은? [3점]

주제 : 통일 신라의 석탑

경주 불국사 대웅전 앞에 있어.

2층 기단 위에 3층의 탑신을 세웠어.

탑을 보수하던 중 무구정광대다라니경이 발견되었지.

①　
②

③　
④　

02 교사의 질문에 대한 학생의 대답으로 옳은 것은? [2점]

통일 신라의 대외 교역에 대해 말해 볼까요?

① 장보고가 청해진을 설치하여 무역을 주도했어요.
② 무역소를 설치하여 여진과 교역했어요.
③ 개시와 후시를 통한 국경 무역이 활발하였어요.
④ 낙랑과 왜에 철을 수출했어요.

46회

05 (가)에 들어갈 내용으로 옳은 것은? [2점]

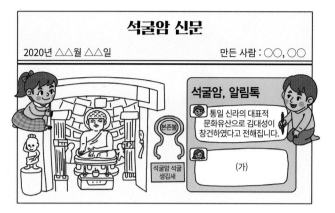

석굴암 신문

2020년 △△월 △△일   만든 사람 : ○○, ○○

석굴암, 알림톡

통일 신라의 대표적 문화유산으로 김대성이 창건하였다고 전해집니다.

석굴암 석굴 생김새

(가)

① 안압지로 불리기도 하였습니다.
② 천마도 등의 유물이 출토되었습니다.
③ 무구정광대다라니경이 발견되었습니다.
④ 화강암을 쌓아 동굴처럼 만든 사원입니다.

48회

06 (가)에 들어갈 문화유산으로 적절한 것은? [2점]

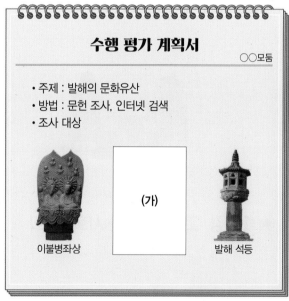

수행 평가 계획서

○○모둠

• 주제 : 발해의 문화유산
• 방법 : 문헌 조사, 인터넷 검색
• 조사 대상

이불병좌상   (가)   발해 석등

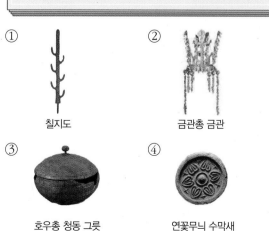

① 칠지도
② 금관총 금관
③ 호우총 청동 그릇
④ 연꽃무늬 수막새

38회

07 (가) 인물에 대한 설명으로 옳은 것은? [2점]

불교 인물 카드

(가)

• 생몰 : 617년 ~ 686년
• 가계 : 부(父) 담날, 자(子) 설총
• 주요 활동
 – 무애가를 지어 불교 대중화에 기여함.
 – 모든 진리는 한마음에서 나온 다는 일심 사상을 주장함.

① 대승기신론소, 십문화쟁론을 저술하였다.
② 화랑도의 규범으로 세속 5계를 제시하였다.
③ 화엄일승법계도를 지어 화엄종을 정리하였다.
④ 인도와 중앙아시아를 여행하고 왕오천축국전을 지었다.
⑤ 당에서 귀국하여 황룡사 9층 목탑의 건립을 건의하였다.

27회

08 (가) 국가의 문화유산으로 옳은 것은? [2점]

○○ 신문

제△△호   2005년 ○○월 ○○일

러시아 연해주에서 온돌 유적 발굴

러시아 연해주 크라스키노에서 한·러 공동 조사단에 의해 10세기의 것으로 추정되는 온돌 유적이 발굴되었다. 홈을 파서 돌을 양쪽으로 쌓고 강돌을 올려놓은 뒤 그 위를 흙으로 다진 쪽구들 구조로, 전형적인 고구려식의 온돌이다. 이번 발굴로 (가) 이/가 고구려를 계승한 국가임을 보여 주는 중요한 자료가 하나 더 추가되었다.

① ② ③ ④ ⑤

4

고려의 성립과 변천

신라 말, 견훤이 후백제를 세우고, 궁예가 후고구려를 세워 신라와 경쟁하였어요. 하지만 궁예가 나라를 난폭하게 다스리면서 부하들은 궁예를 몰아내고 왕건을 왕위에 올렸죠. 왕건은 고구려를 잇는다는 의미로 나라 이름을 '고려'로 정했어요.

고려는 거란, 여진, 몽골 등 끊임없는 외세의 침략을 받았어요. 특히 몽골이 침략하였을 때는 수도를 강화도로 옮기고 끝까지 포기하지 않는 민족정신을 보여 주기도 하였죠.

한편, 고려는 불교의 나라라고 불릴 만큼 불교 문화가 크게 발달하였어요. 외세의 침입을 물리치기 위해 불교 경전을 모아 대장경을 만들었고, 고려만의 독창적인 방법으로 상감청자를 만들기도 하였지요.

그럼, 이제부터 변화무쌍한 고려의 이야기를 알아볼까요?

18%

4
고려의 성립과 변천

최근 3개년 시험 출제 비중

기본 47~63회 기출 문제 약 660 문항을 분석하였어요.

후삼국 통일

★ 광종

★ 성종

묘청의 서경 천도 운동

무신 정변

만적의 난

★ 강감찬

김윤후

삼별초

공민왕

★ 벽란도

부석사 무량수전

논산 관촉사 석조 미륵보살 입상

팔만대장경

고려청자

직지심체요절

07강

고려의 건국과 발전

1 고려의 건국과 후삼국 통일 `034 견훤과 궁예` `035 후삼국 통일`

(1) 후삼국의 성립 → 신라 말에 나라가 신라, 후백제, 후고구려로 나뉘었는데 이를 후삼국이라고 해요.

견훤의 후백제 900	• 상주 출신의 견훤이 완산주(전주)에 도읍을 정하고 후백제를 세움 • 충청도와 전라도의 옛 백제 지역 대부분을 차지함 • 군사력을 키워 신라를 압박함 • 통치 조직을 정비하고 중국(후당·오월)과 교류하며 세력을 키움 중학
궁예의 후고구려 901	• 신라 왕족 출신의 궁예가 송악(개성)에 도읍을 정하고 후고구려를 세움 → 국호를 태봉으로 바꿈 • 경기도·황해도·강원도·충청도 일부 지역을 장악하여 넓은 영토를 차지함 • 철원으로 도읍을 옮기고 나라 이름을 '태봉'으로 바꿈 • 광평성 등 각종 정치 기구를 마련함 중학
왕건의 고려 918	• 궁예가 스스로 미륵불이라 부르며 난폭하게 정치를 함 → 반발한 신하들이 궁예를 내쫓음 • 왕건은 호족과 백성의 지지를 얻고 왕위에 올라 고려를 건국함 ── 고구려 계승을 내세워 국호를 고려로 정함 • 이듬해 수도를 철원에서 송악으로 옮김 919

왕건의 고향으로, 고려 때 개경이라고 불림

(2) 후삼국 통일 과정 중학

공산 전투 927	견훤의 후백제군이 왕건의 고려군을 상대로 공산(대구 팔공산)에서 크게 이김
고창 전투 930	지방 호족들의 도움을 받은 왕건의 고려군이 후백제군을 상대로 고창(경북 안동)에서 크게 승리 → 후삼국 사이에서 주도권을 장악함
후백제의 분열	왕권을 둘러싼 내분 발생 → 견훤의 큰 아들 신검이 견훤을 금산사에 가두고 왕위에 오름 → 견훤이 후백제를 탈출하여 왕건의 고려로 감
신라 항복 935	• 후백제의 잦은 공격으로 신라 경순왕은 스스로 나라를 고려에 넘겨줌 • 왕건은 경순왕에게 높은 벼슬과 땅을 주어 우대함
후백제 멸망 936	왕건과 견훤이 손잡고 일리천(경북 구미) 전투에서 신검의 후백제군을 공격하여 멸망시킴 → 후삼국 통일 936

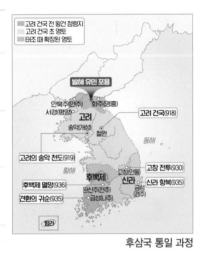

후삼국 통일 과정

(3) 후삼국 통일의 의의 중학

① 신라의 삼국 통일과 달리 외세의 힘을 빌리지 않았습니다.

② 힘을 키운 지방 세력이 중앙 귀족을 몰아내고, 고려 건국에 큰 힘을 보탰습니다.

③ 후백제, 신라, 발해인까지 받아들여 민족 통일을 이루었습니다. 궁금
└ 발해의 세자인 대광현은 관리, 학자, 장군, 승려 등 발해 유민들을 이끌고 망명해 왔고 왕건은 이를 받아들였어요.

○ 왕건
송악 출신의 호족으로, 궁예가 세력을 키우자 궁예의 신하가 되어 후고구려의 건국을 도왔어요. 후백제와의 여러 전투에 참여하여 공을 세워 높은 지위에 올랐지요.

○ 고창 전투와 차전놀이

차전놀이는 왕건과 견훤의 고창 전투에서 유래된 민속놀이예요. 동채 싸움이라고도 하는데, 동부와 서부로 편을 나누고 동채 위에 올라선 대장이 상대편의 대장을 떨어뜨리거나 동채를 땅에 닿게 하면 이기는 놀이랍니다.

궁금 ❓

신라의 삼국 통일과 고려의 통일은 어떤 점이 다른가요?
신라의 문무왕과 고려의 왕건은 세 나라를 하나로 통일했어요. 신라가 삼국을 통일한 이후 고구려 유민들이 신라의 북쪽에 발해를 세우게 되면서 신라는 고구려 유민의 일부만 통합할 수 있었어요. 하지만 고려는 발해 유민을 받아들여 옛 고구려 후손까지 포용하였어요.

---

034 견훤과 궁예

견훤이 후백제를, 궁예가 후고구려를 세웠다

견훤은 신라 진성 여왕 때 농민 봉기를 틈타 옛 백제의 부흥을 내걸고 완산주에서 후백제를 건국했어요. 궁예는 북원의 호족인 양길의 부하 출신으로, 경기도·황해도 일대의 호족들을 규합해 송악에서 후고구려를 세웠어요. 이렇게 신라까지 해서 다시 삼국, 아니 후삼국 시대!

견훤 궁예

035 후삼국 통일

고려의 왕건은 후삼국의 주도권을 놓고 후백제와 겨루었어요. 신라와는 작전상 사이좋게 지냈고요. 이후 고려는 고창 전투에서 후백제를 물리치며 대결의 주도권을 잡아요. 신라의 경순왕도 더는 나라를 유지하기 어렵다고 판단해 스스로 나라를 넘겨주었죠. 고려는 내분이 일어난 후백제까지 격파하며 마침내 후삼국을 통일하였어요.

2 고려의 기틀을 다지기 위한 노력　036 광종　037 성종

(1) 태조 왕건의 정책

호족의 지지와 지원을 얻기 위함

왕권 안정	• 세력이 큰 호족의 딸과 혼인하고, 공을 세운 자들에게 왕족의 성인 '왕씨 성'을 내림 • 기인 제도·사심관 제도의 실시 → 호족을 효과적으로 통제하기 위함 • 후대 왕이 지켰으면 하는 10가지의 가르침(훈요 10조)을 남김 중학
북진 정책	서경(평양) 중시, 북진 정책 추진 → 북쪽으로 영토 확장(청천강~영흥만)
백성의 생활 안정	세금을 생산량의 1/10로 줄이고, 흑창을 설치해 가난한 사람들이 굶주리지 않도록 함
민족 통합 정책	신라와 후백제 출신, 발해의 유민까지 적극 수용
중학 다양한 사상 포용	• 불교를 장려해 나라의 힘을 모으고자 함 → 연등회, 팔관회 등 불교 행사 개최 • 불교, 유교, 도교, 풍수지리설 등 다양한 사상이 어우러짐

왕건의 동상

(2) 광종의 정책 중학

① 노비안검법 실시 : 양인이었다가 노비가 된 자들의 신분을 되찾아 주는 제도로, 호족들의 재산인 노비를 해방시킴으로써 호족 세력을 약화시키고, 왕권을 강화하였습니다.

② 과거제 시행 : 쌍기의 건의로 유교적 지식과 능력을 갖춘 인재를 뽑아 국왕에게 충성하는 관리로 삼았습니다.
　　└ 과거제를 통해 고려 사회가 신라에 비해 개인의 능력을 중시했음을 알 수 있어요.

③ 황제라 칭하고 '광덕', '준풍' 등의 독자적 연호를 사용하였습니다.

④ 관리의 공복을 제정하였습니다. ── 공복은 관리들이 나랏일을 할 때 입는 옷을 말해요. 광종은 공복을 벼슬이 높은 순서대로 자주색, 붉은색, 다홍색, 초록색 옷으로 입게 했어요.

(3) 성종의 정책 중학

① 최승로의 시무 28조를 받아들여 유교를 나라의 통치 이념으로 삼았습니다.

② 중국 제도를 참조하여 2성 6부의 중앙 통치 체제를 완성하였습니다.

③ 전국 주요 지역에 12목을 설치하고 지방관을 파견하였습니다.

④ 국립 교육 기관인 국자감을 설치하여 유학 교육을 실시하였습니다.

⑤ 연등회, 팔관회 등을 금지하였습니다.

3 통치 제도의 정비 중학

중앙 통치 기구	• 중서문하성 : 국가 정책을 심의하여 결정함 • 상서성 : 그 아래 6부를 두어 정책을 집행함 • 도병마사·식목도감 : 중서문하성과 중추원의 고위 관료들이 모여 중요한 정책을 합의		
	중추원	어사대	삼사
	군사 기밀과 왕명 출납 담당	관리의 비리를 감찰하고 정치의 잘잘못을 논함	국가 재정의 출납과 회계 담당

지방 행정 조직	• 전국을 일반 행정 구역인 5도와 군사 행정 구역(북쪽 국경 방어)인 양계로 나누어 통치 　└ 5도에는 안찰사, 양계에는 병마사를 파견하였어요. • 특수 행정 구역 존재 : 향·부곡(주로 농업에 종사), 소(수공업이나 광업에 종사)

○ 기인 제도와 사심관 제도

기인 제도는 지방 호족의 아들 한 명을 개경에 머물도록 하여 호족들이 함부로 반란을 일으키지 못하도록 한 제도예요. 사심관 제도는 지방 호족 출신의 고위 관리를 출신 지역의 사심관으로 임명하여 지방 통제를 책임지게 한 제도예요.

중학교 수준

과거제

문신 관리를 뽑는 제술과와 명경과, 기술 관리를 뽑는 잡과, 승려를 뽑는 승과가 있었고, 무신 관리를 뽑는 무과는 없었어요.

○ 최승로의 시무 28조

시무는 지금 당장 중요하게 다루어야 할 일이라는 뜻으로, 성종에게 유교를 바탕으로 정치를 하도록 건의하는 28가지 정책이에요. 불교를 비판하는 내용이 많았으며 국방, 종교, 왕과 신하의 관계 등 나라 운영에 대한 정책이 담겨집니다.

○ 고려의 중앙 통치 기구

(중서문하성 / 상서성 - 이부, 병부, 호부, 형부, 예부, 공부 / 도병마사 - 국방 논의 / 식목도감 - 법제 제정 / 중추원 / 어사대 - 감찰 / 삼사 - 회계)

○ 어사대

어사대의 관원은 중서문하성의 관리와 함께 왕의 잘못을 논하거나, 왕이 잘못된 명령을 내렸을 때 이를 바로 시행하지 않고 돌려 보내는 등 왕이나 고위 관리의 활동을 제한하였어요.

---

036 **광종**

과거제를 도입하고 노비안검법을 실시하였다

광종은 왕권 강화를 위한 정책을 펴었어요. 호족들이 거느리던 노비를 원래의 신분으로 되돌리는 노비안검법을 실시했어요. 이래야 호족들의 경제적 힘이 약해지니까요. 또 과거제를 실시해 학문 능력에 따라 관리를 선발했지요.

037 **성종**

2성 6부제를 마련하고 12목을 설치하였다

성종은 최승로의 시무 28조를 받아들여 유교를 국가의 통치 이념으로 삼고, 고려의 통치 체제를 정비해 나갔어요. 지방의 주요 거점인 12목에 관리를 파견해 중앙 집권 체제를 강화하였고, 중앙과 지방에 학교를 세워 유학 교육을 장려했어요.

07강 고려의 건국과 발전

기출 문장

─| 보기 |─
㉠ 궁예   ㉡ 일리천 전투
㉢ 광종   ㉣ 성종

❶ ☐ 은 2성 6부제를 마련하고 12목을 설치하였다.

❷ ☐ 은 과거제를 도입하고 노비안검법을 실시하였다.

❸ ☐ 는 후고구려를 세운 후 국호를 태봉으로 바꾸었다.

❹ 후삼국 통일 과정은 고창 전투 → 신라 경순왕의 항복 → ☐ 순이다.

답 ① ㉣ ② ㉢ ③ ㉠ ④ ㉡

기출 문제

기본 4·5·6급

46회

01 밑줄 그은 '나'에 해당하는 인물로 옳은 것은? [2점]

> 나는 송악에서 후고구려를 세웠지. 그 뒤에 철원으로 도읍을 옮기고 나라 이름을 태봉이라 바꿨어.

① 견훤   ② 궁예   ③ 신돈   ④ 왕건

63회

02 (가) 왕에 대한 설명으로 옳은 것은? [2점]

> 짐의 후사들이 나라의 기강을 어지럽힐까 걱정되어 훈요 10조를 남기니, 후세에 전하여 귀감으로 삼도록 하라.

> 네. 분부대로 하겠습니다.

(가)
박술희

① 집현전을 설치하였다.
② 기인 제도를 실시하였다.
③ 나선 정벌을 단행하였다.
④ 노비안검법을 시행하였다.

48회

03 다음 역사 다큐멘터리의 제목으로 가장 적절한 것은? [2점]

> 노비를 안검하고 조사하여, 불법적으로 노비가 된 자가 있으면 양민으로 돌려놓도록 하시오.

① 광종, 왕권 강화를 도모하다.
② 인종, 서경 천도를 계획하다.
③ 태조, 북진 정책을 추진하다.
④ 현종, 지방 제도를 정비하다.

47회

04 (가)에 들어갈 인물로 옳은 것은? [2점]

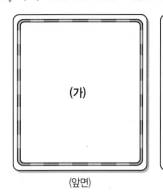

(앞면)

(뒷면)

· 고려 전기의 관리
· 시무 28조를 성종에게 건의
· 유교 정치 이념에 근거한 통치 체제 확립에 기여

① 김부식 ② 최승로 ③ 정몽주 ④ 이제현

55회

05 (가)~(다)를 일어난 순서대로 옳게 나열한 것은? [2점]

① (가) - (나) - (다)   ② (가) - (다) - (나)
③ (나) - (가) - (다)   ④ (다) - (가) - (나)

48회

06 다음 퀴즈의 정답으로 옳은 것은? [1점]

1단계 : 고려 성종 때 설립

2단계 : 유학과 기술 교육을 담당

3단계 : 고려의 최고 교육 기관

제시된 단계별 힌트를 종합하여 알 수 있는 이것은 무엇일까요?

① 경당   ② 향교   ③ 국자감   ④ 주자감

심화 1·2·3급

43회

07 (가) 인물에 대한 설명으로 옳은 것은? [2점]

<역사 다큐멘터리 기획안>

　　　(가)　, 새로운 세상을 꿈꾸다

■ 기획 의도
신라 왕족 출신으로 세력을 키워 나라를 세운 　(가)　 의 생애를 다큐멘터리로 제작하여 당시 상황을 살펴본다.

■ 회차별 방송 내용
· 1회 : 양길의 휘하에서 세력을 키우다
· 2회 : 송악을 도읍으로 나라를 세우다
· 3회 : 국호를 마진으로 바꾸고 철원으로 천도하다

① 후당, 오월에 사신을 파견하였다.
② 광평성 등 각종 정치 기구를 마련하였다.
③ 청해진을 설치하여 해상 무역을 전개하였다.
④ 일리천 전투에서 신검의 군대를 격퇴하였다.
⑤ 신라의 금성을 습격하여 경애왕을 죽게 하였다.

47회

08 (가) 시기에 있었던 사실로 옳은 것은? [2점]

훈요 10조를 지어 후세에 전하노니, 밤낮으로 펼쳐보아 영구히 귀감으로 삼도록 하라.

(가)

신 최승로, 시무 28조를 작성하여 장계와 함께 따로 봉하여 올립니다.

① 정방이 설치되었다.
② 별무반이 편성되었다.
③ 노비안검법이 실시되었다.
④ 독서삼품과가 시행되었다.
⑤ 정동행성 이문소가 폐지되었다.

개념 마스터

08강

고려의 변화와 사회 모습

1 흔들리는 문벌 사회 (중학) 038 이자겸의 난 039 묘청의 서경 천도 운동

(1) 문벌 귀족 → 고위 관리를 지낸 조상의 덕으로 과거 시험을 치르지 않고도 관직에 나갈 수 있게 한 제도
① 과거와 음서를 통해 관직에 진출한 문벌 귀족들은 권력을 독차지하고 국가로부터 많은 토지를 받았습니다.
② 비슷한 가문이나 왕실과 혼인 관계를 맺고 자신들만의 권력을 유지하였습니다.

(2) 이자겸의 난 1126   → 고려 11대 문종부터 17대 인종까지 연이어 왕비를 배출한 가문

배경	• 대표적 문벌 귀족 가문인 경원 이씨 가문이 권력을 장악함 • 이자겸이 왕실과 혼인을 맺어 최고 권력자로 행세함
과정	왕실의 외척(왕의 장인이자 외할아버지)이었던 이자겸은 스스로 왕이 되려고 반란을 일으킴 (궁금) → 위협을 느낀 인종은 이자겸 세력의 내부 분열을 이용해 난을 진압함
결과	문벌 귀족 사회의 한계를 드러냄

(3) 묘청의 서경 천도 운동 1135   → 묘청은 이자겸 등 집권 세력이 권력을 유지하기 위해 금의 요구를 수용하는 것에 대해 반대하였어요.

배경	이자겸의 난으로 궁궐이 불타 없어지자 정지상 등 서경 세력은 풍수 지리설을 내세워 서경 천도를 주장함
과정	서경 세력은 묘청 등과 함께 금을 정벌하고 황제를 칭하며 연호를 사용할 것을 주장함 → 김부식 등 개경 세력이 서경 천도를 반대함 → 서경 천도가 어려워지자 묘청 등이 국호를 '대위'라 하고 서경에서 반란을 일으킴 → 김부식이 이끄는 관군에게 진압됨

묘청의 서경 천도 운동

2 무신 정변과 무신 정권 시대 (중학) 040 무신 정변

→ 정권이나 정치 상황에 변화를 일으킨 사건을 정변이라고 해요.

(1) 무신 정변 1170 : 무신은 오랜 차별 대우와 문신 위주의 정치에 불만을 품고 있었습니다. 문신들의 횡포가 끊이지 않자 무신들이 난(무신 정변)을 일으키고 권력을 차지하였습니다.
→ 의종을 폐위하고 명종을 세워 정권을 장악했어요.

(2) 무신 정권 시대
① 무신 정변 이후 100여 년 동안 무신들이 권력을 잡고 고려를 이끌었습니다.
② 정중부 → 경대승 → 이의민 → 최충헌의 순서로 정권을 잡았습니다.
③ 최충헌 이후에는 최우, 최항, 최의가 권력을 넘겨받아 4대 60여 년 동안 최씨 무신 정권이 이어졌습니다.
→ 사회 개혁안인 봉사 10조를 명종에게 올렸어요.

무신 집권자 →	이의방	정중부	경대승	이의민	최충헌	최우	최항	최의	김준	임연	임유무
집권 기구 →	중방				★교정도감	교정도감 · 정방					

최씨 무신 정권의 최고 권력 기구

키워드
기출 문장 ≫

038 이자겸의 난

왕실의 외척인 이자겸이 난을 일으켰다

경원 이씨는 대대로 왕실과 혼인을 맺었던 가문이에요. 한마디로 고려 전기의 힘센 집안이죠. 그런 경원 이씨의 이자겸은 1126년에 외손자이자 사위인 인종을 몰아내고 왕이 되고자 난을 일으켰어요. 욕심 부리면 탈나는 법! 난은 실패하고 이자겸은 제거되었죠.

039 묘청의 서경 천도 운동

묘청은 금국 정벌과 서경 천도를 주장하였다

고려 인종 때 서경 출신의 승려 묘청은 풍수지리설을 내세워 서경으로 수도를 옮길 것을 주장했어요. 그러나 김부식 의 개경 세력은 서경 천도에 반대했죠. 결국 묘청은 서경에서 난을 일으켰고, 김부식은 관군을 이끌고 가 난을 진압했어요.

④ 무신 정권 초기에 무신들은 백성을 위한 정치를 하려 했으나 시간이 지나면서 문벌 귀족처 럼 자신들의 이익을 채우기 바빴습니다.

⑤ 무신 정변으로 고려의 신분 질서가 흔들리면서 농민과 천민들의 신분 상승에 대한 기대감이 커졌습니다. 궁금

3 무신 정권에 저항한 백성들 중학   041 만적의 난

(1) 배경 : 무신 정권이 들어선 이후 지배층은 불법적으로 백성들의 토지를 빼앗고, 지방관들은 정해진 것보다 많은 세금을 거두는 등 극심한 수탈이 계속되었습니다.

(2) 농민 봉기 : 농민들은 유민이 되거나 도적이 되었으며, 봉기를 일으키기도 하였습니다.

망이·망소이의 난 공주 명학소	만적의 난 개경
망이·망소이 형제가 소에 대한 차별을 없앨 것을 주장하며 난을 일으킴 → 충청도 곳곳으로 퍼졌으나 관군과의 싸움에 패하면서 실패함	최충헌의 사노비였던 만적이 신분 제도를 없앨 것을 주장하며 노비들을 모아 봉기를 계획하였으나 발각되어 실패함
의의 : 특수 행정 구역인 공주 명학소를 일반 고을인 충순현으로 승격시킴	의의 : 신분적 차별을 극복하고 봉기를 계획하였다는 점에서 당시 천민들의 의식 성장을 보여 줌

4 고려의 사회 모습 중학

(1) 신분 제도

귀족	· 지배층 : 왕족을 비롯한 고위 관리, 높은 벼슬과 많은 토지를 차지함 · 귀족 중 대대로 관직과 땅을 물려받아 세력을 키우는 가문도 많음
중류층	남반(궁궐 실무 담당), 향리(지방 행정 실무 담당), 하급 장교(직업 군인) 등
양인	· 주로 농민으로 백성의 대부분을 차지함 · 농사를 지어 생산한 곡식의 일부를 세금으로 내고, 나라 일에 동원됨
천민	노비, 광대, 뱃사공 등으로, 신분 제도에서 가장 낮은 계층

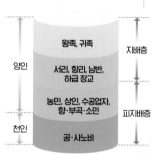

(2) 여성의 지위

① 고려 시대 여성은 사회 진출에는 제한이 있었지만 가정생활에 있어 여성의 지위는 남자와 크게 다르지 않았습니다.

② 결혼하면 남자가 처가에서 사는 것이 일반적이었습니다.

③ 아들과 딸은 재산 상속에 있어 똑같은 권리를 가졌으며 제사도 번갈아 지냈습니다.

④ 족보에 아들과 딸을 태어난 순서대로 적었고, 사위, 외손자, 외손녀도 기록하였습니다.

궁금 ❓

무신 정변으로 고려의 신분 질서가 왜 흔들렸나요?

신분이 낮은 무신들이 권력을 잡자 일반 백성과 천민들도 무신처럼 권력을 잡아 신분을 상승시킬 수 있다고 생각하게 되었어요. 특히 천민이 었던 이의민이 무신 정권의 최고 지배자가 되는 등 낮은 신분으로 출세하는 사람들도 나타났지요.

중학교 수준

무신 집권기 민중의 저항

* 각지의 봉기

최광수(1217)
김보당(1173, 동북면 병마사)
조위총(1174, 서경 유수)
만적(1198)
망이·망소이(1176)
전주 관노비(1182)
이연년 형제(1237)
이비·패좌(1202)
효심(1193)
김사미(1193)

◎ **소에 대한 차별**
소에 사는 백성들은 세금 부담이 컸고 다른 곳으로 이사할 수도 없었으며, 과거 시험도 볼 수 없는 등 일반 백성에 비해 차별을 받았어요.

◎ **사노비**
개인이 소유한 노비로, 주인과 같이 살면서 땔나무를 베어 오거나 밥을 짓는 등 온갖 집안일을 맡았어요. 반면 관청에 소속된 공노비는 관청에서 여러 가지 잡일을 담당하였지요.

◎ **고려 시대 외가의 지위**
음서의 혜택이 사위나 외손자에게도 똑같이 적용되었어요. 또한 공을 세운 사람의 친부모는 물론 장인과 장모도 함께 상을 받기도 했답니다.

---

040 무신 정변

무신들이 정권을 장악하였다

고려 의종 때 무신에 대한 차별 대우에 불만이 쌓인 무신들이 정변을 일으켜 권력을 잡았어요. 이때 의종이 폐위되고 많은 문벌 귀족들이 죽임을 당하거나 관직에서 밀려났죠. 이후 무신들은 100여 년 동안 고려를 이끌었어요. 그러나 무신들 사이의 계속된 권력 다툼으로 고려의 정치는 불안정하였지요.

041 만적의 난

최충헌의 사노비 만적이 봉기를 계획하였다

개경의 노비 만적은 다른 노비들과 함께 자기들의 주인과 최충헌을 죽인 후 노비 문서를 불태우기로 약속했어요. 그러나 계획이 발각되면서 죽임을 당하였죠. 비록 신분이 낮은 노비였지만 그들은 무신 정권 시기에 어쩌면 신분 상승이 가능할 수도 있다는 꿈을 꾸었던 것이지요.

08강 고려의 변화와 사회 모습

키워드 품은 기출 문장

보기
㉠ 이자겸　　㉡ 만적
㉢ 묘청　　㉣ 무신 정변

❶ 개경의 노비 [　　] 은 신분 제도를 없앨 것을 주장하였다.

❷ 왕실의 외척인 [　　] 이 난을 일으켰다.

❸ [　　] 은 풍수지리설을 내세우며 서경 천도를 주장하였다.

❹ [　　] 으로 의종이 폐위되었다.

답 ① ㉡　② ㉠　③ ㉢　④ ㉣

키워드로 풀리는 기출 문제

기본 4·5·6급

30회

01 (가)에 들어갈 내용으로 옳은 것은?　[3점]

역사신문

제△△호　　　　　　○○○○년 ○○월 ○○일

■ 연속 기획 1부　**이자겸, 최고의 권력자가 되기까지**

고려 왕실과의 거듭된 혼인으로 세력을 키워 왔던 경원 이씨 집안은 대표적인 [　(가)　] 이다. 특히 이자겸은 예종과 인종에게 딸들을 시집보내어 최고의 권력자가 되었다.

[연속 기획 기사]

2부　이자겸, 반란을 일으키다
3부　이자겸의 난, 어떻게 진압되었나

① 호족
② 문벌 귀족
③ 진골 귀족
④ 신진 사대부

54회

02 다음 가상 인터뷰에 나타난 사건으로 옳은 것은? [2점]

① 묘청의 난
② 김흠돌의 난
③ 홍경래의 난
④ 원종과 애노의 난

42회

03 다음 만화 장면에 해당하는 사건으로 옳은 것은? [3점]

① 갑신정변
② 무신 정변
③ 원종과 애노의 난
④ 망이·망소이의 난

41회

04 다음 장면에 해당하는 사건으로 옳은 것은? [2점]

① 만적의 난
② 묘청의 난
③ 망이·망소이의 난
④ 원종과 애노의 난

46회

05 다음 두 사건의 공통점으로 옳은 것은? [3점]

망이·망소이의 난 　만적의 난

① 전주성을 점령하였다.
② 서경 천도를 주장하였다.
③ 무신 집권기에 발생하였다.
④ 청의 군대에 의해 진압되었다.

48회

06 (가) 시기에 있었던 사실로 옳은 것은? [3점]

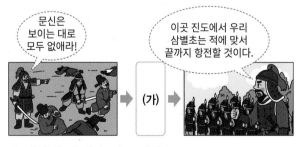

① 김헌창이 난을 일으켰다.
② 최우가 정방을 설치하였다.
③ 묘청이 금 정벌을 주장하였다.
④ 서희가 강동 6주를 획득하였다.

37회

07 다음 자료에 나타난 상황 이후의 사실로 옳은 것은? [3점]

> 정중부 등이 왕을 모시던 신하 20여 명을 살해하였다. 왕은 수문전(修文殿)에 앉아서 술을 마시며 영관(伶官)*들에게 음악을 연주하게 하였으며 밤중에야 잠이 들었다. 이고와 채원이 왕을 시해하려고 했으나 양숙이 막았다. …… 정중부가 왕을 협박하여 군기감으로 옮기고, 태자는 영은관으로 옮겼다.
>
> *영관(伶官) : 음악을 맡아보던 벼슬아치

① 왕실의 외척인 이자겸이 난을 일으켰다.
② 윤관이 여진을 정벌하고 동북 9성을 쌓았다.
③ 공주 명학소에서 망이·망소이가 봉기하였다.
④ 김부식 등이 왕명으로 삼국사기를 편찬하였다.
⑤ 최충이 9재 학당을 세워 유학 교육을 실시하였다.

39회

08 (가) 인물에 대한 설명으로 옳은 것은? [3점]

> ○고종 12년, …… 　(가)　은/는 정방을 자기 집에 설치하고 문사를 선발하여 여기에 소속시켰으니, 이를 비칙치라고 불렀다.
>
> — 『고려사』 —
>
> ○고종 14년, 　(가)　의 문객들은 당대에 이름난 학자들이 많았는데, 이들을 3번(番)으로 나누어 돌아가면서 서방에서 숙직하도록 하였다.
>
> — 『고려사』 —

① 칭제 건원과 금국 정벌을 주장하였다.
② 봉사 10조를 올려 시정 개혁을 제안하였다.
③ 보현원에서 정변을 일으켜 정권을 장악하였다.
④ 강화도로 도읍을 옮겨 몽골의 침략에 대비하였다.
⑤ 전민변정도감의 판사가 되어 권문세족을 견제하였다.

개념 마스터
09강

고려의 대외 항쟁

1 고려와 주변 나라의 관계

> 고려 초기 거란은 낙타 50마리를 보내 국교를 맺을 것을 요구하였지만 왕건은 발해를 멸망시킨 나라라 하여 이를 거부하고 낙타를 굶겨 죽였어요(만부교 사건).

(1) 송과의 관계 : 송은 거란을 견제하기 위해, 고려는 송의 선진 문물을 받아들이기 위해 서로 친선 관계를 유지하였습니다. 광종 때 송에 사신을 보내 외교 관계를 맺었습니다.

(2) 거란과의 관계 : 고구려를 계승한 고려는 건국 초부터 발해를 멸망시킨 거란과 적대적인 관계를 형성하였습니다. 거란이 나라 이름을 '요'로 고치고, 고려를 위협하였습니다.

2 거란과 여진의 침입 ｜042 서희｜ ｜043 강감찬｜

(1) 거란의 침입과 극복

	1차 침입	2차 침입	3차 침입
침입 이유	거란은 고려의 북쪽 땅이 자신들의 땅이라는 핑계로 침입함	고려가 송과의 관계를 끊지 않자 거란이 다시 침입함	고려왕의 거란 방문과 강동 6주 반환을 거부하자 다시 침입함
대응 과정	서희는 거란 장수와 담판을 벌여 거란 군대를 돌려보냄 → 고려는 강동 6주에 성을 쌓고 영토를 확장함	개경을 빼앗김 → 양규가 이끌던 고려군이 7차례에 걸친 전투 끝에 승리함	강감찬은 후퇴하는 거란군을 압록강 근처의 귀주에서 크게 격퇴함(귀주 대첩)
영향	북방 민족의 침입에 대비해 개경에 나성을 쌓고 국경 지역에 천리장성(압록강 ~ 도련포)을 쌓음		

> 압록강 동쪽의 6개의 주
> 도시 외곽을 둘러싼 성

(2) 여진의 침입과 극복 ｜중학｜

침입	여진은 처음에 고려를 부모의 나라로 섬겼으나, 세력이 커지자 고려의 국경 지역을 위협하며 침입함
격퇴	윤관의 건의로 특수 부대인 별무반을 조직 → 여진을 정벌하고 동북 지방에 9성을 쌓음
결과	• 여진의 지속적인 반환 요청과 관리의 어려움 → 동북 9성을 여진에게 돌려줌 • 여진은 금을 세우고 요(거란)를 멸망시킴 → 세력이 커진 금은 고려에 사대할 것을 요구 → 이자겸과 김부식 등 집권 세력은 정권 유지를 위해 사대 요구를 받아들임

> 작은 나라가 큰 나라를 섬기는 외교 형식
> 묘청은 이에 반대하여 금국 정벌 주장

3 몽골의 침입과 고려의 저항 ｜044 김윤후｜ ｜045 삼별초｜

(1) 당시 상황 : 고려는 무신 정권이 들어서고 지배층이 권력 다툼을 벌이고 있었습니다. 이때 몽골은 세계적인 대제국으로 성장하며 고려를 위협하였습니다.

(2) 몽골 침입의 계기

① 몽골은 고려에 사신을 보내 물자를 바칠 것을 무리하게 요구하였습니다.

② 고려에 온 몽골 사신이 돌아가는 길에 죽자, 이를 구실로 몽골군이 침입하였습니다.

> 몽골의 1차 침입, 박서가 귀주성을 지킴

거란의 침입

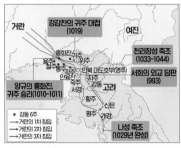

귀주 대첩

고려는 거란의 침입을 예상해 물자를 준비하고 군사를 훈련시키는 등 대비를 하였어요. 강감찬은 흥화진에서 강물을 터뜨리는 전술을 사용해 큰 승리를 거두었답니다.

천리장성

고려는 거란과 여진 등 북방 민족의 침입에 대비해 압록강 입구에서 동해안의 도련포에 이르는 국경 지대에 천리장성을 쌓았어요.
고구려도 천리장성을 쌓았는데, 이는 당의 침입에 대비한 것으로 비사성에서 부여성에 위치하였어요.

중학교 수준
척경입비도

윤관이 동북 9성을 쌓은 뒤 고려의 국경임을 알려 주는 비석을 세우는 장면을 그린 것으로, 조선 후기에 만들어진 『북관유적도첩』에 실려 있어요.

키워드
기출 문장 >>

042 서희

강동 6주를 획득하였다

거란이 침입하자 고려의 서희는 거란 장수 소손녕과 담판을 벌였어요. 그 결과 고려는 송과 외교 관계를 끊는다는 조건으로, 거란과 외교 관계를 맺고 강동 6주의 땅까지 획득하는 성과를 거두었죠. 뛰어난 외교술로 싸우지 않고도 거란을 물리치고, 영토까지 확보한 서희♥

043 강감찬

귀주에서 거란을 격퇴하였다

현종 때 거란이 다시 침입했지만 고려엔 강감찬이 있었죠. 강감찬이 이끄는 고려군은 귀주에서 거란군을 크게 물리쳤어요(귀주 대첩). 이후 고려는 북방 민족의 침입에 대비하고자 천리장성을 쌓았어요.

(3) 고려의 저항

충주성 전투	충주성에서 몽골군을 막아내 경상도 지역을 지킴 → 몽골군은 고려와 타협하고 물러감
강화 천도 1232	고려 정부(최우 집권 시기)는 도읍을 강화도로 옮김 **궁금**
처인성 전투	⌐흙으로 만든 작은 성 처인성(용인) 전투에서 김윤후가 몽골 장군 살리타를 사살 → 승리
개경 환도 1270	'도읍을 다시 개경으로 옮기고 화친을 맺으면 전쟁을 끝내겠다'는 몽골의 요구에 따라 고려 정부가 개경으로 다시 돌아옴
삼별초의 항쟁	배중손 등이 이끄는 삼별초는 개경 환도를 반대하며 강화도에서 진도, 제주도로 이동해 항쟁을 계속하였지만 결국 고려와 몽골 연합군에게 진압됨　┗항파두리성

(4) 몽골과의 전쟁 결과

① 문화재 소실 : 국토가 황폐해지고 초조대장경과 황룡사 9층 목탑 등이 불탔습니다. ┌불교 경전을 모두 모아 놓은 것

② 무신 정권 붕괴 : 문신 세력이 다시 정치를 주도하였습니다.

③ 삼별초의 항쟁이 진압되면서 80여 년 동안 원의 간섭을 받게 되었습니다.

4 원의 간섭과 공민왕의 개혁 정치 중학 046 공민왕

원의 간섭	• 고려 왕은 원의 공주와 혼인하고 왕자는 원에 인질로 보내짐, 왕실의 호칭과 관제가 낮추어짐 • 쌍성총관부, 동녕부, 탐라총관부를 설치해 고려 영토의 일부를 직접 지배함 • 원이 일본을 정벌하기 위해 설치하였던 정동행성을 일본 원정 실패 후에도 그대로 두어 고려를 간섭함 • 고려의 처녀들을 공녀로 원에 끌고 갔으며, 매년 금·은·인삼·매 등을 바침
권문세족의 성장	• 원 간섭기 원에 기대어 권력을 얻은 권문세족이 새로운 지배층으로 등장 • 권문세족은 음서를 통해 관직을 세습하고 고위 관직을 차지함 • 백성들의 토지를 빼앗아 대규모 농장을 운영함
공민왕의 개혁 정치	• 반원 개혁 정치를 실시해 몽골식 풍습(변발, 몽골식 복장) 금지 • 친원 세력인 기철 등을 숙청, 정동행성 이문소(범죄를 다스리는 기구) 폐지 • 전민변정도감 설치 : 신돈을 등용, 억울하게 노비가 된 사람들을 원래 신분으로 되돌리고, 권문세족이 빼앗은 토지를 원래 주인에게 돌려줌 • 영토 회복 : 쌍성총관부를 공격해 원에 빼앗겼던 철령 이북의 땅을 되찾음

5 홍건적과 왜구의 침입 중학
┌원에 반대하여 일어난 중국 한족의 반란군으로, 머리에 붉은 두건을 썼어요.

(1) **신흥 무인 세력의 성장** : 고려 말 홍건적과 왜구 침입을 자주 받았습니다. 이를 물리치는 과정에서 최영(홍산 대첩), 이성계(황산 대첩) 등 신흥 무인 세력이 성장하였습니다.

(2) **화포의 제작** : 최무선은 화통도감을 설치하고 화포를 만들어 진포 대첩에서 왜구를 격퇴하였습니다.

(3) **쓰시마 섬 토벌** : 박위는 왜구의 근거지인 쓰시마 섬을 토벌하였습니다.

궁금 ?

왜 고려는 강화도로 수도를 옮겼나요?
몽골은 유목 민족으로 가축이 먹을 만한 물과 풀밭을 찾아 주기적으로 일정 지역을 이동하며 살았어요. 따라서 기마병 중심이었던 몽골군은 물살이 빠르고 갯벌이 넓은 바다에서의 전투에는 약했어요. 이에 고려는 강화도로 수도를 옮긴 거예요.

몽골의 침입과 저항

◎ **공민왕의 영토 회복**

◎ **화통도감**

고려 시대에 화약과 무기 등을 만드는 일을 맡았던 임시 관청으로, 최무선의 건의로 만들어졌어요.

---

044 김윤후

처인성에서 몽골군을 막아 내었다

몽골군이 침입하자 승려 김윤후는 처인 부곡의 주민들과 함께 맞서 싸워 몽골 장수 살리타를 죽였어요. 이후 충주성에서도 관노비들과 함께 끝까지 성을 지켜 몽골군을 물리쳤죠.

045 삼별초

몽골군에 맞서 삼별초가 끝까지 항쟁하였다

무신 정권의 군사적 기반이었던 삼별초는 개경 환도에 반대하며, 강화도→ 진도→ 제주도로 근거지를 옮기며 몽골에 저항했어요. 그러나 결국 고려와 몽골 연합군의 공격을 받아 진압되었죠.

046 공민왕

쌍성총관부를 공격해 탈환하였다

공민왕은 원의 간섭을 물리치고 고려의 힘을 키우려 했어요. 친원 세력을 내쫓고, 변발과 같은 몽골 풍습을 금지하였으며, 쌍성총관부를 공격해 원에 빼앗긴 북쪽 땅도 되찾았죠.

09강 고려의 대외 항쟁

기출 문장

| 보기 |

㉠ 서희　　㉡ 강감찬　　㉢ 김윤후
㉣ 삼별초　　㉤ 공민왕

❶ [　] 는 외교 담판으로 강동 6주를 획득하였다.

❷ [　] 때 쌍성총관부를 공격하여 탈환하였다.

❸ [　] 가 처인성에서 몽골군을 막아 내었다.

❹ 몽골이 침입하였을 때 [　] 가 끝까지 항쟁하였다.

❺ [　] 이 귀주에서 거란을 격퇴하였다.

답 ① ㉠　② ㉤　③ ㉢　④ ㉣　⑤ ㉡

키워드로 풀리는
기출 문제

기본 4·5·6급

49회

01 (가) 인물에 대한 설명으로 옳은 것은? [2점]

역사를 사랑하는 래퍼들의 도전
역사래퍼 시즌 2

들어봐.
거란의 침입을 막아낸 (가) 의 외교 담판
이야기! 고구려의 옛 땅이 거란의 땅이라고?
노~노~
고려는 고구려의 후!계자! 그래서 이름도 고!려!
거란을 외면하고 송나라만 사귄다고? 노~노~
우리 사이 여진이 가로막고 있어 통하지 못할 뿐!

① 4군 6진을 개척하였다.
② 강동 6주를 획득하였다.
③ 동북 9성을 축조하였다.
④ 쌍성총관부를 공격하였다.

47회

02 밑줄 그은 '나'에 해당하는 인물로 옳은 것은? [1점]

나는 귀주에서 거란군을 크게 물리쳤습니다.
또한 개경에 나성을 쌓아 북방 세력의 침입에
대비할 것도 건의하였습니다.

귀주

① 서희　② 강감찬　③ 김종서　④ 연개소문

50회

03 (가) 인물의 활동으로 옳은 것은? [2점]

경의 건의에 따라 설치된
별무반을 거느리고
여진을 정벌하시오.

명을
받들겠습니다.

신기군
신보군
항마군

(가)

① 우산국을 정복하였다.
② 4군 6진을 설치하였다.
③ 강동 6주를 확보하였다.
④ 동북 9성을 축조하였다.

60회

04 (가)~(다)를 일어난 순서대로 옳게 나열한 것은? [3점]

여진을 내쫓고
우리 옛 땅을 돌려
준다면 어찌 거란과
교류하지
않겠는가?

항복은 없다.
거란에 맞서
끝까지 싸우자.

이곳 귀주에서
거란군을 모두
물리쳐라.

소손녕　서희
(가)

양규
(나)

강감찬
(다)

① (가) - (나) - (다)　② (가) - (다) - (나)
③ (나) - (가) - (다)　④ (다) - (가) - (나)

51회

05 (가) 시기에 있었던 사실로 옳은 것은? [3점]

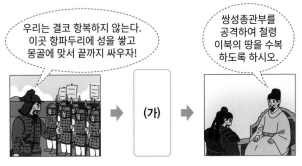

① 별무반이 편성되었다.
② 김헌창이 난을 일으켰다.
③ 김부식이 삼국사기를 편찬하였다.
④ 지배층을 중심으로 변발과 호복이 유행하였다.

63회

06 (가) 왕의 업적으로 옳은 것은? [2점]

① 사비로 천도하였다.
② 북한산 순수비를 세웠다.
③ 독서삼품과를 실시하였다.
④ 전민변정도감을 설치하였다.

48회

07 (가)에 들어갈 학습 주제로 적절한 것은? [2점]

① 몽골의 침입과 항쟁
② 왜구의 침략과 격퇴
③ 여진 정벌과 동북 9성 축조
④ 서양 함대의 침입과 척화비 건립

49회

08 다음 외교 문서를 보낸 국가에 대한 고려의 대응으로 옳은 것은? [2점]

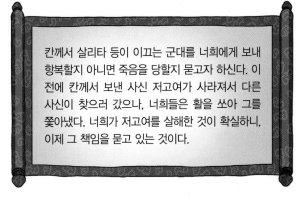

칸께서 살리타 등이 이끄는 군대를 너희에게 보내 항복할지 아니면 죽음을 당할지 묻고자 하신다. 이전에 칸께서 보낸 사신 저고여가 사라져서 다른 사신이 찾으러 갔으나, 너희들은 활을 쏘아 그를 쫓아냈다. 너희가 저고여를 살해한 것이 확실하니, 이제 그 책임을 묻고 있는 것이다.

① 이자겸이 사대 요구를 수용하였다.
② 서희가 소손녕과 외교 담판을 벌였다.
③ 김윤후 부대가 처인성에서 적장을 사살하였다.
④ 강감찬이 군사를 이끌고 귀주에서 크게 승리하였다.

심화 1·2·3급

37회

09 다음 상황이 나타난 시기를 연표에서 옳게 고른 것은? [2점]

왕이 원(元) 연호의 사용을 중지시키면서 교서를 내렸다. "근래에 나라의 풍속이 크게 바뀌어 오직 권세만을 추구하게 되었으니, 기철 일당이 권세를 믿고 나라의 법도를 뒤흔드는 일이 벌어졌다. …… 법령을 다듬어 명확히 하고 기강을 정돈함으로써 조종(祖宗)이 세운 법을 회복하여 온 나라 백성들과 함께 시작하고자 한다."

	918	1009	1135	1232	1270	1388
		(가)	(나)	(다)	(라)	(마)
	고려 건국	강조의 정변	묘청의 난	강화 천도	개경 환도	위화도 회군

① (가)　　② (나)　　③ (다)
④ (라)　　⑤ (마)

10강

고려의 경제·사회·문화

1 고려의 경제와 사회 중학 · 047 전시과 · 048 벽란도

(1) 토지 제도

┌→ 왕건이 후삼국 통일에 공을 세운 신하들에게 기여한 바에 따라 나누어 준 토지

① 왕건은 고려를 세운 공신들에게 역분전을 나누어 주었습니다.

② 경종 때 전시과가 처음 실시되었습니다. 관리에게 국가에 복무하는 대가로 토지의 수조권을 준 제도입니다. 관리를 18등급으로 나누고 등급에 따라 곡물을 거둘 수 있는 전지(농토)와 땔감을 얻을 수 있는 시지(임야)를 주었습니다. → 토지에서 나는 생산물을 세금으로 거둘 수 있는 권리(수조권)를 준 것이에요.

(2) 화폐

① 외국과의 무역이 활발해지고, 상업·수공업이 발달하면서 주전도감에서 화폐를 만들었습니다.

건원중보	해동통보	은병(활구)
성종 때 만들어진 우리나라 최초의 금속 화폐	숙종 때 만들어진 금속 화폐	은으로 제작한 호리병 모양의 고가 화폐

② 물물교환이 익숙했던 백성들은 여전히 곡식과 옷감 등을 사용하였기 때문에 큰 효과를 거두지는 못하였습니다.

(3) 대외 무역 : 무역항인 벽란도를 통해 송, 일본, 아라비아 상인 등과 활발히 교류하였습니다.

송	· 송과 가장 활발히 교류함 · 비단, 약재, 차, 자기, 서적 등을 수입하고 인삼, 종이, 먹, 나전 칠기 등을 수출함
거란(요), 여진(금)	· 거란과 여진을 멀리하였지만 육로를 통해 교류함 · 은, 모피, 말 등을 수입하고 농기구, 곡식 등을 수출함
일본	교류가 활발하지 않았지만 진주, 수은, 유황 등을 수입하고 포목, 인삼 등을 수출함
아라비아	· 수은, 향료 등을 수입하고 금, 은, 비단 등을 수출함 · 고려를 다녀간 아라비아 상인들에 의해 '코리아'라는 이름이 세계에 알려짐

(4) 수공업 : 사원(절)에서 종이, 기와 등을 만들어 파는 사원 수공업이 발전하였습니다. 궁금

(5) 의생활

① 비단은 귀하고 값이 비싸 귀족만 입을 수 있었고, 백성은 삼베옷을 여러 겹 입어 겨울을 지냈습니다. 삼베나 모시는 여름에는 입기 좋았지만 겨울이 되면 추위를 막아 낼 수 없었어요.

② 문익점이 원에서 목화씨를 가져와 재배에 성공하면서 의생활이 크게 변화하였습니다.

고려의 대외 무역

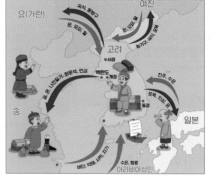

궁금 ❓

고려에서는 왜 사원 수공업이 발전했나요?

고려는 불교를 중시했던 사회였던 만큼 사원은 많은 권력을 누릴 수 있었어요. 국가에서는 사원전(토지)과 노비를 주고 세금 혜택도 주었지요. 사원에서는 이를 바탕으로 다양한 수공업품을 만들었어요. 기술이 좋은 승려나 노비들이 베, 모시, 소금, 종이, 술, 기와 등을 생산했지요. 사원에서 생산하는 물건의 품질이 좋아지면서 사원은 고려 후기 상공업 활동의 중심지가 되었답니다.

목화

원에 사신으로 갔던 문익점이 목화씨를 가져와 목화 재배에 성공하였어요. 목화솜으로 옷과 이불을 만들게 되어 이전보다 겨울을 따뜻하게 보낼 수 있었지요.

키워드

기출 문장 »

047 전시과

관직 복무의 대가로 전지와 시지를 지급하였다

전시과는 관리를 18등급으로 나누어 곡식을 거둘 수 있는 농토와 땔감을 얻을 수 있는 임야의 수조권(세금을 대신 거둘 수 있는 권리)을 주는 제도를 말해요. 한마디로, 관리에게 세금을 거둘 수 있는 토지를 준다는 뜻이지요.

048 벽란도

벽란도가 국제 무역항으로 번성하였다

벽란도는 수도 개경과 가깝고 예성강 하구에 위치하고 있어 국제 무역항으로 발전했어요. 송의 상인은 물론 일본과 아라비아 상인 등이 드나들었죠. 이들에 의해 고려는 '코리아(Corea)'라는 이름으로 세계에 알려지게 되었답니다.

2 고려의 불교 문화 중학   049 부석사 무량수전   050 논산 관촉사 석조 미륵보살 입상   051 팔만대장경

(1) 불교의 발전 : 불교는 건국 초기에 국가의 지원을 받으며 왕실과 수도를 중심으로 발전하였고, 점차 백성과 지방에 널리 퍼져 전국 곳곳에 절이 세워졌어요. 절은 국가로부터 받은 땅과 노비, 활발한 경제 활동 등으로 재산을 늘리고, 넓은 땅을 소유하기도 하였습니다.

(2) 불교 행사
└ 여행자를 위한 숙박 시설(원)을 운영하거나, 농민에게 땅과 곡식을 빌려 주고 그 댓가를 받았어요. 사원 수공업도 운영했지요.

연등회	매년 초 전국 곳곳에 연등을 다는 행사로, 사람들은 밤새도록 행렬을 지어다니며 소원을 빔
	궁궐 등에 수많은 등불을 밝혀 태조 왕건을 기리고 부처의 가르침이 널리 퍼지기를 기도함
팔관회	전통 신앙과 불교가 결합된 종교 행사로, 개경과 서경에서 매년 가을 추수가 끝난 후 열림
	행사 기간 동안 사람들은 하나가 되어 춤, 노래, 놀이를 즐기는 등 나라 전체가 성대한 축제를 벌임
	송 상인과 여진의 사절이 와서 왕에게 선물을 바치고 행사에 참여하기도 함

(3) 대표 승려 → 승과라는 과거 시험을 실시하고 학문이나 덕이 높은 승려는 왕사나 국사가 되었어요.

대각국사 의천	문종의 넷째 아들로 왕자였으나 출가하여 승려가 됨. 송에서 유학하고 돌아옴
	분열되어 있는 불교계를 통합하기 위해 노력함 → 해동 천태종 창시
	불교 경전의 해설서를 모아 『교장』으로 정리 화폐(해동통보)를 만들 것을 주장함
보조국사 지눌	무신 집권기에 불교 교단 간의 갈등이 심화되자 불교계의 타락을 비판함
	수선사 결사를 제창하며 불교 개혁 운동을 전개함

└ 공동의 목적을 이루기 위해 단체를 조직함.

불교 경전을 중시하는 교종과 참선을 중시하는 선종을 하나로 합치고자 했어요.

(4) 불교 문화유산 중학

절의 경제력
수선사(송광사)에 소속된 노비들에 대한 기록으로, 절의 경제력을 알 수 있어요. 또한 절이 소유한 땅이 넓어지자 이를 표시하기 위해 경계에 장생표를 세워 그 안의 땅이 절의 것임을 알렸답니다.

순천 송광사 고려고문서와 장생표

팔관회(상상화)

불교 의식뿐만 아니라 태조 왕건과 하늘의 신에게도 제사를 지내는 등 다양한 종교 의식도 행해졌어요.

건축	석탑

· 부석사(경북 영주) : 신라 때 의상이 처음 지었고, 고려 때 다시 고쳐 지음

· 부석사 무량수전 : 부석사에 있는 목조 건물로 배흘림 기둥 기법이 독특하고 소박한 아름다움을 지님
└ 기둥의 가운데 부분은 볼록하고, 위아래는 좁아지는 형태를 말해요.

 영주 부석사 무량수전

 평창 월정사 팔각 9층 석탑

 개성 경천사지 10층 석탑
원의 영향을 받았고, 조선의 원각사지 10층 석탑 건립에 영향을 주었어요.

 개성 현화사 7층 석탑

불상 고려의 불상은 거대하고, 생긴 모습이 투박하며, 균형이 맞지 않기도 해요.   **회화**

 하남 하사창동 철조 석가여래 좌상

 안동 이천동 마애여래 입상

 18m 논산 관촉사 석조 미륵보살 입상

 파주 용미리 마애이불 입상

 수월관음도

(5) 팔만대장경 : 부처님의 힘으로 몽골의 침입을 이겨 내기 위해 팔만대장경을 만들었습니다. 해인사 장경판전에 보관되어 있으며 모양이 뒤틀리거나 틀린 글자 없이 고르고 정교하여 고려의 발달된 목판 인쇄술을 보여 줍니다.

 합천 해인사 팔만대장경판

---

049 부석사 무량수전

나무로 만든 오래된 건축물로, 기둥 위에만 공포를 두는 주심포 양식과, 아래에서 3분의 1 지점의 폭을 가장 넓게 만들어 가운데 부분이 볼록한 배흘림 기둥으로 유명하답니다.

배흘림 기둥

050 논산 관촉사 석조 미륵보살 입상

돌로 만들어 '석조', 미래에 부처로 올 보살이라 하여 '미륵보살', 서 있는 조각상이어서 '입상'이에요. 우리나라에서 제일 큰 불상으로 높이가 무려 18m! 고려의 호족 세력이 자신들의 힘을 과시하고자 거대 석불을 만들었죠.

051 팔만대장경

팔만대장경은 목판으로 제작되었다

합천 해인사에 있는 팔만대장경은 불교의 힘으로 고려에 침입한 몽골군을 물리치고자 불경의 글들을 모아 새겨 만든 것이에요. 목판 수가 8만 장이 넘어 팔만대장경이라 부르죠.

3 고려 문화의 발전 　052 삼국사기　053 고려청자　054 직지심체요절

(1) 고려의 역사책 중학

전기	『삼국사기』: 인종 때 왕명으로 김부식이 편찬, 현재까지 남아 있는 우리나라 역사책 중 가장 오래됨, 유교적 입장에서 신라를 중심으로 삼국의 역사를 서술함
후기	• 『동명왕편』: 이규보가 편찬, 고구려 시조인 동명왕(주몽)에 대한 이야기를 서술 → 고구려 계승 의식을 반영 • 『삼국유사』: 원 간섭기에 승려 일연이 편찬, 고조선에서 신라 말까지의 역사책, 단군의 건국 이야기를 처음으로 수록, 불교사를 중심으로 고대의 설화와 풍속 등도 기록

○ 청자 상감 운학무늬 매병

12세기 중엽에 제작된 고려의 대표적인 상감 청자예요. 독창적인 상감 기법을 볼 수 있지요.

(2) 고려청자

① 발달: 고려청자는 수출을 통해 다른 나라에서 가치를 인정받았습니다. 특히 상감 청자는 고려만의 독창적인 청자로 여겨졌습니다. 예 청자 상감 운학무늬 매병, 청자 참외모양병

　그릇의 표면에 무늬를 새기고 그 안에 다른 색의 흙을 채운 후 유약을 발라 굽는 상감 기법으로 만들어졌어요.

② 상감 청자 만드는 과정

물레를 이용해 모양 만들기

무늬 새기고 다른 색 흙 넣기

초벌구이: 그늘에서 말린 후 굽기

유약 바르기

마침 구이: 더 높은 온도에서 굽기

③ 용도: 청자로 된 항아리, 주전자, 찻잔, 접시, 베개, 향로, 벼루 등 다양한 생활용품이 만들어졌습니다. 만들기 어려웠기 때문에 주로 왕실과 귀족들이 사용하였습니다.

(3) 인쇄술

○ 목판 인쇄술의 단점

나무에 글자를 새기다가 중간에 글자가 틀리면 새 나무에 처음부터 다시 새겨야 하는 불편함이 있었어요. 또 목판은 제작하는 데 시간이 오래 걸리고, 갈라지거나 휘어지는 나무의 성질 때문에 보관하기 어려웠지요.

목판 인쇄술	목판에 글자를 모두 새겨 한판으로 찍어 냄 → 한 종류의 책만 인쇄가 가능함 예 팔만대장경
금속 활자	┌ 마찰되는 부분이 닳아서 없어지는 것 • 금속으로 만들기 때문에 쉽게 마모되지 않고 보관이 쉬움 • 금속으로 활자를 조합하여 책을 찍어 냄 → 여러 종류의 책을 인쇄할 수 있음 예 『직지심체요절』(현재까지 남아 있는 세계에서 가장 오래된 금속 활자본)

밀랍 활자 만들기

주형틀로 밀랍자를 감싸 주형틀을 만듦

동과 주석, 납을 섞어 녹인 쇳물을 부음

인쇄할 내용에 맞춰 활자 배열

활자판에 먹을 바른 후 인쇄

(4) 공예: 옻칠한 그릇 바탕에 조개껍데기 조각인 자개를 붙여 무늬를 표현한 나전 칠기가 발달하였습니다. 중학

---

052 삼국사기

김부식이 삼국사기를 편찬하였다

고려가 통일 신라를 계승했다고 보았으며, 유교적 입장에서 서술되었어요. 『삼국사기』는 지금까지 전하는 가장 오래된 역사서로 우리나라 고대사를 알 수 있는 중요한 자료랍니다.

053 고려청자

고려는 독창적인 상감 기법을 적용해 연꽃, 봉황, 학 등 다양한 무늬를 넣어 화려한 상감 청자를 만들었어요. 특히 비취색이 나는 고려 청자의 아름다움은 중국 사람들에게도 널리 알려졌지요.

054 직지심체요절

금속 활자 인쇄본 중 세계에서 가장 오래되었다

고려 목판 인쇄술의 발전은 금속 활자의 발명으로 이어졌어요. 청주 흥덕사에서 인쇄한 『직지심체요절』은 현재 남아 있는 금속 활자본 중 가장 오래된 것이에요. 안타깝게도 대한 제국 시기 프랑스로 반출되어, 현재 프랑스 국립도서관에 있답니다.

10강 고려의 경제·사회·문화

키워드 품은 기출 문장

| 보기 |

㉠ 전시과 ㉡ 벽란도
㉢ 팔만대장경 ㉣ 삼국사기 ㉤ 직지심체요절

❶ ⬜⬜⬜ 는 고려 시대의 국제 무역항으로 번성하였다.

❷ 김부식이 ⬜⬜⬜ 를 편찬하였다.

❸ 현재 합천 해인사에 있는 ⬜⬜⬜ 은 목판으로 제작되었다.

❹ ⬜⬜⬜ 은 금속 활자 인쇄본 중 세계에서 가장 오래되었다.

❺ 고려는 관리에게 토지 수조권을 주는 ⬜⬜⬜ 를 마련하였다.

답 ① ㉡ ② ㉣ ③ ㉢ ④ ㉤ ⑤ ㉠

키워드로 풀리는 기출 문제

기본 4·5·6급

47회

01 다음 발표에 해당하는 국가의 경제 상황으로 옳은 것은?

[2점]

① 벽란도가 국제 무역항으로 번성하였다.
② 담배, 인삼 등의 상품 작물이 재배되었다.
③ 관청에 물품을 조달하는 공인이 활동하였다.
④ 시장을 감독하기 위한 동시전이 설치되었다.

50회

02 다음 상황을 볼 수 있었던 국가의 경제 정책에 대한 설명으로 옳은 것은?

[2점]

① 건원중보를 발행하였다.
② 신해통공을 단행하였다.
③ 연분 9등법을 시행하였다.
④ 관수 관급제를 실시하였다.

57회

03 다음 퀴즈의 정답으로 옳은 것은?

[1점]

① 양규 ② 일연 ③ 김부식 ④ 이제현

47회

04 (가)에 들어갈 내용으로 옳은 것은?   [2점]

고려 시대에 관직 복무 등에 대한 대가로 전지와 시지를 차등 지급한 이 제도는 무엇일까요?

한국사 퀴즈 대회

(가)

① 관료전   ② 대동법   ③ 전시과   ④ 호포제

44회

05 (가)에 들어갈 용어로 옳은 것은?   [2점]

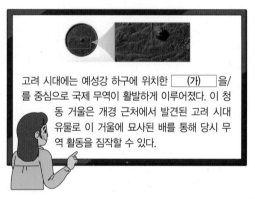

고려 시대에는 예성강 하구에 위치한 (가) 을/를 중심으로 국제 무역이 활발하게 이루어졌다. 이 청동 거울은 개경 근처에서 발견된 고려 시대 유물로 이 거울에 묘사된 배를 통해 당시 무역 활동을 짐작할 수 있다.

① 당항성   ② 벽란도   ③ 울산항   ④ 청해진

60회

06 다음 가상 인터뷰의 (가)에 들어갈 내용으로 적절한 것은?   [3점]

지눌 스님, 불교를 위해 어떤 활동을 하셨나요?

(가)

① 무애가를 지었습니다.
② 천태종을 개창하였습니다.
③ 수선사 결사를 제창하였습니다.
④ 왕오천축국전을 저술하였습니다.

45회

07 (가)에 들어갈 인물로 옳은 것은?   [2점]

인물 한국사

대각국사 (가)

△△△ 지음

왕자로 태어나 승려가 되어 천태종을 개창한 그의 일생을 만나 보세요.

① 의천   ② 혜초   ③ 원효   ④ 묘청

61회

08 밑줄 그은 '그 일'에 해당하는 내용으로 옳은 것은?   [2점]

몽골군의 침략으로 부인사에 보관된 대장경판이 남김없이 불에 탔습니다. 이런 큰 보배가 없어졌는데 어찌 감히 일이 어려운 것을 염려하여 다시 만들지 않겠습니까? 이제 왕과 신하 모두 한마음으로 담당 관청을 설치하고 <u>그 일</u>을 맡아 시작할 것을 다짐합니다. 원하옵건대 부처님께서는 신통한 힘으로 흉악한 오랑캐를 물리치시고 다시는 우리 땅을 밟는 일이 없게 해 주소서.

① 삼국사기 편찬
② 팔만대장경 제작
③ 직지심체요절 간행
④ 무구정광대다라니경 인쇄

51회

09 다음과 같은 기법으로 제작된 문화유산으로 옳은 것은?

[2점]

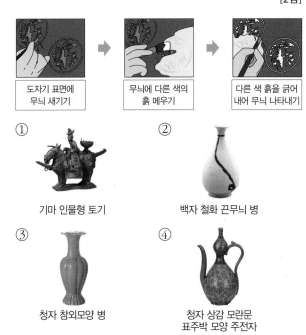

| 도자기 표면에 무늬 새기기 | → | 무늬에 다른 색의 흙 메우기 | → | 다른 색 흙을 긁어 내어 무늬 나타내기 |

① 기마 인물형 토기

② 백자 철화 끈무늬 병

③ 청자 참외모양 병

④ 청자 상감 모란문 표주박 모양 주전자

46회

10 다음과 같은 방식으로 제작된 문화유산으로 옳은 것은?

[3점]

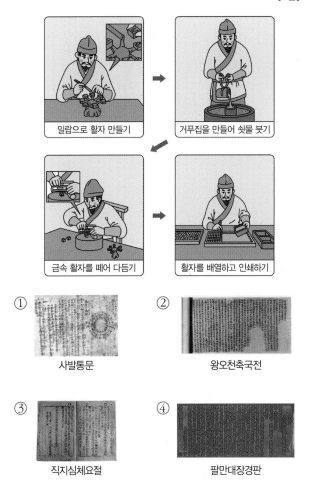

밀랍으로 활자 만들기 → 거푸집을 만들어 쇳물 붓기

금속 활자를 떼어 다듬기 → 활자를 배열하고 인쇄하기

① 사발통문

② 왕오천축국전

③ 직지심체요절

④ 팔만대장경판

46회

11 (가)에 들어갈 공예품으로 옳은 것은?

[3점]

이 제품은 표면에 얇게 간 조개껍데기를 정교하게 오려 붙인 고려 최고의 공예품입니다.

○○홈쇼핑

고려 명품 특별전

• 옻칠을 하여 오래 보존 가능
• 활구로 구입 가능

(가)

매진 임박

주문전화 : ○○○-○○○-○○○

① 청화 백자

② 놋그릇

③ 화문석

④ 나전 칠기

심화 1·2·3급

42회

12 (가)에 해당하는 문화유산으로 옳은 것은?

[1점]

우리 고장의 문화유산에 대해 말해 보자.

국보 제323호이자 고려 시대 최대 규모의 불상인 [(가)]이/가 있어.

은진 미륵이라고도 불리는데, 거대하고 투박하면서도 지역적 특색을 담고 있지.

① ② ③ ④ ⑤

5

조선의 성립과 발전

정도전을 비롯한 신진 사대부와 새로운 무인 세력이었던 이성계는 운명을 다한 고려를 두고 볼 수만은 없었어요. 썩은 부분을 도려내고, 반대파까지 제거한 후 1392년 마침내 새로운 왕조인 '조선'을 건국하였어요.

조선은 유교 이념을 바탕으로 백성이 근본이 되는 나라를 만들고자 하였어요. 태종이 나라의 기초를 단단하게 다지고, 세종은 이를 바탕으로 왕과 신하가 조화를 이루는 정치를 펼쳤으며, 훈민정음을 창제하는 등 과학과 문화의 꽃도 피웠어요.

나라가 세워진 후 200여 년간 큰 전쟁 없이 평화를 누리던 조선은 16세기 이후 임진왜란과 병자호란이라는 전쟁의 소용돌이에 휘말리게 되는데요, 과연 조선은 이 위기를 극복하고, 다시 나라를 지켜 낼 수 있을까요?

그럼, 지금부터 500년 조선의 역사가 시작하는 순간으로 함께 가 보도록 하겠습니다.

최근 3개년 시험 출제 비중

기본 47~63회 기출 문제 약 660 문항을 분석하였어요.

11%

5
조선의 성립과
발전

11강	조선의 건국과 발전	18%
12강	임진왜란과 병자호란	20%
13강	조선 전기의 사회와 문화	62%

정도전

★ 호패

경국대전

6조 직계제

사림

조광조

행주 대첩

광해군

동의보감

병자호란

농사직설

자격루

앙부일구

몽유도원도

11강

조선의 건국과 발전

○ **정도전과 정몽주**

정도전 정몽주

정도전은 고려를 대신해 이성계를 중심으로 새로운 나라를 세워야 한다고 주장하였어요. 조선 건국 이후에는 『조선경국전』이라는 법전을 지어 왕에게 바쳤지요.
정몽주는 고려 말의 충신으로, 고려를 유지하면서 개혁해야 한다고 주장하며 조선의 건국을 반대하였어요. 이성계의 아들 이방원은 정몽주를 자신의 편으로 만들기 위해 '하여가'라는 시를 지어 보냈지만 정몽주는 '단심가'를 지어 고려에 대한 충성심을 드러냈지요. 결국 이방원이 보낸 자객에 의해 정몽주는 선죽교에서 죽임을 당했어요.

1 조선의 건국 과정 055 위화도 회군 056 정도전

4불가론●
1. 작은 나라가 큰 나라를 거스를 수 없음
2. 여름에 군사를 동원하면 불리함
3. 요동 정벌을 틈타 왜구가 쳐들어올 수 있음
4. 장마철이라 활시위가 늘어나고, 전염병이 돌 수 있음

요동 정벌	명이 고려에 철령 이북의 땅을 요구 → 고려 우왕과 최영이 이를 거부하고 요동 정벌을 추진하여 이성계와 대립 → 최영의 주장에 따라 요동 정벌을 위한 군대를 파견함
위화도 회군 1388	이성계는 요동 정벌을 위해 5만 명의 군사를 이끌고 북쪽으로 향함 → 4가지 이유(4불가론)를 들어 위화도(평북 의주)에서 군사를 되돌려 개경을 점령하고 권력을 잡음
과전법 실시 1391, 공양왕 3년	• 조준·정도전 등의 건의로 실시 → 권문세족이 불법적으로 차지한 토지를 빼앗아 재분배하여 신진 사대부의 경제적 기반을 마련하고자 했어요. • 전·현직 관리에게 수조권(토지에서 세금을 거둘 수 있는 권리)을 지급함
조선 건국 1392	이성계 등 신흥 무인 세력과 정도전 등 일부 신진 사대부가 정몽주 등의 반대 세력을 제거하고 조선을 건국함

└ 우리 역사상 최초의 국가인 고조선 계승
└ 고려 말 과거를 통해 관직에 진출한 새로운 정치 세력으로, 성리학을 개혁 사상의 기반으로 삼았어요.

2 한양 천도와 도성 설계

(1) **한양 천도** 1394 : 한양은 나라의 중심부에 위치하고 한강을 끼고 있어 교통이 편리했으며, 여러 산으로 둘러싸여 외적 방어에 유리하였습니다.

(2) **한양 설계** : 정도전은 유교 원리(인의예지신)에 따라 한양 도성을 설계하고, 궁궐·종묘·사직단 등의 위치와 이름을 지었으며, 성벽의 동서남북에 사대문을 만들었습니다.
└ 인자하고, 의롭고, 예의 바르고, 지혜롭고, 믿음이 있어야 한다는 뜻

수도 한양의 모습

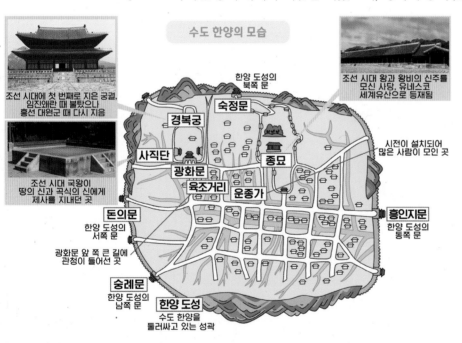

조선 시대에 첫 번째로 지은 궁궐, 임진왜란 때 불탔으나 흥선 대원군 때 다시 지음

조선 시대 국왕이 땅의 신과 곡식의 신에게 제사를 지내던 곳

조선 시대 왕과 왕비의 신주를 모신 사당, 유네스코 세계유산으로 등재됨

한양 도성의 북쪽 문
숙정문
경복궁
시전이 설치되어 많은 사람이 모인 곳
사직단
종묘
광화문
육조거리 **운종가**
돈의문
한양 도성의 서쪽 문
흥인지문
한양 도성의 동쪽 문
광화문 앞 쪽 큰 길에 관청이 들어선 곳
숭례문
한양 도성의 남쪽 문
한양 도성
수도 한양을 둘러싸고 있는 성곽

경복궁의 모습

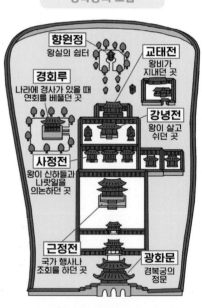

향원정
왕실의 쉼터
교태전
왕비가 지내던 곳
경회루
나라에 경사가 있을 때 연회를 베풀던 곳
강녕전
왕이 살고 쉬던 곳
사정전
왕이 신하들과 나랏일을 의논하던 곳
근정전
국가 행사나 조회를 하던 곳
광화문
경복궁의 정문

▶▶▶

055 위화도 회군

이성계는 위화도 회군으로 권력을 잡았다

명
요동
위화도
고려
개경

요동 정벌에 나선 이성계는 압록강의 위화도에서 역사적인 결정을 내렸어요. 바로 위화도 회군! 이성계는 요동이 아닌 개경을 향해 군대를 돌려요. 그리고 최영을 제거하고 정권을 잡았어요.

056 정도전

정도전이 조선경국전을 저술하였다

고려 말 성리학을 공부한 신진 사대부 정도전은 이성계와 손잡고 새 왕조 건국에 앞장섰어요. 반대 세력인 정몽주 등을 제거하고, 이성계를 왕으로 추대하였죠(1392). 또 조선의 수도 한양을 설계하며 조선 건국의 기초를 다졌어요.

조선

3 국가 기틀의 확립 [중학] 057 호패 058 경국대전

태종	· 제1차 왕자의 난을 통해 정도전과 세자 등을 제거하고 권력을 잡아 왕위에 오름 · 6조 직계제 실시 : 나라의 중요한 일을 6조에서 직접 보고받고 처리 · 전국을 8도로 나누고 지방관을 파견, 수령(지방관)이 지켜야 할 덕목 마련 · 군사력 강화 : 왕족과 공신들이 개인적으로 거느린 사병을 없앰 · 호패법 실시 : 인구를 파악하고 세금을 거두는 데 활용 · 신문고 설치 : 백성의 억울한 사정을 듣기 위함

세종 조선 4대 임금

· 태종 때 이룬 안정된 왕권을 바탕으로 유교 정치를 실현하려 함
· 집현전 설치 : 궁궐에 있는 학문 연구 기관, 정인지·신숙주·성삼문 등의 인재 등용
· 왕권과 신권의 조화를 추구하는 의정부 서사제 실시 ──→ 왕과 6조 사이에 의정부를 거쳐 중요한 일을 처리
· 경연 실시 : 왕과 신하가 학문과 정책을 토론함
　→ 왕이 신하들의 의견을 정책에 반영함
· 훈민정음 창제 및 반포 : 우리 고유의 글자로 '백성을 가르치는 바른 소리'라는 뜻
· 영토 확장 : 여진을 몰아내고 최윤덕을 파견해 4군(압록강 유역), 김종서를 파견해 6진(두만강 유역)을 개척
· 쓰시마 섬 정벌 : 이종무를 보내 쓰시마 섬(대마도)을 정벌하여 왜구를 물리침
· 편찬 사업

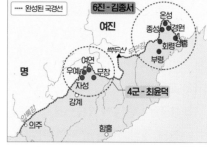

4군 6진

『농사직설』 농법서

『향약집성방』 의약서

『칠정산』 달력 계산법 책

『삼강행실도』 윤리서

세조	· 계유정난으로 정권 장악 → 성삼문 등 사육신이 단종 복위를 시도하였으나 실패함 　└→ 수양 대군(훗날 세조)이 왕위를 찬탈하기 위해 단종을 보좌하던 김종서와 황보인을 제거한 사건이에요. · 왕권 강화 : 6조 직계제 부활, 집현전 폐지, 경연의 일시적 중단 · 『경국대전』 편찬 시작 : 나라를 다스리는 조선의 기본 법전(성종 때 완성) · 직전법 실시 : 국가 재정을 확보하기 위해 현직 관리에게만 수조권을 줌

성종

· 홍문관 설치 : 세조 때 폐지된 집현전을 계승, 경연을 활성화함
· 훈구를 견제하기 위해 사림을 등용함
· 『경국대전』 완성·반포 : 『경국대전』에 따라 유교적 통치 질서를 확립하고, 중앙 정치 제도 및 지방 행정 제도를 마련하여 통치 체제를 완성함
· 편찬 사업

『경국대전』

『동국여지승람』
지리뿐만 아니라 풍속, 인물 등도 자세히 기록한 지리책

『국조오례의』
국가 의례 정비

『악학궤범』
궁중 음악 집대성

◉ 왕자의 난
이방원은 아버지인 이성계를 도와 조선을 건국하는 데 앞장섰어요. 하지만 태조가 정도전 등과 함께 배다른 동생인 이방석을 세자로 책봉하자 왕자의 난을 일으켰지요. 이것이 제1차 왕자의 난이에요. 제2차 왕자의 난은 실권을 장악한 이방원에게 대항하는 이방간이 일으켰어요.

◉ 6조
6조는 이조·호조·예조·병조·형조·공조의 실무 담당 행정 기관이에요. 지금의 행정 각 부와 비슷한 역할을 했어요.

◉ 호패

오늘날의 주민등록증과 같은 신분증이에요. 왕족에서 노비에 이르기까지 16세 이상의 남자는 누구나 갖고 다녀야 했던 신분패로, 신분에 따라 재료와 새겨진 내용이 달랐어요.

◉ 집현전
임금에게 유교의 경전과 역사를 강의하는 경연과 세자를 교육하는 서연을 담당하였어요. 그러나 세조 때 집현전에서 세조를 반대하는 학자들이 많이 나오자 집현전을 없앴어요.

中학교 수준

경연
홍문관을 중심으로 왕과 신하들이 모여 유교 경전과 역사를 공부하면서 학문과 정책을 토론하는 제도예요. 주로 신하들 중에서 학식과 덕망이 높은 사람을 불러 자리를 마련해 나라의 중요한 정책을 합의했지요.

---

057 호패

태종이 호패법을 실시하였다

호패는 조선 시대에 16세 이상의 남자에게 발급하였던 일종의 신분증이에요. 이름과 출생 연도 등 인적 사항이 적혀 있죠. 태종은 호패법을 실시하여 인구를 파악하고 세금 징수와 군역 부과의 자료로 사용하였어요.

058 경국대전

경국대전을 완성하여 반포하였다

나라를 다스리는 가장 기본적인 법전으로, 세조 때 만들기 시작해 성종 때 완성되었어요. 조선은 『경국대전』에 따라 중앙 및 지방 통치 제도를 마련하고 운영했죠. 왕 마음대로 다스리는 국가가 아닌 법에 의해 운영되는 국가였던 겁니다.

4 통치 제도의 정비 중학 · 059 6조 직계제 · 060 성균관

(1) 통치 조직

◆ 조선의 중앙 통치 기구

왕 — 의정부 — 6조 — 이조 인사 관리
호조 세금과 예산 업무
예조 교육과 외교 담당
병조 국방과 통신 담당
형조 범죄와 법률 담당
공조 건설과 수공업 담당

의금부 특별 사법 기구
승정원 왕의 비서 기구
3사 — 홍문관 학술, 경연 담당 지원
사헌부 관리 비리 감찰 간쟁·봉박·서경
사간원 국왕 정치 비판
춘추관 역사 편찬
성균관 최고 교육 기관
한성부 수도 행정 담당

중앙 정치 제도	• 의정부 : 국정 최고 기관, 영의정·우의정·좌의정의 3정승이 합의를 통해 국정을 총괄함	
	• 6조 : 실제 업무를 실행하는 행정 기관, 이조·호조·예조·병조·형조·공조로 구성	
	• 왕과 신하의 조화를 이루는 통치 체제를 갖추고자 노력함 → 국정 운영의 주도권을 둘러싸고 갈등 발생 → 6조 직계제와 의정부 서사제가 번갈아 시행됨	
	6조 직계제	6조가 의정부를 거치지 않고 곧바로 왕에게 보고함, 태종과 세조 때 실시됨
	의정부 서사제	6조가 먼저 의정부에 보고하면 의정부의 재상들이 논의한 후 왕에게 보고함, 세종 때 실시됨
	• 의금부 : 국가의 큰 죄인을 조사하여 처벌	
	• 승정원 : 왕명을 전달하는 국왕의 비서 기관	
	• 3사 : 언론 활동 담당, 사헌부·사간원·홍문관으로 구성	
지방 행정 제도	• 전국을 8도로 나누고 그 아래에 부·목·군·현을 둠	
	• 8도에는 관찰사를 파견하고 부·목·군·현에는 수령을 파견	

└ 왕과 대신들의 국정 운영을 비판하고 관리의 부정을 살피는 등 언론 활동을 담당하였어요. 권력의 독점과 부정을 방지하는 데 기여하였죠.

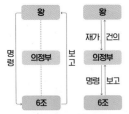

◆ 6조 직계제와 의정부 서사제

왕 / 왕
명령 / 재가 건의
의정부 / 의정부
보고 / 명령 보고
6조 / 6조

6조 직계제는 왕의 권한을 강화한 것이고, 의정부 서사제는 의정부의 권한을 강화시키고 왕권을 견제하는 제도예요.

(2) 교육 제도

└ 한 고을을 맡아 다스리는 지방관으로 행정·군사·사법권을 가졌으며 '사또'라고도 해요.

① 성균관 : 한양에 있는 최고 교육 기관(국립 대학), 학생들이 모여 공부하는 명륜당, 기숙사인 동재와 서재, 공자의 위패를 모신 대성전이 있습니다.
② 향교 : 지방에 세운 중등 교육 기관으로 유학을 공부하였습니다. → 중앙에서 교수와 훈도 파견
③ 서원 : 지방 양반의 주도로 세워진 사립 교육 기관, 인재를 길렀으며 선현에 대한 제사와 학문 연구를 담당하였습니다.
④ 서당 : 현재의 초등학교와 유사한 기초 교육 기관, 보통 7~8세에 입학해 천자문을 읽혔고 『동몽선습』, 『소학』 등을 배웠습니다.

(3) 과거 제도

① 원칙적으로 양인이면 누구나 과거에 응시할 수 있었으나 현실적으로 불가능하였습니다.
② 3년마다 실시하는 것이 원칙이었으며, 특별한 경우에도 실시되었습니다.
③ 문관을 선발하는 문과, 무관을 선발하는 무과, 기술관을 선발하는 잡과로 나뉘었습니다.

└ 주로 중인들이 응시

(4) 신분 제도 : 법적으로 양인과 천민, 실제적으로는 양반·중인·상민·천민으로 구분하였습니다.

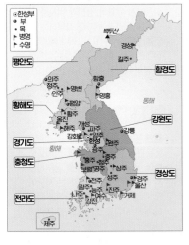

◆ 조선의 지방 행정 조직

한성부 / 부 / 목 / 병영 / 수영
백두산
평안도 / 함경도
황해도 / 강원도
경기도
충청도 / 경상도
전라도
제주

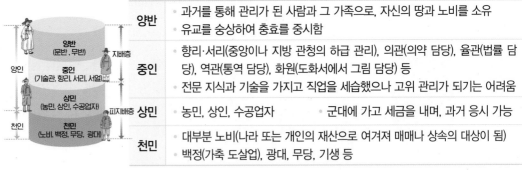

양반 (문반, 무반) 지배층	• 과거를 통해 관리가 된 사람과 그 가족으로, 자신의 땅과 노비를 소유 • 유교를 숭상하여 충효를 중시함
중인 (기술관, 향리, 서리, 서얼)	• 향리·서리(중앙이나 지방 관청의 하급 관리), 의관(의약 담당), 율관(법률 담당), 역관(통역 담당), 화원(도화서에서 그림 담당) 등 • 전문 지식과 기술을 가지고 직업을 세습했으나 고위 관리가 되기는 어려움
상민 (농민, 상인, 수공업자) 피지배층	• 농민, 상인, 수공업자 · 군대에 가고 세금을 내며, 과거 응시 가능
천민 (노비, 백정, 무당, 광대)	• 대부분 노비(나라 또는 개인의 재산으로 여겨져 매매나 상속의 대상이 됨) • 백정(가축 도살업), 광대, 무당, 기생 등

양인 / 지배층 / 피지배층 / 천인

---

059 **6조 직계제**

6조 직계제를 시행하였다

조선은 의정부의 3정승이 나랏일을 총괄하고, 6조에서 나라의 실무를 집행하도록 하였어요. 그런데 태종은 의정부를 건너뛰고 6조가 바로 왕에게 나랏일을 보고하게 하였어요. 이것이 6조 직계제! 재상 중심이 아닌 국왕 중심의 정치 운영을 하겠다는 뜻이 담겨 있지요.

060 **성균관**

최고 교육 기관으로 성균관이 있었다

성균관은 조선 시대 최고의 교육 기관이었어요. 성균관 학생은 유교 성현의 제사를 지내고, 수준 높은 유학을 배워 관리가 되었어요. 대성전은 제사를 지내는 공간이고, 명륜당은 학생들이 공부하는 곳이에요.

5 사림의 등장과 사화의 발생 중학   061 사림   062 조광조

(1) 훈구와 사림

훈구	• 세조의 집권을 도왔던 공신 세력으로, 나라로부터 많은 토지와 노비를 받음 • 왕실과 혼인 관계를 맺으면서 권력을 강화하고 주요 관직을 차지함
°사림	• 지방의 중소 지주로서, 조선의 건국에 협력하지 않고 성리학을 연구하던 학자들을 계승함 • 향촌 자치와 왕도 정치를 추구하였으며, 왕권과 신권의 조화를 강조함 • 성종 때 과거를 통해 중앙 정치에 대거 진출함 예 김종직 • 주로 3사에 임명되어 언론과 학술을 담당하고 훈구 세력의 비리와 권력 독점을 비판함 → 사림 세력과 훈구 세력 간의 정치적 갈등이 심해짐

(2) 사화의 발생

① 사화는 훈구 세력과의 대립으로 사림 세력이 크게 피해를 입은 사건입니다.

② 성종이 죽고 연산군이 즉위하자, 사림 세력의 비판에 눌려있던 훈구 세력이 사림을 공격하였습니다.

③ 연산군~명종 때에 훈구와 사림의 정치적 대립 등을 배경으로 네 차례 일어났습니다.

무오사화 1498, 연산군	연산군은 사림 세력이 자신의 증조할아버지인 세조를 비판(김종직의 '조의제문')하였다는 이유로 많은 신하들을 죽임 궁금
갑자사화 1504, 연산군	• 연산군의 어머니이자 성종의 비인 윤씨가 폐비된 후 사약을 먹고 사망함 • 어머니의 죽음에 대해 모르고 있었던 연산군은 자신의 어머니가 억울하게 죽었다고 생각하여 어머니의 죽음과 관련된 신하들을 처벌함 • 사림 세력뿐만 아니라 훈구 세력도 큰 피해를 입음
기묘사화 1519, 중종	• 폭정을 일삼던 연산군을 쫓아내고 중종이 왕위에 오름(중종반정) → 훈구 세력이 다시 권력을 잡음 • 중종은 훈구 세력을 견제하기 위해 3사의 권한을 강화하고 조광조 등의 사림을 등용함 • 조광조의 개혁 정치 ❶ 왕실의 도교 행사를 주관하던 관청인 소격서를 폐지함 ❷ 추천을 통해 관리를 선발하는 현량과를 시행하여 젊은 사림이 관직에 나아갈 수 있는 길을 열었음 ┌► 위훈 삭제라고 해요. 이때 위훈을 박탈당한 사림은 전체 공신의 3/4에 해당했죠 ❸ 중종이 왕위에 올랐을 때 부당하게 공신이 된 훈구 대신의 공훈을 삭제할 것을 주장 • 급진적인 개혁에 부담을 느낀 중종과 훈구 세력이 조광조를 비롯한 사림 세력을 제거함
을사사화 1545, 명종	명종의 어머니인 문정 왕후와 명종의 외삼촌인 윤원형이 반대파를 대거 숙청함 → 외척 세력 간의 정치적 다툼 속에서 사림 세력이 큰 피해를 입음

(3) 사림의 위기와 극복 : 사화를 거치면서 많은 사림 세력이 희생되었습니다. 그때마다 사림 세력은 향촌 사회에서 백성들에게 유교적 질서를 보급하며 꾸준하게 세력을 키워 선조 때부터 다시 정국을 주도하였습니다.

◎ 사림 계보도

```
            정몽주
              │
            길 재
              │
            김숙자
              │
            김종직
        ┌─────┼─────┐
      정여창  김굉필  김일손
        ┌─────┼─────┐
      이언적 서경덕 조광조  김안국
      ┌───┬───┐   ┌───┬───┐
     조 식 이 황   이 이 성 혼
     영남 학파      기호 학파
```

궁금 ❓

왜 무오사화가 일어났나요?
김종직은 세조 때 문과에 급제하여 관직에 진출한 사림 세력의 대표적인 인물이에요. 그는 항우에 의해 죽임을 당한 초나라의 황제(의제)를 추모하는 내용의 '조의제문'을 지어 세조의 왕위 찬탈을 비판하였어요. 세조의 집권을 도왔던 훈구 세력은 의제가 단종을, 항우가 세조를 가리킨다고 하여 사림을 공격하였지요. 이것이 바로 무오사화가 일어나는 원인이 되었답니다.

◎ 조광조

김굉필의 제자로, 스승이 죽자 사림 세력의 우두머리가 되어 개혁 정치를 주도하였어요.

---

061 사림

사림은 지방에서 학문 연구와 교육에 힘쓴 문인들의 제자들이에요. 성종 때 김종직이 중앙 정치에 진출하면서 그의 제자들을 중심으로 세력을 형성하였죠. 하지만 훈구 세력과의 대립으로 인한 여러 차례의 사화로 큰 피해를 당하기도 하였어요.

062 조광조

소격서 폐지를 주장하였다

조광조는 중종반정 이후 중앙 정치에 진출한 사림의 대표 인물이에요. 조광조는 소격서 폐지, 현량과 시행, 위훈 삭제 등 급진적인 개혁을 펼쳤어요. 이를 본 훈구 세력은 가만히 있지 않았어요. 조광조가 왕이 되려는 역모를 꾸민다고 하여 조광조를 비롯한 사림 세력을 제거하지요. 이것이 바로 기묘사화!

11강 조선의 건국과 발전

키워드 품은 기출 문장

| 보기 |

| ㉠ 위화도 회군 | ㉡ 정도전 | ㉢ 경국대전 |
| ㉣ 성균관 | ㉤ 조광조 |

❶ 고려 말 이성계에 의해 ☐☐☐☐ 이 일어났다.

❷ 성종은 조선의 기본 법전인 ☐☐☐ 을 완성하여 반포하였다.

❸ ☐☐☐ 은 『조선경국전』을 저술하였다.

❹ ☐☐☐ 는 소격서를 폐지하였다.

❺ 조선 시대의 최고 교육 기관으로 ☐☐☐ 이 있었다.

답 ① ㉠ ② ㉢ ③ ㉡ ④ ㉤ ⑤ ㉣

키워드로 풀리는 기출 문제

기본 4·5·6급

46회

01 (가)에 들어갈 문화유산 스탬프로 옳은 것은? [3점]

서울을 거닐며 조선을 만나다

다음 설명에 해당하는 문화유산 스탬프를 찍으세요.

첫 번째	두 번째	세 번째
근정전, 강녕전 등이 있는 조선의 궁궐	역대 왕과 왕비의 신주를 모신 곳	반달 모양의 옹성을 갖춘 한양 동쪽의 성문
경복궁	(가)	흥인지문

①  종묘

②  사직단

③ 성균관

④  명동 성당

47회

02 다음 자료를 활용한 탐구 주제로 가장 적절한 것은? [2점]

우왕과 최영이 요동 공격을 결정하자 이성계가 이르기를, "지금 출병하는 것은 네 가지 이유로 불가합니다. 작은 나라가 큰 나라를 공격할 수 없는 것이 첫 번째요, 여름에 군사를 동원할 수 없는 것이 두 번째요, 왜구가 빈틈을 노릴 수 있는 것이 세 번째요, 장마철이어서 활은 아교가 풀어지고 질병이 돌 것이니 이것이 네 번째입니다."라고 하였다.

① 위화도 회군의 배경
② 동북 9성의 축조 과정
③ 훈련도감의 설치 목적
④ 고구려의 남진 정책 추진

51회

03 (가)에 들어갈 내용으로 옳은 것은? [2점]

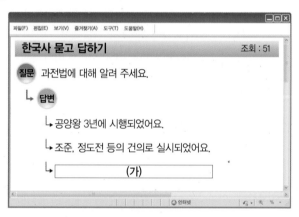

한국사 묻고 답하기 조회 : 51

질문 과전법에 대해 알려 주세요.

↳ 답변
↳ 공양왕 3년에 시행되었어요.
↳ 조준, 정도전 등의 건의로 실시되었어요.
↳ (가)

① 공인이 등장하는 배경이 되었어요.
② 토지 소유자에게 지계를 발급하였어요.
③ 전지와 시지를 품계에 따라 나누어 주었어요.
④ 전·현직 관리에게 토지의 수조권을 지급하였어요.

47회

04 (가)에 해당하는 인물로 옳은 것은? [2점]

오늘 (가) 이 조선경국전을 지어 바쳤으니 말과 비단, 백은을 상으로 내려주도록 하라.

분부대로 거행하겠습니다.

① 송시열 ② 정도전 ③ 정약용 ④ 홍대용

54회

05 (가)에 들어갈 내용으로 옳은 것은? [2점]

> 두 차례 왕자의 난을 통해 집권한 조선의 제3대 왕에 대해 말해 볼까요?

> 6조 직계제를 실시하였어요.

> (가)

① 직전법을 제정하였어요.
② 호패법을 시행하였어요.
③ 장용영을 설치하였어요.
④ 척화비를 건립하였어요.

55회

06 (가)에 들어갈 책으로 옳은 것은? [2점]

> 책이 완성되어 여섯 권으로 만들어 바치니, (가) 이라는 이름을 내리셨다. 형전과 호전은 이미 반포되어 시행하고 있으나 나머지 네 법전은 미처 교정을 마치지 못하였는데, 세조께서 갑자기 승하하시니 지금 임금[성종]께서 선대의 뜻을 받들어 마침내 하던 일을 끝마치고 나라 안에 반포하셨다.

① 경국대전　　　② 동국통감
③ 동의보감　　　④ 반계수록

46회

07 (가)~(다)를 일어난 순서대로 옳게 나열한 것은? [3점]

(가)	(나)	(다)
위화도 회군	과전법 제정	이성계 즉위

① (가) - (나) - (다)　② (나) - (가) - (다)
③ (나) - (다) - (가)　④ (다) - (나) - (가)

52회

08 (가)에 들어갈 내용으로 옳은 것은? [2점]

조선의 건국 과정을 소개합니다.
한양 천도
조선 건국
과전법 실시

① 비변사 혁파
② 위화도 회군
③ 대전회통 편찬
④ 훈민정음 창제

50회

09 밑줄 그은 '이것'으로 옳은 것은? [1점]

조선 시대로 떠나는 시간 여행

조선 시대 16세 이상의 남자들이 신분을 증명하기 위해 몸에 차고 다녔던 이것을 관람하고, 직접 만들어 보는 체험 활동이 이루어집니다.

· 일시 : 2020년 ○○월 ○○일~○○일
· 장소 : ◇◇ 민속촌 전시실 및 체험실

① 교지　　② 족보　　③ 호패　　④ 공명첩

11강 조선의 건국과 발전

10 (가)에 들어갈 내용으로 옳은 것은? [2점]

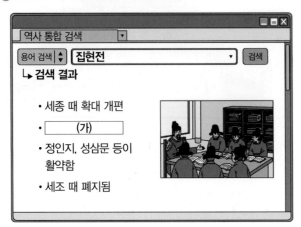

① 신문을 발행함
② 병든 백성을 치료함
③ 학문 연구를 담당함
④ 군사 훈련을 실시함

11 밑줄 그은 '이 왕'의 업적으로 옳은 것은? [1점]

① 4군 6진을 개척하였다.
② 경국대전을 완성하였다.
③ 대동여지도를 제작하였다.
④ 백두산 정계비를 건립하였다.

12 밑줄 그은 '왕'이 추진한 정책으로 옳은 것은? [2점]

① 삼별초를 조직하였다.
② 직전법을 시행하였다.
③ 한양으로 천도하였다.
④ 훈민정음을 창제하였다.

13 교사의 질문에 대한 학생의 답변으로 옳지 않은 것은? [2점]

60회

14 (가) 기구에 대한 설명으로 옳은 것은? [2점]

① 왕명 출납을 관장하였다.

② 수도의 행정과 치안을 맡았다.

③ 외국어 통역 업무를 담당하였다.

④ 사간원, 홍문관과 함께 삼사로 불렸다.

50회

15 (가)에 들어갈 기구로 옳은 것은? [2점]

① 승정원　② 어사대　③ 집사부　④ 홍문관

49회

16 (가)에 들어갈 내용으로 옳은 것은? [2점]

① 경신환국　　　② 무오사화

③ 인조반정　　　④ 임오군란

49회

17 (가)에 들어갈 내용으로 옳은 것은? [1점]

① 향교　② 성균관　③ 육영 공원　④ 4부 학당

48회

18 (가)에 들어갈 내용으로 옳은 것은? [2점]

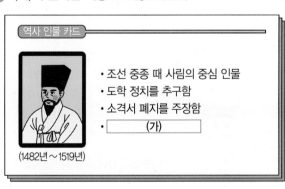

① 성학집요를 저술함

② 백운동 서원을 건립함

③ 현량과 실시를 건의함

④ 시헌력 도입을 주장함

개념 마스터

12 강

임진왜란과 병자호란

1 임진왜란
063 이순신 | 064 행주 대첩 | 065 광해군 | 066 동의보감

(1) 임진왜란의 전개 1592

배경	도요토미 히데요시가 조선과 명을 정복하려 함 궁금
한성 함락	일본군이 부산에 상륙 → 동래성 함락 → 충주 함락(신립이 탄금대에서 배수진을 치고 싸웠으나 패배) → 한성 함락 → 선조는 의주로 피란, 명에 지원군 요청 → 일본군이 평양을 점령하고 함경도 지역까지 북상
수군과 의병의 활약	• 이순신이 이끄는 조선 수군이 옥포 해전, 한산도 대첩(학이 날개를 펼치는 모습으로 적을 에워싸는 학익진 전술) 등에서 승리함 • 전국에서 곽재우, 유정(사명대사) 등이 백성을 모아 의병을 일으킴 중학 유성룡은 의병을 모집하고, 훈련도감의 설치를 건의함
조명 연합군	수군의 잇따른 승리, 명의 군대 참전 → 김시민의 진주 대첩 → 평양성 탈환 → 권율의 행주 대첩 → 일본의 강화 회담 제의 → 싸우는 두 편이 싸움을 멈추고 평화로운 상태를 만들고자 모여서 하는 토의
정유 재란	강화 회담이 결렬되자 1597년에 일본이 다시 조선을 침입 → 수군이 명량 대첩에서 일본군을 물리침 → 도요토미 히데요시의 사망과 노량 해전에서의 패배로 일본이 조선에서 완전히 철수함 → 이순신 장군이 전사하였어요.

전쟁을 피해 안전한 곳으로 옮겨 가는 것

임진왜란의 전개 과정

(2) 임진왜란 이후의 상황

① 경복궁, 불국사 등 문화재가 파괴되었고, 많은 조선인이 죽거나 일본으로 끌려갔습니다. 이 때 끌려간 이삼평 등 도공(도자기 기술자)들은 일본 도자기 기술 발전에 영향을 주었습니다.

② 통신사 파견 : 일본의 요청으로 파견된 통신사는 외교 사절단인 동시에 조선의 학문·기술·문화를 전해 주는 문화 사절의 역할도 하였습니다.

③ 후금의 등장 : 명의 국력이 크게 약화된 틈을 타 여진이 세력을 키우고 후금을 세웠습니다.

(3) 광해군의 정책 → 한 나라에 치우치지 않고 각 나라에 같은 중요도를 두는 '중립 외교'를 펼쳤어요.

중학 전후 복구	• 전쟁 이후의 상황을 수습하기 위해 노력함, 토지와 인구를 조사하여 국가 재정에 힘씀 • 『동의보감』 편찬 : 왕명에 따라 허준이 쓴 의학책, 주변에서 구할 수 있는 약초를 이용한 치료법 • 대동법 실시 : 백성들의 세금 부담을 줄여 주고자 공물을 특산물 대신 쌀, 베, 동전 등으로 내게 함 → 선혜청에서 주관하여 경기도 지역에서 처음 실시하였어요.
중립 외교	• 또다시 전쟁을 겪지 않기 위해 쇠약해지는 명과 새롭게 성장하는 후금 사이에서 중립 외교를 전개함 • 명이 후금을 물리치기 위해 조선에 군사를 요청 → 광해군은 강홍립을 파견하면서 상황에 맞게 대처할 것을 지시함

궁금 ?

도요토미 히데요시는 왜 조선과 명을 침략하려 했나요?
도요토미 히데요시가 분열되었던 일본을 통일하였어요. 하지만 도요토미 히데요시에게 불만을 가진 세력이 많았고, 통일로 일자리를 잃은 무사들의 불만도 높았지요. 이러한 불만이 자신에게 향하지 않게 하려고 조선 침략을 감행한 것이지요. 일본군은 명으로 가는 길을 내어 달라는 구실로 약 20만 명의 군사를 이끌고 조선을 침략해 왔어요.

○ 곽재우

『징비록』을 저술해 임진왜란의 참혹함을 기록하였어요.

경상도 의령에서 의병을 일으켰으며 지역의 지형을 활용한 전술로 일본군에 큰 피해를 준 인물이에요. 붉은 옷을 입고 의병을 이끌어서 '홍의장군'이라고 불렸죠.

○ 통신사

임진왜란으로 조선은 일본과 국교를 단절했어요. 그러나 광해군 때 일본의 요청을 받아들여 동래부에 왜관을 설치하고, 제한된 범위 내에서 무역을 허용하였지요. 이후 조선은 일본에 정기적으로 통신사를 파견하였답니다.

키워드 기출 문장 ▶▶

063 이순신

이순신이 한산도 앞바다에서 승리하였다

임진왜란으로 위기에 빠진 조선, 그러나 이순신이 있었어요. 이순신의 조선 수군은 해전에서 거북선을 앞세워 연이어 승리했어요. 특히 한산도 앞바다에서 학익진 전술을 이용해 거둔 대승(한산도 대첩)으로 조선은 바다를 지켰고, 일본의 보급로를 차단하였죠.

064 행주 대첩

권율이 행주 대첩에서 대승을 거두었다

조선의 의병과 수군이 일본군에 맞서 싸우는 가운데 육지의 관군도 활약하였어요. 권율은 행주산성에서 관군, 의병, 승병과 함께 힘을 합쳐 일본군을 물리치고 큰 승리를 거두었어요. 이 전투가 행주 대첩이죠.

2 병자호란 067 병자호란

(1) 정묘호란 1636

→ 광해군의 중립 외교에 반대한 신하들은 광해군을 내쫓고 인조를 왕으로 세우는 인조반정을 일으켰어요. 왕위에 오른 인조는 명을 가까이 하고 후금을 멀리하는 외교 정책을 폈어요.

원인	조선의 친명배금 정책으로, 후금을 자극함
과정	후금이 3만 명의 대군을 이끌고 조선을 침입함
결과	조선과 후금이 형제의 나라로 지낼 것을 약속하고 전쟁을 끝냄

(2) 병자호란 1636

원인	• 조선이 여전히 명과 친하게 지내고 후금을 멀리함 • 후금은 나라 이름을 '청'으로 바꾸고, 조선에게 신하의 나라가 될 것을 요구 → 조선이 거절함
과정	• 청이 조선에 침입 → 임경업의 백마산성 항전 → 한양 함락 → 인조는 남한산성으로 피신하여 청에 맞서 싸움 • 신하들은 청과 끝까지 싸우자는 척화파와 청의 요구를 받아들여 화해하자는 주화파로 나뉘어 대립 → 척화파의 의견을 받아들임 • 남한산성에서 40여 일 동안 항전하였으나 상황이 점점 불리해짐 • 강화도로 피란 가 있던 왕족과 신하들이 포로로 잡혀 결국 청에 항복함 • 인조가 삼전도에서 굴욕적인 항복 의식을 치름(삼전도비)
결과	• 청과 조선은 임금과 신하의 관계를 맺음 • 왕자(소현 세자와 봉림 대군 훗날 효종)를 비롯한 많은 사람들이 청에 인질로 끌려감 • 조선은 청에 진귀한 물건을 바치고(조공), 청이 전쟁을 할 때 지원군을 파견함

→ 한양의 남쪽을 지키던 산성으로, 2014년에 유네스코 세계 문화유산으로 지정되었어요.

호란의 전개 과정

3 북벌론과 북학론 중학

(1) 북벌론

주장	명과의 의리를 지키고 병자호란 때 청에게 받은 치욕을 갚기 위해 청을 정벌하자는 주장
추진	• 효종이 송시열 등과 함께 성곽을 수리하고 군대를 훈련시키는 등 전쟁을 준비함 • 이때 마련된 조총 부대는 나선 정벌에 두 차례 파견됨 궁금
결과	청의 국력이 강해지고, 효종의 갑작스러운 죽음으로 실천에 옮기지 못함

(2) 북학론

주장	• 청의 발달된 문화와 제도, 과학 기술을 받아들여야 한다는 주장 • 병자호란 이후 청에 인질로 붙잡혀 갔던 소현 세자는 서양 문물을 받아들여 발전한 청의 모습을 보고, 나라의 실력을 키우는 것이 우선이라고 생각함
영향	조선 후기 실학자들의 북학 사상에 영향을 줌

◎ 임경업
임경업은 백마산성에서 청군의 진로를 차단하고 기다렸으나 청군은 이를 피해 한양으로 진격하였어요. 이후 임경업은 청군이 철수할 때 배후를 공격하여 조선의 포로 100여 명을 구출하였답니다.

◎ 척화파와 주화파
척화파는 청의 어떠한 요구도 받아들이지 말고 끝까지 싸워야 한다는 입장으로, 김상헌 등이 주장하였어요. 반대로 주화파는 일단 상황이 좋지 않으니 청과 싸움을 멈추고 화해하자는 입장이에요. 최명길 등은 현실적으로 청의 힘이 강한 상황이므로 잠시 물러나 있다가 나라의 힘을 기른 후 청을 물리쳐야 한다고 주장하였죠.

◎ 삼전도비

인조는 남한산성을 나와 삼전도에서 청 황제에게 3번 절하고 9번 머리를 조아리는 굴욕적인 항복을 하였어요. 청 태종은 인조의 항복과 자신의 공덕을 새긴 비석을 삼전도에 세우도록 했죠. 이것이 삼전도비랍니다.

궁금 ?

왜 조선은 나선 정벌에 조총 부대를 파견했나요?
나선은 러시아를 말해요. 청이 러시아를 정벌할 때 조선에 조총 부대를 보내 달라고 요청했어요. 이에 조선은 두 차례 조총 부대를 보냈지요. 북벌론을 주장했던 조선이 지원군을 보낸 이유는 청의 국력이 강해서 실제로 북벌을 추진할 수 없었기 때문이랍니다.

---

065 광해군

광해군은 중립 외교를 펼쳤다

명은 후금을 물리치려고 조선에 군사를 요청하였어요. 저무는 명! 떠오르는 후금! 고민 끝에 광해군은 군사를 보내면서 강홍립에게 상황에 따라 신중하게 대처하도록 명하였죠. 덕분에 조선은 후금의 침략을 피할 수 있었어요.

명이냐 후금이냐

---

066 동의보감

허준이 동의보감을 저술하였다

허준이 왕명을 받아 중국과 우리나라의 의학 서적을 집대성하여 『동의보감』을 저술하였어요. 질병으로 고통받던 백성을 돌보며 치료한 실제 체험을 모아 전통 한의학을 체계화하였죠. 『동의보감』은 유네스코 세계 기록유산으로 등재되었어요.

동의보감

---

067 병자호란

병자호란 때 인조가 남한산성으로 피란하였다

청이 조선을 침입한 병자호란 당시 인조와 신하들은 남한산성으로 피신하였고, 청군은 남한산성을 포위했어요. 조선은 성 안에서 싸울 것인가 말 것인가를 두고 논쟁하였죠. 그렇지만 결국 굴욕적인 항복!

12강 임진왜란과 병자호란

02 (가) 전쟁 중에 있었던 사실로 옳은 것은? [2점]

진주성에서 진주 목사 김시민의 지휘 아래 관군과 백성들이 일본군에 맞서 싸우고 있습니다. 곽재우 등이 이끄는 의병 부대도 성 밖에서 이를 지원하고 있는데요. 이 전투가 일본의 침략으로 시작된 (가) 의 흐름에 어떤 영향을 미칠지 관심이 모아지고 있습니다.

진주성에서 치열한 전투 중

① 천리장성이 축조되었다.
② 권율이 행주 산성에서 승리하였다.
③ 황룡사 9층 목탑이 불타 없어졌다.
④ 윤관이 별무반 편성을 건의하였다.

키워드 품은 기출 문장

| 보기 |
ㄱ 이순신   ㄴ 행주 대첩
ㄷ 중립 외교   ㄹ 동의보감   ㅁ 병자호란

❶ 권율이 ▢▢ 에서 대승을 거두었다.

❷ ▢▢ 이 일어나자 인조는 남한산성으로 피란하였다.

❸ ▢▢ 이 임진왜란 때 한산도 앞바다에서 승리하였다.

❹ 광해군이 명과 후금 사이에서 ▢▢ 를 펼쳤다.

❺ 허준이 전통 한의학을 체계화한 ▢▢ 을 저술하였다.

답 ① ㄴ ② ㅁ ③ ㄱ ④ ㄷ ⑤ ㄹ

키워드로 풀리는 기출 문제

기본 4·5·6급

01 밑줄 그은 '이 전투'로 옳은 것은? [2점]

나
오늘, 오후 3:00

○○○ 기념관에 전시된 임진왜란 당시의 전투 모습이야.

👍 좋아요 45 | 💬 댓글 2 | ➦ 공유하기

조선 수군이 일본군에 맞서 학익진 전법을 펼치고 있는 장면이구나.

맞아. 이 전투에서 조선 수군은 큰 승리를 거두었어.

① 진주 대첩   ② 귀주 대첩
③ 청산리 대첩   ④ 한산도 대첩

03 (가)에 해당하는 인물로 옳은 것은? [2점]

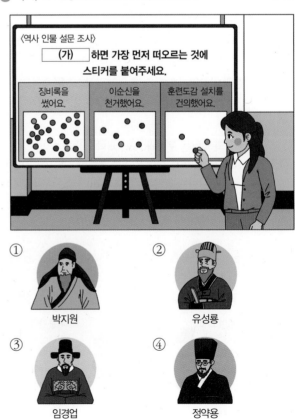

〈역사 인물 설문 조사〉

(가) 하면 가장 먼저 떠오르는 것에 스티커를 붙여주세요.

| 징비록을 썼어요. | 이순신을 천거했어요. | 훈련도감 설치를 건의했어요. |

① 박지원   ② 유성룡
③ 임경업   ④ 정약용

46회

04 밑줄 그은 '나'에 해당하는 왕으로 옳은 것은? [2점]

아버지인 선조의 뒤를 이어 왕위에 오른 나는 전쟁 피해를 복구하기 위해 노력하였고, 명과 후금 사이에서 중립 외교를 펼쳤지.

① 세조   ② 정조   ③ 광해군   ④ 연산군

48회

05 (가) 왕의 정책으로 옳은 것은? [2점]

왕이 묻힌 곳인데 왜 능이 아닌 묘라고 부르는 걸까?

이곳은 명과 후금 사이에서 중립 외교를 펼쳤던 (가) 와/과 왕비의 묘야.

(가) 은/는 인조반정으로 왕의 자리에서 쫓겨났기 때문이야.

① 대전회통을 편찬하였다.
② 삼정이정청을 설치하였다.
③ 초계문신제를 실시하였다.
④ 대동법을 처음 시행하였다.

46회

06 밑줄 그은 '전쟁' 중에 있었던 사실로 옳은 것은? [3점]

명은 우리에게 부모의 나라입니다. 청에 맞서 끝까지 싸워야 합니다.

전쟁을 지속하는 것보다 청의 요구를 받아들여 나라를 보존하는 것이 옳습니다.

척화파   주화파

① 화통도감이 설치되었다.
② 김시민이 진주성에서 항전하였다.
③ 인조가 남한산성에서 피란하였다.
④ 황룡사 9층 목탑이 불타 없어졌다.

49회

07 (가)에 들어갈 내용으로 옳은 것은? [2점]

효종에 대해 조사한 것을 이야기해 볼까?

병자호란 이후 소현 세자와 함께 청나라 심양에 볼모로 잡혀갔다 왔어.

왕으로 즉위하고 나서 (가)

① 북벌을 추진했어.
② 경복궁을 중건했어.
③ 중립 외교를 펼쳤어.
④ 대전통편을 만들었어.

심화 1·2·3급

34회

08 (가)~(라) 전투를 일어난 순서대로 옳게 나열한 것은? [2점]

○○○○의 주요 전투

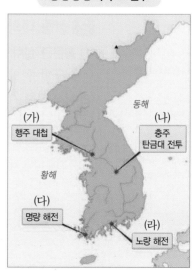

① (가) - (나) - (다) - (라)
② (가) - (나) - (라) - (다)
③ (나) - (가) - (다) - (라)
④ (나) - (가) - (라) - (다)
⑤ (다) - (나) - (가) - (라)

13 강

조선 전기의 사회와 문화

궁금 ❓

왜 훈민정음 창제를 반대했나요?

당시 최만리 등의 일부 신하들은 훈민정음 창제를 반대했어요. 이미 한자가 있으므로 새 글자를 만들 필요가 없다고 생각했고, 한자를 사용하지 않는 것은 오랑캐와 같다고 비판하였어요.

궁금 ❓

삼강행실도는 정말 그림책인가요?

↳ 그림책

세종은 강력 범죄로 흉흉해진 민심을 바로잡기 위해 엄벌 대신 본받을 만한 충신, 효자, 열녀 330명의 사례를 뽑아 책으로 만들었어요. 당시 백성들 중 한자를 읽고 쓸 수 있는 사람이 매우 적었기 때문에 그림책으로 만들었지요.

◈『조선왕조실록』

조선 시대 태조에서 철종까지의 역사를 연·월·일 순서대로 기록한 역사책이에요. 왕이 왕위에 있는 동안 사관이 따라다니며 기록을 하고, 왕이 죽으면 춘추관에서 그 기록을 모아 실록을 만들었지요. 완성된 실록은 여러 권으로 만들어 전국 각지의 사고에 보관하였어요. 유네스코 세계 기록유산으로 등재되었습니다.

1 세종 대의 업적 068 훈민정음 069 농사직설 070 자격루 071 앙부일구

훈민정음 창제 1443	• 창제 배경 : 중국 글자인 한자가 어려워 일반 백성이 문자 사용에 어려움을 겪음 궁금 • 만든이 : 세종과 집현전 학자(성삼문, 박팽년, 하위지, 신숙주, 정인지 등) • 구성 원리 : 혀와 입술의 모양, 하늘·땅·사람의 모양 등을 본떠 자음 17자와 모음 11자를 만듦 • 특징 : 과학적이고 독창적, 누구나 손쉽게 배움 • 반포 및 보급 :『훈민정음 해례본』과『훈민정음 언해본』등을 펴냄

↳ 해례본은 우리글을 읽는 방법을 설명한 책이고, 언해본은 해례본을 한글로 풀이한 책이에요.

편찬 사업	
『농사직설』	우리나라의 토지와 기후에 맞는 새로운 농사법을 정리한 농업 서적
『칠정산』	우리 역사상 최초로 한양을 기준으로 천체 운동을 계산한 역법서
『향약집성방』	우리 땅에서 나는 약재와 치료 방법을 정리한 의학서 중학
『삼강행실도』	유교 윤리를 보급하기 위해 글과 그림으로 설명한 윤리서 궁금

↳ 하늘의 변화를 날짜의 순서에 따라 적은 책

과학 기구	
자격루	물의 흐름을 이용한 물시계, 날씨와 상관없이 시간을 알 수 있음
앙부일구	그림자로 시간을 확인하는 해시계 → 글을 읽을 줄 모르는 백성도 시간을 읽을 수 있게 그림을 새겨 넣었어요.
측우기	비가 내린 양을 측정하는 기구, 전국에 설치하여 가뭄과 홍수에 대비
혼천의	천체의 운행과 위치를 관측하는 기구
간의	혼천의를 간소화하여 만듦, 고도와 방위 및 시간을 측정하는 기구 중학

자격루   앙부일구   측우기   혼천의   간의

↳ 세종은 노비 출신인 장영실을 발탁하여 혼천의, 자격루 등을 만들게 하였어요.

인쇄 기술 중학	갑인자 : 세종 때 만든 금속 활자, 활자의 모양이 네모나고 조립 형태가 정교해졌으며, 글자 사이의 간격이 넓어져 읽기 쉽게 발전함, 한번에 많은 양을 찍어냄 →『조선왕조실록』등 서적 편찬에 영향

↳ 태종 때에는 주자소를 설치하여 계미자가 주조되었어요.

2 성종 대의 업적

(1) 홍문관 설치 : 인재를 등용하여 서적과 문서를 관리하게 하였으며, 임금과 신하들이 학문을 연구할 수 있는 기반을 마련하였습니다. 중학

(2) 서적 편찬

『경국대전』	『동국여지승람』	『동국통감』 중학	『악학궤범』
• 조선 최고의 법전 • 유교에 따라 나라를 다스리기 위해 편찬	• 각 도의 지리와 풍속, 인물 등에 대해 자세히 기록한 지리서	• 서거정이 편찬 • 단군 조선에서 고려 말까지의 역사 기록	• 음악의 원리나 악기 배열 등을 기록한 음악 서적 • 궁중 행사 음악을 그림으로 표현함

키워드
기출 문장 ▶▶▶

068 훈민정음

세종은 훈민정음을 창제하였다

세종은 백성이 읽고 쓰기에 편리한 새로운 문자인 훈민정음(한글)을 창제했어요. 훈민정음은 세계적으로 그 유례를 찾아볼 수 없는 과학적이고 독창적인 문자예요.

069 농사직설

세종 때 농사직설을 편찬하였다

조선의 백성에게는 농업이 제일 중요했어요. 농사를 더 잘 지을 수 있는 방법을 모두가 알면 백성의 삶이 더 풍요롭겠지요. 이에 세종은 각 지방 농민들로부터 농사짓는 방법을 직접 듣고, 우리나라의 풍토에 맞는 농사 방법을 정리하여 책으로 편찬하여 보급했어요. 이 책이 바로『농사직설』이에요.

3 조선의 학문과 사상

(1) 성리학의 발달 : 신진 사대부들이 조선을 건국하면서 성리학은 조선의 국가 이념이 되었습니다. 조선의 성리학자로는°이황과°이이 등이 있습니다.

(2) 유교 윤리의 보급 : 왕은 정치를 할 때 백성을 먼저 생각하였고, 백성들은°삼강오륜을 중시하며°관혼상제 등 집안의 행사를 유교의 예에 따라 치렀습니다.

4 건축과 예술의 발달 중학 072 몽유도원도

(1) 건축 : 조선 전기에는 궁궐·관아·성문 등의 건축이 주로 지어졌으며, 대표적으로 경복궁·창덕궁·창경궁 등이 있습니다.

(2) 혼일강리역대국도지도 : 태종 때 제작된 우리나라 최고의 지도이자, 현재 전해지는 동양에서 가장 오래된 세계 지도입니다. 중국을 크게 표현한 것으로 보아 중국 중심의 세계관을 엿볼 수 있습니다.

경복궁의 동쪽에 있다고 하여 둘 다 동궐로 불림
일제 강점기에 동물원과 식물원이 설치되기도 했어요.

경복궁	창덕궁	창경궁	혼일강리역대국도지도

(3) 공예 → 회청색 또는 회황색

① **분청사기** : 조선 전기에 주로 분청사기가 발달하였습니다. 분청사기는 자기 위에 분칠하듯 백색의 흙을 발라 구운 도자기입니다.

② **백자** : 16세기 이후에는 백자가 주로 제작되었는데 사대부의 소박한 취향과 어울렸습니다.

(4) 그림 : 주로 도화서의 화원과 양반 계층의 문인들이 그렸습니다. 또한 매화, 난초, 국화, 대나무를 소재로 하여 선비의 지조를 나타내는 사군자가 유행하였습니다.

분청사기	백자	안견의 몽유도원도	강희안의 고사관수도	신사임당의 초충도
15세기	16세기	안평 대군이 꿈에서 본 무릉도원의 이야기를 듣고 안견이 그린 그림, 현실 세계와 이상 세계를 조화롭게 묘사함	선비의 정신 세계를 표현	

---

070 자격루

세종 때 자격루를 제작하였다

자격루는 스스로 종을 쳐서 시각을 알려주는 물시계예요. 시간에 따라 변하는 물의 양이 자동으로 종과 북, 징을 울려 시각을 알렸지요. 세종은 시간 측정 기구를 만들어 백성의 생활에 도움을 주려 하였어요.

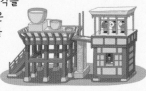

071 앙부일구

세종 때 앙부일구를 제작하였다

앙부일구는 해의 그림자를 보며 시간을 측정하는 해시계예요. 앙부는 하늘을 우러러보는 모양의 가마솥, 일구는 해의 그림자를 의미하죠. 세종 때 장영실이 처음 만들었으며, 백성들이 다니는 큰길에 두어 공중 시계 역할을 했어요.

072 몽유도원도

안견이 몽유도원도를 그렸다

조선 전기에는 양반을 중심으로 예술 활동이 활발했어요. 도화서 출신 안견이 안평 대군의 꿈 이야기를 듣고 3일 만에 그린 몽유도원도가 대표적이지요.

13강 조선 전기의 사회와 문화

키워드 품은 기출 문장

| 보기 |
| ㉠ 훈민정음 | ㉡ 농사직설 |
| ㉢ 앙부일구 | ㉣ 몽유도원도 |

❶ 세종 때 농사 방법을 정리한 ____ 을 편찬하였다.

❷ 안견이 ____ 를 그렸다.

❸ 세종 때 해시계인 ____ 를 제작하였다.

❹ 세종은 집현전 학자들과 ____ 을 창제하였다.

답 ① ㉡ ② ㉣ ③ ㉢ ④ ㉠

키워드로 풀리는 기출 문제

기본 4·5·6급

52회

01 (가)에 들어갈 문화유산으로 옳은 것은? [1점]

① 자격루

② 측우기

③ 앙부일구

④ 혼천의

49회

02 밑줄 그은 '역법서'로 옳은 것은? [1점]

① 『금양잡록』

② 『농사직설』

③ 『삼강행실도』

④ 『칠정산 내편』

54회

03 (가) 왕의 업적으로 옳은 것은? [2점]

한글을 빛낸 인물들

■ 전시 안내
〈1실〉 훈민정음을 창제한 (가)
〈2실〉 우리말 문법을 연구한 주시경
〈3실〉 한글 점자를 창안한 박두성

■ 기간 : 2021년 ○○월 ○○일 ~ ○○일
■ 장소 : □□박물관 특별 전시관

① 만권당을 세웠다.

② 농사직설을 간행하였다.

③ 대전회통을 편찬하였다.

④ 초계문신제를 시행하였다.

54회

04 (가) 인물의 활동으로 옳은 것은? [3점]

화폐로 보는 역사 인물

이 화폐에는 (가) 의 모습과 그가 태어난 강릉 오죽헌 등이 그려져 있습니다. 그는 조선 시대 유학자이자 정치가로 수미법을 주장하였습니다.

① 앙부일구를 제작하였다.
② 성학집요를 저술하였다.
③ 시무 28조를 건의하였다.
④ 화통도감 설치를 제안하였다.

48회

05 (가)에 들어갈 과학 기구로 옳은 것은? [1점]

(가) 는 자동으로 시간을 알려 주는 장치를 갖춘 물시계입니다. 이 시계가 알려 주는 시간에 따라 도성 문을 열고 닫았으며, 궁궐 호위병들은 임무를 교대하였습니다.

① 자격루 ② 측우기 ③ 혼천의 ④ 앙부일구

51회

06 (가)에 해당하는 책으로 옳은 것은? [2점]

조선 제9대 국왕인 성종의 재위 기간에는 통치에 관한 규범들을 확립하기 위해 많은 서적이 편찬되었다. 국가 운영 전반에 대한 법률을 담은 (가) 이/가 반포되었으며, 국가의 의례를 정비한 국조오례의와 궁중 음악을 집대성한 악학궤범이 완성되었다.

①   ②   ③   ④

『택리지』 『경국대전』 『농사직설』 『동의보감』

48회

07 (가)에 들어갈 그림으로 옳은 것은? [2점]

이 작품은 조선 전기를 대표하는 그림으로, 안평 대군이 꿈에서 본 이상 세계에 대한 이야기를 듣고 안견이 그린 것입니다.

가상 현실 체험으로 만나는 조선 회화 특별전

(가)

①    ②

무동도   세한도

③    ④

인왕제색도   몽유도원도

심화 1·2·3급

49회

08 밑줄 그은 '이 왕'의 재위 시기에 있었던 사실로 옳은 것은? [3점]

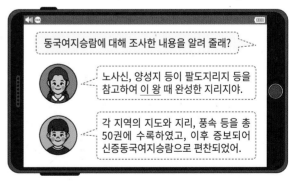

동국여지승람에 대해 조사한 내용을 알려 줄래?

노사신, 양성지 등이 팔도지리지 등을 참고하여 이 왕 때 완성한 지리지야.

각 지역의 지도와 지리, 풍속 등을 총 50권에 수록하였고, 이후 증보되어 신증동국여지승람으로 편찬되었어.

① 전통 한의학을 정리한 동의보감이 완성되었다.
② 역대 문물을 정리한 동국문헌비고가 편찬되었다.
③ 음악 이론 등을 집대성한 악학궤범이 간행되었다.
④ 세계 지도인 혼일강리역대국도지도가 만들어졌다.
⑤ 한양을 기준으로 한 역법서인 칠정산 내편이 제작되었다.

6

조선 사회의 새로운 움직임

임진왜란과 병자호란이라는 큰 전쟁을 두 번이나 치른 조선은 엄청난 변화를 맞이했어요. 조선 정부는 전쟁으로 인한 피해를 복구하고 백성들의 부담을 덜어주기 위해 여러 정책을 폈어요. 조선은 다시 활기를 찾아가기 시작했어요. 영조와 정조는 왕권을 강화하고 나라를 바로 세우기 위해 탕평책을 실시하였어요. 하지만 정조가 죽고 어린 왕이 즉위하면서 왕권은 약해졌고, 몇몇 외척 가문이 권력을 가지고 정치를 좌지우지하는 세도 정치가 전개되었어요.

한편, 조선 후기에는 모내기법이 널리 퍼지면서 농업과 상업이 발달했어요. 그러자 경제적으로 여유가 생긴 서민들이 문화 예술에 관심을 갖게 되었고, 판소리·탈놀이·민화·풍속화 등 서민 문화가 발달하게 되었어요.

그야말로 모든 게 다 바뀐 조선, 지금부터 자세히 알아볼까요?

11%
6
조선 사회의
새로운 움직임

최근 3개년 시험 출제 비중
기본 47~63회 기출 문제 약 660 문항을 분석하였어요.

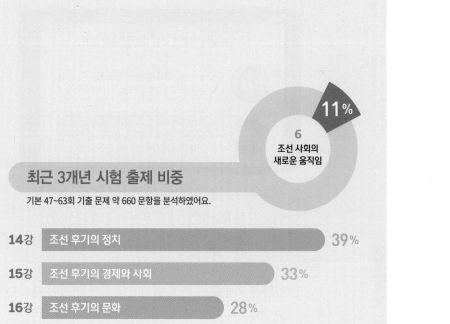

14강 조선 후기의 정치		39%
15강 조선 후기의 경제와 사회		33%
16강 조선 후기의 문화		28%

영조

★ 정조

홍경래의 난

사상

★ 상평통보

공명첩

박지원

곤여만국전도

대동여지도

판소리

풍속화

14 강

조선 후기의 정치

● 이조 전랑
이조의 정랑과 좌랑을 함께 이르는 명칭이에요. 이들은 3사의 관리를 선발하고 후임자를 추천하는 등 인사권을 담당하였어요.

● 동인과 서인
왕실의 외척(어머니와 외가)이면서 기존 사림의 신망을 두텁게 받고 있던 심의겸을 중심으로 서인이, 새로운 사림의 대표로 외척 정치를 없앨 것을 강력히 주장한 김효원을 중심으로 동인이 만들어졌어요.

● 인조반정 1623
광해군의 중립 외교 정책은 명에 대한 의리를 중시하던 서인들의 반발을 불러일으켰어요. 서인들은 정변을 일으켜 광해군을 몰아내고 인조를 왕으로 세웠어요.

● 예송
예송은 예법을 둘러싼 논쟁을 말해요. 제1차 예송은 효종이 상을 당하자 효종의 새어머니인 자의 대비가 상복을 3년을 입을지, 1년을 입을지에 대해 논쟁이 벌어진 사건이에요. 제2차 예송은 효종비가 상을 당했을 때 자의 대비가 상복을 1년을 입을지, 9개월을 입을지를 놓고 벌어진 논쟁이고요. 제1차 예송에서는 서인이, 제2차 예송에서는 남인이 승리하였어요.

궁금 ?

숙종은 왜 환국을 전개했나요?
숙종은 권력이 한 편으로 쏠리면 안 된다고 생각했어요. 그래서 권력을 이쪽 붕당에 주었다가 저쪽에 주었다가 하면서 신하들을 좌지우지했지요. 왕이 정치를 주도하는 신하들을 갑작스럽게 교체하면서 신하들은 왕의 눈치를 볼 수밖에 없었어요. 즉, 숙종은 환국이라는 방법을 통해 왕권을 강화하려고 한 것이랍니다.

1 통치 체제의 정비 중학

(1) 비변사 강화 : 비변사는 원래 국방 문제를 처리하는 임시 회의 기구였습니다. 하지만 왜란과 호란을 거치면서 기능이 강화되어 최고 통치 기구가 되었습니다. 이로 인해 의정부와 6조의 기능이 축소되고 왕권이 약해졌습니다.

(2) 훈련도감 설치 : 임진왜란 중 설치되었습니다. 포수(총)·사수(활)·살수(창, 칼)의 삼수병으로 구성되었고 일정한 급료를 받는 직업 군인이었습니다. 이후 어영청·총융청·수어청·금위영을 설치하여 5군영 체제를 갖추었습니다.

(3) 속오군 편성 : 지방의 군대는 양반부터 노비까지 포함된 속오군으로 편성하였습니다. 평상시에는 생업에 종사하다가 전쟁이 나면 전투에 참여하였습니다.

2 붕당 정치 중학 073 예송

(1) 붕당 정치의 전개

선조	• 선조 때 사림이 집권하면서 붕당 정치가 전개됨 • 사림은 인사권을 가진 이조 전랑의 임명 문제 등을 두고 동인과 서인으로 분리 → 동인은 이후 남인과 북인으로 분리됨
광해군	북인이 집권함 → 인조반정으로 몰락함
인조	• 인조반정을 주도한 서인이 집권하여 남인과 함께 정국을 운영함 • 서로 정책을 비판하고 견제하며 상대 붕당의 존재를 인정함
현종	• 두 차례 예송이 일어나면서 서인과 남인의 대립이 심화됨 → 왕의 정통성 문제에 대한 두 붕당의 입장 차이를 보여 줌 • 당시의 붕당 정치는 붕당 간의 비판과 견제가 이루어지는 등 균형이 잘 유지됨

(2) 붕당 정치의 변질
→ 환국으로 서인과 남인이 번갈아 집권하였어요.
① 환국의 발생 : 숙종이 정국을 주도하는 붕당과 견제하는 붕당을 급격하게 교체하였습니다. 궁금

② 환국의 영향 : 환국이 일어날 때마다 서로 상대 붕당의 인물을 죽이거나 관직에서 쫓아냈습니다. 남인과 서인이 균형을 이루지 못하였고, 서인은 노론과 소론으로 분열되어 서로 대립하였습니다.
└ 송시열을 중심으로 한 노론은 민생 안정과 대의명분을 중시하며 영조를 지지하였고, 윤증을 중심으로 한 소론은 실리를 중시하며 경종을 지지했어요.

키워드
기출 문장 ▶▶▶

073 예송

예송은 효종과 효종비가 죽은 뒤 각각 일어났다

효종과 효종비가 죽은 후 대비의 상복을 입는 기간을 둘러싸고 예송이 발생했어요. 단순한 예법 논쟁을 넘어 둘째 아들로 왕이 된 효종의 정통성 문제와 연관되어 치열하게 전개되었죠. 이러한 예송으로 붕당 간의 갈등이 깊어졌어요.

074 영조

탕평비를 건립하였다

영조는 정치 권력이 한쪽으로 치우치는 것을 막고자 탕평책을 펼쳤어요. 붕당과 관계없이 인물을 고루 등용하고, 자신의 뜻을 잘 알릴 수 있게 성균관 입구에 탕평비를 세웠죠.

3 영조와 정조의 개혁 정치 074 영조 075 정조

(1) 영조의 개혁 정치

탕평책 실시	• 한쪽에 치우치지 않고 인재를 고르게 등용함 °탕평비 건립 : 탕평책을 널리 알리고자 성균관 입구에 세움
서원 정리	신하들의 대립을 막기 위해 붕당의 근거지인 서원을 대폭 줄임
서적 편찬	『속대전』 편찬 : 『경국대전』을 정비하여 펴낸 법전, 이후 정조 때 『대전통편』으로 통합됨 『동국문헌비고』 편찬 : 역대 문물을 정리한 백과사전식 책
사회 안정책	• 신문고를 부활시켜 백성이 억울한 일을 당하지 않게 함 • 청계천을 정비함 ┌→ 어린아이와 죽은 사람의 몫까지 군포를 받아갔어요. • 균역법 실시 : 군포(베)의 부담이 커지자 1인당 2필에서 1필로 군포를 줄임

(중학)

(2) 정조의 개혁 정치

탕평책 실시	영조의 탕평책을 이어받아 붕당을 따지지 않고 능력에 따라 인재를 등용함
°규장각 설치	• 왕실 도서관인 규장각에서 새로운 인재들이 나랏일을 연구함 • 박제가, 유득공 등 서얼 출신을 규장각 검서관으로 등용 ┌→ 양반의 자손 가운데 양인 신분의 첩이 낳은 서자 와 천민 신분의 첩이 낳은 얼자를 함께 이르는 말
초계문신제 실시	젊고 유능한 관리를 선발해 규장각에 소속시켜 학문을 연구하게 함
금난전권 폐지	시전 상인의 특권을 일부 없애고 자유로운 상업 활동을 보장함
장용영 설치	국왕의 친위 부대로서 왕권을 뒷받침함
수원 화성 건립	• 수원에 화성을 건설하여 군사와 상업의 중심지로 만들고자 함 • 정약용이 거중기를 만들어 수원 화성을 축조할 때 이용함

(중학)

거중기

└→ 여전론을 주장하였으며, 『목민심서』와 『경세유표』 등을 저술하였어요.

4 세도 정치 *(중학)* 076 홍경래의 난

(1) 세도 정치 : 정조가 죽고 순조가 어린 나이로 즉위하면서 외척 등 특정 가문이 권력을 장 ┌→ 안동 김씨, 풍양 조씨
악하는 세도 정치가 시작되었고, 순조·헌종·철종의 3대 60여 년 동안 계속되었습니다.

(2) 삼정의 문란 : 세도 가문에게 돈을 주고 관리가 된 사람들이 세금을 마음대로 거두었습니다.

전정	군정	환곡
토지에 부과하는 세금	군대에 가지 않는 대신 내는 군포	봄에 곡식을 빌려 주고 가을에 갚게 하는 제도

°(3) 농민 봉기

홍경래의 난 1811	임술 농민 봉기 1862
• 홍경래가 평안도 지역에 대한 차별, 세도 가문과 관리들의 부정부패에 대항하여 난을 일으킴 • 가난한 농민·상인·수공업자·광산 노동자 등이 봉기에 참여 → 정주성에서 관군에 패배함	• 진주에서 유계춘 등이 삼정의 문란과 관리의 부정부패에 반발해 진주 농민 봉기를 일으킴 • 이후 전국 각지에서 농민 봉기가 일어남 → 정부가 개혁을 약속하고 삼정이정청을 설치하였으나, 근본적인 해결책을 제시하지 못함

°**탕평비**

탕평비에는 '두루 사귀면서 편을 가르지 않는 것이 군자의 공정한 마음이요, 편을 가르고 두루 시키지 않는 것은 소인의 사사로운 마음이다.'라고 새겨져 있어요.

°**규장각**

정조는 창덕궁 후원에 왕실 도서관인 규장각을 지어 정책을 뒷받침하는 연구 기관으로 삼았어요. 1층은 서고, 2층은 열람실이었지요. 정조는 규장각에서 과거 시험을 주관하고 관리의 교육까지 맡게 하였어요.

°**조선 후기의 농민 봉기**

---

075 **정조**

정조 때 수원 화성을 건설하였다

정조는 아버지인 사도 세자의 묘를 수원으로 옮기고, 신도시 화성을 건설하여 새로운 정치를 펼치고자 했어요. 수원 화성은 새로운 과학 기술과 지식을 활용해 건설되었고, 건축 양식의 독창성을 인정받아 유네스코 세계유산으로 등재되었어요.

076 **홍경래의 난**

홍경래의 난이 일어났다

몰락 양반인 홍경래가 평안도 지역에 대한 차별과 지배층의 수탈에 대항하여 일으킨 봉기예요. 이들은 청천강 이북 지역을 장악할 정도로 세력이 커졌지만, 정주성 싸움에서 관군에게 패배하여 진압되었죠.

14강 조선 후기의 정치

기출 문장

보기
㉠ 예송   ㉡ 영조
㉢ 정조   ㉣ 홍경래의 난

❶ ☐☐ 은 효종과 효종비가 죽은 후 상복을 입는 기간을 둘러싸고 일어났다.

❷ 평안도 지역에 대한 차별에 대항해 ☐☐ 이 일어났다.

❸ ☐☐ 는 개혁 정치를 펼치고자 수원 화성을 건설하였다.

❹ ☐☐ 가 탕평비를 건립하였다.

답 ① ㉠ ② ㉣ ③ ㉢ ④ ㉡

기출 문제

기본 4·5·6급

50회

01 교사의 질문에 대한 학생의 답변으로 옳지 <u>않은</u> 것은? [3점]

현종 때 있었던 두 차례의 예송에 대해 발표해 볼까요?

① 서인과 남인이 예법을 둘러싸고 대립한 것이에요.

② 조광조 일파가 축출되는 결과를 가져왔어요.

③ 자의 대비가 상복을 입는 기간이 문제가 되었어요.

④ 효종과 효종비가 죽은 뒤 각각 일어났어요.

48회

02 (가)에 들어갈 인물로 옳은 것은? [2점]

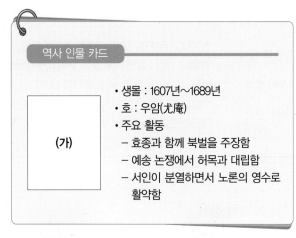

역사 인물 카드

(가)

• 생몰 : 1607년~1689년
• 호 : 우암(尤庵)
• 주요 활동
 − 효종과 함께 북벌을 주장함
 − 예송 논쟁에서 허목과 대립함
 − 서인이 분열하면서 노론의 영수로 활약함

①
박지원

② 송시열

③
정몽주

④ 채제공

58회

03 (가)에 들어갈 기구로 옳은 것은? [2점]

(가) 은/는 본래 외적의 침입에 대비하고자 설치한 임시 군사 회의 기구였으나, 양 난을 계기로 국방뿐만 아니라 국정 전반을 총괄하는 최고 기구가 되었습니다. 이로 인해 기존의 의정부와 6조가 유명무실해졌습니다.

① 비변사 ② 사헌부 ③ 의금부 ④ 홍문관

63회

04 (가), (나) 사이의 시기에 있었던 사실로 옳은 것은? [3점]

① 김옥균 등이 갑신정변을 일으켰다.
② 사림이 동인과 서인으로 나뉘었다.
③ 성균관 입구에 탕평비가 건립되었다.
④ 왕자의 난으로 정도전 등이 피살되었다.

50회

06 다음 비석을 세운 왕의 업적으로 옳은 것은? [3점]

① 비변사를 혁파하였다.
② 속대전을 편찬하였다.
③ 나선 정벌을 단행하였다.
④ 백두산 정계비를 건립하였다.

58회

05 밑줄 그은 '제도'로 옳은 것은? [2점]

① 균역법
② 대동법
③ 영정법
④ 직전법

45회

07 다음 가상 대화에 등장하는 왕의 업적으로 옳지 않은 것은? [3점]

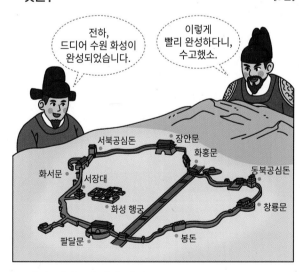

① 장용영을 설치하였다.
② 경국대전을 편찬하였다.
③ 초계문신제를 실시하였다.
④ 규장각의 기능을 강화하였다.

14강 조선 후기의 정치

48회

08 다음 학생이 생각하고 있는 기구로 옳은 것은? [2점]

유득공, 박제가와 같은 서얼 출신 인재들이 검서관으로 등용되었어.

이 기구에 소장된 고금도서집성의 기기도설을 참고하여 수원 화성을 축조했어.

왕실 도서관이자 학문 연구 기관으로 정조의 개혁 정치를 뒷받침했어.

① 규장각
② 성균관
③ 집현전
④ 홍문관

47회

09 밑줄 그은 '왕'의 정책으로 옳은 것은? [2점]

조선 제22대 왕이 아버지 사도 세자의 묘를 참배하러 가기 위해 만든 만안교입니다. 그 옆에는 다리를 조성한 과정이 기록된 비석이 있습니다.

증강 현실로 만난 역사

① 장용영을 설치하였다.
② 집현전을 설치하였다.
③ 척화비를 건립하였다.
④ 경국대전을 반포하였다.

41회

10 밑줄 그은 '이 성'에 해당하는 문화유산으로 옳은 것은? [2점]

이 건축물은 무엇인가요?

정조 때 만들어진 이 성의 일부로 서북공심돈이라고 해요.

①
해미 읍성

②
수원 화성

③
공산성

④
진주성

52회

11 (가) 왕의 업적으로 옳지 않은 것은? [2점]

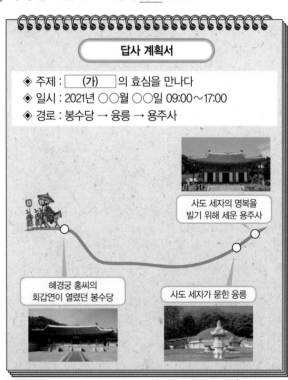

답사 계획서

◆ 주제 : ___(가)___의 효심을 만나다
◆ 일시 : 2021년 ○○월 ○○일 09:00~17:00
◆ 경로 : 봉수당 → 융릉 → 용주사

사도 세자의 명복을 빌기 위해 세운 용주사

혜경궁 홍씨의 회갑연이 열렸던 봉수당

사도 세자가 묻힌 융릉

① 장용영을 설치하였다.
② 금난전권을 폐지하였다.
③ 농사직설을 편찬하였다.
④ 초계문신제를 실시하였다.

47회

12 밑줄 그은 '거사'에 대한 설명으로 옳은 것은? [2점]

① 강화도 초지진에서 항전하였다.
② 서경 천도와 금국 정벌을 주장하였다.
③ 제물포 조약이 체결되는 결과를 가져왔다.
④ 서북 지역민에 대한 차별에 반발하여 일어났다.

61회

13 다음 자료에 대한 탐구 활동으로 적절한 것은? [2점]

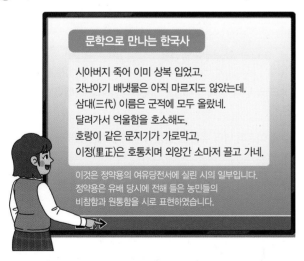

① 과전법 실시의 배경에 대해 살펴본다.
② 조선 형평사의 활동 내용을 조사한다.
③ 전민변정도감이 설치되는 과정을 알아본다.
④ 세도 정치 시기 삼정의 문란에 대해 찾아본다.

52회

14 다음 사건에 대한 정부의 대책으로 옳은 것은? [2점]

① 소격서를 폐지하였다.
② 직전법을 실시하였다.
③ 척화비를 건립하였다.
④ 삼정이정청을 설치하였다.

심화 1·2·3급

47회

15 (가)에 들어갈 내용으로 옳은 것은? [1점]

① 훈련도감 설치
② 수원 화성 건설
③ 나선 정벌 단행
④ 간도 관리사 파견
⑤ 이인좌의 난 진압

개념 마스터

15 강

조선 후기의 경제와 사회

◉ **골뿌림법**
밭에 씨를 뿌릴 때 움푹 들어간 곳에 씨를 뿌리는 방법으로 조선 후기에 널리 퍼졌어요. 골뿌림법을 시도함으로써 바람의 영향을 덜 받아서 생산량을 늘릴 수 있었어요.

◉ **공인**
조선 후기에 대동법이 시행되면서 등장한 상인이에요. 대동법은 특산물 대신 쌀, 베, 동전 등으로 세금을 거두는 제도예요. 거둔 세금은 나라에 필요한 물건을 살 때 사용하였는데 이때 물건을 납품(조달)하던 상인을 공인이라고 해요.

◉ **보부상**

보부상은 보상과 부상을 합친 말이에요. 보상은 봇짐장수로, 물건을 보자기에 싸서 들고 다니거나 짊어지고 다니는 상인이고, 부상은 등짐장수로 물건을 지게에 지고 다니는 상인이에요.

◉ **상평통보**

상평통보는 '항상 가치가 일정하게 통하는 돈'이라는 뜻이에요. 동전 1개는 1푼이라 읽고, 10푼이 1전, 10전은 1냥이라고 하지요.

1 조선 후기 경제의 변화 [중학]   077 대동법   078 사상   079 상평통보

(1) 농업의 발달

① 모내기법의 확산

방법	모판에 씨를 뿌려 싹이 난 어린 모를 논에 옮겨 심는 방법
장점	• 잘 자란 모를 골라서 논에 심기 때문에 추수할 때 수확량이 두 배 이상 늘어남 • 잡초를 뽑는 횟수를 줄여 일손을 줄일 수 있음 → 노동력이 절감되어 한 사람이 농사지을 수 있는 면적이 늘어남(광작) • 벼와 보리의 이모작이 가능해짐 　　볍씨를 모판에 뿌려 기르는 동안 땅에 보리를 심어 수확할 수 있었어요.
단점	모를 옮겨 심기 위해 물이 필요하여 조선 초기까지 금지됨 → 조선 후기 저수지와 보가 많이 마련되면서 모내기법이 확산됨

└ 논에 공급할 물을 담아 두려고 쌓은 둑

② 농업 기술의 발달 : 농기구 발달, 수리 시설 확충, 시비법 개량, 새로운 농법(골뿌림법) 등이 발달하였습니다.
　　└ 농작물의 성장을 돕기 위해 거름을 주는 방법

③ 상품 작물의 재배 : 면화, 담배, 인삼, 고구마, 감자, 고추, 토마토 등의 상품 작물을 재배하고 시장에 팔아 이익을 얻었습니다.

(2) 상업의 발달

배경	• 농업 생산력이 향상되고 시장에서 농산물을 내다 파는 사람이 늘어남 → 교환이 이루어짐 • 대동법 시행 이후 공인의 활동이 활발해짐
장시의 발달	• 장시 : 조선 시대에 정기적으로 열렸던 시장 • 영·정조 때 전국에 1,000여 개의 장시가 생겼으며, 대개 5일마다 장이 열렸음 • 보부상의 등장 : 여러 장시를 돌아다니며 장사를 함 → 전국의 장시가 하나로 연결됨
사상	• 나라의 허가를 받지 않고 사적으로 장사하는 상인 • 송상(개성), 내상(동래), 만상(의주), 경강상인(한양 일대) 등이 활동함 → 전국의 장시뿐 아니라 외국에도 물건을 사고팔아 큰 이익을 얻음 • 도고의 성장 : 의주의 만상은 청과의 무역, 동래의 내상은 일본과의 무역을 통해 많은 자본을 가진 독점적 상인(도고)으로 성장함
화폐 사용	상평통보 : 상업의 발달로 숙종 때 이르러 널리 유통됨, 물품 구입이나 세금 납부에 사용함

조선 후기의 상업과 무역

키워드
기출 문장

077 대동법

대동법을 처음 시행하였다

집집마다 거두던 특산물을 토지를 기준으로 쌀이나 베, 동전으로 내도록 한 조세 제도예요. 광해군은 공납의 나쁜 점을 고치고 나라 살림도 튼튼히 하고자 경기도에서 먼저 대동법을 시행했어요. 전국적 실시까지는 100년이 걸렸답니다.

지역특산물 → 쌀, 베, 동전

078 사상

내상은 일본, 만상은 청과의 무역을 주도하였다

조선 후기에 시전 상인의 특권이 폐지되면서 사상들의 활동이 활발해졌어요. 특히 한성의 경강상인, 개성의 송상, 의주의 만상, 동래의 내상이 대표적인 사상이지요. 그중 내상과 만상은 일본 및 청과의 무역을 통하여 많은 부를 쌓았지요.

2 조선 후기 신분 제도의 변화 중학 　080 공명첩

양반	• 조선 후기 경제가 발달하면서 신분 질서가 흔들려 양반의 수가 증가함 • 양반층의 분화 : 권력을 가진 양반도 있었으나, 가난하게 살거나 농민과 같은 처지가 된 양반(잔반)도 생겨남
중인	• 전문적인 능력을 바탕으로 서얼과 중인층이 주요 관직을 허용해 달라고 상소를 올리는 등 신분 상승 운동을 활발히 전개함 ┌→ 역관, 의원, 화원, 향리 등이 있어요. • 일부 서얼들은 정조 때 규장각의 검서관으로 등용됨 예 박제가
상민	• 양반으로 신분 상승 : 부유한 농민이 족보를 위조하거나 관청에 곡식을 내고 공명첩을 구입함 • 농민들 사이의 빈부 격차 확대 : 농업과 상업의 발달로 부를 축적한 농민과 몰락한 농민으로 나뉨
천민 (노비)	• 신분 해방 : 납속책을 이용하거나 도망하여 노비 신분에서 벗어남 → 1801년 나라에서 공노비를 해방시켜 줌 ┌ 곡물이나 돈을 받고 관직을 주는 등 신분을 상승시켜 주는 제도예요. • 상민이 된 노비는 세금을 내야 하므로 국가 재정에 도움이 됨

3 조선 시대 여성의 삶 중학

(1) 여성의 지위

조선 전기	조선 후기
• 남성과 동등하게 재산을 상속받음 • 재혼이 가능함 • 딸이 제사를 지내기도 함 • 결혼 이후 친정에서 거주하는 경우가 많았음	• 성리학이 퍼지면서 남녀의 유별을 강조하여 여성의 지위가 하락함 → 재산은 큰 아들에게 많이 물려주고, 제사는 아들이 지냄 • 여성은 시집가서 가정생활에 전념하였고, 사회 활동은 거의 하지 못함 • 남편이 죽어도 재혼이 힘들었음 • 상민 여성은 집안일과 함께 고된 농사일을 했으며, 천민 여성은 궁궐이나 관청, 양반집 등에서 일을 해야 했음

(2) 조선 시대의 여성들

신사임당 · 양반
• 꾸준한 교육을 받아 학식이 높았음
• 율곡 이이의 어머니로, 자녀들을 훌륭하게 키워 냄
• 어려서부터 그림에 남다른 재능이 있었음 → 풀, 벌레, 꽃 등을 소재로 한 그림을 남김 예 초충도

허난설헌 · 양반
• 어렸을 때부터 뛰어난 글솜씨를 보인 시인
• 불행한 결혼 생활 끝에 일찍 세상을 떠남
• 『난설헌집』 : 허난설헌이 죽은 후 동생 허균이 누나의 시를 모아 낸 책 → 중국과 일본에서 높게 평가받음

김만덕 · 상민
• 제주 출신으로, 상업 활동을 통해 많은 재산을 모음
• 제주도에 흉년이 들었을 때 굶주린 백성들에게 전 재산을 들여 쌀을 나누어 줌
• 정조가 금강산 유람을 시켜 주고, 채제공은 『만덕전』을 지어 그녀의 선행을 알림

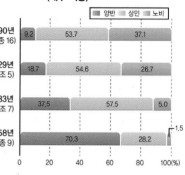

○ 조선 후기 신분별 인구 변동 (대구 지방)

	양반	상민	노비
1690년 (숙종 16)	9.2	53.7	37.1
1729년 (영조 5)	18.7	54.6	26.7
1783년 (정조 7)	37.5	57.5	5.0
1858년 (철종 9)	70.3	28.2	1.5

○ 공명첩

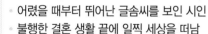
이름을 적는 공간

임진왜란과 병자호란을 겪으면서 나라의 살림이 어려워지자 부유한 백성에게 돈이나 곡식을 받고 명예 관직을 주는 공명첩을 팔았어요. 표시된 빈 공간은 관직받는 사람의 이름을 적을 수 있게 비워둔 것이에요. 공명첩을 발급하자 양반의 수가 크게 증가하였지요.

○ 공노비
왕실이나 관청에 소속되어 있는 노비를 말해요. 개인이 소유한 노비는 사노비라고 하지요.

○ 여성의 가정 살림에 관한 백과사전 『규합총서』

1809년 양반가 여성이었던 빙허각 이씨가 엮은 가정 살림에 관한 책이에요. 가정에서 부녀자들이 알아야 할 항목(요리법, 농사법, 태교와 육아 방법)들을 상세하게 한글로 저술하였죠.

---

079 상평통보

상평통보가 널리 유통되었다

조선 후기에 상공업이 발달하면서 화폐 사용도 확산되었어요. 18세기 후반에는 동전인 상평통보가 전국적으로 널리 사용되었죠. 이에 따라 물건을 사고파는 일뿐만 아니라 세금 납부나 품삯, 소작료 지급 등에도 상평통보가 사용되었어요.

080 공명첩

국가 재정을 보충하기 위해 팔았던 관직 임명장이다

공명첩 발행 중

공명첩은 이름을 비워 둔 명예 관직 임명장이에요. 전쟁을 겪은 후 조선 후기에는 재정이 부족하여 나라 살림이 어려웠어요. 그래서 조선 정부는 재정을 메우고자 돈이나 곡식을 바치는 사람에게 공명첩을 팔았지요. 이를 통해 부유한 농민이나 노비가 양반 신분을 얻기도 하였답니다.

15강 조선 후기의 경제와 사회

키워드 품은 기출 문장

보기
㉠ 대동법   ㉡ 내상
㉢ 상평통보   ㉣ 공명첩

❶ ⬚⬚⬚ 은 일본과의 무역을 주도하였다.

❷ 광해군 때 ⬚⬚⬚ 을 처음 시행하였다.

❸ 숙종 때 이르러 ⬚⬚⬚ 가 널리 유통되었다.

❹ ⬚⬚⬚ 은 국가 재정을 보충하기 위해 팔았던 관직 임명장이다.

답 ① ㉡   ② ㉠   ③ ㉢   ④ ㉣

키워드로 풀리는 기출 문제

기본 4·5·6급

47회

01 선생님의 질문에 대한 학생의 대답으로 옳지 <u>않은</u> 것은? [2점]

① 과전법 ② 귀족 ③ 양반 ④ 중인

50회

02 다음 퀴즈의 정답으로 옳은 것은? [2점]

① 과전법 ② 균역법 ③ 대동법 ④ 영정법

48회

03 (가)에 들어갈 내용으로 옳지 <u>않은</u> 것은? [3점]

① 내상이 일본과의 무역을 주도했어.

② 벽란도에서 송과의 무역이 이루어졌어.

③ 관청에 물품을 조달하는 공인이 활동했어.

④ 정기 시장인 장시가 전국 각지에서 열렸어.

45회

04 (가)에 들어갈 신분으로 옳은 것은? [2점]

52회

05 (가)에 들어갈 화폐로 옳은 것은? [2점]

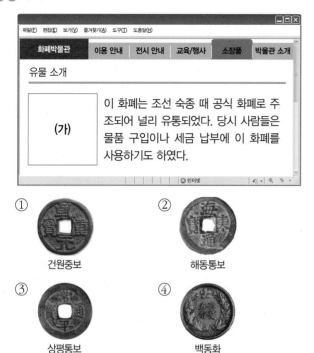

파일(F) 편집(E) 보기(V) 즐겨찾기(A) 도구(T) 도움말(H)

화폐박물관 | 이용 안내 | 전시 안내 | 교육/행사 | 소장품 | 박물관 소개

유물 소개

(가)

이 화폐는 조선 숙종 때 공식 화폐로 주조되어 널리 유통되었다. 당시 사람들은 물품 구입이나 세금 납부에 이 화폐를 사용하기도 하였다.

① 건원중보
② 해동통보
③ 상평통보
④ 백동화

61회

06 다음 대화가 이루어진 시기에 볼 수 있는 모습으로 적절하지 <u>않은</u> 것은? [2점]

이보게! 자네 형님이 공명첩을 샀다는 소문이 진짜인가?

그렇다네. 담배 농사를 시작하더니, 그걸로 돈을 많이 모으셨다는군.

① 녹읍을 지급받는 귀족
② 고구마를 재배하는 농민
③ 관청에 물품을 조달하는 공인
④ 청과의 무역으로 부를 축적하는 만상

40회

07 다음 가상 인터뷰의 주인공으로 옳은 것은? [2점]

조선 시대 제주 출신의 사회 활동가를 만나 보도록 하겠습니다. 당시 활동에 대해 말씀해 주세요.

저는 큰 흉년으로 굶주리는 제주 백성들을 위해 쌀을 기부하였습니다. 이 일로 임금님께 칭찬을 받기도 했습니다.

① 김만덕
② 유관순
③ 신사임당
④ 허난설헌

심화 1·2·3급

49회

08 밑줄 그은 '이 법'에 대한 설명으로 옳은 것은? [1점]

이 법은 공납의 폐단을 해결할 목적으로 경기도와 강원도 지역에서 실시되고 있습니다. 고통받는 백성을 위해 충청도와 전라도에도 이 법을 확대 시행해야 합니다.

그렇다면 충청도에 먼저 시행하시오.

① 양반에게도 군포를 부과하였다.
② 1결당 쌀 4~6두로 납부액을 고정하였다.
③ 비옥도에 따라서 토지를 6등급으로 나누었다.
④ 일부 상류층에게 선무군관포를 징수하였다.
⑤ 특산물 대신 쌀, 베, 동전 등으로 납부하게 하였다.

16 강 조선 후기의 문화

◉ 『택리지』, 『동사강목』
『택리지』는 이중환의 저서로, 각 지방의 지리·생활 모습·풍속 등을 소개하였고, 안정복의 『동사강목』은 단군 조선에서 고려까지의 역사를 정리한 책이에요.

◉ 『경세유표』, 『흠흠신서』, 『마과회통』
『경세유표』는 조선 후기의 혼란한 상황을 바로잡고 부국강병을 이루고자 조선 사회의 전반적인 개혁의 기본 방향을 제시한 책이고, 『흠흠신서』는 조선 후기 형벌 제도에 대해 서술한 책이에요. 『마과회통』은 홍역에 대한 의학 지식을 정리한 책이에요.

궁금 ❓

정약용은 왜 배다리와 거중기를 만들었나요?

배다리

정약용은 정치뿐 아니라 건축, 수학, 과학 기술 등 다방면에 관심이 많았어요. 정약용은 거중기를 만들어 수원 화성 축조에 이용하였고, 정조의 화성 행차 때 한강을 건널 수 있도록 배다리를 설계했어요. 정약용은 정조의 개혁에도 동참하는 등 정조의 총애를 한 몸에 받았죠. 하지만, 정조가 승하한 뒤 천주교를 믿었다는 이유로 강진으로 유배를 가게 되죠.

◉ 연행사
조선에서 청의 수도 연경(베이징)에 가는 사신이라는 뜻이에요. 이들은 서양 선교사를 통해 서양 문물을 접하였어요. 연행사는 청에 들어온 서양 문물을 조선에 전하는 중요한 역할을 하였답니다.

1 실학의 등장   081 정약용   082 박지원
└ 실용적인 학문이라는 뜻

(1) 배경
① 임진왜란과 병자호란을 겪은 이후 백성들의 삶은 어려워졌는데, 기존의 학문(성리학)은 실생활과 거리가 멀어 사회 문제를 해결하지 못하였습니다.
② 서양의 과학 기술이 소개되면서 실용적인 학문의 필요성을 깨달은 학자들이 나타났습니다.
└ 실학이 등장하던 이 시기에 『택리지』, 『동사강목』과 같은 책이 편찬되었어요.

(2) 실학자들의 주장 중학
① 농업에 관심을 둔 실학자 : 토지 제도를 바꿔 농민에게 토지를 나눠줘야 한다고 주장했습니다. 또한 농업 생산량을 늘리기 위해 과학적인 농사 기술을 보급해야 한다고 하였습니다.

유형원	• 『반계수록』 저술 • 균전론 : 신분에 따라 토지를 다르게 나누어 줄 것을 주장함
이익	• 『성호사설』 저술 : 사회 개혁에 대한 폭넓은 주장과 서양 문물에 대한 적극적인 수용 입장을 밝힘 • 한전론 : 생활에 필요한 최소한의 토지를 영업전으로 하여 매매를 금지할 것을 주장함
정약용	• 『목민심서』 저술 : 지방 관리가 지켜야 할 도리를 밝힘 → 백성의 생활 문제를 지방 관리의 임무와 연결시킴 • 『경세유표』, 『흠흠신서』, 『마과회통』 등을 지음 • 여전론 : 마을 단위로 농민이 함께 경작하고 세금을 제외한 나머지 생산물을 일한 양에 따라 분배하자는 토지 개혁론 • 수원 화성을 설계하고, 배다리와 거중기 등을 만듦 궁금

② 상공업 발달에 관심을 둔 실학자 : 상업과 무역이 활발하게 이루어져야 나라가 부강해지며 이를 위해 청의 새로운 문물을 받아들여 나라를 부강하게 해야 한다고 주장하였습니다.

박지원	• 『열하일기』 저술 : 연행사의 일원으로 청에 다녀온 후, 벽돌을 이용해 건물을 짓고 수레를 이용해 물자를 나르는 등 청의 새로운 문물을 기록한 책 • 수레와 선박의 이용, 화폐의 필요성을 주장함 • 『양반전』 저술 : 한문 소설로 양반의 무능을 풍자함
박제가	• 『북학의』 저술 : 청의 풍속과 제도를 둘러보고 돌아와 쓴 책 • 소비의 필요성과 청과의 문물 교류를 주장함 • 수레, 선박, 벽돌의 이용을 주장함
홍대용	• 지전설을 주장하였고, 혼천의를 제작함 → 지구가 하루에 한 번 천천히 돌아 낮과 밤이 된다는 주장 • 『담헌서』, 『의산문답』 저술 • 신분에 관계없이 양반과 평민의 자녀를 다 같이 교육시켜 그 가운데 우수한 사람을 뽑아 벼슬을 주어야 한다고 주장함

081 정약용
목민심서를 저술하였다

조선 후기의 실학자인 정약용은 오랜 유배 생활 중에도 『목민심서』, 『경세유표』 등 수많은 책을 집필하여 다양한 사회 개혁 방안을 제시했어요. 또 거중기를 제작하여 수원 화성 건설에 큰 도움을 주었죠.

082 박지원
열하일기를 저술하였다

『열하일기』는 청에 다녀온 박지원이 그곳에서 경험한 내용을 일기 형식으로 자세히 기록한 책이에요. 박지원은 박제가, 홍대용 등과 함께 청의 발달된 문물과 기술을 받아들이자고 주장하며 상공업의 진흥을 통해 현실을 개혁하고자 하였어요.

③ 국학을 중시한 실학자 : 우리 고유의 역사·지리·국어·자연 등을 연구하였습니다. 중학

유득공	역사	『발해고』 저술 : 발해가 고구려 후손들이 세운 나라임을 밝힘
신경준	지리	『산경표』 저술 : 우리나라 산줄기를 체계적으로 정리하고 산줄기에 이름을 붙임
유희	국어	『언문지』 저술 : 한글의 우수성을 강조함
정약전	자연	『자산어보』 저술 : 뛰어난 해양 과학 서적으로 평가받음

2 조선 후기의 문화 발전　083 곤여만국전도　084 대동여지도

지도 당시까지 만들어진 모든 지도를 종합하여 제작		
곤여만국전도 중학	대동여지도

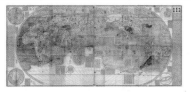

중국에 온 선교사 마테오 리치가 제작한 세계 지도로 조선 후기에 우리나라에 전해짐 → 중국 이외에 더 넓은 세계가 있다는 것을 알게 됨

대동여지도:
- 김정호가 목판으로 제작한 전국 지도
- 실제 생활에 이용할 수 있도록 산과 강, 도로를 자세히 나타냄
- 다양한 정보를 알기 쉽게 기호로 표현, 휴대가 간편함
- 10리마다 눈금으로 거리를 표시함
- 전체를 22첩으로 묶어 책처럼 만듦

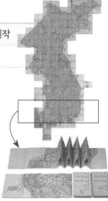

건축	그림	서예
수원 화성	진경 산수화 중학	김정희의 추사체 중학

수원 화성:
- 정조가 상업적·군사적 중심지로 새롭게 건설
- 거중기, 녹로 등을 이용함
- 『화성성역의궤』에 화성 건설 내용이 남아 있음
- 유네스코 세계 문화유산으로 등재

진경 산수화:
조선의 실제 경치를 그림
예) 인왕제색도, 금강전도 등

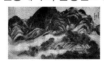
정선의 인왕제색도

공예

청화 백자
흰 바탕에 푸른 안료로 꽃, 새 등의 무늬를 그려 넣음

3 서민 문화의 발전 궁금　085 판소리　086 한글 소설　087 풍속화

(1) 판소리
　　　　　북으로 장단을 치는 사람
① 소리꾼이 고수의 북장단에 맞추어 긴 이야기를 노래로 들려주는 공연입니다.
② 판소리 열두 마당이 있었으나 현재는 다섯 마당(춘향가, 심청가, 흥부가, 적벽가, 수궁가)만 전해집니다.
③ 조선 후기 신재효에 의해 체계적으로 정리되었습니다. 중학

(2) 탈춤 → 탈놀이, 산대놀이라고도 불러요.
① 탈을 쓰고 하는 연극이나 춤을 말하며 주로 장터에서 공연되었습니다.
② 서민 생활의 실상과 어려움을 담고 있으며 양반 사회를 풍자하였습니다.
③ 대표 작품 : 봉산 탈춤, 송파 산대놀이, 하회 별신굿 놀이, 고성 오광대놀이 등이 있습니다.

유득공의 『발해고』
유득공은 정조가 규장각 검서관으로 등용한 서얼 중 한 사람이에요. 『발해고』에서 '남북국'이라는 용어를 처음으로 사용하였어요.

정약전의 『자산어보』

정약용의 형인 정약전은 천주교 신자였는데, 나라에서 천주교를 탄압하자 흑산도로 유배를 갔어요. 유배 생활 동안 흑산도 주변의 물고기와 바다 생물을 관찰하여 『자산어보』를 저술했죠.

『화성성역의궤』

수원 화성은 정조가 수원을 군사와 상업의 중심지로 만들고자 건설하였어요. 10년을 예상하고 공사를 시작했으나 3년도 안 되는 기간에 완공할 수 있었죠. 공사에 들어간 돈, 인력, 물자 등 수원 화성 건설과 관련된 내용은 『화성성역의궤』에 정리되어 있어요. 이 책 덕분에 6·25 전쟁으로 훼손된 수원 화성을 원래대로 복원할 수 있었답니다.

궁금 ?

조선 후기에 왜 서민 문화가 발달했나요?
조선 후기 농업 생산력의 발전으로 경제적으로 여유 있는 서민들이 많아졌어요. 이들이 문화와 예술에 관심을 가지게 되면서 양반뿐만 아니라 일반 백성도 참여할 수 있는 서민 문화가 발달하게 되었죠.

---

083 곤여만국전도

곤여만국전도는 '지구에 있는 세계의 모든 나라를 그린 지도'라는 의미를 갖고 있어요. 이탈리아의 선교사 마테오 리치가 제작한 세계 지도이지요. 유럽과 아프리카, 아메리카 대륙이 상세하게 그려져 있어요. 조선 후기 청에 파견된 연행사를 통해 조선에 소개되었답니다.

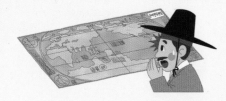

084 대동여지도

김정호가 대동여지도를 제작하였다

조선 후기 김정호가 만든 우리나라 전도예요. 이 지도에는 우리나라의 산맥, 하천, 포구, 도로망 등을 자세히 표시하였고, 알기 쉽게 기호로 표현했어요. 대동여지도는 조선 시대 여러 지도들 중에 가장 정확하고 상세하다고 평가받고 있답니다.

(3) 서민 문학

종학 사설 시조	자유로운 형식의 시조, 남녀 간의 사랑이나 현실 사회에 대한 비판 등 서민의 감정을 솔직하게 담음
한글 소설	• 한글로 지어진 소설로 주로 서민과 여성들이 읽음 • 돈을 받고 읽어 주는 사람(전기수)이 있었기 때문에 글을 모르는 서민들에게 인기가 많았음 • 대표 작품 : 『홍길동전』, 『춘향전』, 『심청전』, 『흥부전』, 『장화홍련전』 등

(4) 민화와 풍속화

민화	풍속화
• 해와 달, 나무, 꽃, 동물 등을 소재로 행복하게 살고 싶은 서민들의 소망을 표현함 • 생활 공간을 장식하는 데 이용함 • 작가가 알려지지 않은 그림이 많음	• 서민들의 일상생활을 재미있고 현실감 있게 표현 • 김홍도 : 그림 그리는 관청에 속한 화가로 서민의 생활 모습을 주로 그림 예 씨름도, 서당도, 논갈이 등 • 신윤복 : 양반 사회를 풍자하거나 여성들의 생활을 주로 그림 예 단오풍정, 미인도, 월하정인 등

작호도(까치 호랑이)　씨름도　서당도　미인도　단오풍정　월하정인

4 새로운 문물의 전래

(1) 서양 문물의 전래

① 청에 다녀온 연행사 등의 사신들이 서양 선교사들을 만나 서양 문물을 직접 소개받거나, 서양 문물을 조선에 들여와 소개하였습니다. 예 박규수

② 전래된 문물 : 곤여만국전도(세계 지도), 천리경(망원경), 자명종(시계) 등

③ 영향 : 중국이 세계의 중심이라고 생각했던 조선 사람들의 생각을 바꾸었고, 서양의 발달된 과학 기술을 연구하고 받아들여야겠다는 생각을 하게 되었습니다. 궁금

(2) 새로운 종교의 등장

천주교	• 중국을 왕래하던 사신들에 의해 '서학'(서양 학문)으로 우리나라에 소개됨 • 인간 평등을 내세워 서민층과 여성들 사이에서 빠르게 확산됨 • 평등을 강조하고 제사를 거부하여 나라에서 천주교를 법으로 금지함 • 『천주실의』는 선교사 마테오 리치가 지은 책으로, 17세기 조선에 들어옴 『천주실의』라는 교리 책이 전해져 처음에는 천주교를 학문으로 연구했으나 점차 신앙으로 받아들이게 되었어요.	『천주실의』
동학	• 몰락 양반 최제우가 창시한 종교로, 서학에 맞선다는 의미를 지님 • 인내천(사람이 곧 하늘이다), 후천개벽(새 세상이 열림)을 강조 • 평등 강조 등을 이유로 정부의 탄압을 받음 → 최제우가 처형됨	최제우

(좌측 여백)

○ 민화
민화는 그림을 제대로 공부하지 않은 이름 없는 화가들이 주로 그렸으나, 그림에 관한 일을 맡아 보던 도화서 화원들도 그렸어요. 민화에는 장수, 가족 간의 화목, 복을 부르는 내용 등이 담겨 있었는데 서민들이 민화를 사서 벽에 걸거나 병풍으로 만들어 장식을 했답니다.

○ 박규수

박지원의 손자로, 청과 활발히 교류하여 서양의 선진 기술을 받아들일 것을 주장하는 북학파 실학자들의 사상을 계승하였어요. 대표적인 개화 사상가이지요.

○ 천리경과 자명종

궁금 ?
서양인의 시각에서 조선을 바라본 것은 없나요?

조선 후기 바다를 표류하다가 제주도에 도착한 네덜란드인 하멜은 서양인의 시선으로 본 조선인의 생활 모습을 담은 『하멜 표류기』를 썼어요.

---

085 **판소리**

춘향가 등의 판소리가 성행하였다

이야기를 노래로 들려주는 공연으로, 광대가 즉흥적으로 이야기를 더하거나 뺄 수 있고, 관객과 함께 어울릴 수 있어 인기가 높았지요. 춘향가, 심청가, 흥부가가 유명하죠.

086 **한글 소설**

춘향전 등의 한글 소설이 널리 읽혔다

조선 후기에 『홍길동전』, 『춘향전』 등의 한글 소설을 읽는 사람이 늘자, 책을 전문적으로 빌려 주는 가게가 나타났어요. 돈을 받고 책을 읽어 주는 '전기수'란 직업도 생겨 사람들에게 재미있게 소설책을 읽어 주었죠.

087 **풍속화**

김홍도와 신윤복은 풍속화를 그렸다

조선 후기 대표 풍속화가인 김홍도는 서민의 일상을 소탈하고 익살스럽게 표현하였고, 신윤복은 양반과 부녀자의 생활을 감각적이고 해학적으로 묘사하였어요.

16강 조선 후기의 문화

키워드 품은 기출 문장

| 보기 |

⑦ 정약용   ⑥ 박지원   ⑥ 대동여지도
⑧ 판소리   ⑩ 풍속화

❶ 김홍도와 신윤복은 [ ]를 그렸다.

❷ 김정호가 전국 지도인 [ ]를 제작하였다.

❸ [ ]은 목민심서를 저술하였다.

❹ 조선 후기에 춘향가 등의 [ ]가 성행하였다.

❺ [ ]은 열하일기를 저술하였다.

답 ① ⑩ ② ⑥ ③ ⑦ ④ ⑧ ⑤ ⑥

키워드로 풀리는 기출 문제

기본 4·5·6급

48회

01 다음 가상 인터뷰의 주인공에 대한 설명으로 옳은 것은?
[2점]

선생님께서 주장하신 토지 개혁론은 무엇인가요?

나는 마을 단위로 농민이 함께 경작하고 세금을 제외한 나머지 생산물을 일한 양에 따라 분배하자는 여전론을 주장하였습니다.

① 동학을 창시하였다.
② 추사체를 창안하였다.
③ 목민심서를 저술하였다.
④ 사상 의학을 확립하였다.

51회

02 밑줄 그은 '개혁안'의 내용으로 옳은 것은?
[3점]

이곳은 유형원이 학문 연구와 저술에 힘썼던 전라북도 부안군 우반동의 반계 서당입니다. 그는 이곳에 머물면서 다양한 개혁안을 담은 반계수록을 저술하였습니다.

① 균전제 실시
② 정혜결사 제창
③ 훈련도감 창설
④ 전민변정도감 설치

46회

03 밑줄 그은 '이 분'에 대한 설명으로 옳은 것은?
[2점]

내가 존경하는 역사 인물

다산초당   목민심서

이 분은 오랜 유배 생활 중에도 학문 연구를 계속 하여 목민심서 등 여러 책을 저술하였습니다.

① 거중기를 설계하였다.
② 추사체를 창안하였다.
③ 열하일기를 저술하였다.
④ 대동여지도를 제작하였다.

50회

04 다음 인물에 대한 설명으로 옳은 것은?
[2점]

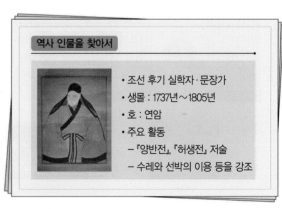

역사 인물을 찾아서

• 조선 후기 실학자·문장가
• 생몰 : 1737년~1805년
• 호 : 연암
• 주요 활동
  – 『양반전』, 『허생전』 저술
  – 수레와 선박의 이용 등을 강조

① 몽유도원도를 그렸다.
② 열하일기를 저술하였다.
③ 사상 의학을 정립하였다.
④ 대동여지도를 제작하였다.

54회
05 밑줄 그은 '이 그림'이 그려진 시기에 볼 수 있는 모습으로 적절하지 않은 것은? [2점]

이 그림은 서당의 모습을 그린 김홍도의 풍속화입니다. 훈장 앞에서 훌쩍이는 학생과 이를 바라보는 다른 학생들의 모습이 생생하게 표현되어 있습니다.

① 한글 소설을 읽는 여인
② 청화 백자를 만드는 도공
③ 판소리 공연을 하는 소리꾼
④ 초조대장경을 제작하는 장인

49회
06 다음 특별전에서 볼 수 있는 작품으로 옳은 것은? [1점]

특별전
우리 산천을 담다
우리나라 산천을 소재로 한
조선 후기 진경 산수화의
아름다움을 느껴 보세요.
2020.○○.○○.~○○.○○.
△△박물관 특별 전시실

①
수렵도

②
인왕제색도

③
몽유도원도

④
고사관수도

54회
07 (가)에 들어갈 지도로 옳은 것은? [1점]

문화유산 퍼즐 맞추기

(가)는 김정호가 제작한 총 22첩의 목판본 지도입니다. 10리마다 눈금을 표시하여 거리를 알 수 있게 하였습니다.

① 동국지도
② 대동여지도
③ 곤여만국전도
④ 혼일강리역대국도지도

46회
08 (가)에 들어갈 내용으로 적절하지 않은 것은? [3점]

우리 박물관에서는 조선 후기 서민 문화를 주제로 다양한 행사를 마련했습니다. 풍자와 해학이 넘치는 선조들의 삶과 만나 보세요.
• 일시: 2020년 ○○월 ○○일 13시
• 장소: △△박물관 기획 전시실 및 공연장

〈행사 내용〉
• 하회 별신굿 탈놀이 공연
• (가)
• 전기수와 함께 홍길동전 읽기

얼쑤~ 좋다!

① 사설 시조 문학전
② 상감 청자 공예전
③ 춘향가 판소리 공연
④ 까치와 호랑이 민화 전시회

51회
09 (가)에 들어갈 종교로 옳은 것은? [1점]

동경대전 — 경전
최제우 — 창시자 — (가) — 주요 사상 — 시천주, 인내천

① 동학 ② 대종교 ③ 원불교 ④ 천주교

50회

10 다음 대화가 이루어진 시기의 상황으로 옳지 <u>않은</u> 것은?

[2점]

① 중인층의 시사 활동이 활발하였다.

② 춘향가 등의 판소리가 성행하였다.

③ 기존 형식에서 벗어난 사설 시조가 유행하였다.

④ 단군의 건국 이야기를 담은 제왕운기가 저술되었다.

50회

11 (가) 종교에 대한 설명으로 옳은 것은?

[2점]

□□신문

제△△호   2014년 ○○월 ○○일

교황, 서소문 성지 방문

프란치스코 교황은 지난 8월 16일 서울특별시의 서소문 순교 성지를 방문하였다. 이곳은 200여 년 전, 유교 윤리를 어겼다는 이유로 이승훈을 비롯한 (가) 을/를 믿는 사람들을 처형한 곳이다. 교황은 순교자들을 애도하며 이곳에 세워진 현양탑에 헌화하였다.

① 중광단 결성을 주도하였다.

② 기관지로 만세보를 발간하였다.

③ 초기에는 서학으로 소개되었다.

④ 동경대전을 기본 경전으로 삼았다.

52회

12 (가)에 들어갈 인물로 옳은 것은?

[2점]

① 베델   ② 하멜   ③ 매켄지   ④ 헐버트

47회

13 (가)의 작품으로 옳은 것은?

[1점]

①    ②

③    ④

⑤

43회

14 다음 특별전에 전시될 그림으로 가장 적절한 것은? [1점]

①   ②   ③

④    ⑤

7

새로운 사회를 향한 움직임

조선 후기에는 세도 정치로 전국에서 봉기가 끊이지 않았어요. 서양의 여러 나라가 조선에 계속 통상을 요구하기도 하였고요. 이렇게 나라가 안팎으로 혼란스러운 상황에서 흥선 대원군이 등장하였어요. 흥선 대원군은 다른 나라와 수교하는 것을 끝까지 반대했지만, 끝내 조선은 일본과 강화도 조약을 맺게 되었어요. 이후 미국, 프랑스 등 여러 열강과도 조약을 맺게 되었고요.

개항 이후 조선 사회에는 변화를 바라는 다양한 의견이 있었어요. 이로 인해 임오군란부터 갑신정변, 동학 농민 운동, 갑오개혁 등 다양한 사건들이 발생했지요.

한편, 청일 전쟁 이후 일제의 침략이 본격화되자 대한 제국과 독립 협회는 자주독립과 근대화를 이루기 위해 노력했어요. 나라를 지키기 위한 고종과 백성들의 노력에도 불구하고, 1910년 8월 29일 결국 일제에 나라를 빼앗기고 맙니다.

지금부터 새로운 사회를 향한 당시 사람들의 모습을 살펴보도록 하겠습니다.

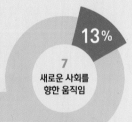

13%

7
새로운 사회를
향한 움직임

최근 3개년 시험 출제 비중

기본 47~63회 기출 문제 약 660 문항을 분석하였어요.

17강	흥선 대원군의 정책과 강화도 조약	16%
18강	임오군란과 갑신정변	24%
19강	동학 농민 운동과 갑오·을미개혁	19%
20강	자주독립과 근대화를 위한 노력	20%
21강	국권 피탈과 국권 수호 운동	21%

★ 5번 이상 출제된 키워드

병인양요

신미양요

척화비

강화도 조약

★ 임오군란

우정총국

갑신정변

전봉준

갑오개혁

아관 파천

만민 공동회

대한 제국

이화 학당

광혜원

안중근

국채 보상 운동

안창호

이회영

개념 마스터

17 강

흥선 대원군의 정책과 강화도 조약

1 흥선 대원군의 왕권 강화 정책 `088 흥선 대원군`

(1) 19세기 나라 안의 상황 : 세도 정치로 인해 정치가 혼란해지고, 탐관오리의 수탈 등으로 백성들의 생활이 어려워졌습니다.

(2) 흥선 대원군의 개혁 정치 ┌ 조선 시대에 왕에게 자식이나 형제가 없어서 왕족 중 한 사람이 왕위를 이어받았을 때 새로운 왕의 아버지를 이르는 말이에요.

① 배경 : 어린 나이에 임금이 된 고종을 대신하여 아버지인 흥선 대원군이 나라를 다스렸습니다.

② 목적 : 세도 정치의 문제점을 바로잡아 왕권을 강화하고, 민생을 안정시켜 국가 재정을 늘리려고 하였습니다.

흥선 대원군
운현궁에 살면서 고종의 즉위로 집권하였어요.

③ 왕권 강화 정책

비변사 축소·폐지	왕권을 제약하는 비변사를 축소·폐지하고 의정부의 기능을 회복시킴
『대전회통』 편찬	정조 때의 『대전통편』을 보완하여 통치 체제를 정비함
서원 철폐	세금을 면제받고 백성을 수탈하던 서원을 47개만 남기고 정리함
경복궁 중건 궁궐, 절 등을 보수하거나 고쳐 짓는 일	• 왕실의 위엄과 권위 회복을 위해 임진왜란 때 불탄 경복궁을 다시 지음 • 농사철에 백성들을 동원하는 등 무리한 중건으로 백성의 원망을 들음 • 중건 비용을 마련하기 위해 원납전을 징수하고 당백전을 발행함 → 오히려 물가만 크게 올라 백성들의 불만이 높아짐 `궁금`

(중학 — 비변사 부분 옆)

④ 민생 안정책 : 호포제를 실시하여 호를 단위로 신분에 관계없이 양반에게도 군포를 거두었습니다. 이로 인해 평민들의 부담은 줄어들고, 양반들의 불만은 커졌습니다. `중학`

2 흥선 대원군의 통상 수교 거부 정책 `089 병인양요` `090 신미양요` `091 척화비`

(1) 19세기 나라 밖의 상황 : 조선의 바다 곳곳에 서양의 배인 이양선이 등장하여 통상할 것을 요구하였습니다.

└ 나라 사이에 물건을 사고파는 것, 또는 그런 관계를 말해요.

(2) 제너럴 셔먼호 사건 1866 `중학` ┌ 병인양요가 일어나기 약 1달 전에 일어났어요.

배경	미국의 상선 제너럴 셔먼호가 대동강을 거슬러 평양까지 침입하여 무력으로 통상을 요구함
전개	조선이 통상을 거부하자 미국 선원들이 포를 쏘며 민가를 약탈하는 등 행패를 부림 → 평양 관리와 백성들이 제너럴 셔먼호를 불태워 침몰시킴 ┌ 이때 평안도 관찰사가 박규수였어요.
결과	신미양요 발생의 원인을 제공함

서원 철폐

서원은 본래 선현을 제사 지내고 학문을 연구하는 기관이었어요. 하지만 조선 후기에는 사족들이 서원을 중심으로 결속해 백성을 가혹하게 함으로써 민폐가 컸지요. 이를 해결하기 위해 흥선 대원군은 유생들의 격렬한 반대를 무릅쓰고 전국 650여 개의 서원 대부분을 철폐하였어요.

원납전

경복궁을 다시 짓는 데 필요한 돈을 마련하기 위해 거둔 기부금 성격의 돈이에요. 기부금이지만 사실상 고을 단위로 일정한 액수를 강제로 걷었기 때문에 백성들의 반발이 심했지요.

`궁금 ?`

당백전은 왜 물가를 오르게 했나요?

당백전은 원래 사용하던 상평통보의 100배 가치에 해당하는 고액 화폐였어요. 그러나 실제로는 5~6배 정도의 가치에 지나지 않았기 때문에 물가가 크게 오르는 원인이 되었지요.

키워드 기출 문장 ▶▶▶

088 흥선 대원군

흥선 대원군이 경복궁을 중건하였다

19세기 후반 연이은 농민 봉기와 이양선의 출현으로 조선은 어수선한 상황이었어요. 이때 등장한 인물이 바로 고종의 아버지인 흥선 대원군이에요. 그는 비변사 기능 축소, 서원 정리, 경복궁 중건, 호포제 실시 등을 통해 왕권을 강화하고 민생을 안정시켜 조선을 다시 세우고자 노력했죠.

089 병인양요

병인양요 때 외규장각 의궤를 프랑스군에게 약탈당하였다

1866년 프랑스군이 천주교 신자들을 탄압한 병인박해를 구실로 강화도를 침략했어요. 다행히 양헌수 부대의 활약으로 프랑스군은 물러났죠. 하지만 퇴각하던 프랑스군은 외규장각 도서 등의 우리나라 보물을 약탈하였어요.

┌→ 서양 사람들에 의해 일어난 큰 난리

(3) 병인양요 1866

원인	• 병인박해 : 천주교 확대를 막기 위해 프랑스 선교사를 비롯한 천주교 신자들을 탄압한 사건 중학 • 조선이 프랑스와의 통상을 거부함
전개	프랑스는 조선에 병인박해에 대한 책임을 묻는다는 구실로 강화도를 침략 → 양헌수가 정족산성에서 프랑스군에 맞서 싸워 승리함
결과	• 프랑스군이 패배하고 철수하는 과정에서 외규장각을 불태우고 외규장각 의궤와 도서를 약탈함 • 책과 무기, 곡식 등을 빼앗아 조선에 많은 피해를 입힘

┌→ 왕실과 관련된 책을 보관할 목적으로 강화도에 설치한 규장각(도서관)

병인양요의 전개

(4) 신미양요 1871

전개	미국이 제너럴 셔먼호 사건을 구실로 통상을 요구하며 강화도를 침략 → 미군이 초지진·덕진진 점령 → 광성보에서 어재연 장군이 이끈 조선군이 미군에 맞서 저항함
결과	• 광성보가 함락되고 어재연 장군은 전사하였으며 많은 백성들이 희생됨 • 개항을 요구하던 미군이 20여 일 후 포기하고 철수함 • 미군이 어재연 장군의 수자기를 약탈함

신미양요의 전개

(5) **오페르트 도굴 미수 사건** 1868 중학 : 독일인 오페르트가 흥선 대원군의 아버지(남연군)의 묘를 파헤치고, 시신을 꺼내려 한 사건입니다. →흥선 대원군은 크게 분노하여 서양과 절대 통상하지 않겠다고 선언하였어요.

(6) **척화비** : 두 차례의 양요를 겪은 후 흥선 대원군은 전국 각지에 척화비를 세워 서양과 통상하지 않겠다는 의지를 널리 알렸습니다.

척화비

3 °**강화도 조약** 1876   092 강화도 조약

┌→ 조선이 발전하기 위해서는 다른 나라와 교류를 해야 한다는 입장

배경	• 흥선 대원군이 물러나고 고종이 직접 정치를 시작함 • 통상 개화론의 등장 : 서양의 문물을 받아들여야 한다는 개항 요구가 있었음 예 박규수
계기	운요호 사건 1875 : 일본 군함 운요호가 불법으로 강화도 초지진 근처 바다를 침범해 조선군과 충돌
과정	조선의 허락을 받지 않고 강화도 앞바다에 다가오자 조선군은 경고의 의미로 대포를 쏨 → 일본군이 초지진을 공격하고 영종도에 상륙해 많은 피해를 입힘 → 연무당에서 **강화도 조약**을 체결함
주요 내용	조선이 외국과 맺은 최초의 근대적 조약이었으나 일본에 유리한 내용이 담겨져 있고 조선의 권리는 나타나 있지 않은 불평등 조약이었음 ┌→ 청의 간섭을 막고 조선 침략을 더 쉽게 하기 위한 일본의 의도가 숨겨져 있어요. 제1조 조선은 자주국이며 일본과 동등한 권리를 갖는다 제4조 조선은 부산 외에 두 곳(인천, 원산)의 항구를 개항하고 일본인의 통상을 허가한다 제7조 조선의 해안을 일본의 항해자가 자유롭게 측량하도록 허가한다(해안 측량권) 제10조 일본인이 조선 항구에서 죄를 지은 사건은 모두 일본의 관원이 심판한다(치외 법권)
영향	강화도 조약 이후 서양의 다른 나라와 조약을 맺고 교류를 시작함 예 조미 수호 통상 조약

청의 알선으로 체결된 서양과 맺은 최초의 근대적 조약 →┘

---

090 **신미양요**

제너럴 셔먼호 사건이 빌미가 되었다

1871년 미군이 군함을 이끌고 통상을 요구하며 강화도를 침략했어요. 강화도의 광성보가 함락되기도 했지만 어재연 장군 등이 힘껏 싸워 미군은 스스로 물러났어요.

091 **척화비**

흥선 대원군이 척화비를 세웠다

신미양요 직후 흥선 대원군은 한양과 전국 각지에 척화비를 세워 통상 수교 거부 정책을 알렸어요. '척화'는 '사이 좋게 지내는 것을 거부하고 내친다'라는 뜻이에요. 서양과 절대 통상하지 않겠다는 흥선 대원군의 의지가 담겨 있지요.

092 **강화도 조약**

외국과 맺은 최초의 근대적 조약이었다

1876년 조선은 일본의 강요에 의해 강화도에서 조약을 맺고 개항을 하였어요. 강화도 조약은 외국과 맺은 최초의 근대적 조약이지만 불평등한 조약이었어요. 이후 서양 문물이 조선에 물밀듯이 들어오게 된답니다.

17강 흥선 대원군의 정책과 강화도 조약

키워드 품은 기출 문장

보기
㉠ 흥선 대원군 ㉡ 병인양요 ㉢ 신미양요
㉣ 척화비 ㉤ 강화도 조약

❶ 제너럴 셔먼호 사건이 빌미가 되어 □□□ 가 일어났다.

❷ 흥선 대원군이 □□□ 를 세워 통상 수교 거부 정책을 알렸다.

❸ □□□ 때 외규장각 의궤를 프랑스군에게 약탈당하였다.

❹ □□□ 이 임진왜란 때 불에 탄 경복궁을 중건하였다.

❺ □□□ 은 외국과 맺은 최초의 근대적 조약이자 불평등 조약이 었다.

답 ①㉢ ②㉣ ③㉡ ④㉠ ⑤㉤

키워드로 풀리는 기출 문제

기본 4·5·6급

48회

01 다음 대화가 이루어진 시기에 볼 수 있는 모습으로 적절한 것은? [2점]

이것이 당백전일세. 우리가 원래 사용하던 엽전 한 닢의 백배에 해당한다는데, 실제 가치는 훨씬 못 미치네.

맞네. 이 당백전의 남발로 물가가 크게 올라 백성들의 형편이 매우 어려워지고 있다네.

① 원에 공녀로 끌려가는 여인

② 원산 총파업에 참여하는 노동자

③ 독립운동가를 감시하는 헌병 경찰

④ 경복궁 중건 공사에 동원되는 농민

60회

02 다음 상황 이후에 일어난 사실로 옳은 것은? [3점]

미국 군대가 쳐들어왔다.
어재연 장군을 중심으로 힘을 모아 광성보를 지켜 내자!

① 병인박해가 일어났다.

② 척화비가 건립되었다.

③ 제너럴 셔먼호 사건이 발생하였다.

④ 오페르트가 남연군 묘 도굴을 시도하였다.

49회

03 밑줄 그은 '이 사건'의 배경으로 옳은 것은? [2점]

지금 보고 있는 것은 양헌수 장군이 이 사건 당시 정족산성에서 프랑스군과 벌인 전투를 기록한 문헌입니다.
정족산성 접전 사실

① 병인박해가 일어났다.

② 영국이 거문도를 점령하였다.

③ 오페르트가 남연군 묘를 도굴하려 하였다.

④ 서인 정권이 친명 배금 정책을 추진하였다.

46회

04 선생님의 질문에 대한 학생의 대답으로 옳은 것은?

[2점]

심화 1·2·3급

47회

06 (가) 사건의 원인으로 옳은 것은? [2점]

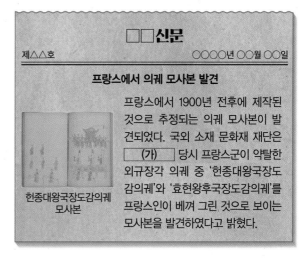

① 고종이 국외 중립을 선언하였다.
② 함경도 관찰사가 방곡령을 선포하였다.
③ 오페르트가 남연군 묘를 도굴하려 하였다.
④ 위안스카이가 이끄는 군대가 조선에 상륙하였다.
⑤ 병인박해로 천주교 선교사와 신자들이 처형되었다.

45회

05 밑줄 그은 '이 사건'으로 옳은 것은? [3점]

① 105인 사건
② 운요호 사건
③ 헤이그 특사 사건
④ 제너럴 셔먼호 사건

43회

07 밑줄 그은 '조약'에 대한 설명으로 옳은 것은? [2점]

① 방곡령을 선포할 수 있는 조항을 명시하였다.
② 메가타가 재정 고문으로 부임하는 근거가 되었다.
③ 외국에 대한 최혜국 대우를 처음으로 규정하였다.
④ 부산 외 두 곳에 개항장이 설치되는 결과를 가져왔다.
⑤ 고종이 헤이그 특사를 파견하여 부당성을 알리고자 하였다.

개념 마스터

18강

임오군란과 갑신정변

중학교 수준

『조선책략』
2차 수신사로 일본에 파견된 김홍집은 귀국할 때 『조선책략』이라는 책을 가지고 와서 고종에게 바쳤지요. 이 책은 중국의 외교관 황준헌이 쓴 것으로, 중심 내용은 러시아를 견제하기 위해서 조선이 청·일본·미국과 연대해야 한다는 것이었답니다.

1 개화 정책의 추진 `093 별기군`

(1) 개화파의 성장 — 다른 나라의 더 발전된 문화와 제도를 받아들이는 것을 말해요.

① 온건 개화파 : 청과의 관계를 유지하면서 조선의 법과 제도를 바탕으로 서양의 기술을 받아들여야 한다는 입장입니다. 예 김홍집, 김윤식

② 급진 개화파 : 조선이 청의 간섭에서 벗어나야 하며, 서양의 기술·사상·제도까지 받아들이자는 입장입니다. 예 김옥균, 박영효, 홍영식, 서광범

(2) 정부의 개화 정책 중학

정치	통리기무아문 설치 : 개화 정책 총괄 기구	
군사	별기군 창설 : 특별한 기술과 교육을 받은 신식 군대	
해외 시찰단	수신사	강화도 조약 이후 일본에 파견되어 근대 문물을 시찰함 예 1차 김기수, 2차 김홍집 — 『조선책략』을 소개하였어요.
	조사 시찰단 1881	일본에 암행어사 형태로 비밀리에 파견됨 예 박정양, 홍영식
	영선사 1881~1882	• 청의 기기국에 파견, 근대식 무기 제조 기술과 군사 훈련법을 배움 예 김윤식 • 귀국 후 기기창(근대식 무기 공장)을 설립함
	보빙사 1883	조미 수호 통상 조약 체결 이후 미국에 파견 예 민영익, 홍영식, 서광범

(3) 개화 정책에 대한 반발 : 통상과 개항을 반대하던 유생들은 위정척사 운동을 전개하였습니다. 이러한 움직임은 이후 항일 의병 운동으로 이어졌습니다.

— 성리학 이외의 모든 종교와 사상을 배격한다는 의미

중학	1860년대	1870년대	1880년대	1890년대
내용	서양과의 통상 반대	일본과의 수교 (강화도 조약) 반대	『조선책략』 유포 및 정부의 개화 정책 반대	을미사변, 단발령에 대한 반발
인물	이항로	최익현(왜양일체론)	이만손(영남 만인소)	유인석

일본과 서양은 한 무리이므로 일본과 수교를 맺으면 안 된다는 주장

영남 지역의 유생들이 미국과의 수교에 반대하며 정부에 올린 집단 상소문

◈ 임오군란의 전개

① 선혜청 습격

② 피신하는 왕비

③ 청군의 도착

④ 청에 끌려가는 흥선 대원군

⑤ 제물포 조약 체결

2 임오군란 1882 중학 `094 임오군란`

원인	별기군에 비해 차별 대우을 받는 구식 군인들의 불만이 폭발하여 임오군란이 일어남
전개	• 구식 군인들이 봉기를 일으켜 선혜청을 습격함 → 생활이 어려워진 일부 백성들까지 봉기하여 정부 관리와 일본인 교관을 살해하고 일본 공사관을 불태움 • 조선 정부의 요청으로 청이 군대를 보내 임오군란을 진압하고, 흥선 대원군을 청으로 납치함

별기군

키워드 기출 문장

093 별기군

신식 군대인 별기군이 창설되었다

조선 정부가 개화 정책을 추진하면서 1881년에 설치한 신식 군대예요. 특별한 기술을 갖춘 군대란 뜻을 지녔죠. 별기군은 일본인 교관에게 훈련을 받고, 신식 무기와 복장을 지급받았어요. 급료도 꼬박꼬박 받는 등 모든 대우가 구식 군인에 비해 훨씬 나았어요.

094 임오군란

구식 군인들이 임오군란을 일으켰다

개항 이후 구식 군인들은 신식 군대인 별기군보다 낮은 대우를 받는 것에 반발하여 난을 일으켰어요. 한편, 반란을 진압한 청은 군대를 주둔시키면서 조선의 내정에 간섭하였어요.

결과	청의 내정 간섭 심화 : 청의 군대가 조선에 주둔하고 묄렌도르프를 정치·외교 고문으로 파견함	
조약 체결	제물포 조약	일본인 교관이 살해되고 공사관이 습격당한 것을 구실로 일본이 피해 보상을 요구함 → 조선은 일본 공사관에 경비병이 주둔하는 것을 허용하고, 일본에 배상금을 지불함
	조청 상민 수륙 무역 장정	• 허가받은 청 상인이 조선에서 마음대로 장사할 수 있는 특권을 부여함 • 치외 법권을 인정함
영향	• 임오군란으로 조선에 청군과 일본군이 주둔하게 됨 • 이후 갑신정변과 동학 농민 운동에 두 나라가 관여하게 되고, 결국 청일 전쟁이 일어나게 됨	

3 갑신정변 1884 095 우정총국 096 갑신정변
→ 비합법적인 방법으로 생긴 정치적인 큰 변화

박영효 서광범 서재필 김옥균
갑신정변의 주역들

원인	• 임오군란 이후 청의 내정 간섭이 심해짐 • 급진 개화파는 정부의 소극적 개화 정책에 대한 불만이 높아짐 • 자신들만의 힘으로 나라를 바꾸기 어렵다고 생각해 일본에 도움을 　요청 → 일본은 군사 지원을 약속함 궁금		
전개 과정	• 김옥균을 중심으로 한 일부 개화파가 우정총국 개국 축하연을 이용해 갑신정변을 일으킴 　→ 고위 관료들을 살해하고 고종과 왕비가 머무는 곳을 옮김 • 청 세력을 몰아내고 새 정부를 조직한 후 사회 제도를 고치기 위한 개혁 정강(개혁안)을 발표함		

주장 내용	의미
청에 바치던 조공 허례를 폐지한다 정성이 없이 겉으로만 번드르르하게 꾸미는 것	청에 의존하지 않는 자주적인 나라를 만들어야 함
문벌을 폐지하고, 백성들이 평등한 권리를 갖는 제도를 마련하며, 능력에 따라 관리를 임명한다	모두가 평등하고, 능력 있는 사람이 인정받아야 함
세금 제도를 고쳐 관리의 부정을 막고 국가의 살림살이를 튼튼히 한다	세금 제도를 개혁하여 국가 재정을 튼 튼히 해야 함
부정한 관리를 처벌하고, 백성들이 빚진 쌀을 면 제한다	탐관오리를 처벌하고 백성을 위한 정 치를 해야 함

결과	• 청군의 개입으로 3일 만에 실패 → 김옥균, 박영효, 서광범 등은 일본으로 피함 • 청의 내정 간섭이 더욱 심화됨
조약 체결 (중학)	• 한성 조약(조선-일본) : 조선이 일본에 배상금 지불, 일본 공사관을 다시 짓는 비용을 부담함 • 톈진 조약(청-일본) : 청과 일본은 조선에 군대를 보낼 때 서로의 나라에 미리 알리기로 약속함
의의	근대 국가를 만들고자 한 최초의 정치 개혁 운동
한계	일본의 힘에 의지하고 준비가 부족한 상태에서 개혁을 시도하여 백성의 지지를 받지 못함
임오군란과 비교	• 공통점 : 청의 간섭이 심해졌으며, 조선의 자주적인 개혁이 늦어짐 • 차이점 : 임오군란은 개화로 인한 차별에 반대하여 일어난 사건으로 정부의 개혁 정책에 반대, 　반면 갑신정변은 더딘 조선의 개화를 더 빨리 이루고자 개화 세력이 일으킴

○ **정부의 소극적 개화 정책**
조선 정부는 임오군란 이후 청의 내정 간섭이 심해져 그동안 추진해 오던 개화 정책을 추진하기 어려웠어요. 또한 국가 재정이 부족하여 어려움을 겪고 있었죠. 이에 급진 개화파의 김옥균은 일본으로부터 차관(외국 정부나 공적 기관으로부터 돈을 빌리는 것)을 들여와 재정 문제를 해결하고 개혁을 추진하고자 했어요.

궁금 ?

왜 일본은 김옥균 등에게 군사 지원을 약속했나요?
임오군란 이후 청의 내정 간섭이 심해지면서 조선에 대한 청의 영향력이 커졌어요. 그러자 일본은 조선에서 영향력을 확대하기 위해 갑신정변의 주도 세력에게 군사 지원을 약속했어요. 하지만 일본은 갑신정변에 청군이 개입하자 약속을 어기고 철수해 버렸죠.

○ **김옥균 등 갑신정변에 참여한 세력**
갑신정변은 김옥균, 박영효, 서광범, 서재필, 홍영식 등 양반 계층이 주도했어요. 이외에도 군인, 상인을 비롯해 양반의 집에서 심부름을 하던 사람, 궁녀 등도 참여하였죠. 이들은 정변이 일어났을 때 경비, 소식 전달, 심부름 등 여러 역할을 맡았어요.

○ **우정총국**

우리나라 최초의 우편 업무를 담당하던 관청이에요. 정부의 개혁 정책에 따라 박문국, 전환국 등 근대 관청이 세워졌어요.

---

095 **우정총국**

우편 행정을 다루는 관청으로, 우정국이라고도 불려요. 오늘날의 우체국처럼 우표를 찍고 우편을 배달했죠. 1884년 10월 17일에 문을 열었는데, 이를 축하하는 잔치에서 갑신정변이 일어나 5일 만에 폐지되었어요. 1895년 우체사가 설치될 때까지 역참에 의한 통신 방법이 사용되었다고 해요.

096 **갑신정변**

우정총국 개국 축하연에서 갑신정변이 일어났다

김옥균, 박영효 등 급진 개화파는 일본의 지원을 믿고 우정총국 개국 축하연을 이용해 갑신정변을 일으켰어요. 이들은 새 정부를 조직하여 14개의 개혁안을 발표하였어요. 그러나 청군의 개입으로 3일 만에 실패로 끝나고 말았지요. 이후 청의 간섭은 더욱 심해졌어요.

박영효 김옥균 서광범 서재필

18 강 임오군란과 갑신정변

기출 문장

보기
㉠ 별기군　㉡ 임오군란　㉢ 우정총국

❶ [　　] 개국 축하연에서 갑신정변이 일어났다.

❷ 정부의 개화 정책으로 신식 군대인 [　　] 이 창설되었다.

❸ 차별 대우를 받던 구식 군인들이 [　　] 을 일으켰다.

답 ①㉢ ②㉠ ③㉡

51회

02 다음 시나리오의 상황 이후에 전개된 사실로 옳은 것은? [3점]

> S#15. 한성의 궁궐 안
>
> 일본에 조사 시찰단으로 파견되었다가 약 4개월 만에 돌아온 홍영식이 고종과 대화를 나누고 있다.
>
> 고　종 : 일본의 제도가 장대하고 정치가 부강하다고 하는데 시찰해 보니 과연 그러하더냐?
> 홍영식 : 그렇습니다. 일본의 부강은 모두 밤낮을 가리지 않고 부지런히 노력한 결과입니다. 일본이 이룬 것을 볼 때 우리도 노력하면 충분히 가능할 것입니다.

① 삼정이정청이 설치되었다.
② 어재연 부대가 미군에 맞서 싸웠다.
③ 구식 군인들이 임오군란을 일으켰다.
④ 평양 관민이 제너럴 셔먼호를 불태웠다.

기출 문제

기본 4·5·6급

50회

01 (가)에 들어갈 내용으로 옳은 것은? [2점]

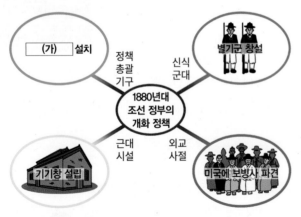

① 교정청
② 군국기무처
③ 도평의사사
④ 통리기무아문

48회

03 다음에서 설명하는 사건의 영향으로 옳은 것은? [2점]

> 특강 주제 : 개화 정책을 둘러싼 갈등
>
> 신식 군대인 별기군에 비해 차별 대우를 받던 구식 군인들은 밀린 봉급을 겨와 모래가 섞인 쌀로 지급받게 되었습니다. 이들은 결국 분노하여 난을 일으켰고, 일부 백성들도 이에 합세하였습니다.

① 운요호 사건이 일어났다.
② 통리기무아문이 설치되었다.
③ 외규장각 도서가 약탈되었다.
④ 청의 내정 간섭이 심화되었다.

60회

04 (가)에 들어갈 사건으로 옳은 것은? [1점]

역사 뮤지컬
3일 천하

우정총국 개국 축하연을 기회로 삼아 [(가)]을/를 일으킨 조선 청년들의 새로운 도전이 춤과 노래로 펼쳐집니다.
• 일시 : 2022년 ○○월 ○○일 19시
• 장소 : △△ 아트센터 대극장

① 갑오개혁
② 갑신정변
③ 브나로드 운동
④ 민립 대학 설립 운동

[05~06] 다음 자료를 읽고 물음에 답하시오.

근대 역사의 현장

현재 복원된 모습
(서울시 종로구 소재)

[(가)]은/는 1884년 근대 우편 업무를 도입하기 위해 세워졌다. 그러나 개화당이 이곳에서 열린 개국 축하연을 기회로 삼아 [(나)]을/를 일으켜 한동안 우편 업무가 중단되었다. 그 후 1895년 우체사가 설치되어 관련 업무가 재개되었다.

47회

05 (가)에 들어갈 기구로 옳은 것은? [1점]

① 기기창
② 우정총국
③ 군국기무처
④ 통리기무아문

47회

06 (나) 사건에 대한 설명으로 옳은 것은? [3점]

① 구본신참을 개혁 원칙으로 내세웠다.
② 한성 조약이 체결되는 계기가 되었다.
③ 외규장각 도서가 약탈당하는 결과를 가져왔다.
④ 사태 수습을 위해 박규수가 안핵사로 파견되었다.

심화 1·2·3급

49회

07 (가) 사건의 결과로 옳은 것은? [2점]

이것은 개화당이 [(가)] 당시 발표한 개혁 정강의 일부입니다. 개화당은 새로운 정부를 구성하고 이 정강을 내세웠습니다.

1. 대원군을 가까운 시일 안에 돌아오게 하고 청에 조공하는 허례를 폐지할 것
2. 문벌을 폐지하여 인민 평등의 권리를 제정하고 능력에 따라 관리를 등용할 것
13. 대신과 참찬은 합문 안 의정소에서 회의하고 왕에게 보고한 후 정령을 반포해서 시행할 것

① 한성 조약이 체결되었다.
② 신식 군대인 별기군이 창설되었다.
③ 부산 외 두 곳의 항구가 개항되었다.
④ 김윤식이 청에 영선사로 파견되었다.
⑤ 개화 정책을 총괄하는 통리기무아문이 설치되었다.

41회

08 밑줄 그은 '이 사건'에 대한 설명으로 옳은 것은? [2점]

사진 속의 인물들은 정부의 소극적인 개화 정책에 불만을 품고 우정총국 개국 축하연을 기회로 삼아 이 사건을 일으켰습니다.

박영효 서광범 서재필 김옥균

① 청군의 개입으로 3일 만에 실패하였다.
② 보국안민, 제폭구민을 기치로 내세웠다.
③ 제물포 조약을 체결하는 결과를 가져왔다.
④ 신식 군대인 별기군이 창설되는 배경이 되었다.
⑤ 김윤식을 청에 영선사로 파견하는 계기가 되었다.

19 강 동학 농민 운동과 갑오·을미개혁

방곡령
식량이 부족할 때 곡물의 유출을 금지할 수 있도록 한 법령이에요. 1889년 함경도와 1890년 황해도의 지방관이 방곡령을 내리자, 일본은 이로 인해 손해를 봤다며 배상금을 요구하였죠.

○ 사발통문

원 모양을 따라 이름을 돌려 적어 누가 봉기의 주모자인지 알 수 없도록 한 문서예요.

○ 고부 군수의 횡포
고부 군수 조병갑은 아버지를 칭찬하는 내용의 비석을 세운다며 강제로 세금을 거두었어요. 또한 백성을 동원해 저수지를 만들고, 물값을 매겼으며, 이웃과 친하지 않다는 등의 죄목을 붙여 강제로 세금을 거두었죠.

○ 동학 농민군이 사용한 무기

장태

동학 농민군은 대부분 낫이나 호미 같은 농기구와 대나무를 깎아 만든 죽창, 장태 등을 무기로 사용하였어요. 장태는 대나무를 항아리 형태로 엮은 닭장이에요. 동학 농민군은 이를 크게 만들어 볏짚을 가득 넣고 총알을 막거나, 높은 곳에서 아래로 굴려 적을 공격하였죠. 황토현 전투에서 처음 등장한 장태는 이후 황룡촌 전투에서 큰 위력을 발휘했어요.

1 동학 농민 운동 1894 097 동학 농민 운동 098 전봉준

(1) 동학 농민 운동의 배경

① 갑신정변 이후에도 일부 양반과 지방 관리의 횡포가 계속되자 농민들의 생활은 더욱 어려워졌습니다. 동학은 이러한 백성의 마음을 움직여 농촌을 중심으로 퍼져 나갔습니다.

② 일본의 경제적 침략으로 쌀 수탈이 심해졌습니다. 일본으로 곡물이 유출되어 조선의 곡물값이 크게 오르자 함경도 관찰사는 방곡령을 선포하기도 하였습니다. 중학

(2) 주도 세력 : 동학 교도들과 농민들은 **전봉준**을 지도자로 하여 사발통문을 작성하고 봉기하였습니다.
└→ 최제우가 민간 신앙과 유교·불교·도교의 장점을 모아 만든 종교로, 서학에 반대하여 이름을 지었지요.

(3) 전개
┌→ 전북 정읍 지역의 옛 이름

고부 농민 봉기	고부 군수 조병갑의 횡포를 막기 위해 전봉준과 농민군이 봉기하여 고부 관아를 습격함 └→ 폭압을 제거하고 백성을 구하자!	백산 집결 
1차 봉기	사건 해결을 위해 파견된 관리가 농민에게 책임을 묻자, 전봉준과 농민들이 '보국안민', '제폭구민'의 구호를 내걸고 백산에서 다시 봉기(농민군의 4대 강령 발표) → 황토현·황룡촌 전투에서 승리하여 전주성을 점령함 └→ 나랏일을 돕고 백성을 편안하게 하자!	황룡촌 전투 
전주 화약	• 정부가 동학 농민군을 진압하는 데 어려움을 겪자 청에 군사를 요청함 → 청의 군대가 들어오자 일본도 조선에 군대를 보냄 • 동학 농민군이 외국 군대의 개입을 막기 위해 정부와 협상해 개혁안을 약속받고(전주 화약) 스스로 흩어짐 • 동학 농민군은 전라도 일대에 집강소를 설치하고 폐정 개혁안을 추진 농민군이 개혁안을 실행하기 위해 설치한 농민 자치 기구 **전봉준과 동학 농민군의 개혁안(일부)** • 탐관오리, 못된 양반은 그 죄를 조사해 벌한다 • 노비 문서를 소각한다 • 정해진 세금 외에 잡다한 세금을 폐지한다 • 일본에 협력하는 사람을 엄히 벌한다	전주성 점령 
2차 봉기	• 전주 화약 이후에도 청군과 일본군이 조선에서 물러나지 않고 오히려 일본군이 경복궁을 점령하고 청일 전쟁을 일으킴 • 일본을 몰아내기 위해 동학 농민군이 다시 봉기 → 공주 우금치 전투에서 크게 패함 └→ 동학 농민군은 기관총으로 무장한 일본군과 관군의 상대가 되지 않았어요	우금치 전투

(4) 결과 : 동학 농민군은 후퇴를 거듭하다 해산하였고, 전봉준은 관군에게 잡혀 처형당했습니다.

---

097 동학 농민 운동
집강소를 설치하여 폐정 개혁안을 실천하였다

탐관오리의 횡포가 심해지자 농민들은 전봉준을 중심으로 동학 농민 운동을 일으켰어요. 한때 동학 농민군은 집강소를 설치하고 개혁을 실천하였지만 일본군의 개입으로 실패하고 말았죠.

098 전봉준
동학 농민 운동을 이끌었다

동학 농민 운동을 이끈 전봉준은 어린 시절 키가 작아 '녹두'라고 불렸다고 해요. 백성을 구하기 위해 의로운 깃발을 들고 동학 농민 운동을 일으켰으며, 외세를 몰아낼 것을 주장했어요.

❷ 갑오개혁 1894~1895 [중학] 099 갑오개혁

(1) 제1차 갑오개혁

배경	일본은 경복궁을 점령한 후 김홍집 등을 중심으로 새로운 정부를 구성하여 개혁을 강요함
특징	김홍집 내각이 최고 정책 의결 기구인 군국기무처를 설치하여 갑오개혁을 추진함 갑신정변의 개혁안과 동학 농민군의 요구를 반영함 → 입법권을 가진 초정부적 회의 기구

개혁 내용	정치	청에 의지하지 않고 자주독립의 기초를 세움 과거제를 폐지하고, 능력 위주로 관리를 뽑음
	경제	세금을 화폐로 징수하고 은본위 화폐 제도를 시행 도량형(길이, 무게, 부피 등을 재는 도구) 통일
	사회	신분제와 연좌제(죄인의 가족이나 친척까지도 함께 처벌하는 규정)를 폐지 과부의 재가 허용 → 결혼하였던 여성이 남편과 사별하여 다른 남성과 결혼하는 것을 허용하였어요. 조혼 금지 → 이전에는 평균 수명이 짧고 경제적 어려움 등으로 인해 일찍 결혼하는 경우가 많았어요.

의의	조선이 근대화로 발전하기 위해 스스로 노력한 시도임
한계	개혁을 성급히 추진하여 준비가 부족하였고, 일본에 지나치게 의존해 백성들의 반발을 초래함

(2) 제2차 갑오개혁

배경	청일 전쟁에서 승기를 잡은 일본은 내정 간섭을 본격화함 군국기무처를 폐지하고 새로운 내각을 구성하도록 함(김홍집·박영효 연립 내각)
특징	홍범 14조의 개혁안을 발표하여 개혁의 기본 방향을 밝힘 재판소를 설치하여 사법권을 독립시킴, 지방관의 권한을 축소함 교육이 나라의 근본임을 밝히는 '교육입국 조서'를 발표 → 소학교, 한성 사범학교, 외국인 학교 등 온 국민을 대상으로 하는 근대적 교육 제도를 마련함
결과	개혁에 필요한 자금이 부족하였고, 박영효가 왕비를 시해하려 한다는 모함을 받아 일본으로 망명하면서 개혁이 중단됨

❸ 을미사변과 을미개혁　100 아관 파천 → '일본 제국주의'의 줄임말로, 자기 나라의 이익을 위해 여러 나라를 침략한 일본을 이르는 말

배경	청일 전쟁에서 일제가 승리함 → 고종과 명성 황후는 일본의 간섭을 막기 위해 러시아 세력을 끌어들임 → 조선에 대한 러시아의 영향력이 강화됨
을미사변 1895	조선의 친러시아 정책에 위기를 느낀 일본이 '여우 사냥'이라는 비밀 작전하에 경복궁에 침입해 명성 황후를 시해하고 시신을 불태우는 만행을 저지름 [궁금] → 왕이나 왕비 등 윗사람을 죽이는 것
[중학] 을미개혁 1895	일본이 친일 정부를 세우게 하는 등 조선 정부에 대한 간섭을 강화하고 개혁을 강요함 단발령 실시 : 성인 남자의 상투를 자르게 함 태양력 사용 : 음력 1895년 11월 17일을 양력 1896년 1월 1일로 삼은 것 → '건양' 연호 채택 반발 : 을미사변과 단발령에 반발하여 을미의병이 일어남 [궁금] 결과 : 불안해진 고종이 자신의 안전을 지키고 일본의 영향력에서 벗어나고자 러시아 공사관으로 피신(아관 파천, 1896)

→ '아관'은 러시아 공사관, '파천'은 임금이 피란가는 일을 말해요.

---

099 **갑오개혁**

김홍집 등이 중심이 되어 개혁을 추진하였다

1894년에 일본의 강요로 김홍집 중심의 친일 내각이 수립되었어요. 김홍집 내각은 군국기무처를 설치하고, 과거제와 신분제를 폐지하였으며, 도량형을 통일하는 등 여러 개혁을 추진하였죠. 이를 갑오개혁이라 해요. 기존의 낡은 제도를 버리고, 나라의 모든 제도를 근대적으로 바꾼 개혁이랍니다.

과거제 폐지 / 조혼 금지 / 갑오개혁 / 신분 차별 철폐 / 도량형 통일

100 **아관 파천**

청일 전쟁 이후 조선이 일본을 견제하자 일본은 명성 황후를 시해하였어요(을미사변). 일본의 위협을 느낀 고종은 러시아와 친한 대신들과 의논하여 1896년 2월 새벽에 궁궐을 빠져나와 러시아 공사관으로 거처를 옮기는 아관 파천을 단행하였어요. 1년여 동안 그곳에 머문 후 경운궁으로 돌아왔답니다.

19 강 동학 농민 운동과 갑오·을미개혁

키워드 품은 기출 문장

| 보기 |
- ㉠ 동학 농민 운동
- ㉡ 갑오개혁
- ㉢ 을미사변
- ㉣ 아관 파천

❶ 일본이 명성 황후를 시해한 [   ]을 일으켰다.

❷ 농민들은 전봉준을 중심으로 [   ]을 일으켰다.

❸ 김홍집 등이 중심이 되어 [   ]을 추진하였다.

❹ 일본의 위협을 느낀 고종이 러시아 공사관으로 거처를 옮기는 [   ]을 단행하였다.

정답 ① ㉢ ② ㉠ ③ ㉡ ④ ㉣

키워드로 풀리는 기출 문제

기본 4·5·6급

52회

01 다음 사건에 대한 설명으로 옳은 것은? [2점]

백산 집결 → 황룡촌 전투

전주성 점령 → 우금치 전투

① 외규장각 도서가 약탈되었다.
② 집강소를 설치하여 폐정 개혁을 추진하였다.
③ 홍의 장군 곽재우가 의병장으로 활약하였다.
④ 서북인에 대한 차별이 원인이 되어 일어났다.

54회

02 (가)에 들어갈 기구로 옳은 것은? [2점]

주제 : 갑오·을미개혁

1. 제1차 갑오개혁 : [(가)]을/를 중심으로 개혁을 추진하여 과거제, 노비제, 연좌제 등 폐지
2. 제2차 갑오개혁 : 홍범 14조 반포, 지방 행정 조직을 23부로 개편, 교육 입국 조서 반포
3. 을미개혁 : 태양력 채택, 건양 연호 사용, 단발령 실시

① 정방
② 교정도감
③ 군국기무처
④ 통리기무아문

43회

03 밑줄 그은 '이 문서'로 옳은 것은? [3점]

이 문서는 원 모양을 따라 이름을 돌려 적은 것이니 누가 주모자인지 알 수 없을 것이네.

나쁜 관리들을 없애고 전주를 함락한 후 한양으로 나가세.

① 공명첩
② 만인소
③ 사발통문
④ 독립 선언서

45회

04 밑줄 그은 '이 운동'의 전개 과정에서 있었던 일로 옳지 <u>않은</u> 것은? [3점]

사진 속 모습은 이 운동을 주도한 전봉준이 재판을 받기 위해 이송되는 장면입니다.

① 집강소가 설치되었다.
② 한성 조약이 체결되었다.
③ 백산에서 4대 강령이 발표되었다.
④ 농민군이 황토현에서 승리를 거두었다.

60회

05 밑줄 그은 '의병'이 일어난 시기를 연표에서 옳게 고른 것은? [3점]

역적들이 국모를 시해하고 억지로 머리카락을 깎게 하니 백성들이 의병을 일으켰다. 하지만 이제는 단발을 편한 대로 하게 하였으니 백성들은 흩어져 돌아가 생업에 종사하라.

1862	1875	1882	1894	1910
(가)	(나)	(다)	(라)	
임술 농민 봉기	운요호 사건	임오군란	청일 전쟁 발발	국권 피탈

① (가) ② (나) ③ (다) ④ (라)

46회

06 (가)에 들어갈 사건으로 옳은 것은? [3점]

① 갑신정변 ② 갑오개혁
③ 을미사변 ④ 아관 파천

49회

07 (가) 시기에 있었던 사실로 옳은 것은? [2점]

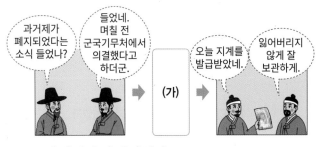

① 당백전이 발행되었다.
② 동시전이 설치되었다.
③ 속대전이 편찬되었다.
④ 태양력이 채택되었다.

49회

08 다음 사건이 일어난 시기를 연표에서 옳게 고른 것은? [3점]

아침 7시가 될 무렵 왕과 세자는 궁녀들이 타는 가마를 타고 몰래 궁을 떠났다. 탈출은 치밀하게 계획된 것이었다. 1주일 전부터 궁녀들은 몇 채의 가마를 타고 궐문을 드나들어서 경비병들이 궁녀들의 잦은 왕래에 익숙해지도록 했다. 그래서 이른 아침 시종들이 두 채의 궁녀 가마를 들고 나갈 때도 경비병들은 특별히 신경 쓰지 않았다. 왕과 세자는 긴장하며 러시아 공사관에 도착했다.

– F. A. 매켄지의 기록 –

1863	1871	1884	1895	1904
(가)	(나)	(다)	(라)	
고종 즉위	신미양요	갑신정변	을미사변	러일 전쟁

① (가) ② (나) ③ (다) ④ (라)

심화 1·2·3급

47회

09 밑줄 그은 '개혁'의 내용으로 옳지 않은 것은? [3점]

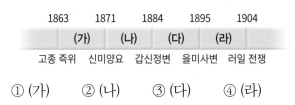

얼마 전에 정부가 교정청을 폐지하고 군국기무처를 설치하여 대대적인 개혁을 단행했다는군.

은본위제 채택을 포함한 여러 안건을 처리했다고 들었네.

① 과거제를 폐지하였다.
② 연좌제를 금지하였다.
③ 공사 노비법을 혁파하였다.
④ 과부의 재가를 허용하였다.
⑤ 건양이라는 연호를 채택하였다.

자주독립과 근대화를 위한 노력

○ 서재필

서재필은 나라의 독립을 지키려면 국민의 애국심과 자립 정신이 필요하다고 생각했어요.

1 독립 협회   101 독립 협회   102 만민 공동회

(1) 설립 목적 : 아관 파천 이후 외국의 경제 침탈이 심해지자 서재필 등이 귀국하여 개화사상을 가진 지식인과 관료를 중심으로 독립 협회를 설립하였습니다. 1896

(2) 활동 내용

○ 독립문

독립문은 청으로부터 완전히 독립하였음을 기념하여 프랑스의 개선문을 모방해 국민의 성금을 모아 만들었어요. 청의 사신이 머물렀던 모화관을 독립관으로 수리하고, 청의 사신을 맞이하였던 영은문 자리에 독립문을 건립한 것은 독립에 대한 의지를 확실히 내비치기 위한 것이었답니다.

독립신문 발행 1896	• 최초의 한글 신문으로, 나라 안팎의 소식과 자주독립 정신을 일깨워 주는 글을 실음 • 한글판과 영문판으로 발행 → 외국인에게 우리의 사정을 알림	
독립문 건립	청의 사신을 맞이하던 영은문이 있던 자리에 세워 자주독립의 의지를 표현함	
만민 공동회 개최	• 정부 정책이나 사회 문제에 대해 누구나 자유롭게 자신의 생각을 말할 수 있는 기회를 마련함 → 러시아의 절영도 조차 요구를 반대하여 저지시켰어요. • 열강의 이권 침탈에 반대하고 자주 국권 운동을 전개함 • 정부 대신들이 참여한 관민 공동회가 개최되어 헌의 6조를 결의함	관민 공동회 기록화
의회 설립 운동	중추원 개편을 통한 의회 설립을 추진함 → 가장 천한 신분인 백정이 관리들 앞에서 연설을 하였어요.	
해산	보수파 정치인들이 독립 협회가 공화정을 추구한다고 모함 → 고종의 명령으로 해산됨	

(중학 표시: 만민 공동회 개최 ~ 해산)

2 대한 제국   103 대한 제국

(1) 대한 제국 선포 1897 대한 제국은 1897년부터 1910년까지의 우리나라 이름이에요.

① 고종의 환궁 : 독립 협회와 국민의 요구로 1년 만에 경운궁(덕수궁)으로 돌아온 고종은 중국과의 사대 관계를 청산하고 일제에서 벗어난 자주독립국임을 보여 주고자 했습니다.

서양식 군복을 입은 고종

② 국호를 '대한 제국', 연호를 '광무'라 하고 환구단에서 황제 즉위식을 올린 후 대한 제국을 선포하였습니다. → 황제가 하늘에 제사를 지내고자 둥글게 쌓아 만든 제단

③ 대한국 국제 제정 1899 : 황제권 강화를 표방한 대한 제국의 헌법

중학교 수준

관민 공동회와 헌의 6조
'헌의'는 신하들이 정치에 대해 논의한 의견을 왕에게 올린다는 의미예요. 고종은 백성들과 신하들의 뜻이 담긴 헌의 6조의 내용을 수정 없이 전부 받아들였다고 해요.

○ 대한 제국 선포

황궁우 / 환구단

고종은 대한 제국을 세우고 황제 즉위식을 올려 우리나라가 자주 국가임을 선언하였어요. 또한 황제에게 모든 권한을 부여하는 헌법(대한국 국제)을 제정하였지요.

(2) 광무개혁 중학 → 옛 것(구)을 바탕으로 하고 새 것(신)을 참고한다는 뜻

원칙	구본신참 : 우리나라의 전통적인 제도를 바탕으로 서양의 근대 문물을 받아들임
개혁 내용	• 지계 발급 : 근대적 토지 소유권 제도 마련 • 상공업 발달에 힘쓰는 정책을 추진하여 근대적 공장과 회사를 세움 • 각종 관립 학교를 설립하여 인재를 양성하고 외국에 유학생을 보냄
의의	황제로서 사회 각 분야에 걸쳐 강력한 개혁을 실시함

지계

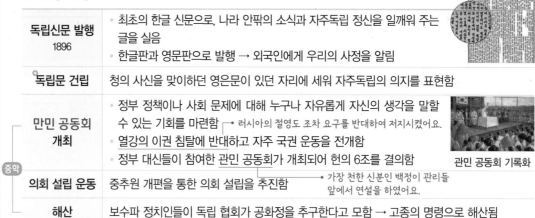

키워드
기출 문장 »

독립 협회는 서재필, 이상재 등이 주도하였다

서양 여러 나라의 간섭이 심해지던 때, 독립신문이 창간되었어요. 나라 안팎의 소식을 백성들에게 알릴 수 있게 되었죠. 이어지는 희소식! 자주독립 근대 국가를 바라는 개화 지식인들이 모여 독립 협회를 설립합니다. 그리고는 영은문을 허물고 독립문을 세워 이를 기념하였죠.

독립신문

독립 협회는 만민 공동회를 개최하였다

만민 공동회

만민 공동회는 '모든 백성이 함께하는 대회'라는 뜻으로, 각계각층의 사람들이 참여한 근대적인 대중 집회였어요. 누구나 정치적인 생각을 직접 말할 수 있었지요. 독립 협회는 만민 공동회를 열어 러시아의 내정 간섭과 열강의 이권 침탈을 비판하였죠.

3 근대 문물의 수용과 일상생활의 변화　104 이화 학당　105 광혜원

(1) 근대 신문 중학

한성순보 1883	• 우리나라 최초의 근대 신문 • 박문국에서 발행	제국신문 1898	• 순 한글로 발행 • 서민과 부녀자들이 주로 봄
황성신문 1898	• 국한문 혼용체로 발행되어 유생들이 주로 봄 • 장지연의 '시일야방성대곡'을 실음	대한매일신보 1904	• 양기탁과 영국인 베델이 함께 창간 • 일제에 비판적인 기사를 많이 실음 궁금 • 국채 보상 운동 1907을 적극적으로 지원

(2) 근대 학교 중학

원산 학사	함경도 덕원부 관리와 주민들이 세운 최초의 근대적 사립 학교, 근대 학문과 무술을 가르침
육영 공원	• 우리나라 최초의 근대적 관립 학교 • 양반 고위 관리의 자제들을 대상으로 영어를 비롯한 서양 학문을 교육함 • 호머 헐버트가 육영 공원의 교사로 초빙됨
이화 학당, 배재 학당	• 외국인 선교사가 설립한 학교로, 근대 학문을 보급함 • 이화 학당은 스크랜턴, 배재 학당은 아펜젤러가 설립

└ 개항기 우리나라에 파견되어 기독교 등을 알리던 선교사들은 학교를 세워 학생들을 교육하고, 의료 사업을 전개하는 등 다양한 활동을 하였어요.

이화 학당　　　　배재 학당

(3) 근대 시설

기기창	근대적 무기 제작	**박문국**	인쇄와 출판 담당	**전환국**	새로운 화폐 발행
광혜원	선교사 알렌이 세운 우리나라 최초의 근대식 병원(후에 제중원으로 이름을 바꿈)				
우정총국	우편 및 우체 업무 담당				

통신	전기	경복궁의 건천궁에 처음 전기가 들어와 전등을 설치함
	전화	궁중용으로 처음 설치되었고 '덕률풍'이라 불림. 이후 서울과 인천 사이에 개통됨 왕과 통화 시에는 먼저 절을 하고 무릎을 꿇고 받았어요.
교통	전차	전기로 움직이며 서대문 ~ 청량리 구간 운행 1899
	철도	• 경인선(1899, 노량진 ~ 제물포) : 우리나라에서 처음으로 운행된 철도 • 경부선(1905, 서울 ~ 부산), 경의선(1906, 서울 ~ 신의주) : 러일 전쟁 중에 군사적 목적으로 개통됨

광혜원　　　　경복궁의 전등(상상도)　　　　전화　　　　전차　　　　경인선 철도 개통식

(4) 생활 모습의 변화

① 의생활 : 양복이 소개되었고, 서양식 머리 모양을 하는 사람이 늘어났습니다.

② 식생활 : 커피, 홍차, 케이크 등이 유행하였고, 남녀가 한자리에서 밥을 먹는 식사법이 생겨났습니다.

③ 주생활 : 덕수궁 석조전, 명동 성당, 독립문 등 서양식 건축물과 일본식 주택이 세워졌습니다.
└ 덕수궁 석조전은 르네상스 양식으로 만든 근대식 석조 건물이에요. 명동 성당은 고딕 양식으로 지어졌고, 독립문은 개선문을 모방해 만들었어요.

중학교 수준

근대 신문

한성순보　　　황성신문

제국신문　　　대한매일신보

◎ **시일야방성대곡**
황성신문의 주필이었던 장지연이 쓴 것으로, '이 날, 목 놓아 통곡하노라'라는 뜻의 논설이에요. 1905년 일본에 외교권을 빼앗긴 을사늑약이 체결되자 이 논설을 실어 황성신문은 3개월 간 신문 발행이 중단되었죠.

궁금 ?

왜 대한매일신보는 일제에 비판적인 기사를 실을 수 있었나요?
대한매일신보는 양기탁 등이 영국인 베델을 발행인으로 내세워 창간하였어요. 영국인이 발행인이었기 때문에 일제의 탄압에서 비교적 자유로울 수 있었고, 다른 신문들보다 일제를 비판하거나 민족 의식을 고취하는 글을 많이 실을 수 있었죠.

◎ **덕수궁 석조전과 명동 성당**

---

103 **대한 제국**

고종이 환구단에서 황제 즉위식을 올렸다

1897년 고종은 환구단에서 대한 제국 수립을 선포해 대내외에 자주독립국임을 알렸어요. 이어 대한 제국은 상공업의 진흥과 지계(토지 소유 증명 문서)를 발급하는 등 광무개혁을 시행하였어요.

104 **이화 학당**

여성 교육을 위해 이화 학당을 설립하였다

개항 이후 서양에서 온 선교사들은 교육 기관을 세워 학생들을 교육했어요. 그중 미국인 선교사 스크랜턴은 이화 학당을 세워 여학생을 위한 교육을 시작했어요. 한국 여성을 위한 근대적 교육이 시작된 것이죠.

105 **광혜원**

알렌이 광혜원을 설립하였다

미국인 선교사 알렌이 갑신정변 때 민영익을 치료해 준 것이 인연이 되어 서울 재동에 광혜원을 세웠어요. 광혜원은 우리나라 최초의 근대식 병원이자 서양식 국립 의료 기관이랍니다. 훗날 이름이 제중원으로 바뀌지요.

20강 자주독립과 근대화를 위한 노력

키워드 품은 기출 문장

| 보기 |

- ㉠ 독립 협회
- ㉡ 만민 공동회
- ㉢ 대한 제국
- ㉣ 이화 학당
- ㉤ 광혜원

❶ 여성 교육을 위해 선교사 스크랜턴이 ___ 을 설립하였다.

❷ ___ 는 서재필, 이상재 등이 주도하였다.

❸ 고종 황제가 환구단에서 즉위식을 올리고 ___ 을 선포하였다.

❹ 독립 협회는 근대적 민중 집회인 ___ 를 개최하였다.

❺ 미국인 선교사 알렌이 ___ 을 설립하였다.

답 ① ㉣ ② ㉠ ③ ㉢ ④ ㉡ ⑤ ㉤

키워드로 풀리는 기출 문제

기본 4·5·6급

61회

01 밑줄 그은 '학교'로 옳은 것은? [2점]

이것은 1886년에 선교사 스크랜턴이 여성의 신학문 교육을 위해 세운 학교 사진이야. 최초의 여의사 박에스더, 3·1 운동으로 순국한 유관순 등이 이 학교에서 공부했지.

할머니, 이 사진은 무엇인가요?

① 배재 학당　　② 오산 학교
③ 육영 공원　　④ 이화 학당

47회

02 (가)에 해당하는 신문으로 옳은 것은? [1점]

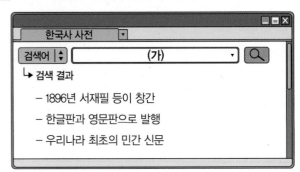

한국사 사전

검색어 　　　(가)　　　🔍

↳ 검색 결과
- 1896년 서재필 등이 창간
- 한글판과 영문판으로 발행
- 우리나라 최초의 민간 신문

① 　② 　③　④

독립신문　　제국신문　　해조신문　　대한매일신보

52회

03 (가)에 들어갈 단체의 활동으로 옳은 것은? [2점]

오늘 신문에 (가) 이/가 종로에서 만민 공동회를 열어 러시아 군사 교관 철수를 요구했다는 기사가 실렸네.

지난 기사에는 러시아의 절영도 조차 요구를 반대했다는 내용이 실렸었지요.

① 태극 서관을 운영하였다.
② 독립문 건립을 주도하였다.
③ 고종 강제 퇴위를 반대하였다.
④ 국채 보상 운동을 지원하였다.

46회

04 밑줄 그은 '이 단체'에 대한 설명으로 옳은 것은? [2점]

독립문은 청의 사신을 맞이하던 영은문이 있던 자리에 자주독립의 의지를 드높이고자 이 단체가 건립하였습니다.

문화유산 입체 모형 발표회

① 집강소를 설치하였다.
② 서재필 등이 설립하였다.
③ 한국 광복군을 창설하였다.
④ 물산 장려 운동을 주도하였다.

47회

05 (가)에 들어갈 문화유산으로 옳은 것은? [1점]

> 🔍 **역사** 돋보기
>
> | (가) | 1897년 고종이 하늘에 제사 지내고 황제 즉위식을 거행한 장소이다. 국권 피탈 이후 일제가 헐어버렸고, 현재는 부속 건물인 황궁우가 남아 있다. |

①
종묘

②
광혜원

③
사직단

④
환구단

42회

06 (가)에 들어갈 근대 시설로 옳은 것은? [3점]

> 1885년 ○○월 ○○일
> 오늘은 몸이 좋지 않아 새로 문을 연 ┌─(가)─┐에 다녀왔다. 미국인 알렌이 건의해서 만들어진 우리나라의 첫 번째 서양식 병원이라고 한다. 쉽게 내키지 않았지만, 서양식 의술로 치료를 받아보니 생각보다 나쁘지 않았다.

① 광혜원　　　② 전환국
③ 배재 학당　　④ 육영 공원

57회

07 다음 사건 이후에 일어난 사실로 옳은 것은? [2점]

> **역사 신문**
> 제△△호　　　　　○○○○년 ○○월 ○○일
>
> **국왕, 경복궁을 떠나다**
> 2월 11일 국왕과 세자가 비밀리에 러시아 공사관으로 거처를 옮겼다. 일본군 감시가 허술한 틈을 타 궁녀의 가마를 타고 경복궁을 나왔는데, 공사관에 도착한 때는 대략 오전 7시 30분이었다.

① 훈련도감이 설치되었다.
② 청에 영선사가 파견되었다.
③ 외규장각 도서가 약탈되었다.
④ 대한 제국 수립이 선포되었다.

44회

08 (가)에 해당하는 가상 우표로 적절한 것은? [2점]

> **안내장**
>
> 근대 우편 제도 도입
> 100주년 기념 우표 발행
>
>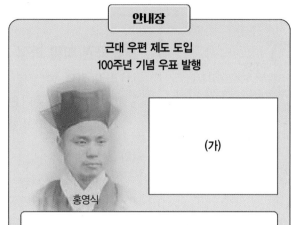
> 홍영식
>
> (가)
>
> • 발행 일자 : 1984년 ○○월 ○○일
> • 발행 목적 : 최초의 근대 우편 업무를 담당했던 기관 설립 100주년을 기념하기 위해 이 우표를 발행합니다.

①
광혜원

②
원각사

③
환구단

④
우정총국

심화 1·2·3급

27회 중급

09 다음 자료에 해당하는 신문으로 옳은 것은? [2점]

> • 발행 기간 : 1898년~1910년
> • 주요 독자 : 유생층
> • 발행 체제 : 국한문 혼용체, 일간 신문
> • 특기 사항 : '시일야방성대곡' 게재

①
만세보

② 독립신문

③ 제국신문

④
한성순보

⑤
황성신문

개념 마스터

21강

국권 피탈과 국권 수호 운동

궁금 ?

왜 을사늑약이 무효인가요?
을사늑약은 일제가 무력으로 위협하여 강제로 맺어졌어요. 오른쪽 조약문 첫 줄에는 문서의 제목이 없고, 왼쪽 조약문의 끝부분에는 외부대신 박제순의 서명과 날인만 있지요. 즉 고종은 끝까지 을사늑약에 서명하지 않았고, 을사오적의 찬성을 얻어 체결되었기 때문에 국제법상 무효랍니다.

◉ 헤이그 특사

사진 왼쪽부터 이준, 이상설, 이위종이에요. 이들은 1907년에 만국 평화 회의가 열리는 네덜란드 헤이그에 특사로 파견되었어요. 하지만 회의 참석이 거부되어 을사늑약이 무효임을 국제 사회에 알리는 데 실패하였죠.

◉ 윤희순

의병가 8편을 지어 의병들의 사기를 높였어요. 또 항일 투쟁을 위해 조선 독립단을 조직하기도 하였지요.

◉ 정미의병

영국의 신문 기자인 매켄지가 찍은 항일 의병 사진이에요. 당시의 매켄지가 의병을 만나 나눈 인터뷰 기사에는 어린 소년, 군인, 농민, 유생 등 다양한 계층이 의병에 참여하였다고 기록되어 있어요.

1 국권 피탈 과정　106 을사늑약

(1) 러일 전쟁 1904 : 일본은 만주와 한반도를 차지하기 위해 러시아를 기습 공격하였습니다. 대한 제국은 중립을 선언하였지만, 일본은 이를 무시하고, 전쟁에 필요한 철도를 건설한다며 대한 제국의 땅을 마음대로 사용하였습니다. 전쟁의 결과 일본이 승리하였습니다.
→ 러일 전쟁 중인 1905년, 일본은 독도를 주인 없는 땅이라며 강제로 빼앗았어요.

(2) 을사늑약 1905

배경	• 대한 제국은 외교 활동을 통해 자주권을 지키고자 노력함 • 러일 전쟁에서 승리한 후 일본의 간섭이 점점 더 심해짐 → 을사늑약에 찬성한 5명의 대신 (이완용, 이지용, 박제순, 이근택, 권중현)
체결	• 이토 히로부미는 궁궐을 포위한 상태에서 을사오적을 앞세워 조약 체결을 강요함 • 고종의 완강한 거부에도 불구하고 덕수궁 중명전에서 을사늑약을 체결함
내용	• 일제가 대한 제국의 외교권을 빼앗음　　나라 사이에 강제로 맺은 조약 • 일제가 통감부를 설치하여 내정을 간섭함 　대한 제국 황실의 안전과 평화를 유지한다는 이유로 설치했으나, 사실은 식민 통치를 준비하는 기구였어요.
저항	• 고종 : 을사늑약이 무효임을 국제 사회에 알리고자 만국 평화 회의에 헤이그 특사를 파견함 궁금 • 민영환 : 을사늑약 체결에 반대해 유서를 쓰고 스스로 목숨을 끊음 • 장지연 : 황성신문에 '시일야방성대곡(이 날에 목 놓아 통곡하노라)'이라는 논설을 실음 • 최익현 : 일제로부터 나라를 지키기 위해 을사의병을 일으킴

(3) 고종 강제 퇴위 1907 : 일제는 헤이그 특사 파견을 구실로 고종을 강제로 물러나게 하였습니다.
→ 이후에 고종의 아들, 순종이 즉위하였어요.

(4) 한일 신협약(정미 7조약) 1907 : 일제는 행정 각 부에 일본인 차관을 임명하여 대한 제국의 내정을 간섭하였고, 대한 제국의 군대를 해산시켰습니다.
→ 박승환 대대장이 군대 해산에 항의하며 스스로 목숨을 끊었어요.

(5) 한국 병합 조약(국권 피탈) 1910 : 일제가 친일파를 앞세워 국권을 강탈하고 조선 총독부를 설치하였습니다. 이로써 대한 제국은 통치권을 빼앗기고 일본의 식민지가 되었습니다.

2 항일 의병 운동 → 여성도 의병으로 활동하였어요. 대표적인 여성 의병가로 윤희순이 있어요.

을미의병 1895	• 원인 : 을미사변과 단발령에 대한 반발로, 지방 유생과 농민들을 중심으로 일어남 • 결과 : 단발령이 취소되고, 고종의 해산 명령으로 스스로 해산함
을사의병 1905	• 원인 : 을사늑약 체결에 반대하여 일어남 → 평해 일대에서 활약하여 태백산 호랑이라고 불렸어요. • 특징 : 양반 유생(최익현 등)과 평민 출신(신돌석) 의병장의 활약
정미의병 1907	• 원인 : 고종의 강제 퇴위와 대한 제국의 군대 해산에 반발하여 일어남 • 특징 : 해산 군인들이 의병에 가담하여 전투력과 조직력이 향상됨 • 결과 : 13도 창의군(13도 연합 부대)을 결성하여 서울 진공 작전1908을 전개하였으나 실패 → 일제의 대대적인 토벌 작전으로 의병 활동이 위축됨

→ 의병 중 일부는 만주나 연해주로 이동하여 독립군으로 활동하였어요.

키워드
기출 문장 »

106 을사늑약

대한 제국의 외교권을 빼앗는 을사늑약을 체결하였다

1905년 일본은 대한 제국을 위협하여 강제로 을사늑약을 체결하였어요. 이로 인해 우리의 외교권을 일본에 빼앗기고 말았죠. 이에 반발해 의병 운동이 펼쳐졌어요. 그러나 1910년 결국 일본에 나라를 빼앗기죠.

107 안중근

하얼빈에서 이토 히로부미를 저격하였다

1909년 안중근은 중국 하얼빈 역에서 우리나라를 빼앗는 데 앞장선 이토 히로부미를 사살하였어요. 체포된 안중근은 재판 과정에서도 의거의 정당성을 떳떳이 주장하여 감동을 주었어요.

3 국권 수호 운동 `107 안중근` `108 국채 보상 운동` `109 안창호` `110 이회영`

(1) 의거 활동

장인환, 전명운	샌프란시스코에서 외교 고문 스티븐스를 처단함 1908
안중근	• 고종의 강제 퇴위 이후 연해주로 가 계몽 운동을 펼쳤고, 의병을 조직해 국내 진입 작전을 전개 • 하얼빈역에서 초대 통감 이토 히로부미를 저격하여 처단함 1909 • 뤼순 감옥에 갇혀 재판을 받음, 그 과정에서 『동양 평화론』을 집필 → 일제의 만행과 이토 히로부미를 죽여 지키려고 한 평화에 대한 생각을 썼어요. • 1910년에 뤼순 감옥에서 사형을 당함
이재명	명동 성당 앞에서 을사오적 중 한 명인 이완용을 처단하려다 실패함
나철, 오기호	을사오적을 처단하기 위해 5적 암살단 조직

→ 을사늑약 체결 이후 국권 회복과 근대 국가 건설을 목표로, 민족의 힘과 실력을 기르도록 국민을 가르쳐서 깨우치려 한 운동

(2) 애국 계몽 운동 중학

① 국채 보상 운동 1907 → 국채 보상 운동 기록물은 2017년에 유네스코 세계 기록유산으로 등재되었어요.

배경	러일 전쟁 이후 일본이 차관을 강요하면서 일본에 진 빚이 많아짐 궁금
전개	• 국민의 힘으로 일본에 진 빚을 갚자며 대구에서 서상돈 등을 중심으로 시작 → 국채 보상 기성회가 조직되어 전국적인 모금 운동을 전개함 • 여러 단체와 대한매일신보 등 언론의 참여로 전국으로 확산됨 • 국민들은 패물 모으기, 금주와 금연으로 성금을 모으는 등 다양한 방법으로 참여
결과	통감부의 탄압과 방해로 중단됨

② 애국 계몽 단체

보안회		일제의 황무지 개간권 요구에 대한 반대 운동 전개 → 일제의 요구를 철회시킴
헌정 연구회		의회 제도 중심의 정치 개혁 주장 → 탄압으로 활동 중단
대한 자강회		• 교육의 강화와 산업의 발달을 통한 국권 수호 운동을 전개 • 고종 강제 퇴위 반대 운동을 전개 → 일본의 탄압으로 실패
신민회 1907	**조직**	• 안창호, 양기탁, 이승훈 등에 의해 조직된 비밀 결사 조직 • 국권 회복과 공화정 수립을 목표로 활동함
	활동	• 민족 교육 실시 : 오산 학교(정주), 대성 학교(평양) 설립 • 민족 기업 육성 : 자기 회사, 태극 서관 운영 → 서적이나 인쇄물의 출판·공급을 위해 세운 서점 • 국외 독립운동 기지 건설 : 이회영 등이 만주 삼원보에 신흥 강습소(훗날 신흥 무관 학교)를 설립하여 독립군을 양성함
	해체	일제가 조직한 105인 사건으로 해산

→ 일제가 데라우치 총독의 암살 미수 사건을 조작하여 신민회의 항일 운동을 탄압하였어요. 600여 명이 잡혀 들어갔고, 그중 105명에게 실형을 선고하였지요.

대한 자강회 월보

대성 학교와 안창호

(3) 우리 역사와 우리말 연구

신채호	• 『이순신전』, 『을지문덕전』 : 나라를 구한 인물들의 위인전을 써서 애국심을 높이고자 함 • 『독사신론』 : 민족을 역사 서술의 주체로 정하고, 민족주의 사학의 연구 방향을 제시함
주시경	국문 연구소 1907 : 한글의 체계적인 연구를 목적으로 설립, 한글 문법을 연구하고 정리함

→ 주시경의 제자들이 국문 연구소를 계승하여 일제 강점기에 조선어 연구회를 조직하였어요.

사이드바

○ 외교 고문 스티븐스
1904년에 일제는 한국의 재정 고문과 외교 고문을 추천한다는 협약을 맺었어요. 이때 외교 고문에는 스티븐스를 파견했지요. 친일적인 미국인 스티븐스는 미국에서 일본 침략의 정당성을 선전하던 중 장인환, 전명운에게 사살되었어요.

○ 안중근 의거를 도운 사람들
안중근은 자신과 뜻을 같이 한 우덕순, 유동하, 조도선과 함께 의거를 준비하였어요. 재외 동포인 최재형은 의거가 성공하도록 경제적 지원을 아끼지 않았죠. 최재형은 연해주에서 권업회를 조직하기도 했어요.

궁금 ?
왜 일본은 대한 제국에 차관을 강요했나요?
차관은 한 나라의 정부나 기업이 다른 나라의 정부나 기관에서 돈을 빌리는 것이에요. 일본은 을사늑약 이후 철도 등 근대 시설을 만든다는 이유로 대한 제국에 자금을 요구하며 강제로 차관을 빌려 자금을 내게 하였죠. 1907년 무렵 대한 제국의 빚은 1년 예산과 맞먹는 1,300만 원에 달했어요.

○ 공화정
국민이 선출한 대표자 또는 대표 기관의 의사에 따라 주권을 행사하는 정치를 말해요.

○ 국외 독립운동 기지 건설
신민회는 일제의 탄압이 심해지자 경제와 문화적 실력을 키우는 것만으로 일제를 몰아내기 어렵다고 생각했어요. 이에 만주에 이회영, 이상룡 등이 집단 한인촌을 건설하고 장기적인 독립운동의 기지로 삼았지요.

○ 국어 연구를 위해 힘쓴 주시경
한글 보급을 위해 '한힌샘'이라는 순 우리말로 된 호를 사용하였어요. '주보따리'라는 별명을 가졌으며, 국문 연구소 위원으로 활동했어요.

---

108 **국채 보상 운동**

대구에서 국채 보상 운동이 시작되었다

대한 제국이 일제의 경제 침탈로 큰 빚을 지게 되자 성금을 모아 나라 빚을 갚자는 국채 보상 운동이 대구에서 시작되었어요. 여러 단체와 언론의 참여로 전국으로 확산되었지요.

나라 빚을 갚자!

109 **안창호**

대성 학교를 설립하였다

안창호는 애국지사들과 비밀리에 신민회를 조직하고, 대성 학교를 세워 나라의 인재를 키우고자 했어요. 그 후 미국으로 건너가 흥사단을 세워 한국인들의 실력을 양성하는 운동에 앞장섰지요. 민족의 스승, 도산 안창호♡

민족의 힘을 키워야 합니다!

110 **이회영**

삼원보에 신흥 강습소를 설립하였다

이회영은 가족들과 함께 막대한 재산을 처분하고 고향을 떠나 만주 지역으로 갔어요. 그는 만주에 신흥 강습소(신흥 무관 학교)를 세우고 수많은 독립운동가와 독립군을 키워 냈어요.

이회영

21강 국권 피탈과 국권 수호 운동

키워드 품은 기출 문장

| 보기 |

ⓐ 을사늑약 ⓑ 안중근
ⓒ 국채 보상 운동 ⓓ 안창호 ⓔ 이회영

❶ [　　] 는 신민회를 조직하였고, 대성 학교를 설립하였다.

❷ 일본이 외교권을 빼앗는 [　　] 을 체결하였다.

❸ 대구에서 나라 빚을 갚자는 [　　] 이 시작되었다.

❹ [　　] 은 삼원보에 신흥 강습소를 설립하였다.

❺ [　　] 이 하얼빈에서 이토 히로부미를 저격하였다.

답 ① ⓓ ② ⓐ ③ ⓒ ④ ⓔ ⑤ ⓑ

키워드로 풀리는 기출 문제

기본 4·5·6급

51회

01 밑줄 그은 '새 조약'에 대한 설명으로 옳은 것은? [2점]

> 나인영은 진술하기를 "광무 9년 11월에 우리 대한 제국의 외교권을 일본에 넘겨준 새 조약은 일본의 강제에 따른 것으로 황제 폐하가 윤허하지 않았고, 참정대신이 동의하지도 않았습니다. 슬프게도 5적 이지용, 이근택, 박제순 등이 제멋대로 가(可)하다고 쓰고 속여 2천만 민족을 노예로 내몰았습니다."라고 하였다.

① 운요호 사건을 계기로 체결되었다.
② 최혜국 대우를 처음으로 규정하였다.
③ 통감부가 설치되는 결과를 가져왔다.
④ 외국과 맺은 최초의 근대적 조약이었다.

45회

02 밑줄 그은 '나'로 옳은 것은? [2점]

> 평민 출신 의병장인 나는 이곳 평해 일대에서 의병을 일으켜 활약하였습니다.

태백산 / 울진 / 평해 / 영덕

① 신돌석 ② 김좌진 ③ 최익현 ④ 유인석

46회

03 (가)에 들어갈 내용으로 옳은 것은? [3점]

> 이 사진에 대해 설명해 주세요.

> 1907년 영국 신문 기자 매켄지가 찍은 의병 부대의 모습입니다. 사진 속 이들은 (가) 을/를 계기로 의병을 일으켰습니다.

① 장용영 창설
② 홍건적의 침입
③ 운요호 사건의 발생
④ 고종 황제의 강제 퇴위

49회

04 (가)에 해당하는 신문으로 옳은 것은? [1점]

> 여러분은 어떤 신문을 주로 보시나요?

> 양기탁과 베델이 창간한 (가) 을/를 주로 봅니다.

> 저도 같은 신문을 읽습니다. 국채 보상 논설을 읽고 의연금을 내기도 했죠.

① 만세보
② 독립신문
③ 해조신문
④ 대한매일신보

50회

05 (가)에 들어갈 내용으로 옳은 것은? [3점]

이것은 대구에 세워진 국채 보상 운동 기념비입니다. 이 민족 운동에 관한 내용을 대화창에 올려주세요.

▶ 과거로 떠나는 역사 여행 • 생방송 중

ON 대화창

국채 보상 기성회가 주도했어요.

당시 여성들은 비녀와 가락지를 모아 성금으로 내기도 했어요.

(가)

글쓰기

① 근우회의 후원으로 확산되었어요.
② 조선 총독부의 방해로 실패했어요.
③ 김홍집 등이 중심이 되어 활동했어요.
④ 대한매일신보 등 언론의 지원을 받았어요.

43회

06 밑줄 그은 '나'에 해당하는 인물로 옳은 것은? [2점]

이토 히로부미를 저격한 이유는 무엇인가?

나는 대한 의군 참모 중장 자격으로 이토 히로부미가 동양의 평화를 어지럽혔기에 사살하였다.

① 김상옥 ② 김원봉 ③ 안중근 ④ 윤봉길

60회

07 (가)에 들어갈 인물로 옳은 것은? [1점]

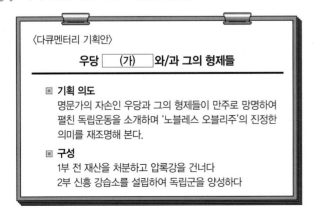

〈다큐멘터리 기획안〉

우당 (가) 와/과 그의 형제들

▣ 기획 의도
명문가의 자손인 우당과 그의 형제들이 만주로 망명하여 펼친 독립운동을 소개하며 '노블레스 오블리주'의 진정한 의미를 재조명해 본다.

▣ 구성
1부 전 재산을 처분하고 압록강을 건너다
2부 신흥 강습소를 설립하여 독립군을 양성하다

① 신채호 ② 안중근 ③ 이회영 ④ 이동휘

50회

08 (가) 단체의 활동으로 옳은 것은? [2점]

_(가)_ , 애국 계몽 운동을 펼치다

안창호

안창호, 양기탁 등이 중심이 되어 조직한 비밀 결사로, 국권 회복과 공화 정체의 근대 국가 건설을 목표로 하였다. 이를 위해 국내에서는 교육 진흥, 국민 계몽, 산업 진흥을 강조하였다. 국외에서는 독립운동 기지 건설을 통한 군사적 실력 양성을 꾀하였다. 일제가 날조한 105인 사건으로 국내 조직이 해산되었다.

① 독립신문을 창간하였다.
② 한성 사범 학교를 설립하였다.
③ 태극 서관, 자기 회사를 운영하였다.
④ 일본의 황무지 개간권 요구를 저지하였다.

심화 1·2·3급

50회

09 다음 사건이 전개된 결과로 옳은 것은? [2점]

사건 일지

11월 10일 이토, 고종에게 일왕의 친서 전달
11월 15일 이토, 고종을 접견하고 협상 초안 제출
11월 16일 이토, 대한 제국 대신들에게 조약 체결 강요
11월 17일 일본군을 동원한 강압적 분위기 속에서 조약 체결 진행
11월 18일 이토, 외부인(外部印)을 탈취하여 고종의 윤허 없이 조인

① 대한국 국제가 반포되었다.
② 별기군 교관으로 일본인이 임명되었다.
③ 외교권이 박탈되고 통감부가 설치되었다.
④ 고종이 러시아 공사관으로 거처를 옮겼다.
⑤ 제물포에서 러시아 함대가 일본 해군에게 격침되었다.

8

일제의 침략과
광복을 위한 노력

우리나라는 1910년 나라를 빼앗긴 후 35년간 일제의 식민 지배를 받았어요. 일제는 조선 총독부를 설치하고 시기별로 식민 지배 정책을 바꿔 가며 우리 민족을 억압하고 자원을 수탈하였죠. 1930년대 후반 이후에는 우리 민족을 자신들이 일으킨 침략 전쟁에 동원하기 위해 민족정신을 말살하려고 하였어요.

우리 민족은 일제의 지배에서 벗어나 나라를 되찾기 위해 다양한 방식으로 독립운동을 벌였어요. 1919년 전국에서 일어난 만세 운동인 3·1 운동이 대표적이에요. 3·1 운동은 우리 민족의 독립에 대한 의지를 널리 알리고, 상하이에 대한민국 임시 정부가 수립되는 계기가 되었지요. 또한 무장 독립운동의 필요성을 느낀 사람들이 국외에서 독립군 부대를 조직해 일본군과 맞서 싸우기도 하였어요. 그뿐만 아니라 각계각층의 사람들이 민족정신을 지키기 위해 노력하였죠.

식민지 굴레에서 벗어나기 위한 우리 민족의 노력,
지금부터 자세히 알아보도록 하겠습니다.

15%

8
일제의 침략과
광복을 위한 노력

최근 3개년 시험 출제 비중

기본 47~63회 기출 문제 약 660 문항을 분석하였어요.

22강 일제의 식민지 지배 정책		21%
23강 3·1 운동과 대한민국 임시 정부		15%
24강 무장 독립 투쟁의 전개		27%
25강 민족 문화 수호 운동		37%

★ 산미 증식 계획

★ 민족 말살 정책

징병제와 공출

제암리 학살 사건

★ 대한민국 임시 정부

김구

★ 청산리 대첩

의열단

★ 한인 애국단

한국 광복군

광주 학생 항일 운동

조선어 학회

신채호

이육사

22강

일제의 식민지 지배 정책

● 조선 총독부

일제가 의도적으로 조선 시대의 궁궐인 경복궁을 가로막아 조선 총독부를 세웠어요. 광복 이후 이 건물은 여러 용도로 사용되다가 김영삼 정부 때인 1995년에 철거되었지요.

● 헌병 경찰제
헌병은 군대 안에서 경찰 활동을 하는 군인이에요. 무단 통치 시기에는 헌병이 군인뿐만 아니라 일반 사람까지 감시하고, 독립운동을 탄압하였지요.

● 태형에 사용되었던 도구

궁금 ?

일제는 왜 문화 통치를 실시했나요?
우리 민족은 일제의 강압적인 무단 통치에 반발해 전 민족이 힘을 합해 3·1 운동을 전개하였어요. 일제는 거족적 민족 운동인 3·1 운동을 보고 더 이상 폭압적인 방식인 무단 통치로 한국을 지배할 수 없다는 것을 깨달았죠. 이에 일제는 무단 통치에 비해 온건한 정책(유화 정책)인 이른바 '문화 통치'를 실시하게 된답니다. 궁금

중학교 수준

치안 유지법
일제가 1925년 식민지 지배 체제에 반대하는 세력을 단속하기 위해 만들었어요. 일제는 우리 민족의 독립운동가들을 사회주의자로 몰아 탄압하는 데 이 법을 적극 활용하였지요.

1 1910년대 일제의 식민지 지배 정책 [111 토지 조사 사업]

(1) 조선 총독부 : 행정·입법·사법·군사권 등을 행사한 일제 식민 통치의 최고 기구입니다.

(2) 무단 통치

제복을 입고 칼을 찬 교사

① 헌병 경찰제 : 헌병이 경찰을 지휘하고, 일반 경찰 업무와 행정 업무까지 담당하였습니다.
② 조선 태형령 : 죄 지은 사람의 엉덩이를 때리는 태형을 한국인에게만 실시하였습니다.
③ 공포 분위기 조성 : 관리와 교사에게 제복을 입고 칼을 차도록 강요하였습니다.
④ 민족 신문의 발행을 금지했으며, 집회와 결사의 자유 등 모든 정치 활동을 금지하였습니다.

(3) 토지 조사 사업 1910~1918 → 일제가 토지 소유자를 확인한다는 명목으로 우리나라의 토지를 빼앗기 위해 실시

토지 조사령 1912	토지를 가진 사람이 소유권을 인정받기 위하여 토지의 주인·가격·모양·크기 등을 정해진 날까지 직접 신고하도록 함
전개	• 신고된 토지는 철저하게 토지세를 매김 • 신고되지 않은 토지는 조선 총독부의 소유가 됨 → 조선 총독부는 동양 척식 주식회사나 일본인에게 싼값에 토지를 팔아 넘김
결과	• 우리나라로 온 일본인들이 많은 토지를 소유하여 대지주가 됨 • 자신이 농사짓던 땅에서 쫓겨난 소작농이 늘어났고, 비싼 토지 사용료와 세금으로 인해 농민들이 농촌을 떠나 도시나 해외로 감 • 조선 총독부는 토지 조사 사업으로 국유지와 왕실 토지 등 많은 토지를 소유하고 식민지 통치 자금을 마련함

토지 조사 사업

동양 척식 주식회사
1908년에 일제가 한국의 자원을 수탈하기 위해 세운 회사

(4) 회사령 1910 : 회사를 설립할 때 조선 총독부의 허가를 받도록 하였습니다.
└→ 한국인의 기업 설립과 자본의 성장을 방해하였어요.

2 1920년대 일제의 식민지 지배 정책 중학 [112 산미 증식 계획]

(1) 민족 분열 통치 : 일제는 3·1 운동을 계기로 이른바 '문화 통치'를 실시하였습니다. 궁금
└→ 친일파를 양성하여 한민족을 이간·분열시키는 것이 목적이었어요.

문화 통치의 내용	실상(민족 분열 통치)
헌병 경찰제 폐지 → 보통 경찰제 실시	• 경찰 수를 늘림 ┌→ 무단 통치 기간보다 경찰서와 경찰 인원이 3배 이상 늘었어요. • 치안 유지법을 제정하여 독립운동가들을 탄압
조선일보, 동아일보 등 한글 신문 창간 허용	기사 내용의 검열 강화 → 기사 삭제, 신문 발간 정지·폐간
한국인의 교육 확대	한국인의 고등 교육과 전문 교육은 극히 제한됨

키워드 기출 문장 ▶

111 토지 조사 사업

일제가 토지 조사 사업을 실시하였다

일제가 우리나라의 토지를 빼앗으려고 대규모 토지 조사를 실시하였어요. 토지 조사령을 공포하여 기한 내에 토지 소유자가 직접 신고하도록 하였지요. 하지만 그 절차와 내용이 매우 복잡하였어요. 그 결과 일제는 많은 토지를 조선 총독부 소유로 만들었지요.

112 산미 증식 계획

산미 증식 계획을 처음 시행하였다

일제는 자국의 식량 부족 문제를 해결하기 위해 산미 증식 계획을 추진했어요. 국내의 쌀 생산량은 늘었지만, 일제는 늘어난 생산량보다 더 많은 양의 쌀을 일본으로 가져갔죠. 농민들의 생활은 더 어려워졌답니다.

(2) 산미 증식 계획 1920~1934 → 1920~1934년까지 시행되었다가 1930년대 이후 전시 동원 체제에 돌입하면서 다시 추진되었어요.

목적	급격한 공업화와 농촌의 황폐화로 자국의 식량 사정이 악화되자, 일제는 한국에서 쌀의 생산량을 늘려 일본으로 가져가 식량 부족 문제를 해결하려 함
과정	• 저수지와 물길을 만들어 수리 시설을 확충하고, 공사비를 농민에게 떠넘김 • 땅을 개간하거나 새로운 품종을 심고, 많은 비료를 사용하게 함
결과	• 쌀의 생산량은 늘어났으나, 늘어난 생산량보다 일본으로 가져가는 양이 더 많아짐 → 국내의 쌀 부족 현상이 심해짐 • 치솟은 쌀값, 높은 소작료, 여러 비용 부담 등으로 농민의 생활이 어려워짐

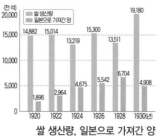
쌀이 쌓여 있는 군산항

쌀 생산량, 일본으로 가져간 양

(3) 회사령 폐지 1920 : 회사 설립을 허가제에서 신고제로 전환하여 일본 기업의 한국 진출이 가능해졌습니다. 중학

③ 1930년대 이후 일제의 식민지 지배 정책　113 민족 말살 정책　114 징병제와 공출

(1) 민족 말살 정책

목적	한국인을 침략 전쟁에 동원하기 위해 한국인의 민족정신을 없애고 일본인으로 만들고자 함 궁금
궁성 요배	일본 천황이 사는 곳인 궁성을 향해 허리를 굽혀 절을 하도록 강요함
신사 참배	우리나라 각지에 일본 신사를 세워 절을 하도록 강요함
황국 신민 서사 암송	전쟁에 우리 민족을 동원하기 위해 대일본 제국의 신민이라는 황국 신민 서사를 외우게 함
일본식 성명 강요	일본식으로 성과 이름을 바꾸도록(창씨개명) 강요하고, 이를 하지 않은 사람들을 차별함
민족 교육 금지	• 우리말 대신 일본어를 쓰도록 강요하고, 우리 역사 교육을 금지·왜곡·축소시킴 • 소학교의 명칭을 '황국 신민 학교'라는 뜻의 국민학교로 변경함

(2) 인적·물적 자원의 수탈 중학

병참 기지화	침략 전쟁의 확대에 따라 한국을 전쟁에 필요한 인적·물적 자원을 공급하는 근거지로 삼음
전시 동원 체제	국가 총동원법1938을 제정하여 인력과 물자를 수탈함
인적 수탈	• 징용제 : 한국인을 광산, 군수 공장, 전쟁 시설 등에 보내 임금도 주지 않고 혹독하게 노동을 시킴 • 징병제 : 학생과 청년 등을 전쟁터로 끌고 감 • 일본군 '위안부' : 젊은 여성들이 전쟁터로 끌려가 일본군에게 모진 고통을 당함
물적 수탈	• 남면북양 정책 : 일본에서 필요한 공산품을 확보하기 위해 남부 지방에서는 면화 재배를, 북부 지방에서는 양 사육을 강요함 • 공출 : 전쟁 물자 확보를 위해 농기구, 가마솥·놋그릇 등 금속 식기, 곡식 등을 강제로 가져감 • 식량 배급제 실시 : 일제가 식량을 모조리 거두어 가고 식량을 나누어 줌

└ 나라의 필요에 따라 의무적으로 물자를 내놓는 것

궁금 ?

일제는 왜 민족 말살 정책을 실시하였나요?
일제는 대공황이라는 경제적 위기에서 벗어나기 위해 중일 전쟁과 태평양 전쟁을 일으켰어요. 이 전쟁에 한국인을 동원하기 위해 일제는 일본과 조선이 하나라는 내선일체를 주장하는 등 민족 말살 정책을 펼쳤지요. 그래야 자신들의 전쟁에 한국인을 동원할 명분이 생기기 때문이죠.

◉ 신사 참배

신사는 일본 왕실의 조상이나 국가에 큰 공을 세운 사람을 신으로 모신 사당이에요. 신사에 절을 하는 것은 일제에 충성을 맹세한다는 의미를 지녔어요.

남산에 있던 조선 신궁에 참배하는 모습

◉ 황국 신민 서사(아동용)

일제는 한국이 황국의 신민(천황이 다스리는 나라의 신하 된 백성)임을 정책적으로 강조하였어요. 그리고 모든 행사 앞에서 황국 신민 서사를 외우게 하여 일본 천황에 대한 충성을 다짐하도록 강요하였죠.

> 1. 우리들은 대일본 제국의 신민입니다.
> 2. 우리들은 마음을 합하여 천황 폐하에게 충의를 다합니다.
> 3. 우리들은 인고단련하여 훌륭하고 강한 국민이 되겠습니다.

---

113 민족 말살 정책

황국 신민 서사를 암송하게 하였다

1930년대 일제는 민족 말살 정책을 실시하여 우리에게 신사 참배, 황국 신민 서사 암송, 일본식 성명 사용 등을 강요하였어요. 이를 통해 일제는 우리의 민족의식을 없애고 침략 전쟁에 동원하고자 하였죠.

114 징병제와 공출

징병제와 공출을 실시하였다

침략 전쟁을 일으킨 일제는 징병제와 공출제를 실시해 우리 민족을 수탈하였어요. 전쟁터뿐만 아니라 탄광, 무기 공장 등으로 우리나라 사람들을 끌고 갔고, 전쟁에 필요한 식량과 놋그릇, 가마솥 등의 물건도 강제로 빼앗아 갔죠.

22강 일제의 식민지 지배 정책

키워드 품은 기출 문장

| 보기 |
- ㉠ 토지 조사 사업
- ㉡ 산미 증식 계획
- ㉢ 황국 신민 서사
- ㉣ 징병제

❶ 1910년대에 일제는 　　　을 통해 많은 토지를 조선 총독부 소유로 만들었다.

❷ 민족 말살 정책의 일환으로 일제는 우리에게 　　　를 암송하게 하였다.

❸ 학생과 청년 등을 전쟁터로 끌고 간 　　　가 실시되었다.

❹ 일제는 1920년부터 자국의 식량 부족 문제를 해결하기 위해 　　　을 시행하였다.

답 ① ㉠ ② ㉢ ③ ㉣ ④ ㉡

키워드로 풀리는 기출 문제

기본·4·5·6급

44회

01 (가)에 들어갈 내용으로 옳은 것은?　　　　[3점]

① 지계 발급
② 농지 개혁법 추진
③ 산미 증식 계획 수립
④ 토지 조사 사업 실시

46회

02 (가)에 들어갈 기구로 옳은 것은?　　　　[2점]

이것은 광복 50주년을 맞아 일제 식민 통치의 최고 기구였던 (가) 청사를 철거하고 남은 첨탑입니다.

① 조선 신궁
② 조선 총독부
③ 종로 경찰서
④ 동양 척식 주식회사

52회

03 (가)에 들어갈 사진으로 옳은 것은?　　　　[2점]

①
별기군

②
토지 조사 사업

③
산미 증식 계획

④
강제 공출

46회

04 밑줄 그은 '이 정책'으로 옳은 것은? [3점]

군산항에 왜 이렇게 많은 쌀이 쌓여 있나요?

군산은 일제 강점기 쌀을 수탈해 실어 가던 주요 항구였어요. 1920년부터 시행한 이 정책으로 쌀 생산량은 늘어났지만 이보다 더 많은 쌀이 일본으로 유출되었지요.

쌀이 쌓여 있는 군산항

① 대동법
② 방곡령
③ 산미 증식 계획
④ 토지 조사 사업

45회

05 밑줄 그은 '이 시기'에 있었던 사실로 옳은 것은? [3점]

오늘은 일제 강점기에 대해 알아보겠습니다. 이 사진에 대해 설명해 주시겠어요?

이 시기에 강제로 동원된 사람들이 신사 참배하고 있는 모습입니다.

① 방곡령이 선포되었다.
② 창씨개명이 실시되었다.
③ 전민변정도감이 설치되었다.
④ 신식 군대인 별기군이 창설되었다.

54회

06 (가)~(다)를 일어난 순서대로 옳게 나열한 것은? [3점]

일제 강점기 시행 법령

(가)	(나)	(다)
조선 태형령 실시	치안 유지법 제정	국가 총동원법 공포

① (가) - (나) - (다)
② (가) - (다) - (나)
③ (나) - (가) - (다)
④ (다) - (나) - (가)

51회

07 다음 자료를 활용한 탐구 활동으로 가장 적절한 것은? [2점]

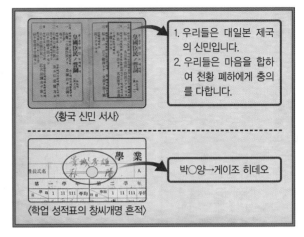

〈황국 신민 서사〉

1. 우리들은 대일본 제국의 신민입니다.
2. 우리들은 마음을 합하여 천황 폐하에게 충의를 다합니다.

學業

박○양→게이조 히데오

〈학업 성적표의 창씨개명 흔적〉

① 민족 말살 정책의 내용을 조사한다.
② 조선 형평사의 설립 취지를 살펴본다.
③ 교육입국 조서의 발표 배경을 파악한다.
④ 동양 척식 주식회사의 주요 업무를 알아본다.

심화 1·2·3급

49회

08 밑줄 그은 '시기'에 볼 수 있는 모습으로 적절하지 않은 것은? [1점]

역사 속 오늘 **8월 14일, 일본군 '위안부' 피해자 기림의 날**

기자회견

1991년 8월 14일은 고(故) 김학순 할머니가 국내에서 처음으로 일본군 '위안부' 피해 사실을 공개 증언한 날이다. 그의 용기 있는 행동은 일본군 '위안부' 문제가 국제 사회에 알려지는 계기가 되었다. 정부는 이날을 〈일본군 '위안부' 피해자 기림의 날〉로 제정하여 2018년부터 매년 국가 기념일로 기리고 있다. 김학순 할머니는 일제가 국가 총동원법을 적용하여 인적·물적 자원을 수탈하던 시기에 일본군 '위안부'로 끌려가 참혹한 고통을 겪었다.

① 태형을 집행하는 헌병 경찰
② 신사 참배를 강요하는 교사
③ 황국 신민 서사를 암송하는 어린이
④ 학도병 출전 권고 연설을 하는 친일파 인사
⑤ 공출한 놋그릇, 수저를 정리하는 면사무소 관리

3·1 운동과 대한민국 임시 정부

중학교 수준

민족 자결주의
각 민족은 다른 민족의 간섭 없이 정치적 운명을 스스로 결정할 권리가 있다고 한 주장이에요. 3·1 운동을 비롯한 약소 민족의 독립운동에 영향을 주었죠.

2·8 독립 선언
한국 병합 조약이 우리 민족의 뜻에 따라 체결된 것이 아님을 강조하면서, 민족 자결주의의 원칙을 우리 민족에게 적용할 것을 요구하였어요.

파리 강화 회의

김규식

3·1 운동이 일어나기 전인 1918년 상하이에서는 여운형, 신채호, 김규식 등이 신한 청년당을 조직하여 활동하였어요. 신한 청년당은 파리 강화 회의에 김규식을 한국 대표로 파견하여 외교 활동을 전개하였죠. 파리 강화 회의는 제1차 세계 대전이 끝난 뒤 전쟁의 뒤처리를 논의하기 위해 프랑스 파리에서 열린 국제 회의예요.

○ **한용운**
승려이자 독립운동가로, '님의 침묵'이라는 시를 남겼고, 『조선불교유신론』을 저술하였어요.

1 3·1 운동   `115 3·1 운동`   `116 제암리 학살 사건`

(1) 배경

① 일제의 무단 통치와 수탈이 계속되자 한국인들은 독립하려는 의지를 키워 나갔습니다.

② 제1차 세계 대전1914~1918이 끝나고 전쟁에서 진 나라들의 식민지 국가들이 독립하였습니다. 한국인들은 이 상황을 독립의 좋은 기회로 삼고자 했습니다.

③ 민족 자결주의 : 미국의 대통령 윌슨이 민족 자결주의를 주장하였습니다.

중학 ④ 2·8 독립 선언 : 일본 도쿄의 유학생들이 중심이 되어 2·8 독립 선언을 발표하였습니다.

⑤ 파리 강화 회의 : 민족 대표로 김규식을 파견하여 우리의 독립 이유를 밝히고 국제적인 도움을 요청하였습니다.

(2) 전개

• 손병희 등 천도교계 15명, 이승훈 등 기독교계 16명, 한용운 등 불교계 2명이 참여하였어요.

독립 선언서 발표	종교계 인사들로 구성된 민족 대표 33인이 태화관에서 독립 선언서를 발표하고 만세 시위를 준비함
독립 선언식	1919년 3월 1일, 서울에서 독립 선언서에 서명한 민족 대표들은 대한의 독립을 선언하는 독립 선언식을 함 └→ 원래 고종의 장례일인 3월 3일에 전개하려 하였으나 당일과 일요일을 피해 날짜를 결정했어요.
만세 시위	• 독립 선언식과 같은 시각에 학생들과 시민들은 탑골 공원에 모여 독립 선언서를 낭독하고 태극기를 흔들면서 만세 시위를 벌임 • 만세 시위는 전국으로 퍼져 나갔고, 만주·연해주·미주 등지로 확산됨

(3) 일제의 탄압

유관순의 희생	• 1919년 서울에서 3·1 운동에 참여 → 휴교령으로 고향인 충남 천안으로 내려가 아우내 장터에서 만세 시위 전개 → 체포되어 서대문 감옥에 갇힘 • 감옥에서도 독립 만세를 외치다가 모진 고문으로 18세에 순국함
제암리 학살 사건	• 만세 시위에 참여했던 제암리 주민들을 교회로 모이게 한 후, 불을 지르고 경찰과 군대를 동원하여 총칼로 무자비하게 학살함 • 프랭크 스코필드가 이 사건의 참상을 외국 언론에 제보함

일제 감시 대상 인물 카드(유관순)

일제의 만행으로 폐허가 된 제암리

(4) 의의와 영향

① 대한민국 임시 정부 수립의 계기 : 독립운동을 체계적으로 전개하기 위해 국내외에 세워진 여러 임시 정부가 상하이에서 통합되었습니다.

② 문화 통치로 전환 : 일제는 무단 통치의 한계를 깨닫고 유화 정책을 실시하였습니다.

③ 3·1 운동은 전국적 규모를 넘어 만주·연해주·미주 등지로 확산된 일제 강점기 최대 규모의 민족 운동이었습니다. → 3·1 운동은 중국의 5·4 운동 등 여러 나라의 민족 운동에 영향을 주었어요.

키워드 기출 문장

`115 3·1 운동`

만주, 연해주, 미주 등지로 시위가 확산되었다

1919년 3월 1일, 민족 대표들이 종로에서 독립 선언식을 하고, 학생과 시민들은 탑골 공원에서 만세 시위를 벌였어요. 일제의 탄압에도 만세 시위는 전국으로, 외국으로 퍼져 나갔지요. 가슴 뭉클한 3·1 운동, 모든 사람의 외침, 대한 독립 만세!!

`116 제암리 학살 사건`

3·1 운동 당시 일제는 경기도 화성의 제암리에서 있었던 만세 시위를 잔인하게 진압하였어요. 집집마다 불을 지르고, 마을 사람들을 교회에 모아 놓고 무자비하게 학살하였어요.

불태워라!

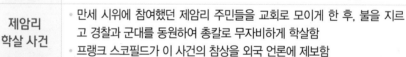

2 국외로 떠난 독립운동 → 독립운동가들은 일제의 탄압으로 국내에서의 활동이 어려워지자 국외로 이동하였어요.

안창호	• 1907년에 신민회를 조직하고 평양에 대성 학교를 세움 • 이후 신민회 간부들과 중국으로 망명함 → 정치적인 이유로 자기 나라에서 압박을 받거나 그럴 위험이 있는 사람이 외국으로 몸을 옮기는 것이에요. • 미국으로 건너가 샌프란시스코에서 1913년에 흥사단을 세워 한국인의 실력을 양성하는 운동에 앞장섬
이회영	• 이회영과 가족들은 일제에 나라를 빼앗기자 전 재산을 팔아 독립운동 자금을 마련함 • 만주 삼원보에 신흥 강습소(훗날 신흥 무관 학교)를 설립하여 많은 독립운동가와 독립군을 키워냄
독립운동 기지 건설	• 북간도에 서전서숙을 세워 민족 교육을 실시함 • 미주 하와이에서 대조선 국민군단을 결성해 군사 훈련을 실시함

3 대한민국 임시 정부 117 대한민국 임시 정부 118 김구

수립		3·1 운동을 전후로 연해주·상하이·서울에 각각 임시 정부가 수립됨
		1919년 9월, 중국 상하이에서 여러 임시 정부를 통합한 대한민국 임시 정부가 수립됨 궁금
중학 초기 활동	비밀 행정 조직	연통제, 교통국 : 국내의 독립운동을 연결하고 자금을 모집하는 등 독립운동을 지휘함
	독립 공채 발행	독립운동 자금을 마련하기 위해 독립 후 쓰여 있는 금액을 지불할 것을 약속하고 판매한 증서
	외교	• 파리 강화 회의에 파견된 김규식을 전권 대사로 임명하여 독립 청원서를 제출함 • 미국 워싱턴에 구미 위원부를 설치하여 국제 사회에 독립에 대한 희망을 호소함
	문화	• 임시 정부 기관지로 독립신문 발간 • 임시 사료 편찬 위원회를 설치해『한일 관계 사료집』발간
개편	중학 임시 정부의 위기	• 연통제와 교통국이 발각되어 임시 정부의 활동이 어려워짐 • 독립운동의 방법을 둘러싸고 여러 갈등이 발생함 이승만이 독자적으로 미국에 위임 통치 청원을 제출하자 신채호 등이 반발하면서 외교론자와 무장 투쟁론자 사이에 갈등이 생겼어요.
	임시 정부의 이동	• 임시 정부 활동의 침체를 극복하고자 1931년 김구가 상하이에서 한인 애국단을 조직 예 이봉창, 윤봉길 의거 • 윤봉길 의거 이후 일제의 탄압과 감시가 심해지자 근거지를 옮기다가 1940년 충칭에 정착
충칭 시기		• 한국 광복군 1940 : 여러 지역의 독립군을 모아 충칭에서 창설한 정규 부대 • 조소앙의 삼균주의를 바탕으로 건국 원칙 발표
의미		현재의 헌법 전문에 대한민국은 임시 정부의 법통을 계승한다고 쓰여 있음 → 오늘날 대한민국의 뿌리가 됨

독립 공채   독립신문

대한민국 임시 정부의 이동 경로

이회영
이회영 일가는 명문가인 동시에 조선에서 손꼽히는 부자였어요. 나라를 일본에 빼앗기자 이회영과 그 가족들은 막대한 재산을 처분하고 만주로 떠났죠. 그곳에서 여러 독립운동가들과 함께 신흥 강습소를 세웠어요. 독립을 위해 노력하였던 이회영은 광복을 보지 못하고 중국 땅에서 순국하였어요.

궁금 ?
왜 상하이에 임시 정부가 수립되었나요?

3·1 운동 직후 체계적인 독립운동을 위해 연해주에서는 대한 국민 의회, 상하이에서는 대한민국 임시 정부, 국내에서는 한성 정부가 수립되었어요. 이후 상하이에서 여러 임시 정부들을 통합한 대한민국 임시 정부가 수립되었죠. 상하이는 일제의 간섭을 받지 않고 외교 활동을 펼치기에 유리했어요.

중학교 수준

교통국
대한민국 임시 정부의 비밀 통신 기관이에요. 정보 수집·전달·보고 등을 맡았죠. 대표적으로 아일랜드 사람인 쇼가 만주에서 운영하던 무역 회사인 이륭양행 건물에 교통국이 있었어요.

조소앙의 삼균주의
삼균주의는 조소앙이 체계화한 정치 사상이에요. 개인의 균등은 정치·경제·교육을 통해, 민족의 균등은 민족 자결을 통해, 국가의 균등은 식민 정책과 자본 제국주의의 배격, 침략 행위 금지 등을 통해 실현하고자 했어요.

---

117 대한민국 임시 정부

상하이에 대한민국 임시 정부가 수립되었다

3·1 운동을 계기로 독립을 위한 힘을 하나로 모으기 위해 중국 상하이에서 대한민국 임시 정부가 수립되었어요. 임시 정부는 독립 자금을 모으고, 비밀 연락망을 조직하는 등 독립운동을 지휘하였죠. 파리 강화 회의에 김규식을 파견하는 등 외교 활동도 펼쳤어요.

118 김구

김구가 한인 애국단을 조직하였다

김구는 동학 농민 운동과 항일 의병에 참여한 독립운동가예요. 대한민국 임시 정부에 참여하여 경무국장, 주석 등을 역임하였죠. 한인 애국단을 조직해 광복을 향한 의지를 알리기도 했어요. 또 여러 지역의 독립군을 모아 한국 광복군을 창설해 일본과의 전쟁을 준비하였어요.

내 소원은 대한 독립이오

23강 3·1 운동과 대한민국 임시 정부

키워드 품은 기출 문장

| 보기 |
| ㉠ 3·1 운동   ㉡ 대한민국 임시 정부   ㉢ 김구 |

❶ [ ] 가 한인 애국단을 조직하였다.

❷ [ ] 당시 만세 시위는 전국으로 퍼져 나갔고 만주, 연해주, 미주 등지로 확산되었다.

❸ 상하이에 [ ] 가 수립되었다.

- - - - - - - - - - - - - - - -

답 ① ㉢ ② ㉠ ③ ㉡

키워드로 풀리는 기출 문제

기본 4·5·6급

46회

01 (가)에 들어갈 사건으로 옳은 것은? [3점]

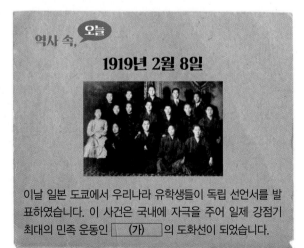

역사 속, 오늘

1919년 2월 8일

이날 일본 도쿄에서 우리나라 유학생들이 독립 선언서를 발표하였습니다. 이 사건은 국내에 자극을 주어 일제 강점기 최대의 민족 운동인 [(가)]의 도화선이 되었습니다.

① 3·1 운동
② 브나로드 운동
③ 국채 보상 운동
④ 동학 농민 운동

55회

02 (가) 민족 운동에 대한 설명으로 옳은 것은? [2점]

이것은 1919년에 일어난 [(가)]의 지역별 시위 현황을 표기한 지도입니다. 이 자료를 통해 우리 민족이 일제의 무단 통치에 맞서 전국적으로 독립운동을 전개하였음을 확인할 수 있습니다.

지역별 시위 건수

〈출처: 국사편찬위원회 한국사데이터베이스〉

① 개혁 추진을 위해 집강소가 설치되었다.
② 조선 물산 장려회를 중심으로 전개되었다.
③ 대한민국 임시 정부 수립의 계기가 되었다.
④ 신간회의 지원을 받아 민중 대회가 추진되었다.

52회

03 (가)에 해당하는 인물로 옳은 것은? [1점]

〈역사 인물 설문 조사〉

[(가)]하면 가장 먼저 떠오르는 것에 스티커를 붙여 주세요.

| 호는 도산 | 대성 학교 설립 | 흥사단 조직 |

①
김규식

②
안창호

③
여운형

④
이동휘

44회

04 (가)에 들어갈 학습 주제로 옳은 것은? [2점]

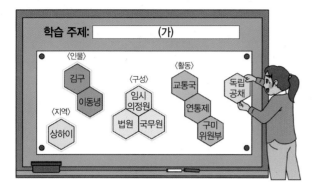

① 신간회
② 독립 협회
③ 대한민국 임시 정부
④ 조선 건국 준비 위원회

50회

05 교사의 질문에 대한 학생의 답변으로 옳지 않은 것은? [2점]

이것은 대한민국 임시 정부의 이동을 보여 주는 지도입니다. 임시 정부의 활동에 대해 말해 볼까요?

① 신흥 무관 학교를 설립하였습니다.
② 연통제를 운영하였습니다.
③ 미국에 구미 위원부를 두었습니다.
④ 독립 공채를 발행하였습니다.

49회

06 (가)의 활동으로 옳지 않은 것은? [2점]

이것은 1919년 (가) 직원들이 청사 앞에서 찍은 사진입니다. (가) 은/는 3·1 운동을 계기로 상하이에서 수립되어 독립을 위한 다양한 활동을 전개하였습니다.

① 연통제를 실시하였다.
② 독립 공채를 발행하였다.
③ 신흥 강습소를 설립하였다.
④ 한일 관계 사료집을 발간하였다.

심화 1·2·3급

47회

07 다음 자료에 나타난 민족 운동에 대한 설명으로 옳은 것은? [2점]

문 : 오늘 종로 1가 사거리 큰 길에서 모인 동기를 진술하라.
답 : 나는 어제 오후 5시 무렵 경성부 남대문로에 있었는데, 자동차에서 뿌린 독립 선언서를 습득하였다. 나는 그 선언서를 읽고 우리 조선국이 독립되었다고 생각하고 기쁨을 참지 못하였다. 그래서 오늘 오후 1시 무렵 종로 1가 사거리 큰 길 중앙에서 독립 만세를 큰 소리로 계속 외쳤더니 5백 명 가량의 군중이 내 주위에 모여 들었고, 함께 모자를 흔들면서 만세를 계속 부르며 행진하였다.
문 : 그 선언서의 내용을 진술하라.
답 : 우리 조선이 독립국임과 조선인이 자주민인 것을 선언함 등의 내용이었다. 그리고 조선 민족 대표자 33인의 성명을 기재하고 있었다.

– ○○○ 신문 조서 –

① 사회주의 세력의 주도 아래 계획되었다.
② 대한민국 임시 정부 수립의 계기가 되었다.
③ 일제가 105인 사건을 조작하여 탄압하였다.
④ 한국인 학생과 일본인 학생 간의 충돌에서 비롯되었다.
⑤ 배우자 가르치자 다 함께 브나로드 등의 구호를 내세웠다.

개념 마스터

24강

무장 독립 투쟁의 전개

1 1920년대 무장 독립 투쟁   119 봉오동 전투   120 청산리 대첩   121 의열단

(1) 독립군 부대의 활약

① 배경 : 국권 피탈 이후 독립운동가들은 일제의 탄압을 피해 간도와 연해주 등지로 독립운동의 활동 무대를 옮겨 독립군 기지를 건설하고 독립군 부대를 조직하였습니다.

② 봉오동 전투와 청산리 대첩

◉ 봉오동 전투와 청산리 대첩

봉오동 전투 1920. 6.	• 원인 : 일제가 독립군의 근거지를 파괴하기 위해 봉오동 지역을 습격함 • 과정 : 홍범도가 이끄는 대한 독립군 등 독립군 연합 부대가 전투에 유리한 지역으로 일본군을 유인해 포위한 뒤 기습공격하여 크게 승리함 • 의의 : 일본군을 이길 수 있다는 자신감을 갖게 됨	홍범도
청산리 대첩 1920. 10.	• 원인 : 봉오동 전투에서 패한 일제는 독립군의 활동을 식민 지배를 위협하는 것으로 생각하고 만주 일대의 독립군을 공격함 • 과정 : 김좌진이 이끄는 북로 군정서군, 홍범도의 대한 독립군 등 독립군 연합 부대가 백운평·천수평·어랑촌 등 청산리 일대에서 일본군을 크게 무찌름 • 의의 : 독립군이 거둔 가장 큰 승리	김좌진

└► 6일 간에 걸친 10여 차례의 크고 작은 전투에서 1,200여 명의 일본군을 사살하였어요.

(2) 의열 투쟁

◉ 의열 투쟁

개인·소규모 비밀 조직으로, 일제의 주요 인물 또는 친일파를 암살하거나 일제의 시설을 파괴하는 투쟁을 말해요.

① 의열단

└► 1938년에 중국 우한에서 조선 의용대를 결성하기도 하였어요.

결성 1919	김원봉이 중심이 되어 만주에서 조직
목적	일제의 주요 인물 암살, 식민 통치 기관 파괴 등의 무력 투쟁을 함
활동 지침	신채호의 '조선 혁명 선언' : 폭력 투쟁을 통한 민중의 직접적인 혁명을 강조함 강도(强盜) 일본을 쫓아내려면 오직 혁명으로만 가능하며, 혁명이 아니고는 강도 일본을 쫓아낼 방법이 없는 바이다. … 민중은 우리 혁명의 대본영(大本營)이다. 폭력은 우리 혁명의 유일한 무기이다. 우리는 민중 속에 가서 민중과 손을 잡아 끊임없는 폭력, 암살, 파괴, 폭동으로써 강도 일본의 통치를 타도하고 우리 생활에 불합리한 일체 제도를 개조하여 인류로써 인류를 압박하지 못하며 사회로써 사회를 약탈하지 못하는 이상적 조선을 건설할지니라.
활동	• 박재혁 : 부산 경찰서에 폭탄 투척 1920 • 김익상 : 조선 총독부에 폭탄 투척 1921 • 김상옥 : 종로 경찰서에 폭탄 투척 1923 • 나석주 : 동양 척식 주식회사와 조선 식산 은행에 폭탄 투척 1926

◉ '조선 혁명 선언'

신채호는 김원봉의 요청으로 1923년 '조선 혁명 선언'을 작성하였어요. 이 선언은 일본을 쫓아내려면 민중이 나서서 직접 혁명을 추구해야 하며, 혁명의 유일한 무기는 폭력뿐이라고 밝힘으로써 의열단의 행동 강령 및 투쟁의 목표를 제시하였죠.

└► '조선 독립원'이라는 혈서를 써 독립을 호소하였어요.

② 남자현 : 서로 군정서의 일원으로 활약했던 남자현은 독립운동과 여성 계몽 운동에 앞장섰습니다. 일본의 관동군 사령관 암살 계획에 가담한 것이 드러나 감옥에 갇혔다가 풀려난 후 순국하였습니다.

남자현

키워드
기출 문장 ▶

119 봉오동 전투

봉오동에서 홍범도 부대가 승리하였다

1920년, 일본군은 만주 지역에 있는 우리나라 독립군을 진압하기 위해 봉오동을 공격했어요. 홍범도는 봉오동 골짜기로 대규모의 일본군을 유인하였죠. 홍범도의 대한 독립군을 비롯한 독립군 연합 부대는 이 전투에서 일본군에게 크게 승리했어요.

120 청산리 대첩

김좌진이 청산리에서 일본군을 격퇴하였다

독립군의 활동이 더 활발해지자 일본군은 더 큰 규모로 독립군을 공격해 왔어요. 이에 김좌진이 이끄는 북로 군정서군과 여러 독립군들이 연합해 청산리 일대에서 일본군과 싸워 크게 승리하였죠. 이 전투가 바로 그 유명한 청산리 대첩이에요.

김좌진

2 1930년대 무장 독립 투쟁 　122 한인 애국단

(1) 한중 연합 작전 : 일제가 만주 사변1931을 일으켜 만주를 점령하자, 중국 내에서 항일 감정이 높아졌습니다. 이에 만주의 독립군 부대는 중국군과 연합하여 새로운 대일 항전을 추진하였습니다. 중학

한국 독립군	• 지청천이 지휘 • 북만주에서 중국 호로군과 연합 • 쌍성보 전투, 대전자령 전투 등에서 승리 • 일본군의 탄압으로 활동이 위축되어 중국 관내로 이동, 일부는 한국 광복군에 합류	지청천
조선 혁명군	• 양세봉이 지휘 • 남만주에서 중국 의용군과 연합 • 영릉가 전투, 흥경성 전투 등에서 승리 • 양세봉의 사망 이후 세력이 약화됨	양세봉

독립군과 중국군의 활동 지역
1931년 이전의 일본군 점령지
1932년의 일본군 점령지

한국 독립군 (총사령관 지청천)
① 쌍성보 전투(1932)
② 사도하자 전투(1933)
③ 대전자령 전투(1933)

조선 혁명군 (총사령관 양세봉)
④ 영릉가 전투(1932)
⑤ 흥경성 전투(1933)

동북 항일 연군
⑥ 보천보 전투(1937)

치치하얼 / 하얼빈 / 창춘(장춘) / 지린(영안) / 옌지(연길) / 블라디보스토크 / 봉천 / 청진 / 신의주

1930년대 국외 무장 독립 투쟁

(2) 한인 애국단

결성 1931	상하이에서 김구가 만든 비밀 단체 궁금
이봉창 의거 1932	도쿄에서 우리나라 침략의 원흉인 히로히토 일왕을 향해 폭탄을 던졌으나 실패 → 우리 민족의 항일 의지를 보여 줌
윤봉길 의거 1932	중국 상하이 훙커우 공원에서 열린 일본군 상하이 점령 축하 기념식에서 일본 장성과 고위 관리들을 향해 폭탄을 던짐 → 중국 정부가 대한민국 임시 정부를 지원하고 돕는 계기를 마련함
영향	대한민국 임시 정부의 활동과 독립 투쟁에 활력을 불어넣음

이봉창 / 윤봉길

→ 윤봉길 의거 이후 일제의 탄압이 심해져 대한민국 임시 정부는 근거지를 옮겨 이동하기 시작하였어요.

3 1940년대 한국 광복군 중학 　123 한국 광복군

창설 1940	• 대한민국 임시 정부가 충칭에 정착한 후 여러 지역의 독립군을 규합해 한국 광복군 창설 • 중국(국민당)의 지원을 받음 → 처음에는 중국 국민당의 협조와 간섭을 받았지만, 　1944년부터 한국 광복군의 지휘권은 대한민국 임시 정부가 갖게 되었어요. • 지청천을 총사령관으로 함
대일 선전 포고	태평양 전쟁1941 직후 대한민국 임시 정부는 연합군의 일원으로 참전할 것을 선언하며 대일 선전 포고문을 발표함
미얀마·인도 전선 투입	• 영국군의 요청에 따라 연합군의 일원으로 투입 1943 • 일본군 포로 심문, 문서 번역과 선전 활동 등을 담당함
국내 진공 작전	미국 전략 정보국(OSS)과 협력하여 국내에 침투하여 일본군을 몰아내려는 국내 진공 작전 계획 → 특수 훈련 실시 → 작전 실시에 앞서 일제가 연합군에게 항복하면서 실현하지 못함
영향	대한민국 임시 정부의 활동과 독립 투쟁에 활력을 불어넣음

◎ 만주 사변
일본은 대륙 침략의 첫 단계로 만주를 점령해 수많은 민간인을 학살하는 만주 사변을 일으킨 후 만주국을 수립했어요. 이후 만주 지역은 일본의 지배를 받게 되었죠.

◎ 김구

대한민국 임시 정부의 경무국장과 주석을 역임한 인물이에요. 광복 이후에는 남북 협상에 참여하는 등 통일 국가 수립을 위해 노력하였지요.

궁금 ?

왜 김구는 한인 애국단을 조직했나요?
대한민국 임시 정부의 교통국과 연통제가 일제에게 발각되면서 국내와의 연결과 자금 모금에 어려움을 겪게 되었어요. 이를 해결하고자 임시 정부가 나아갈 방향에 대해 논의했지만 성과가 없었죠. 임시 정부가 침체를 겪게 되자 1931년 김구는 한인 애국단을 조직해 독립 투쟁에 활기를 불어넣으려 하였어요.

◎ 윤봉길 의거 직후 훙커우 공원

◎ 미얀마·인도 전선에 파견된 한국 광복군

---

121 **의열단**	122 **한인 애국단**	123 **한국 광복군**
김원봉이 의열단을 조직하였다	**윤봉길이 상하이에서 의거를 일으켰다**	**대한민국 임시 정부가 만든 정식 군대이다**

의열단은 일제의 주요 기관을 폭파하고 고위 관리와 친일파를 처단하였어요. 의열단원 김상옥은 1923년에 종로 경찰서에 폭탄을 던졌죠. 이들의 의거 활동은 일제에 큰 타격을 주었으며, 민족의 항일 의식을 높였어요.

김상옥 / 종로 / 경찰서

1931년 김구는 한인 애국단을 조직하여 무력으로 일제에 저항하였어요. 이 봉창은 도쿄에서 일본 국왕을 향해 폭탄을 던졌고, 윤봉길은 상하이 훙커우 공원에서 폭탄을 던져 일본의 주요 인사를 처단하였죠.

이봉창 / 윤봉길

대한민국 임시 정부는 충칭에 정착한 후 각지의 독립군을 모으고, 지청천을 사령관으로 하여 최초의 정식 군대인 한국 광복군을 창설하였어요. 우리의 힘으로 일본을 몰아내기 위한 전쟁을 준비하였죠.

우리 손으로 독립 쟁취 / 국내 진공 작전

24강 무장 독립 투쟁의 전개

키워드 품은 기출 문장

보기

| ㉠ 홍범도 | ㉡ 김좌진 |
| ㉢ 의열단 | ㉣ 한인 애국단 | ㉤ 한국 광복군 |

❶ [　　] 의 윤봉길이 상하이에서 의거를 일으켰다.

❷ 김원봉이 1919년 만주에서 [　　] 을 조직하였다.

❸ [　　] 이 이끄는 북로 군정서군 등 독립군 연합 부대가 청산리 대첩에서 크게 승리하였다.

❹ 대한민국 임시 정부는 지청천을 총사령관으로 최초의 정식 군대인 [　　] 을 창설하였다.

❺ 봉오동에서 [　　] 의 독립군 부대가 승리하였다.

답 ①㉣ ②㉢ ③㉡ ④㉤ ⑤㉠

키워드로 풀리는 기출 문제

기본 4·5·6급

46회

01 (가)에 들어갈 인물로 옳은 것은?　　[2점]

역사콘서트

고려인이 된 독립군

봉오동 전투, 청산리 대첩으로 일본군을 떨게 한 독립군 영웅! [(가)] 이/가 카자흐스탄의 고려 극장에 나타났습니다. 그는 왜 머나먼 그곳까지 가게 되었을까요? 그의 사연을 강연과 뮤지컬로 들려 드립니다.

• 일시 : 2020년 ○○월 ○○일 오후 7시
• 장소 : △△문화회관 ◇◇홀

① 김원봉　② 신돌석　③ 이봉창　④ 홍범도

61회

02 밑줄 그은 '전투'로 옳은 것은?　　[1점]

이것은 1920년 10월 김좌진의 북로 군정서군 등 독립군 연합 부대가 백운평, 천수평, 어랑촌 일대에서 일본군과 싸워 크게 승리한 전투입니다.

① 백강 전투　　　② 진주성 전투
③ 청산리 전투　　④ 대전자령 전투

47회

03 (가)에 들어갈 인물로 옳은 것은?　　[2점]

호외요! 호외!
의열단원 [(가)] 이/가 조선 식산 은행과 동양 척식 주식회사에 폭탄을 던졌다!

① 김규식　　② 나석주　　③ 안창호　　④ 이육사

60회

04 (가)에 해당하는 군사 조직으로 옳은 것은?　　[1점]

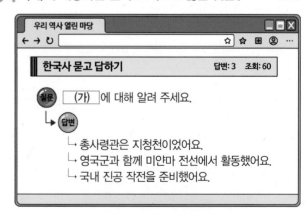

우리 역사 열린 마당

한국사 묻고 답하기　　답변: 3　조회: 60

질문 [(가)] 에 대해 알려 주세요.

답변
└ 총사령관은 지청천이었어요.
└ 영국군과 함께 미얀마 전선에서 활동했어요.
└ 국내 진공 작전을 준비했어요.

① 북로 군정서　　② 조선 의용대
③ 조선 혁명군　　④ 한국 광복군

49회

05 다음 전투가 일어난 시기를 연표에서 옳게 고른 것은? [3점]

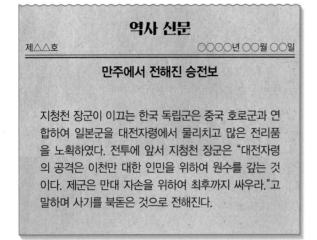

역사 신문

제△△호   ○○○○년 ○○월 ○○일

만주에서 전해진 승전보

지청천 장군이 이끄는 한국 독립군은 중국 호로군과 연합하여 일본군을 대전자령에서 물리치고 많은 전리품을 노획하였다. 전투에 앞서 지청천 장군은 "대전자령의 공격은 이천만 대한 인민을 위하여 원수를 갚는 것이다. 제군은 만대 자손을 위하여 최후까지 싸우라."고 말하며 사기를 북돋은 것으로 전해진다.

1910	1921	1931	1937	1945
	(가)	(나)	(다)	(라)
국권 피탈	자유시 참변	만주 사변	중일 전쟁	8·15 광복

① (가)   ② (나)   ③ (다)   ④ (라)

48회

06 (가)에 해당하는 인물로 옳은 것은? [1점]

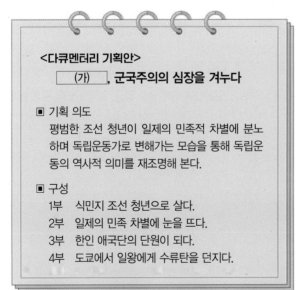

<다큐멘터리 기획안>
[(가)], 군국주의의 심장을 겨누다

■ 기획 의도
평범한 조선 청년이 일제의 민족적 차별에 분노하며 독립운동가로 변해가는 모습을 통해 독립운동의 역사적 의미를 재조명해 본다.

■ 구성
1부 식민지 조선 청년으로 살다.
2부 일제의 민족 차별에 눈을 뜨다.
3부 한인 애국단의 단원이 되다.
4부 도쿄에서 일왕에게 수류탄을 던지다.

① 김원봉   ② 윤동주   ③ 윤봉길   ④ 이봉창

49회

07 (가) 단체에 대한 설명으로 옳은 것은? [2점]

이 분 누군지 알아?

응, 김익상이잖아.

김원봉이 조직한 [(가)]에 소속되어 조선 총독부에 폭탄을 투척한 분이야.

아~ 나석주, 김상옥도 [(가)]의 일원이었지.

① 105인 사건으로 해체되었다.
② 고종의 밀지를 받아 결성되었다.
③ 파리 강화 회의에 대표를 파견하였다.
④ 조선 혁명 선언을 활동 지침으로 삼았다.

49회

08 다음 인물의 활동으로 옳은 것은? [2점]

[이달의 독립운동가]
한국 광복군 창설의 주역
○○○ 장군

• 생몰 : 1888년~1957년
• 주요 활동
 - 정의부 총사령관 역임
 - 한국 독립당 창당에 참여
 - 한국 광복군 총사령관 역임
• 서훈 내용
 건국 훈장 대통령장 추서

① 동양 척식 주식회사에 폭탄을 투척하였다.
② 대한 광복회를 조직하여 친일파를 처단하였다.
③ 쌍성보, 대전자령 전투에서 일본군을 격파하였다.
④ 대한 국민회군과 연합하여 봉오동 전투에서 승리하였다.
⑤ 민중의 직접 혁명을 주장하는 조선 혁명 선언을 집필하였다.

25강

민족 문화 수호 운동

◉ 경성 방직 주식회사의 토산품 애용 광고

1 실력 양성 운동 `124 물산 장려 운동`

(1) 물산 장려 운동 : 경제적으로 실력을 기르기 위한 국산품 애용 운동입니다.

배경	일제의 회사령 폐지로, 1920년대 들어 일본 기업의 한국 진출이 활발해짐
주도	평양에서 조만식의 주도로 시작되어 전국으로 확산됨
활동	일본 상품 배격, 토산품(국산품) 애용, 금주·금연 등으로 민족 기업 육성 → 일제의 탄압과 방해로 큰 성과를 거두지 못함
구호	'조선 사람 조선 것', '내 살림 내 것으로', '우리가 만든 것 우리가 쓰자'

물산 장려 운동 포스터

(2) 민립 대학 설립 운동 : 우리 힘으로 대학을 세우려 하였습니다.

주도	이상재 등이 조선 민립 대학 기성회를 조직함	구호	'한민족 1천만이 한 사람이 1원씩'
결과	일제의 방해로 실패, 일제가 회유책으로 경성 제국 대학을 설립해 한국인의 불만을 무마시키려 함		

◉ 민립 대학 설립 운동

1920년대 초 제2차 조선 교육령에 따라 대학 설립이 가능해졌어요. 하지만 실제로는 초등 교육과 실업 교육 위주였지요. 이에 우리 민족은 식민지 교육의 한계를 극복하고 고등 교육 기관을 설립하고자 민립 대학 설립 운동을 전개하였어요.

조선 민립 대학 기성회

(3) 문맹 퇴치 운동 : 학생과 학자들이 한글 보급을 위한 한글 강습회를 개최하였습니다.

문자 보급 운동 1929	브나로드 운동 1931
• 조선일보 주도, 『한글원본』 발간 • '아는 것이 힘, 배워야 산다'	• 동아일보 주도 • '배우자, 가르치자, 다 함께 브나로드'

2 1920년대 국내 민족 운동 `중학` `125 광주 학생 항일 운동`

(1) 형평 운동과 소년 운동

• 동학을 계승한 종교로, 〈개벽〉, 〈신여성〉 등의 잡지를 발간하였어요.

형평 운동	소년 운동
• 사회적으로 천대를 받던 백정들이 일으킨 신분 차별 철폐 운동 `궁금` • 조선 형평사 조직	• 방정환 : 천도교 소년회 조직 • '어린이' 호칭 사용, 어린이날 제정 • 잡지 〈어린이〉 발간

방정환

궁금 ?

백정들은 왜 천대를 받았나요?

갑오개혁으로 신분제가 폐지되었지만 백정에 대한 차별과 천대는 여전했어요. 일제는 총독부에서 호적을 작성할 때 백정의 신분을 쓰거나 이름 위에 붉은 점을 표시하여 백정의 신분을 표시하였죠. 또 보통학교 입학 원서에도 신분을 따로 쓰게 하여 백정의 자식은 학교에 입학해서도 놀림의 대상이 되곤 하였죠. 그래서 백정들은 어느 한쪽으로 기울지 않는 저울처럼 평등한 사회를 만들자는 의미에서 형평 운동을 펼쳤어요.

(2) 농민·노동 운동

농민 운동	노동 운동
토지 조사 사업과 산미 증식 계획의 실시 이후 소작농 증가와 높은 소작료에 저항	일본인에 비해 낮은 임금, 열악한 노동 환경 등에 반발
◉ 암태도 소작 쟁의 1923 : 전남 신안군 암태도에서 높은 소작료에 시달리던 소작인들이 지주를 상대로 쟁의를 벌여 소작료를 낮추는 성과를 거둠	◉ 원산 노동자 총파업 1929 : 원산의 라이징 선 석유 회사에서 현장 감독이 한국인 노동자를 구타하자 이에 분노한 노동자들이 노동 조건 개선을 요구하며 파업을 벌임

124 물산 장려 운동

조만식 등이 물산 장려 운동을 주도하였다

1920년 평양에서 조만식 등이 중심이 되어 우리 민족이 만든 물건을 사용해 일제의 경제적 지배에서 벗어나자고 주장한 운동이에요. '조선 사람 조선 것', '내 살림 내 것으로!' 등의 구호를 내걸고 국산품 사용, 소비 절약 등을 강조하였죠. 하지만 일제의 탄압과 방해로 성과를 거두지 못했어요.

125 광주 학생 항일 운동

신간회에서 진상 조사단을 파견하였다

광주에서 나주로 가는 통학 기차에서 일본 남학생들이 한국 여학생을 괴롭혀 싸움이 일어났어요. 일본 경찰의 차별적 처벌에 맞서 우리나라 학생들은 민족 차별 중지, 식민지 교육 철폐 등을 요구하며 시위를 벌였어요.

(3) 학생 운동

시위 시작일인 11월 3일을 학생 독립운동 기념일로 정하는 데 영향을 주었어요.

6·10 만세 운동 1926	광주 학생 항일 운동 1929
순종의 인산일에 사회주의 세력과 일부 천도교 세력이 참여하여 학생 중심으로 일어남 → 학생들이 격문을 배포하여 만세 시위 전개 → 시민들이 합세함	기차 안에서 일본인 남학생이 한국인 여학생 희롱 → 한일 학생 간의 다툼 → 일본 경찰의 차별적 처벌 → 광주 학생들의 시위
민족 유일당 운동의 전개로 신간회가 창립됨	신간회의 지원, 3·1 운동 이후 최대 규모의 항일 운동

(4) 신간회 1927

신간회는 자치 운동을 기회주의로 보았어요. 자치 운동은 일제의 식민 통치를 인정하고, 일제가 허용한 범위 내에서 자치권을 얻은 후 실력을 기르자는 입장이에요.

배경	사회주의 세력과 민족주의 세력의 분열 중학
특징	일제 강점기 최대 규모의 항일 운동 단체로 발전
3대 강령	① 정치적·경제적 각성을 촉진함 ② 단결을 공고히 함 ③ 기회주의를 일체 부인함
활동	강연회 개최, 광주 학생 항일 운동 당시 현지에 진상 조사단을 파견
자매 단체	근우회 : 여성의 지위 향상과 단결을 목표로 하는 여성 단체, 기관지 〈근우〉를 펴냄

〈근우〉

3 민족 문화 수호 운동 중학   126 조선어 학회   127 신채호   128 이육사

(1) 국어 연구

조선어 연구회 1921	이윤재·최현배 등이 조직, 가갸날(한글날) 제정, 잡지 〈한글〉 간행
조선어 학회 1931	• 조선어 연구회가 이름을 바꿈, 한글 맞춤법 통일안과 표준어 제정 • 『조선말(우리말) 큰사전』 편찬을 시도했으나 일제가 조선어 학회 사건으로 회원들을 체포·투옥하면서 좌절됨

(2) 국사 연구

박은식	신채호	백남운
『한국통사』, 『한국 독립운동지혈사』 1863년~1911년까지 일제의 침략 과정을 담음	『조선상고사』 : 역사는 '아(我)와 비아(非我)의 투쟁을 기록한 것'	『조선사회경제사』 : 한국사가 세계사적 발전 과정을 따라 발전함
나라는 없어질 수 있으나, 역사는 없어질 수 없다. 나라는 형체이고, 역사는 정신이기 때문이다. －『한국통사』	역사란 나와 나에 맞서는 상대와의 투쟁의 기록이며, 조선사라 하면 조선 민족의 그리되어 온 상태의 기록이다. －『조선상고사』	조선 역사 발전의 전 과정은 대체로 세계사의 발전 법칙에 의해 다른 여러 민족과 거의 동일한 과정을 거쳐 … －『조선사회경제사』

(3) 문화 → 식민지 현실을 표현하고 독립을 바라는 마음을 담은 문학·예술 작품이 발표되었어요.

문학	심훈 : 『상록수』(젊은이들의 희생적인 농촌 생활을 그린 소설), '그날이 오면'(저항시) 이육사 : '광야' 윤동주 : '서시' → 휴학 중 항일 운동 혐의로 후쿠오카 형무소에서 순국함
영화	나운규의 '아리랑' 연극 토월회를 결성하여 신극 운동을 펼침

(4) 체육 : 손기정은 베를린 올림픽 마라톤 경기에서 우승을 하고도 가슴의 일장기를 가려, 나라 잃은 슬픔을 표현하였습니다. 중학

학생 운동
3·1 운동에서 주도적 역할을 하였던 청년과 학생들은 이후에도 적극적으로 민족 운동을 전개하였어요. 3·1 운동은 고종의 인산일에, 6·10 만세 운동은 순종의 인산일에 일어났어요. 두 운동 모두 학생들이 앞장서 운동을 준비하였어요.

순종의 인산일에 모인 사람들

인산일은 장례식이 치러지는 날로 많은 사람이 모이는 기회가 되었어요.

중학교 수준

사회주의 세력과 민족주의 세력의 분열
독립운동 세력은 활동 방향을 두고 사회주의 세력과 민족주의 세력으로 나뉘었어요. 1920년대 치안 유지법으로 일제의 탄압이 강화되자 사회주의 세력의 힘이 약해졌고, 민족주의 세력 내에서는 일본과 타협하자는 자치 운동이 등장했어요. 이런 상황에서 일제와 타협하지 않는 세력끼리 연합해 만든 단체가 신간회예요.

이육사

본명은 이원록인데, 처음 감옥에 가게 되었을 때 자신에게 붙여진 번호 264를 본명 대신 이름으로 사용하게 되었어요.

영화 '아리랑'

3·1 운동 때 붙잡혀 일제의 고문을 받아 정신 이상이 된 청년과 일제에 아부하는 반민족적인 인물을 중심으로 전개되는 영화예요. 나라를 잃은 민족의 아픔과 고통을 담았어요.

---

126 조선어 학회

한글 맞춤법 통일안을 제정하였다

우리는 우리말 지킴이 우리말 사전 편찬 맞춤법 통일

조선어 학회는 우리글의 가치를 알리고자 한글을 보급하고, 우리말 사전을 편찬하는 데 힘썼어요. 일제가 조선어 학회를 독립운동 단체라고 규정해 많은 회원들을 감옥에 가두면서 조선어 학회는 강제 해산되고 말아요.

127 신채호

『조선상고사』를 저술한 역사학자 신채호는 일제가 왜곡한 우리 역사를 바로잡아 민족정신을 높이고자 노력했어요. 또 적극적으로 항일 투쟁을 하며 무력으로 일본과 맞서 싸울 것을 주장하였죠.

역사를 잊은 민족에게 미래는 없다

128 이육사

이육사는 항일 운동으로 열일곱 번의 옥고를 치른 독립운동가이자 시인이에요. '광야', '청포도'와 같은 시를 지어 일제에 저항하고, 독립을 향한 의지를 표현했어요.

25강 민족 문화 수호 운동

키워드 품은 기출 문장

───── | 보기 |

㉠ 물산 장려 운동	㉡ 광주 학생 항일 운동
㉢ 조선어 학회	㉣ 신채호
㉤ 이육사	

❶ ⬜⬜ 는 한글 맞춤법 통일안을 제정하였다.

❷ ⬜⬜ 는 일제 강점기에 조선상고사를 저술하였다.

❸ 조만식 등이 평양에서 ⬜⬜ 을 주도하였다.

❹ 신간회는 ⬜⬜ 당시 진상 조사단을 파견하였다.

❺ ⬜⬜ 는 '광야' 등의 시를 통해 광복에 대한 의지를 표현하였다.

────────────

답 ①㉢ ②㉣ ③㉠ ④㉡ ⑤㉤

키워드로 풀리는 기출 문제

기본 4·5·6급

50회

01 (가)에 들어갈 자료로 옳은 것은? [2점]

> 일제 강점기에 백정들이 저울처럼 평등한 사회를 만들고자 일으켰던 운동을 기념하는 탑이야.

> 이것은 이 운동을 주도한 단체의 포스터야. 저울을 뜻하는 글자를 볼 수 있어.

(가)

①

②

③

④

48회

02 밑줄 그은 '이 운동'으로 옳은 것은? [2점]

> 이 동상의 주인공은 무슨 일을 하셨나요?

> '내 살림 내 것으로'라는 표어 등을 내세운 이 운동을 주도했어요.

① 브나로드 운동 ② 문자 보급 운동

③ 물산 장려 운동 ④ 민립 대학 설립 운동

44회

03 (가)에 들어갈 용어로 옳은 것은? [3점]

> (가) 창립 대회

> 백정이라는 모욕적인 말을 폐지하라.

> 차별 대우 철폐하라!

① 보안회 ② 의열단

③ 대한 자강회 ④ 조선 형평사

47회

04 (가) 단체의 활동으로 옳은 것은? [3점]

> 강령
> 1. 우리는 정치적·경제적 각성을 촉진함.
> 1. 우리는 단결을 공고히 함.
> 1. 우리는 기회주의를 일체 부인함.

> (가) 창립 총회
> 1927. 2. 1

① 독립 공채를 발행하였다.

② 정부에 헌의 6조를 건의하였다.

③ 한글 맞춤법 통일안을 발표하였다.

④ 광주 학생 항일 운동에 조사단을 파견하였다.

51회
05 (가)에 들어갈 단체로 옳은 것은? [1점]

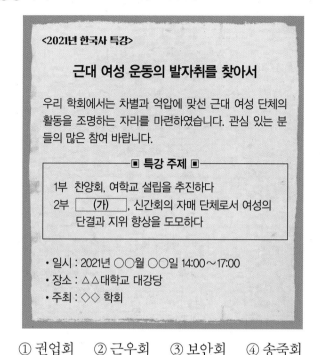

<2021년 한국사 특강>

근대 여성 운동의 발자취를 찾아서

우리 학회에서는 차별과 억압에 맞선 근대 여성 단체의 활동을 조명하는 자리를 마련하였습니다. 관심 있는 분들의 많은 참여 바랍니다.

■ 특강 주제 ■

1부 찬양회, 여학교 설립을 추진하다
2부 _(가)_ , 신간회의 자매 단체로서 여성의 단결과 지위 향상을 도모하다

• 일시 : 2021년 ○○월 ○○일 14:00~17:00
• 장소 : △△대학교 대강당
• 주최 : ◇◇ 학회

① 권업회   ② 근우회   ③ 보안회   ④ 송죽회

49회
06 다음 퀴즈의 정답으로 옳은 것은? [1점]

이것은 한글 맞춤법 통일안과 외래어 표기법 통일안을 마련한 단체에서 사전을 편찬하기 위해 만든 원고입니다. 이 단체의 이름은 무엇일까요?

① 보안회
② 독립 협회
③ 대한 광복회
④ 조선어 학회

51회
07 (가) 인물의 활동으로 옳은 것은? [3점]

① 조선 혁명 선언을 집필하였다.
② 파리 강화 회의에 파견되었다.
③ 대조선 국민 군단을 창설하였다.
④ 조선말 큰사전 편찬을 주도하였다.

심화 1·2·3급

38회
08 다음 검색창에 들어갈 민족 운동에 대한 설명으로 옳은 것은? [1점]

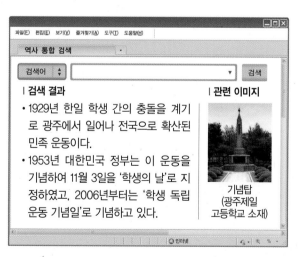

• 1929년 한일 학생 간의 충돌을 계기로 광주에서 일어나 전국으로 확산된 민족 운동이다.
• 1953년 대한민국 정부는 이 운동을 기념하여 11월 3일을 '학생의 날'로 지정하였고, 2006년부터는 '학생 독립 운동 기념일'로 기념하고 있다.

기념탑 (광주제일 고등학교 소재)

① 신간회에서 진상 조사단을 파견하였다.
② 순종의 인산일에 학생들의 주도로 전개되었다.
③ 대한민국 임시 정부가 수립되는 계기가 되었다.
④ 대한매일신보의 후원으로 전국적으로 확산되었다.
⑤ 일제가 이른바 문화 통치를 실시하는 배경이 되었다.

9

대한민국의 수립과 발전

1945년 8월 15일, 꿈에도 그리던 광복을 맞게 되었어요. 광복은 연합군의 승리와 우리 민족의 치열한 독립운동으로 맺은 결실이었죠. 광복 이후 민족 지도자들은 조선 건국 준비 위원회를 조직하여 새로운 국가 건설을 위한 논의를 하였어요. 하지만 38도선을 기준으로 한반도의 북쪽에는 소련군이, 남쪽에는 미군이 점령하면서 국토가 나뉘어졌어요.

통일 정부를 수립하기 위한 우리 민족의 기대와 노력에도 불구하고, 1948년 남한과 북한에 각각 다른 정부가 수립되었어요. 분단은 결국 6·25 전쟁으로 이어졌고, 독재 정치 등으로 우리 국민들은 계속해서 혼란을 겪어야만 했어요. 하지만 국민들은 이를 보고만 있지 않았어요. 민주화 운동을 펼쳐 민주주의의 꽃을 피웠고, 열심히 일해 경제 성장을 이루어 냈죠. 통일을 위한 노력도 계속되고 있고요.

자, 그럼 지금부터 오늘날의 대한민국이 만들어진 과정을 살펴보러 마지막 배움의 여정을 떠나 보도록 하겠습니다.

최근 3개년 시험 출제 비중

기본 47~63회 기출 문제 약 660 문항을 분석하였어요.

12%
9
대한민국의
수립과 발전

26강	대한민국 정부 수립과 6·25 전쟁	34%
27강	민주주의의 발전	37%
28강	경제 성장과 발전, 통일을 위한 노력	29%

모스크바 삼국 외상 회의

5·10 총선거

★ 6·25 전쟁

유신 헌법

★ 5·18 민주화 운동

★ 6월 민주 항쟁

외환 위기

7·4 남북 공동 성명

★ 남북 정상 회담

개념 마스터

26강

제2차 세계 대전
1939~1945년에 일어난 대규모 세계 전쟁으로, 인류 역사상 가장 많은 피해를 남겼어요. 제2차 세계 대전 이후에 전쟁을 방지하고 평화를 유지하기 위해 국제 연합이 설립되었어요.

38도선

광복 이후 미국과 소련이 북위 38°를 경계로 한반도를 남북으로 나누어 점령한 경계선으로, 정치적 분할선이 되었어요.

미국과 소련의 입장 차이
미국은 신탁 통치에 찬성하거나 반대하는 모든 단체를 참여시켜야 한다는 입장이었고, 소련은 신탁 통치에 찬성하는 단체들만 참여시켜야 한다고 주장했어요.

대한민국 정부 수립 과정

8·15 광복　　모스크바 삼국 외상 회의

신탁 통치 반대 집회　미소 공동 위원회

38도선을 넘는
김구 일행　　5·10 총선거

대한민국 정부 수립과 6·25 전쟁

1 8·15 광복 　129 조선 건국 준비 위원회

┌→ 미국의 원자폭탄 투하에 일본이 무조건 항복하였어요.

(1) 8·15 광복 : 1945년 제2차 세계 대전을 일으켰던 일본이 연합군에게 항복하면서 우리나라는 1945년 8월 15일 광복을 맞이하였습니다. 광복의 소식이 전해지자 해외에 있던 독립운동가와 동포들이 고국으로 돌아왔습니다.

여운형	• 국내에서 건국을 준비함. 광복 전 조선 건국 동맹 조직 • 광복 후 조선 건국 준비 위원회를 통해 치안과 질서를 담당함
이승만	• 미국에서 외교 활동을 통한 독립운동을 함 • 1945년 10월 귀국, 미국의 지원을 받으며 정치 활동을 함
김구	• 대한민국 임시 정부의 주석으로 활동, 한인 애국단 조직 • 1945년 11월, 충칭에서 개인 자격으로 귀국

(2) 38도선 설정 : 일본군의 무장 해제를 위해 38도선을 경계로 하여 남쪽에는 미군이, 북쪽에는 소련군이 주둔하였습니다.

2 모스크바 삼국 외상 회의와 미소 공동 위원회 　130 모스크바 삼국 외상 회의

(1) 모스크바 삼국 외상 회의

┌→ 지금의 러시아와 그 주변 국가를 말해요.

내용	1945년 12월, 미국·영국·소련이 모스크바에서 회의를 열어 한반도 문제의 처리 방법을 논의함
결과	• 한반도에 민주적 임시 정부를 수립하고 미소 공동 위원회를 설치하기로 함 • 정부 수립 전에 미국·소련·영국·중국 등 4개국이 최대 5년 간 신탁 통치를 한다는 내용이 결정됨 　한 국가가 자체적으로 통치 능력을 갖출 때까지 다른 나라가 대신 통치를 해 주는 것
영향	국내에서 신탁 통치를 반대하는 세력과 모스크바 삼국 외상 회의의 결정 사항을 지지하는 세력이 대립함

→ 사람들은 신탁 통치에 대해 우리 민족의 자주권 상실이란 측면에서 반대하기도, 통일 정부를 빨리 세울 수 있는 방법이라는 측면에서 찬성하기도 했어요.

(2) 미소 공동 위원회 ┐→ 덕수궁 석조전에서 열렸어요.

① 미국과 소련이 임시 정부의 구성 방법을 논의하기 위해, 1946~1947년 1·2차에 걸쳐 미소 공동 위원회를 열었으나 미국과 소련의 입장 차이로 아무런 성과를 내지 못했습니다.

② 미국은 한국의 정부 수립 문제를 국제 연합(UN, 유엔)에 넘겼으며, 유엔 소총회에서 남한만의 총선거를 실시하기로 결정하였습니다.

3 대한민국 정부 수립 　131 5·10 총선거

(1) 정부 수립에 대한 서로 다른 주장

이승만	정읍 발언 1946 : 임시 민주 정부의 수립이 늦어지자 정읍에서 남한만의 단독 정부 수립을 주장
김구	남한만의 총선거 반대 : 두 개의 정부가 아닌 하나의 통일 정부가 수립되어야 한다고 주장

키워드
기출 문장

129 조선 건국 준비 위원회

여운형이 조선 건국 준비 위원회를 결성하였다

여운형은 일제의 패망을 앞두고 1944년 조선 건국 동맹을 비밀리에 만들었어요. 조선 건국 동맹은 8·15 광복 이후에 조선 건국 준비 위원회로 발전했으며, 사회 질서를 바로잡고 새로운 국가 건설을 논의했어요.

조선 건국
준비 위원회

130 모스크바 삼국 외상 회의

임시 민주 정부 수립과 신탁 통치를 결의하였다

모스크바 삼국 외상 회의에서 미국·영국·소련·중국 4개의 나라가 한반도를 일정 기간 동안 대신 다스려 주는 신탁 통치를 하기로 결정하였어요. 우리 민족은 신탁 통치를 반대하는 세력과 지지하는 세력으로 나뉘어 대립하였죠.

신탁 통치 반대　모스크바 삼국 외상 회의
결정 절대 지지

(2) 통일 정부 수립을 위한 노력 중학

남북 협상 1948. 4.	김구, 김규식이 남한만의 단독 선거에 반대 → 통일 정부를 수립하기 위해 북한에 남북 협상을 제안함 → 남북 지도자 간에 회의가 개최되었으나 성과 없이 끝남
제주 4·3 사건	남한만의 단독 정부 수립에 반대한 무장 세력과 이를 진압하려는 토벌 세력 간의 무장 충돌

(3) 대한민국 정부의 수립

5·10 총선거 1948. 5. 10.	• 남녀 성인이 1표씩 행사한 최초의 보통 선거 • 제주도를 제외하고 198명의 국회 의원 선출 → 제헌 국회 구성 궁금
헌법 공포(제헌절) 1948. 7. 17.	• 제헌 헌법 제정 → 3·1 운동의 독립 정신 계승, 민주 공화정 체제 채택 • 제헌 국회에서 이승만을 초대 대통령으로 선출 1948. 7. 24.
대한민국 정부 수립 1948. 8. 15.	• 광복한 지 3년 만인 광복절에 정부 수립 → 3·1 운동 및 임시 정부 계승 • 유일한 합법 정부로 유엔의 승인을 받음 • 북한도 조선 민주주의 인민 공화국을 수립함 1948. 9. 9.

4 이승만 정부 중학

친일파 청산 노력	• 내용 : 반민족 행위 처벌법을 제정하고, 반민족 행위 특별 조사 위원회(반민 특위)를 구성 • 결과 : 이승만 정부의 소극적 태도로, 반민 특위의 활동이 정지되어 친일파 청산에 실패함 　┗ 반민 특위는 총 600여 명을 조사하여 200여 명을 기소하였어요. 하지만 그중 　　10여 명만이 실형을 선고받았고 반민 특위 활동이 정지되면서 거의 풀려났어요.
농지 개혁	• 내용 : 정부가 농경지를 지주에게 사서(유상 매입) 다시 농민에게 파는(유상 분배) 방식의 농지 개혁법을 제정 1949 • 결과 : 지주 계급이 소멸하고 대부분의 농민이 자기 땅을 소유하고 농사를 짓게 됨

5 6·25 전쟁 중학　132 6·25 전쟁 → 미국이 태평양 지역의 방위선에서 한국을 제외한다고 발표한 애치슨 선언이 배경이 됨

북한군의 남침과 낙동강 방어선	• 1950년 6월 25일, 북한군의 기습공격으로 6·25 전쟁이 시작됨 • 북한군이 3일 만에 서울 점령 → 국군이 낙동강 유역까지 후퇴, 부산을 임시 수도로 정함
국군과 유엔군의 반격	┏ 국제 연합이 미국을 중심으로 16개국이 참여한 국제 연합군을 한반도로 보냄 국군과 유엔군의 인천 상륙 작전 성공, 평양을 비롯해 북한 지역의 대부분을 장악 → 서울을 되찾음(서울 수복) → 압록강 유역까지 진격
중국군의 참전	국군은 38도선 남쪽으로 후퇴, 서울을 다시 빼앗김(1·4 후퇴)
정전 협정	• 38도선 일대에서 전투가 지속됨 • 1953년 7월 판문점에서 정전 협정을 체결(지금의 휴전선을 정함) • 제네바 협정 : 정전 협정 체결 후 남북한 · 미국 · 소련 · 중국 등 전쟁과 관련된 나라들이 참가하여 한반도 문제를 평화적으로 해결하려 함 → 회의는 성과 없이 끝남 중학
결과	• 많은 인명 피해, 피란민 · 전쟁고아 · 이산가족 발생, 각종 건물과 산업 시설 파괴 • 민족 간의 이질감과 적대감이 커져 분단이 고착화 됨　┗ 남북 분단 등의 사정으로 흩어져 　　　　　　　　　　　　　　　　　　　　　　　　서로의 소식을 모르는 가족

5·10 총선거

민주적 절차에 따라 실시된 우리나라 최초의 보통 선거로, 만 21세 이상의 모든 국민이 선거권을 갖고, 만 25세 이상의 모든 국민이 피선거권을 가질 수 있었어요.

궁금❓

왜 국회 의원을 먼저 뽑았나요?
총선거는 국회 의원을 뽑는 선거를 말해요. 새로운 정부가 출발하기 위해서는 법이 필요하고, 법을 만드는 사람이 국회 의원이기 때문에 대통령보다 국회 의원을 먼저 뽑았답니다.

6·25 전쟁의 전개

남침하는 북한군

인천 상륙 작전

서울 수복

중국군 참전

1·4 후퇴

휴전 협정을 맺은 판문점

---

131 5·10 총선거

5·10 총선거가 실시되었다

광복 후 통일 정부 수립을 위한 김구의 남북 협상은 실패로 돌아가고, 국제 연합(UN)은 남한만이라도 총선거를 하기로 결정했어요. 그리하여 1948년 5월 10일, 국회 의원을 뽑는 첫 번째 민주 선거가 실시되었지요.

132 6·25 전쟁

국군과 유엔군이 인천 상륙 작전을 전개하였다

1950년 6월 25일, 북한의 남침으로 전쟁이 시작되었어요. 북한군은 계속 진격해 낙동강까지 밀고 내려왔죠. 이때 국군과 유엔군은 전쟁의 흐름을 바꿀 인천 상륙 작전에 성공했어요. 하지만 중국군의 개입으로 다시 후퇴하였죠. 3년 동안 계속된 전쟁은 정전 협정을 체결하면서 멈추었어요.

26강 대한민국 정부 수립과 6·25 전쟁

기출 문장

| 보기 |

⊙ 모스크바 삼국 외상 회의　　ⓒ 5·10 총선거
ⓒ 6·25 전쟁

❶ ☐☐☐ 에서 미국·영국·소련·중국이 한반도를 일정 기간 대신 다스리는 신탁 통치를 하기로 결정하였다.

❷ ☐☐☐ 때 유엔군과 국군이 인천 상륙 작전을 전개하였다.

❸ 1948년 ☐☐☐ 를 실시하여 제헌 국회 의원을 선출하였다.

답 ① ⊙　② ⓒ　③ ⓒ

키워드로 풀리는

기출 문제

기본 4·5·6급

47회

01 (가)에 들어갈 내용으로 옳은 것은?　　[2점]

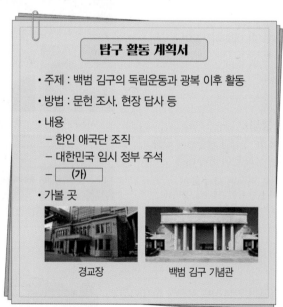

탐구 활동 계획서

• 주제 : 백범 김구의 독립운동과 광복 이후 활동
• 방법 : 문헌 조사, 현장 답사 등
• 내용
　– 한인 애국단 조직
　– 대한민국 임시 정부 주석
　– (가)
• 가볼 곳

경교장　　　백범 김구 기념관

① 흥사단 결성
② 서전서숙 설립
③ 한국통사 저술
④ 남북 협상 추진

45회

02 다음 장면에 해당하는 사건으로 옳은 것은?　　[2점]

〈협의 사항〉

• 한반도에 임시 민주 정부 수립
• 미소 공동 위원회 설치
• 신탁 통치 실시 방안 제출

① 얄타 회담
② 카이로 회담
③ 파리 강화 회의
④ 모스크바 삼국 외상 회의

48회

03 밑줄 그은 '위원회'로 옳은 것은?　　[2점]

이곳 덕수궁 석조전에서는 모스크바 삼국 외상 회의에서 결정된 한반도의 임시 민주 정부 수립 문제를 협의하기 위해 위원회가 열렸습니다.

① 남북 조절 위원회
② 미소 공동 위원회
③ 조선 건국 준비 위원회
④ 반민족 행위 특별 조사 위원회

51회

04 다음 발언 이후에 전개된 사실로 옳은 것은?　　[3점]

미소 공동 위원회가 결렬된 이후 다시 열릴 기미가 보이지 않습니다. 통일 정부가 수립되길 원했으나 뜻대로 되지 않으니, 남방만이라도 임시 정부 혹은 위원회를 조직하고, 38도선 이북에서 소련이 물러가도록 세계에 호소해야 합니다.

이승만

① 한국 광복군이 창설되었다.
② 김구가 남북 협상을 추진하였다.
③ 모스크바 삼국 외상 회의가 개최되었다.
④ 여운형이 조선 건국 준비 위원회를 결성하였다.

46회

05 (가) 시기에 있었던 사실로 옳은 것은? [3점]

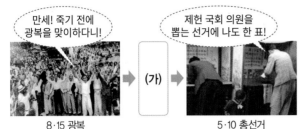

만세! 죽기 전에 광복을 맞이하다니!

제헌 국회 의원을 뽑는 선거에 나도 한 표!

8·15 광복 → (가) → 5·10 총선거

① 윤봉길이 상하이에서 의거를 일으켰다.

② 김구와 김규식 등이 남북 협상 등을 추진하였다.

③ 유엔군과 국군이 인천 상륙 작전에 성공하였다.

④ 안중근이 하얼빈에서 이토 히로부미를 저격하였다.

49회

06 (가) 전쟁 중에 있었던 사실로 옳은 것은? [2점]

숫자로 본 (가)

전쟁 기간 1950년 ~ 1953년

이산가족 약 10,000,000여 명

민간인 사망 655,000명 이상

전쟁고아 약 100,000여 명

① 인천 상륙 작전이 전개되었다.

② 모스크바 삼상 회의가 개최되었다.

③ 미국이 애치슨 선언을 발표하였다.

④ 반민족 행위 처벌법이 제정되었다.

43회

07 (가)에 들어갈 장소로 옳은 것은? [3점]

(가) 에 대해 검색해 줘.

검색 결과입니다.

1953년 7월 27일, 6·25 전쟁의 휴전 협정이 체결된 곳입니다. 1971년 남북 적십자 예비 회담이 열린 이후 남북한 간의 접촉과 회담을 위한 장소로 이용되고 있습니다.

① 광성보 ② 임진각 ③ 중명전 ④ 판문점

52회

08 (가)에 들어갈 사진으로 옳은 것은? [3점]

대한민국 정부 수립 과정

신탁 통치 반대 집회 → (가) → 대한민국 정부 수립

①
경부 고속 국도 개통

②
4·19 혁명

③
유신 헌법 공포

④
5·10 총선거

49회

09 다음 인물 카드의 (가)에 들어갈 인물로 옳은 것은? [3점]

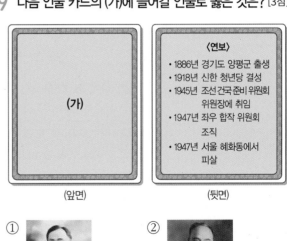

(가)

(앞면)

〈연보〉
• 1886년 경기도 양평군 출생
• 1918년 신한 청년당 결성
• 1945년 조선 건국 준비 위원회 위원장에 취임
• 1947년 좌우 합작 위원회 조직
• 1947년 서울 혜화동에서 피살

(뒷면)

①
안창호

② 여운형

③
김구

④
김규식

개념 마스터

27강

민주주의의 발전

중학교 수준

발췌 개헌
이승만 대통령이 1952년 6·25 전쟁 중 임시 수도인 부산에서 자신의 장기 집권을 위해 종전의 간선제 방식의 대통령 선거 부분만 발췌(뽑음)하여 대통령 직선제로 헌법을 고친 사건이에요.

○ **사사오입**
개헌안이 통과되려면 재적 의원 203명의 2/3 이상인 136명 이상의 국회 의원이 찬성해야 했어요. 하지만 투표 결과 1명 부족한 135표로 부결되었지요. 이에 자유당은 재적 의원 203명의 2/3는 135.333명이므로, 수학의 논리인 사사오입(반올림)을 반영해 가결할 수 있다고 주장했어요.

○ **김주열**

1960년 4월 11일 시위 과정에서 실종되었던 경남 마산 상업 고등학교 학생 김주열의 시신이 마산 앞바다에서 발견되었어요. 이를 목격한 마산 시민들의 분노는 절정에 달하였고, 시위가 서울·부산 등 전국으로 확산되었죠.

중학교 수준

장면 내각
장면 내각은 내각 책임제로 헌법을 개정하고, 민주주의의 발전을 표방하며, 독재 정치 청산을 위해 법을 제정하였어요. 또한 경제 개발 5개년 계획을 마련하였죠.

1 이승만 정부의 장기 집권 시도 [중학]

(1) 발췌 개헌 1952

배경	1950년 제2대 국회 의원 선거에서 정부에 비판적인 성향의 의원이 많이 당선됨
과정	이승만은 자유당을 창당하여 대통령 직선제로 헌법을 고치려 함 → 야당 의원들이 개헌에 반대하자 헌병대로 연행해 공포 분위기를 조성한 후 개헌안(발췌 개헌)을 통과시킴
결과	직선제 방식의 선거를 통해 이승만이 다시 대통령에 당선됨

(2) 사사오입 개헌 1954

어떤 자리(직)를 되풀이하여 맡음.

배경	이승만의 장기 집권을 위해 개헌 당시 대통령에 한해 중임 제한 조항을 없애고자 함
과정	개헌을 위한 투표 결과 찬성자 수가 부족하자 자유당은 사사오입의 논리를 내세워 개헌안을 통과시킴
결과	1956년 정·부통령 선거 결과 대통령에 이승만, 부통령에 장면이 당선됨

2 4·19 혁명 1960   133 4·19 혁명

(1) 3·15 부정 선거 : 독재 정치를 이어가던 이승만 정부는 정·부통령 선거에서 이기려고 대대적인 부정 선거를 실행하였습니다.

(2) 전개

유권자들에게 돈이나 물건을 주거나, 투표함을 바꿔치는 등의 부정 선거가 이루어졌어요.

마산 의거	국민들은 3·15 부정 선거와 이승만 독재 정권에 반대하는 시위를 벌임 → 마산에서 많은 시민과 학생들이 경찰의 폭력적인 진압으로 죽거나 다침
시위의 확산	마산 앞바다에서 김주열 학생의 시신 발견 → 각계각층의 시민이 참여하는 시위가 전국으로 확산 → 서울에서 대규모 시위가 전개됨
혁명의 전개	이승만 정부는 계엄령을 선포하였고, 그 과정에서 많은 사람들이 죽거나 다침 → 서울 시내 대학 교수단이 대통령 하야를 요구하며 시위를 전개함

(3) 결과 및 의의
① 이승만이 하야 성명을 발표하고 미국으로 망명하였습니다.
② 내각 책임제 개헌 : 헌법을 고쳐 대통령이 나라를 대표하고, 나라 살림은 국무 총리가 맡게 하였습니다. 대통령에 윤보선, 국무 총리에 장면이 선출되었습니다. [중학]
③ 독재 정권을 물리친 최초의 민주주의 혁명입니다.

투표 용지를 태우는 모습

학생들의 시위

서울 시내 대학 교수단 시위

물러나는 이승만 대통령

키워드
기출 문장

133 4·19 혁명

대통령이 하야하는 결과를 가져왔다

3·15 부정 선거는 무효다

4·19 혁명은 3·15 부정 선거를 계기로 이승만 정권의 독재와 탄압, 자유당의 부정부패에 분노한 시민들이 일으켰어요. 마산에서 시작된 시위는 전국적인 시위로 확대되었죠. 결국 이승만은 하야하였어요.

134 유신 헌법

유신 헌법이 공포되었다

박정희 정권은 1972년 10월 유신을 단행하고 유신 헌법을 만들었어요. 대통령 중임 제한은 철폐되었고, 대통령 선거는 통일 주체 국민 회의에서 6년마다 선출하는 간선제로 바뀌었죠. 유신 체제는 대통령이 나라를 마음대로 할 수 있도록 만든 비민주적인 독재 체제였어요.

통일 주체 국민 회의

❸ 5·16 군사 정변과 박정희 정부　134 유신 헌법

(1) 5·16 군사 정변 : 박정희 등 일부 군인들이 군대를 동원하여 정권을 장악하였습니다.

(2) 박정희 정부 → 제5대 대통령 선거에서 박정희가 야당의 윤보선을 누르고 당선됨

중학 **한일 협정 체결** 1965	경제 발전에 필요한 자금을 마련하기 위해 일본과 국교를 수립, '굴욕적 대일 외교'라며 비판을 받음
베트남 전쟁 파병	미국의 요청으로 베트남에 국군 파견 → 미국으로부터 군사 원조 확대와 경제적 이득을 얻음 → 1962년부터 4차례에 걸쳐 경제 개발 5개년 계획을 추진함
광부와 간호사 파견	광부와 간호사가 독일에 파견되어 우리나라 경제 발전에 기여
3선 개헌 1969	장기 집권을 위해 대통령을 세 번까지 할 수 있도록 헌법을 바꿈 ┐ 박정희 대통령의 독재
유신 헌법 1972. 10.	• 비상계엄을 선포하고 유신 헌법을 제정해 10월 유신을 실시(유신 체제) ┘ • 대통령 중임 제한 폐지, 통일 주체 국민 회의에서 대통령 선출(간선제)
중학 **부마 민주 항쟁** 1979	YH 무역 사건, 김영삼의 국회 의원직 제명 등의 사건이 일어나면서 민주주의를 바라는 부산과 마산의 시민들이 유신 독재에 저항함
10·26 사태 1979. 10.	김재규가 쏜 총에 맞아 박정희 대통령이 피살되면서 유신 체제가 막을 내림

└→ YH 무역이 폐업을 부당하게 알리자 생산직 노동자들이 이에 항의하여 신민당 당사에서 시위를 벌인 사건

❹ 5·18 민주화 운동 1980　135 5·18 민주화 운동

배경	• 12·12 사태 1979 : 전두환 중심의 신군부가 무력으로 정권을 장악함 • 서울에서 신군부에 저항하는 대규모 시위가 일어남 → 신군부가 비상계엄 조치를 전국으로 확대하고 민주화 운동을 탄압함 → 헬리콥터, 수송기 등을 이용해 공중에서 작전 지역에 투입되어 임무를 수행하는 특수 부대
전개	광주에서 계엄령 철폐와 민주주의를 요구하는 대규모 시위가 발생 → 신군부는 계엄군(공수 부대)을 투입하여 폭력으로 시위를 진압 → 시민들은 스스로 시민군을 조직해 군인들에게 대항 → 계엄군은 전남도청을 공격해 시민군을 강제로 진압 → 수백 명의 희생자가 발생함
결과	• 5·18 민주화 운동 진압 후 간접 선거로 전두환이 대통령으로 선출됨 1980. 8. • 1981년 개정된 헌법(7년 단임의 대통령 간선제)에 따라 또 대통령에 취임함
의의	• 1980년대 이후 민주화 운동의 기반이 됨 • 5·18 민주화 운동 기록물이 2011년 유네스코 세계 기록유산으로 등재됨

❺ 6월 민주 항쟁 1987　136 6월 민주 항쟁　→ 국민의 눈과 귀를 가리기 위해 야간 통행 금지 해제, 중고생 두발 및 교복 자율화, 프로야구 출범 등을 실시했어요.

배경	• 전두환 정부의 강압 통치와 국민의 개헌 요구 • 서울에서 정권 퇴진, 대통령 직선제 개헌, 민주화를 요구하는 대규모 시위 발생
전개	박종철이 강제로 경찰에 끌려가 고문을 받다가 사망(박종철 고문치사 사건) → 사건의 진상 규명과 대통령 직선제 개헌을 요구하는 시위 전개 → 전두환 정부가 개헌을 거부(4·13 호헌 조치) → 이후 이어진 시위에서 이한열이 최루탄에 맞아 사망함 → 민주화와 개헌을 요구하는 대규모 시위가 전국으로 확산됨 → 헌법을 지키겠다는 뜻으로, 대통령 간선제를 지키고 대통령 직선제를 거부한다는 의미예요.
의의	6·29 민주화 선언 : 대통령 직선제 개헌을 수용한다고 발표함 → 5년 단임의 직선제로 개헌 → 여당의 차기 대권 후보인 노태우가 발표

한일 협정

1965년 맺은 협정으로, 일본으로부터 3억 달러의 무상 자금과, 2억 달러의 정부 차관 등을 받아 경제 개발 자금으로 사용했어요. 하지만 일본의 식민 지배에 대한 보상 문제, 독도 문제 등이 명확히 다루어지지 않아 대학생과 시민들의 반대 시위가 벌어지기도 했어요.

◎ **유신 헌법**

'유신'은 낡은 제도를 새롭게 바꾼다는 뜻이에요. 유신 헌법에는 대통령이 국민의 권리를 마음대로 제한할 수 있는 내용이 담겨 있어서 민주적이지 않았죠. 대통령에게 국회 해산권, 국회 의원 1/3 임명권, 긴급 조치권 등 강력한 권한이 부여되었어요.

◎ **5·18 민주화 운동**

전남 도청 앞 시위

◎ **6월 민주 항쟁**

최루탄을 맞고 쓰러지는 이한열

---

135 5·18 민주화 운동

신군부의 비상계엄 확대에 반대하여 일어났다

1980년 전라남도 광주의 시민과 학생들이 "계엄령을 철폐하고 군사 정부는 물러가라."고 외치며 민주화 시위를 벌였어요. 이에 전두환의 신군부 세력은 시민들을 향해 총을 쏘고, 탱크와 헬기까지 동원해 시위를 강제로 진압했죠. 많은 시민들이 희생되었지만, 5·18 민주화 운동은 이후 민주화 운동의 기반이 되었답니다.

136 6월 민주 항쟁

5년 단임의 대통령 직선제 개헌을 이끌어 냈다

1987년 민주화의 열기 속에 경찰의 고문으로 대학생 박종철이 사망하였어요. 이에 분노한 학생과 시민들은 사건의 진상 규명과 대통령 직선제 개헌을 요구하며 전국 곳곳에서 대규모의 시위를 벌였지요. "호헌 철폐, 독재 타도"를 외치는 시민들의 함성 소리는 멈추지 않았고, 결국 6·29 민주화 선언을 이끌어 냈답니다.

27강 민주주의의 발전

02 (가)에 들어갈 민주화 운동으로 옳은 것은? [2점]

① 4·19 혁명   ② 6월 민주 항쟁
③ 부마 민주 항쟁   ④ 5·18 민주화 운동

키워드 품은
기출 문장

| 보기 |
ⓐ 4·19 혁명   ⓒ 유신 헌법
ⓒ 5·18 민주화 운동   ⓔ 6월 민주 항쟁

❶ ____ 은 전두환을 중심으로 한 신군부의 비상계엄 확대에 반대하여 일어났다.

❷ ____ 으로 이승만 대통령이 하야하였다.

❸ 1972년 박정희 정부 때 ____ 이 공포되었다.

❹ ____ 으로 5년 단임의 대통령 직선제 개헌을 이끌어 냈다.

답 ① ⓒ   ② ⓐ   ③ ⓒ   ④ ⓔ

키워드로 풀리는
기출 문제

기본 4·5·6급

01 (가) 정부 시기에 있었던 사실로 옳은 것은? [3점]

> 반민족 행위 특별 조사 위원회가 발족되었습니다. 이 위원회에서는 반민족 행위자를 제보하는 투서함을 설치하는 등 친일파 청산을 위해 많은 노력을 하였습니다. 그러나 당시 (가) 정부는 이 위원회의 활동에 대해 비협조적인 태도를 보였습니다.

역사 돋보기

반민 특위, 반민족 행위자 제보 투서함 설치

① 금융 실명제를 실시하였다.
② 중국, 소련 등과 수교하였다.
③ 사사오입 개헌안을 가결하였다.
④ 개성 공단 건설 사업을 실현하였다.

03 (가)에 들어갈 사건으로 옳은 것은? [2점]

광주,
그날의 이야기

(가) 40주년 기념 특별판

1980년 그날, 신군부의 무자비한 진압에 맞서 민주주의를 외친 광주 시민들의 이야기를 들어 본다.

① 4·19 혁명   ② 6월 민주 항쟁
③ 5·18 민주화 운동   ④ 3선 개헌 반대 운동

50회

04 다음 대화에 나타난 민주화 운동으로 옳은 것은? [3점]

이것은 1979년 야당 총재의 국회 의원직 제명으로 촉발되어 유신 독재에 저항한 민주화 운동을 기념한 조형물입니다.

2019년 정부는 이 운동이 민주화에 기여한 점을 인정하여 시위가 시작된 날을 국가 기념일로 지정하였습니다.

① 4·19 혁명
② 6월 민주 항쟁
③ 부마 민주 항쟁
④ 5·18 민주화 운동

51회

05 밑줄 그은 '정부' 시기의 사실로 옳지 <u>않은</u> 것은? [2점]

우리 정부가 일본의 사과와 반성 없이 한일 국교 정상화를 추진한다는 사실이 알려지면서 대학생과 시민들을 중심으로 굴욕적 대일 외교에 반대하는 시위가 확산하고 있습니다.

한일 회담 반대 시위 확산

① 3선 개헌안이 통과되었다.
② 베트남에 국군이 파병되었다.
③ 경제 개발 5개년 계획이 추진되었다.
④ 한일 월드컵 축구 대회가 개최되었다.

49회

06 다음 성명서가 발표된 이후에 일어난 사건으로 옳은 것은? [2점]

> **성 명 서**
>
> 먼저 긴급 조치의 해제와 구속 인사 전원에 대한 즉각적인 무조건 석방이 이루어져야 합니다. …… 석방되어야 할 사람들은 첫째, 긴급 조치 9호 위반자 전원, 둘째, 긴급 조치 1호, 4호 위반자로 현재까지 구속 중에 있는 인사 전원, 셋째, 반공법의 인혁당 등 조작된 사건에 연루된 인사들입니다.
>
> 1977. 7. 18
> 양심범 가족 협의회

① 4·19 혁명
② 5·10 총선거
③ 5·16 군사 정변
④ 5·18 민주화 운동

60회

07 밑줄 그은 '민주화 운동'에 대한 설명으로 옳은 것은? [2점]

1987년에 일어난 민주화 운동 때, 이곳 명동성당에서 있던 시위대에게 도시락을 모아 전달하셨다고 들었어요.

언니, 오빠들이 호헌 철폐, 독재 타도를 외치는 모습을 보고 우리도 무엇인가를 해야겠다고 생각했지.

① 대통령 직선제 개헌을 이끌어 냈다.
② 3·15 부정 선거에 항의하여 일어났다.
③ 굴욕적인 한일 국교 정상화에 반대하였다.
④ 신군부의 비상계엄 확대가 원인이 되어 발생하였다.

47회

08 (가) 민주화 운동에 대한 설명으로 옳은 것은? [2점]

답사 계획서
△학년 △반 이름 : △△△

• 주제 : ___(가)___
• 날짜 : 2020년 ○○월 ○○일
• 답사 장소

장소	사진	설명
구 남영동 치안본부 대공분실		박종철 학생이 물고문을 당한 끝에 사망한 장소
이한열 기념관		경찰이 쏜 최루탄에 맞아 사망한 이한열 학생의 민주 항쟁을 기념하기 위한 장소
대한성공회 서울주교좌 성당		'박종철 군 고문살인 은폐·조작 규탄 및 민주 헌법 쟁취 범국민 대회'가 개최된 장소

① 대통령이 하야하는 결과를 가져왔다.
② 유신 체제가 붕괴되는 계기가 되었다.
③ 5년 단임의 대통령 직선제 개헌을 이끌어 냈다.
④ 신군부의 비상계엄 확대에 반대하여 일어났다.

개념 마스터

28강

경제 성장과 발전, 통일을 위한 노력

1 경제의 성장과 발전 　137 경제 개발 5개년 계획　138 외환 위기

(1) 이승만 정부

① 6·25 전쟁으로 국토가 황폐화되고 산업 시설이 파괴되었습니다.

② 미국의 경제 원조를 기반으로 전후 복구 사업을 추진하였고, 삼백 산업 등 소비재 산업이 발달하였습니다.
　└• 밀, 보리, 면화 등 농산물과 소비재　　　└• 밀가루, 설탕, 면직물

(2) 박정희 정부

경제 개발 5개년 계획		• 경제 발전을 위해 1962년부터 1981년까지 5년 단위로 4차에 걸쳐 추진된 경제 계획 • 국내에서 생산한 제품을 해외로 수출해 '한강의 기적'이라 불리는 급속한 경제 성장을 이룸
	1·2차	• 경공업(섬유·신발·가발) 중심 • 경부 고속 국도 개통 1970
	3·4차	• 중화학 공업(철강·석유 화학·기계·배) 중심 • 수출 100억 달러 달성 1977 • 제1·2차 석유 파동으로 경제적 어려움을 겪음
새마을 운동		농가 소득을 높이기 위해 추진, 근면·자조·협동의 3대 정신 강조

경부 고속 국도 개통　수출 100억 달러 달성

(3) 전두환 정부 : 저유가, 저금리, 저달러의 3저 호황으로 고도성장을 이루었습니다. ᴄ중학

(4) 김영삼 정부

① 금융 실명제 : 금융 기관의 예금, 증권 구입 등 모든 금융 거래에서 실제 이름을 사용하도록 하였습니다.

② 1996년 경제 협력 개발 기구(OECD)에 가입하였습니다.

③ 1997년 외환 위기가 발생해 국제 통화 기금(IMF)에 구제 금융 지원을 요청하였습니다. 궁금

(5) 김대중 정부 : 금융 기관과 대기업의 구조 조정, 금 모으기 운동 등 정부와 기업, 국민들이 노력해 국제 통화 기금의 구제 금융 지원금을 일찍 갚아 **외환 위기를 극복**하였습니다.

2 농민·노동자 문제의 발생

농민 문제	• 새마을 운동이 추진되면서 도시와 농촌의 경제적·문화적 격차가 커짐 • 1980년대 이후 외국 농산물 수입 개방으로 농촌 경제가 어려워져 농민 운동이 활발히 일어남
노동자 문제	• 경제 발전 과정에서 노동자들은 오랜 시간 노동을 하였고, 낮은 임금을 받았음 • 전태일 분신 사건 1970 : 근로 기준법 준수와 노동 문제 해결 요구 　→ 노동 운동이 본격화됨 중학

전태일

왼쪽 사이드 설명

◎ 경공업과 중화학 공업
경공업은 섬유·신발·의류 등 비교적 가벼운 물건을 만드는 산업이에요. 중화학 공업은 철·배·자동차 등 무거운 제품이나 플라스틱·고무 제품·화학 섬유 제품을 생산하는 산업이에요.

◎ 제1·2차 석유 파동
1973년 중동 전쟁으로 유가(석유 가격)가 폭등해 제1차 석유 파동이 일어났어요. 이때 중동 국가가 유가 폭등으로 얻은 이익을 건설 사업에 투자하자, 우리나라는 중동 건설 사업에 진출하여 경제 위기를 극복하였어요. 그러나 1978년 제2차 석유 파동이 일어났고, 정부의 중화학 공업에 대한 중복 투자 등으로 경제가 악화되었어요.

궁금 ❓

왜 외환 위기가 일어났나요?
나라에 외환이 부족해 발생한 것이지만, 근본적으로는 급격한 경제 발전으로 인해 생긴 문제점(기술 개발 소홀, 수출 감소)과 이를 제대로 인식하지 못한 정부의 문제점 등이 맞물려 일어났어요.

중학교 수준

전태일 분신 사건
평화 시장에서 재단사로 일하였던 전태일은 1970년에 근로 기준법 준수와 노동자 문제의 해결을 요구하며 자신의 몸을 스스로 불태워 자살하였어요. 이를 계기로 노동 운동이 확대되었고, 노동자들은 근로 환경 개선, 임금 인상 등을 요구하였죠.

키워드 기출 문장 ≫

137 경제 개발 5개년 계획

경제 개발 5개년 계획이 추진되었다

박정희 정부는 1962년부터 1981년까지 5년 단위로 경제 개발 5개년 계획을 추진했어요. 이를 통해 경부 고속 국도를 개통하고, 수출 100억 달러를 달성하는 등 박정희 정부는 '한강의 기적'이라 불릴 만큼 급속한 경제 성장을 이루었답니다.

138 외환 위기

1997년 말, 우리나라는 외환 위기를 겪으며 국제 통화 기금(IMF)의 지원을 받았어요. 정부는 구조 조정을 추진하였고, 국민들도 금을 팔아 달러를 마련하자는 금 모으기 운동을 전개하였죠. 우리 모두의 노력으로 경제 위기를 무사히 극복할 수 있었답니다.

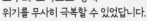

금 모으기 운동

3 대한민국의 발전

(1) 평화적 정권 교체

① 6·29 민주화 선언 : 6월 민주 항쟁 결과 5년 단임의 대통령 직선제 개헌을 이끌어냈습니다.

② 문민 정부 : 1993년 군인 정권 시대가 끝나고 대통령에 김영삼이 당선되었습니다.

③ 국민의 정부 : 1998년 김대중 대통령이 당선되어 최초로 여·야의 평화적 정권 교체가 이루어졌습니다.

(2) 민주주의의 발전 모습

지방 자치제 1995	김영삼 정부 때 전면적으로 실시
호주제 폐지 2008	가장을 중심으로 가족 구성원의 출생·혼인·사망 등을 기록하는 법률을 없앰

(3) 세계로 뻗어 나가는 대한민국 : 세계적 규모의 스포츠 경기와 정상 회의를 개최하였습니다.

| 서울 올림픽 대회 (노태우 정부, 1988) | 한일 월드컵 축구 대회 (김대중 정부, 2002) | 아시아·태평양 경제 협력체(APEC) 정상 회의(노무현 정부, 2005) | 평창 동계 올림픽 (문재인 정부, 2018) |

4 통일을 위한 노력　139 7·4 남북 공동 성명　140 남북 정상 회담

> 남북의 적십자사가 이산가족 문제를 해결하기 위해 북한에 제의하였고, 북한이 수용하여 이루어졌어요.

박정희 정부	• 1970년대 이후 북한과의 대화가 시작되면서 남북 적십자 회담을 실시함 궁금 • 7·4 남북 공동 성명 : 자주·평화·민족 대단결의 3대 통일 원칙에 합의, 남북 조절 위원회 설치
전두환 정부	이산가족 찾기 운동 추진, KBS 특별생방송 '이산가족을 찾습니다' 방영 → 최초로 남북 이산가족 고향 방문이 이루어짐
노태우 정부	• 북방 외교 : 소련·중국 등 사회주의 국가와 수교를 맺음 • 한반도 비핵화 공동 선언 발표 • 남북한 유엔 동시 가입 1991 • 남북 기본 합의서 채택 : 남북한이 서로의 체제를 인정하고, 남북 사이의 화해와 교류·협력에 관해 공동 합의함
김대중 정부	• 남북 정상 회담 2000 : 분단 후 평양에서 처음 남북 정상이 만나 6·15 남북 공동 선언 발표 • 개성 공단 조성에 합의, 이산가족 방문과 금강산 육로 관광 사업 등을 추진
노무현 정부	제2차 남북 정상 회담 2007 : 10·4 남북 공동 선언 발표
문재인 정부	제3차 남북 정상 회담 2018 : 4·27 판문점 선언 채택

| 7·4 남북 공동 성명 (1972) | 남북 이산가족 고향 방문단(1985) | 남북한 유엔 동시 가입 (1991) | 금강산 관광 시작 (1998) | 남북 정상 회담 (2000) |

지방 자치제

지방 자치제는 지역 주민들이 스스로 선거를 통해 지역의 대표를 뽑고 그 지역의 일을 처리하는 제도를 말해요. 1952년에 처음 시행되었다가 1961년 5·16 군사 정변 때 폐지되었어요. 이후 1987년 6·29 민주화 선언에 따라 다시 부활하였지요.

궁금 ?

1970년대 들어 왜 남북이 대화를 시작했나요?

1969년 닉슨 독트린 발표 이후 냉전 체제가 완화되는 분위기가 만들어졌어요. 미국의 37대 대통령 닉슨은 냉전 완화를 위해 베트남 전쟁에서 미군을 철수시키고, 1972년 소련을 직접 방문하는 등의 노력을 했지요. 이러한 분위기 속에 남북 대화가 시작되었답니다.

7·4 남북 공동 성명

분단 이후 처음으로 남북 대표들이 통일의 기본 원칙을 합의하여 발표했다는 점에서 큰 의의가 있어요. 이때 제시된 자주·평화·민족 대단결의 3대 통일 원칙은 이후 전개된 남북한 간 교류와 협력의 기본 원칙이 되었지요.

개성 공단

김대중 정부는 경제 협력 차원에서의 통일 노력으로 개성 공단 건설에 합의했어요. 2000년 남북 정상 회담이 개최된 이후 민간 차원의 노력으로 2003년 개성 공단이 건설되었죠.

---

139 7·4 남북 공동 성명

남한과 북한의 관계는 1970년대부터 조금씩 변화를 맞이하였어요. 박정희 정부 때 분단 이후 최초로 북한과 합의하여 7·4 남북 공동 성명을 발표하였죠. 비밀 특사를 파견해 성사되었으며, 자주·평화·민족 대단결이라는 통일의 3대 원칙이 수립되었지요.

자주 평화 민족 대단결
7·4 남북 공동 성명

140 남북 정상 회담

6·15 남북 공동 선언을 발표하였다

김대중 정부가 들어서면서 남북 관계는 크게 바뀌었어요. 2000년 평양에서 김대중 대통령과 김정일 위원장이 만나 최초의 남북 정상 회담이 열렸어요. 이 회담에서 남북 관계를 개선하고 평화 통일을 위해 노력하겠다는 6·15 남북 공동 선언을 발표했답니다.

6·15 남북 공동 선언
김정일　김대중

28강 경제 성장과 발전, 통일을 위한 노력

키워드 품은 기출 문장

보기
㉠ 경제 개발 5개년 계획   ㉡ 외환 위기
㉢ 7·4 남북 공동 성명   ㉣ 남북 정상 회담

❶ 2000년에 개최한 ⬚⬚에서 6·15 남북 공동 선언을 발표하였다.

❷ 금 모으기 운동을 전개하여 ⬚⬚를 극복하였다.

❸ 박정희 정부 때 자주·평화·민족 대단결의 3대 통일 원칙에 합의한 ⬚⬚이 발표되었다.

❹ ⬚⬚을 통해 '한강의 기적'이라 불리는 경제 성장을 이루었다.

- -

답 ① ㉣ ② ㉡ ③ ㉢ ④ ㉠

키워드로 풀리는 기출 문제

기본 4·5·6급

48회

01 (가)~(라)에 들어갈 내용으로 적절한 것은? [3점]

> **<2020년 하계 한국사 특강>**
>
> **대한민국 경제의 발자취**
>
> 우리 연구소에서는 대한민국의 경제 상황을 시기별로 살펴보는 온라인 특강을 준비하였습니다. 관심 있는 분들의 많은 참여를 부탁드립니다.
>
> | ■ 특강 주제 ■ | |
> |---|---|
> | 제1강 1950년대, | (가) |
> | 제2강 1960년대, | (나) |
> | 제3강 1970년대, | (다) |
> | 제4강 1980년대, | (라) |
>
> • 일시 : 2020년 ○○월 ○○일 10:00~17:00
> • 주관 : ○○○○ 연구소
> • 신청 : 홈페이지 공지 사항 참조

① (가) - 삼백 산업과 원조 경제 체제

② (나) - 중화학 공업의 육성과 석유 파동

③ (다) - 산업 구조의 재편과 3저 호황

④ (라) - 외환 위기 발생과 금 모으기 운동

47회

02 (가)에 들어갈 사진으로 옳은 것은? [2점]

1970년대 대한민국 사진전 - 경제 분야 -
경부 고속 국도 개통 / 포항 종합 제철 공장 준공 / (가)

①  수출 100억 달러 달성

②  서울 올림픽 대회 개최

③  경제 협력 개발 기구 (OECD) 가입

④ 아시아·태평양 경제 협력체 (APEC) 정상 회의 개최

48회

03 (가)에 해당하는 인물로 옳은 것은? [2점]

> **○○신문**
>
> 제△△호   1970년 11월 14일 토요일
>
> **평화 시장 재단사, 병원서 끝내 숨져**
>
> 13일 오후 2시경 서울 청계천 부근 평화 시장에서 기업주의 근로 기준법 준수를 요구하는 노동자들의 시위가 벌어졌다. 그 과정에서 온 몸에 기름을 뒤집어쓰고 분신한 ▨(가)▨ 이 병원으로 옮겨졌으나 끝내 사망하였다.

① 김주열

② 박종철

③ 이한열

④ 전태일

58회

04 밑줄 그은 '이 인물'로 옳은 것은? [1점]

역사 인물 조사 발표회
△△모둠
국회 의원 제명
YH 무역 사건
IMF 외환 위기
금융 실명제
문민정부 3당 합당
조선 총독부 건물 철거
역사 바로 세우기
초등학교

저희 모둠은 이 인물과 관련된 주제어의 조회 수를 검색해 보았습니다. 조회 수가 많을수록 글자의 크기가 큽니다.

① 김대중 ② 김영삼 ③ 노태우 ④ 전두환

52회

05 (가)에 들어갈 내용으로 옳은 것은? [2점]

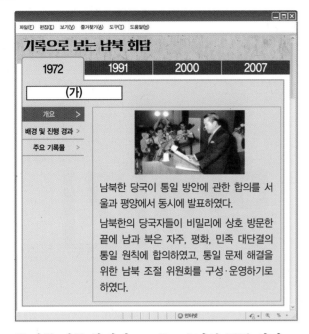

기록으로 보는 **남북 회담**

| 1972 | 1991 | 2000 | 2007 |

(가)

개요 >
배경 및 진행 경과 >
주요 기록물 >

남북한 당국이 통일 방안에 관한 합의를 서울과 평양에서 동시에 발표하였다.

남북한의 당국자들이 비밀리에 상호 방문한 끝에 남과 북은 자주, 평화, 민족 대단결의 통일 원칙에 합의하였고, 통일 문제 해결을 위한 남북 조절 위원회를 구성·운영하기로 하였다.

① 남북 기본 합의서
② 7·4 남북 공동 성명
③ 6·15 남북 공동 선언
④ 10·4 남북 정상 선언

48회

06 (가) 정부 시기에 있었던 사실로 옳은 것은? [2점]

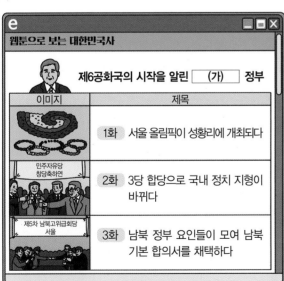

웹툰으로 보는 대한민국사

제6공화국의 시작을 알린 (가) 정부

이미지	제목
	1화 서울 올림픽이 성황리에 개최되다
민주자유당 창당축하연	2화 3당 합당으로 국내 정치 지형이 바뀌다
제5차 남북고위급회담 서울	3화 남북 정부 요인들이 모여 남북 기본 합의서를 채택하다

① 농지 개혁법이 제정되었다.
② 베트남에 국군이 파견되었다.
③ 소련 및 중국과 국교가 수립되었다.
④ 6·15 남북 공동 선언이 발표되었다.

48회

07 (가)에 들어갈 사진으로 적절한 것은? [3점]

사진으로 보는 노무현 정부

10·4 남북 공동 선언 | (가) | 행정 중심 복합 도시 건설 시작

① 경부 고속 국도 준공

② 평창 동계 올림픽 개최

③ 경제 협력 개발 기구 (OECD) 가입

④ 아시아·태평양 경제 협력체 (APEC) 정상 회의 개최

심화 1·2·3급

49회

08 밑줄 그은 '정부'의 통일 노력으로 옳은 것은? [2점]

국민들은 금 모으기 운동에 자발적으로 동참하여 외환 위기 극복에 힘을 보탰습니다. 정부는 지금까지 어떤 노력을 해왔는지 말씀해 주십시오.

정부는 기업에 대한 강도 높은 구조 조정, 노사정 위원회 설치 등 다각적인 노력을 통해 국제 통화 기금(IMF)의 구제 금융 지원금을 예정보다 3년이나 빨리 상환하였습니다.

① 금강산 관광 사업을 시작하였다.
② 남북한이 유엔에 동시 가입하였다.
③ 제1차 남북 적십자 회담을 개최하였다.
④ 한반도 비핵화 공동 선언을 채택하였다.
⑤ 남북 간 이산가족 상봉을 처음 실현하였다.

1문제 더 맞히기

개념 마스터 +

세시 풍속과 민속놀이

설날 음력 1월 1일

✳ 새해 인사(세배), 설빔, 연날리기, 차례, 성묘 등의 풍속이 있고 새해 인사와 덕담을 했음

✳ **음식** : 떡국, 만두, 식혜, 수정과

떡국　연날리기

정월 대보름 음력 1월 15일

✳ **고싸움놀이** : 두 편으로 나뉘어 고(노끈 한 가닥을 길게 늘여 둥그렇게 맺은 것)를 어깨에 메고 서로 부딪쳐 상대편 고를 눌러 땅에 닿게 하는 쪽이 이기는 놀이

✳ **놋다리밟기** : 단장한 젊은 여자들이 공주를 뽑고 나머지 여성들이 허리를 굽혀 그 위로 공주를 걸어가게 하는 놀이. 머리에 붉은 두건을 쓴 홍건적이 고려를 침략하자 공민왕은 노국대장 공주와 함께 안동 지방으로 피란을 가 개울을 건너게 되었는데, 젊은 부녀자들이 나와 개울 위에 한 줄로 엎드려 사람 다리를 놓아 노국대장 공주를 지나가게 한 데서 유래

✳ **달집 태우기** : 나무 더미를 쌓아 달집을 짓고 달이 떠오르면 불을 놓아 나쁜 것을 없애고 복을 기원하는 풍습

✳ **쥐불놀이** : 정월 대보름 전날 농촌에서 논밭두렁 등의 짚에 불을 놓아 태우는 풍습

✳ **차전놀이** : '동채'라는 기구를 만들어 양 편으로 갈라져 밀어붙여 승패를 겨루는 경기로, 후삼국 말기 왕건과 견훤의 고창 전투에서 유래

✳ **지신밟기** : 집터를 지켜 준다는 지신에게 고사를 올리고 풍물을 울리며 축복을 비는 풍습

✳ **음식** : 부럼, 오곡밥, 귀밝이술, 묵은 나물

오곡밥　고싸움놀이

놋다리밟기

쥐불놀이

달집 태우기

차전놀이

삼짇날 음력 3월 3일

✳ '강남 갔던 제비가 오는 날'이라고도 함

✳ 활쏘기 대회, 화전놀이, 머리감기, 각시놀음 등을 하며 지냄

✳ **화전놀이** : 경치 좋은 곳에 가서 음식을 먹고 꽃을 보며 노는 꽃놀이, 진달래꽃을 지져 먹고 가무를 즐기는 여성 놀이

✳ **음식** : 쑥떡, 화전, 진달래화채

화전

한식 4월 5일경, 동지에서 105일째 되는 날

✳ 조상의 뜻을 기리는 의미로 조상의 산소에서 제사를 지내고, 불을 금기시해서 더운밥을 피하고 찬밥을 먹기도 함

✳ 농사가 시작되는 시기이므로 풍년을 기원하며 성묘를 함

✳ 조선 시대에는 4대 명절 중 하나로 중시되었음

✳ 제기차기, 그네뛰기, 갈고리 던지기, 개사초(산소 손질) 등의 풍속이 있음

단오 음력 5월 5일

✳ 수릿날 또는 천중절, 중오절이라고도 함

✳ **별산대 놀이** : 탈춤의 한 종류로 양주 별산대 놀이가 대표적

✳ **봉산탈춤** : 황해도 봉산에 전해지는 7과장으로 구성된 탈춤으로, 사자춤이 있는 것이 특색임

✳ 그네뛰기, 창포물에 머리감기, 씨름 등의 풍속이 있음

✳ **음식** : 창포주, 수리취떡(떡 위의 떡살무늬가 수레바퀴 모양인 푸른색의 쑥떡), 약초 떡, 앵두화채

신윤복이 그린 단옷날의 모습

칠석 음력 7월 7일

✳ 견우와 직녀가 만나는 날로 유명함

✳ 처녀들이 직녀성을 보며 바느질 솜씨가 좋아지기를 비는 걸교, 햇볕에 옷과 책을 말리는 풍속이 있음, 서당의 학동들은 별을 보며 시를 짓거나 글공부를 잘할 것을 빌기도 함

은하수를 사이에 두고 견우를 바라보는
직녀의 모습을 그린 고구려 고분 벽화

✳ **음식** : 호박전, 밀전병, 밀국수

세시 풍속과 민속놀이

추석 음력 8월 15일

＊ 중추절 또는 한가위라고도 함

＊ 성묘, 차례, 강강술래, 줄다리기, 씨름, 소싸움, 거북놀이, 가마싸움 등을 함

＊ **강강술래** : 전라남도 해안 지방에서 추석을 전후한 밤에 놀았던 여성 집단 놀이, 이순신 장군이 임진왜란 당시 적에게 우리 군사가 많은 것처럼 보이기 위해 부녀자에게 남자 옷을 입혀 산을 돌게 했다는 데서 유래

＊ **음식** : 송편, 토란국, 닭찜

송편

강강술래

줄다리기

동지 12월 22일경

＊ 1년 중 밤이 가장 길고 낮이 가장 짧은 날, 작은 설이라고도 함

＊ **음식** : 팥죽(팥의 붉은 색이 귀신을 쫓아낸다고 믿어 집안 곳곳에도 뿌려 액을 막음)

그네뛰기

＊ 단오 때 부녀자들이 주로 했으며, 그네를 타고 높이 올라가거나 멀리 뛰는 것으로 승부를 겨룸

씨름

＊ 샅바나 띠, 바지춤을 잡고 힘과 기술로 상대를 먼저 땅에 넘어뜨리는 사람이 이기는 경기

＊ 단오와 추석 때 주로 함

＊ 남북한이 공동으로 등재를 신청하여 2018년에 유네스코 무형 문화유산이 됨

고누놀이

＊ 두 사람이 말판에 말을 벌여 놓고 상대방 말의 이동을 막기도 하고, 따내기도 하는데, 말을 많이 따먹거나 상대편의 집을 차지하면 이기는 놀이

＊ 놀이 방법이 간단해 누구나 쉽게 배워 즐길 수 있음

승경도놀이

＊ 양반들이 즐겨했던 놀이로 이름은 '벼슬살이를 하는 도표'라는 뜻

＊ 주사위의 일종인 윤목을 굴려 나온 눈금만큼 놀이판에서 말을 옮겨 높은 관직에 누가 먼저 올라가는지를 겨루는 놀이

＊ 높은 관리가 되고 싶은 당시 사람들의 바람이 담겨 있었으며, 조선 시대 관직의 종류를 알 수 있음

투호

＊ 일정한 거리에 병을 놓고 화살을 던져 승부를 가리는 민속놀이

＊ 두 사람 또는 편을 갈라서 하였으며 병에 화살을 많이 넣은 쪽이 이김

＊ 궁궐에서 시작돼 점차 백성들에게 퍼져 많은 사람들이 즐기는 놀이가 됨

격구

＊ 오랫동안 우리 민족이 즐겨 온 운동 경기로, 끝이 둥근 막대기로 공을 치는 경기

＊ 말을 타고 하기도 하고 걷거나 뛰면서 하기도 함

＊ 공을 멀리 보내거나 구멍에 집어넣는 것으로 승부를 가림

＊ 고려 중기 이후 궁중에서 크게 유행하였으며 조선 시대에는 격구를 무과 시험 과목으로 삼기도 함

두레와 품앗이

＊ **두레** : 농민들이 농번기에 농사일을 공동으로 하기 위해 마을 단위로 만든 조직

＊ **품앗이** : 힘든 일을 서로 거들어 주면서 품을 지고 갚는 일

세시 풍속과 민속놀이

📖 정답과 풀이 74~75쪽

01 (가)에 들어갈 그림으로 적절하지 않은 것은? [1점]

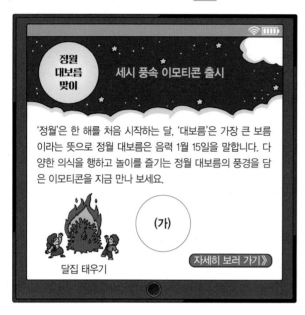

① 부럼 깨기

② 창포물에 머리 감기

③ 쥐불놀이

④ 오곡밥 먹기

02 밑줄 그은 '이 민속 놀이'로 옳은 것은? [2점]

이 민속 놀이의 유래에 대해 말씀해 주세요.

왕건의 고려군이 고창(안동) 전투에서 안동 사람들의 지원을 받아 후백제군에게 승리한 것을 기념하여 시작되었다고 합니다.

① 강강술래　　　② 고누놀이
③ 줄다리기　　　④ 차전놀이

03 다음 학생이 발표하는 세시 풍속으로 옳은 것은? [2점]

음력 5월 5일로 수릿날이라고도 불렀어요. 이 날에 우리 조상들은 그네뛰기와 씨름을 하였고, 창포물에 머리를 감았어요.

① 단오　　② 동지　　③ 추석　　④ 한식

04 (가)에 들어갈 세시 풍속으로 옳은 것은? [2점]

(가)

음력 7월 7일은 헤어져 있던 견우와 직녀가 만나는 날이라고 전해집니다. 이날 여자들은 별을 보며 바느질 솜씨가 좋아지게 해달라고 빌었습니다. 또한 조선 시대에는 유생들을 대상으로 특별히 과거를 실시하기도 하였습니다.

① 단오　　② 동지　　③ 추석　　④ 칠석

05 다음 자료에 해당하는 전통 놀이로 옳은 것은? [2점]

전통 놀이

말을 타고 긴 막대기로 공을 보내 상대방의 문에 넣는 놀이이다. 이 놀이를 잘 하려면 말 타는 실력이 뛰어나야 하기 때문에 무예 훈련에 활용되기도 하였다.

〈앞면〉　　　〈뒷면〉

① 격구　　② 씨름　　③ 투호　　④ 고싸움

유네스코 세계유산

세계 문화유산

✳ 종묘
- 조선 왕조의 역대 왕과 왕비의 신주를 모신 곳

- 제사를 지내는 과정인 '종묘 제례', 제사를 지낼 때 연주하는 음악인 '종묘 제례악'은 세계 무형유산으로 등록됨

✳ 석굴암
화강암을 자르고 다듬어서 쌓아 올린 인공 석굴 사원으로, 정교하고 과학적인 건축 기법으로 만들어짐

✳ 불국사
신라 불교의 대표적인 절로 불교 사상을 잘 나타낸 건축물

✳ 해인사 장경판전
팔만대장경을 보관하기 위한 건물로 조선 시대에 만들어짐, 통풍, 방습, 실내 적정 온도의 유지 등이 과학적임

✳ 수원 화성
조선 정조 때 정약용이 중국에서 들여온 『기기도설』을 참고하여 거중기, 녹로 등 과학 기구를 활용해 건축함

✳ 창덕궁
- 조선 태종 때 경복궁의 이궁으로 세운 건물, 임진왜란 때 불에 탄 것을 광해군 때 중건하여 이후 정궁으로 쓰임

- 후원은 아름다운 자연과 조화롭게 배치한 정원으로 문화재로서 가치가 높음

✳ 경주 역사 유적 지구
- 신라의 수도인 경주에 위치한 유적지

- 대릉원 지구, 황룡사 지구, 산성 지구, 남산 지구, 월성 지구로 이루어져 있음

✳ 고인돌 유적(고창·화순·강화)
수백 기의 고인돌이 집중 분포되어 있어서 한국 청동기 시대의 사회 구조, 고인돌의 변천 모습 등을 볼 수 있음

✳ 조선 왕릉
- 조선 왕조의 총 27대 왕과 왕비 및 추존된 왕과 왕비의 무덤

- 전체 42기 가운데 북한에 있는 2기를 제외하고 우리나라에 있는 40기 모두 유네스코 세계유산에 등재됨

✳ 한국의 역사 마을(하회와 양동)
전통 건축물이 자연과 조화를 이루고 있어 조선 시대의 양반 문화를 잘 보여 주는 마을

✳ 남한산성
- 병자호란 때 인조가 머무르며 삼전도의 굴욕을 겪었던 장소

- 조선 시대 20여 개의 행궁 중 유일하게 종묘와 사직을 갖추고 있음

✳ 백제 역사 유적 지구
공주 웅진성 관련 유산인 공산성과 송산리 고분군, 부여 사비성 관련 유적인 관북리 유적, 부소산성, 정림사지, 나성, 익산시의 왕궁리 유적과 미륵사지 등이 있음

✳ 산사(山寺), 한국의 산지승원
- 7~9세기 창건 이후 현재까지 문화적 전통을 지속하고 있는 불교 유산

- 불교 신앙을 바탕으로 종교 활동, 수도, 생활 기능을 유지하고 있으며 다양한 토착 신앙을 포용함

✳ 한국의 서원
- 조선 시대에 성리학을 보급하고 구현한 9곳의 서원으로, 향촌 지식인인 사림에 의해 건립됨
- 영주 소수 서원, 함양 남계 서원, 경주 옥산 서원, 안동 도산 서원, 장성 필암 서원, 달성 도동 서원, 안동 병산 서원, 정읍 무성 서원, 논산 돈암 서원

세계 기록유산

✳ 훈민정음(해례본)

훈민정음의 창제 목적과 글자를 만든 원리, 글자 쓰는 법 등을 설명한 한문 해설서

훈민정음 해례본

✳ 조선왕조실록

조선 태조부터 철종에 이르기까지 472년 간의 역사적 사실을 연월일 순서에 따라 편년체로 기록

조선왕조실록

✳ 직지심체요절

- 세계에서 가장 오래된 금속 활자로 인쇄된 책으로, 청주 흥덕사에서 펴냄
- 현재는 하권만 프랑스 국립 도서관에 소장됨

직지심체요절

✳ 승정원일기

왕의 비서 기관인 승정원에서 왕을 보좌하면서 날마다 쓰는 일기로, 왕의 하루 일과, 지시 내용, 각 부처에 보고한 내용 등이 실려 있음

승정원일기

✳ 조선왕조의궤

조선 시대 왕실의 중요한 행사와 나라의 건축 사업 등을 그림과 글로 기록한 책

조선왕조의궤

✳ 고려 대장경판

- 팔만대장경이라고도 불리며, 고려 시대 몽골의 침략 당시 부처님의 힘을 빌려 몽골군을 물리치고자 제작함
- 현재 합천 해인사에 보관되어 있음

고려 대장경판

✳ 한국의 유교 책판

조선 시대에 718종의 유학 서적을 간행하기 위해 유학자들이 나무판에 새긴 인쇄판

유교 책판

✳ 동의보감

- 임진왜란 중에 선조의 명을 받은 허준이 광해군 때 편찬한 의학 서적
- 우리나라와 중국의 의학책을 종합해 질병에 대한 처방을 일목요연하게 파악할 수 있도록 함

동의보감

✳ 일성록

조선 임금(영조~순종)의 말과 행동을 기록한 일기로, 정조가 세손 시절부터 쓴 일기에서 유래됨

일성록

✳ 5·18 민주화 운동 기록물

1980년 5월 18일 전두환 정권의 부당한 독재에 항거하여 일어난 5·18 민주화 운동에 관한 기록물

5·18 민주화 운동 기록물

✳ 난중일기

임진왜란 당시 이순신 장군이 전쟁 중 쓴 친필 일기로 거북선을 이용하는 전술에 대한 기록도 있음

난중일기

✳ 새마을 운동 기록물

1970~1979년에 전개된 새마을 운동에 관한 기록물. 대통령 연설문, 정부 문서, 마을 단위의 기록물 등이 포함됨

새마을 운동 기록물

✳ KBS 특별생방송 '이산가족을 찾습니다' 기록물

KBS가 1983년 6월 30일부터 11월 14일까지 생방송한 '이산가족을 찾습니다' 녹화 원본 등의 기록물

'이산가족을 찾습니다' 기록물

✳ 조선 왕실 어보와 어책

어보와 어책은 왕세자나 왕세손이 책봉될 때 전례의 예물로 제작된 것

조선 왕실 어보

✳ 조선 통신사에 관한 기록

1607~1811년까지 일본 에도 막부의 초청으로 파견된 외교 사절단인 조선 통신사와 관련된 기록물

조선 통신사

✳ 국채 보상 운동 기록물

일본에 진 빚을 갚기 위해 1907~1910년까지 전개된 국채 보상 운동의 과정을 보여 주는 기록물

국채 보상 운동 기록물

47회

01 (가)에 들어갈 문화유산으로 옳은 것은? [2점]

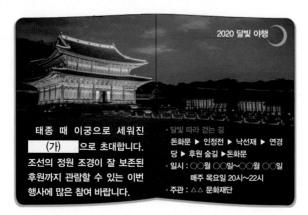

2020 달빛 야행 🌙

태종 때 이궁으로 세워진 (가) 으로 초대합니다. 조선의 정원 조경이 잘 보존된 후원까지 관람할 수 있는 이번 행사에 많은 참여 바랍니다.

• 달빛 따라 걷는 길
돈화문 ▶ 인정전 ▶ 낙선재 ▶ 연경당 ▶ 후원 숲길 ▶ 돈화문
• 일시 : ○○월 ○○일~○○월 ○○일 매주 목요일 20시~22시
• 주관 : △△ 문화재단

① 경복궁　　② 경희궁
③ 덕수궁　　④ 창덕궁

40회

02 밑줄 그은 '이 성'에 해당하는 문화유산으로 옳은 것은? [3점]

오늘 소개할 문화유산에 대해 설명해 주세요.

이 성은 병자호란 때 인조가 머무르며 청에 대항하던 장소입니다. 유네스코 세계유산으로서 동아시아의 축성 기술을 잘 보여 주고 있습니다.

①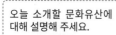
공산성

②
남한산성

③
정족산성

④
수원 화성

46회

03 다음 답사에서 볼 수 있는 문화유산으로 옳지 <u>않은</u> 것은? [2점]

❖ 답사 보고서 ❖

주제	백제 역사 유적 지구를 다녀와서
기간	2020년 ○○월 ○○일~○○일
내용	유네스코 세계유산으로 등재된 백제 역사 지구에서 중국, 일본과 교류하며 문화적으로 크게 발전했던 백제의 유적들을 만나 볼 수 있었습니다.

①
경주 대릉원 일원

②
공주 공산성

③
부여 정림사지

④
익산 왕궁리 유적

46회

04 밑줄 그은 '이 책'에 해당하는 문화유산으로 옳은 것은? [2점]

이 책은 1610년 허준이 전통 의학을 집대성하여 편찬한 의학서로 현재 유네스코 세계 기록 유산으로 등재되어 있습니다.

①
북학의

②
농사직설

③
동의보감

④
자산어보

42회

05 (가)에 해당하는 문화유산으로 옳은 것은? [3점]

① 승정원일기
② 새마을 운동 기록물
③ 국채 보상 운동 기록물
④ KBS 특별생방송 '이산가족을 찾습니다'

32회

06 (가)에 들어갈 사건으로 옳은 것은? [2점]

민주주의를 위한 노력, 세계 기록유산으로 등재되다

1980년 광주에서 신군부에 저항한 (가) 과 관련된 기록물 일체가 유네스코 세계 기록유산으로 등재되었다. 이 기록물에는 진압군과 중앙 정부 자료, 재판 기록, 시민 성명서, 사진, 필름, 국회 청문회 회의록 등이 있다.

① 부마 항쟁
② 4·19 혁명
③ 6월 민주 항쟁
④ 5·18 민주화 운동

24회

07 (가)에 들어갈 문화유산으로 옳은 것은? [2점]

(가)

세계 기록유산으로 등재되어 있다.

각 왕대의 일들을 날짜별로 기록하였다.

각 관청의 문서들과 사초를 종합하여 편찬하였다.

전국의 사고에 보관하였다.

① 고려사
② 동국통감
③ 동사강목
④ 조선왕조실록

58회

08 (가)에 들어갈 교육 기관으로 옳은 것은? [1점]

이 지도에는 유네스코 세계유산에 등재된 '한국의 (가) ' 소재지가 표시되어 있습니다. 교육과 제사를 함께 담당하는 동아시아 성리학 교육 기관의 한 유형으로, 현재까지도 그 기능이 유지되고 있는 점이 높이 평가되어 등재되었습니다.

① 서원
② 향교
③ 성균관
④ 4부 학당

23회

09 (가)에 들어갈 문화유산으로 옳은 것은? [2점]

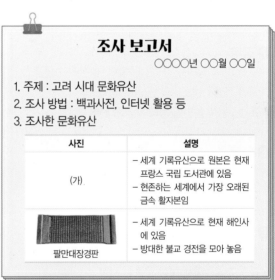

조사 보고서

○○○○년 ○○월 ○○일

1. 주제 : 고려 시대 문화유산
2. 조사 방법 : 백과사전, 인터넷 활용 등
3. 조사한 문화유산

사진	설명
(가)	– 세계 기록유산으로 원본은 현재 프랑스 국립 도서관에 있음 – 현존하는 세계에서 가장 오래된 금속 활자본임
팔만대장경판	– 세계 기록유산으로 현재 해인사에 있음 – 방대한 불교 경전을 모아 놓음

①  악학궤범
② 직지심체요절
③ 동국통감
④ 삼국유사

지역사

❸ 강화도
- 고려 : 몽골 침입 때 천도
- 조선 : 두 차례 호란 때 왕실 피란, 병인양요(정족산성)와 신미양요(광성보) 발발, 외규장각 약탈, 강화도 조약 체결
- 유적 : 부근리 고인돌 유적

❹ 인천
- 백제 : 온조의 형 비류가 터를 잡았던 지역(미추홀)
- 조선 : 강화도 조약의 개항장, 제물포 조약 체결
- 대한민국 : 6·25 전쟁 때 인천 상륙 작전, 2014 아시아 경기 대회

❺ 서울
- 백제 : 백제의 수도, 석촌동 돌무지무덤
- 신라 : 진흥왕이 북한산 순수비 건립
- 조선 : 건국 후 도읍으로 삼음

❻ 충주
- 고구려 : 충주 고구려비 건립
- 고려 : 몽골의 침입 때 노비들이 중심이 되어 충주성에서 항전
- 조선 : 임진왜란 때 신립의 탄금대 전투

❼ 공주
- 구석기 : 석장리 유적   • 백제 : 송산리 고분군
- 고려 : 망이·망소이의 난(공주 명학소)
- 조선 : 동학 농민 운동의 우금치 전투

❽ 안동
- 후삼국 : 후백제 견훤과 고려 왕건의 고창 전투
- 조선 : 도산 서원 건립

❾ 대구
- 후삼국 : 후백제와 고려의 공산 전투
- 대한 제국 : 국채 보상 운동의 시작

❿ 전주
- 후삼국 : 견훤이 완산주(전주)를 도읍으로 후백제 건국
- 조선 : 경기전(태조 이성계의 어진 모심), 사고 설치(『조선왕조실록』 보관), 동학 농민군과 조선 정부의 전주 화약 체결

⓫ 경주
- 신라 : 신라의 수도, 불국사, 황룡사, 석굴암, 첨성대 건립

⓬ 진주
- 조선 : 임진왜란 때 진주 대첩, 임술 농민 봉기의 시작
- 일제 강점기 : 형평 운동의 시작

간도 ★

❶ 평양
- 고구려 : 장수왕 때 국내성에서 평양으로 천도
- 고려 : 태조의 북진 정책 중심지, 묘청의 서경 천도 운동
- 일제 강점기 : 물산 장려 운동 시작(조만식)
- 대한민국 : 최초의 남북 정상 회담 개최, 6·15 남북 공동 선언 발표

❷ 개성(개경)
- 고려 : 고려의 수도이자 궁궐터인 만월대가 있음, 고려 첨성대, 만적의 난 발생, 정몽주가 피살된 선죽교
- 조선 : 송상의 활동 근거지
- 대한민국 : 남북이 협력하여 만든 개성 공단

⓭ 부산
- 조선 : 임진왜란 때 동래성 전투, 초량 왜관(일본과 무역)
- 대한민국 : 2002 아시아 경기 대회

⓮ 완도
- 통일 신라 : 장보고가 청해진 설치

⓯ 제주도
- 고려 : 삼별초 최후의 항전(항파두리성)
- 조선 : 김만덕이 태어난 곳, 김정희 유배(세한도), 하멜이 표류하다 도착한 곳
- 대한민국 : 제주 4·3 사건

★ 간도

백두산 정계비 건립 1712	• 배경 : 조선과 청 사이에 국경 분쟁 발생 • 조선과 청의 대표가 백두산 일대를 답사하고 정계비를 건립함 • 서쪽은 압록강, 동쪽은 토문강으로 경계를 정함

간도 귀속 문제 발생	• 19세기 후반 토문강의 위치에 대한 해석을 둘러싸고
	  조선과 청 사이에 영토 분쟁이 일어남
	• 각각 조선은 토문강, 청은 두만강으로 해석함
	• 19세기에 청은 토문강이 두만강이라며 간도에 거주하던 조선인
	  에게 철수를 요구 → 조선이 반발하며 두 나라 사이에 분쟁 발생

간도 협약 1909	• 대한 제국의 정책 : 이범윤을 간도 관리사로 임명, 간도를 함경도 행정 구역에 포함시킴 1903 • 간도 협약 체결 : 을사늑약 이후 일제가 청으로부터 남만주 철도 부설권을 얻는 대가로 간도를 청의 영토로 인정함

"오라총관 목극등이 황제의 뜻을 받들어 국경을 답사하면서 여기에 와서 살펴보니, 서쪽은 압록이 되고, 동쪽은 토문이 되므로 분수령 위 돌에 새겨 기록한다." – 백두산 정계비 내용

백두산 정계비

♥ 독도

(1) 우리의 입장 : 삼국접양지도, 『삼국사기』, 『고려사』 등의 사료를 통해 독도가 우리 영토임을 증명함

신라 지증왕 때	신라 이사부가 우산국(지금의 울릉도)을 점령한 이후 우리나라의 땅임 지증왕 13년(512) 여름 6월에 우산국(于山國)이 항복하여, 해마다 토산물을 바쳤다. -『삼국사기』
조선	• 『세종실록』「지리지」에 우리나라 영토로 기록됨 우산과 무릉(우릉) 두 섬은 (울진)현 바로 동쪽 바다에 있다. 두 섬의 거리가 멀지 아니하여 날씨가 맑은 날이면 가히 바라볼 수 있다. 신라 시대에는 우산국이라고 칭하였다. -『세종실록』「지리지」, 1454 • 일본 사람이 무단으로 와서 울릉도와 독도에서 고기잡이를 함 → 조선 숙종 때 안용복이 일본 어민을 축출, 일본으로 건너가 울릉도와 독도가 조선의 영토임을 확인받고 돌아옴
대한 제국	대한 제국 칙령 제41호 제정·반포 1900 : 대한 제국이 울릉도를 울도군으로 승격시키고 독도가 우리 영토임을 선포함 〈대한 제국 칙령 제41호〉 제1조 울릉도를 울도로 개칭하여 강원도에 부속하고 도감을 군수로 개정하여 관제 중에 편입할 것 제2조 군청 위치는 태하동으로 정하고 구역은 울릉 전도와 죽도, 석도(독도)를 관할할 것 - 대한 제국 『관보』, 제1716호
광복 후	1946년 연합국 총사령부가 제작한 한일 양국의 행정 관할 지도에 독도가 한국의 영토로 표시됨

이사부

독도

(2) 일본의 입장 : 우산국은 '울릉도'만을 가리킬 뿐 '독도'는 포함하지 않는다고 주장함

태정관 지령문 1877	일본 메이지 시대의 최고 국가 기관인 태정관에서 '울릉도와 독도는 일본 영토가 아니다'라고 지시문을 내림
러일 전쟁 중	러일 전쟁 중 일본이 시마네현 고시 후 독도를 불법적으로 일본 영토에 편입시킴 1905 → 국제법상 명백한 불법 영토 침탈 행위임
다케시마의 날 제정 2005	2005년 3월 16일 일본 시마네현 의회에서 지정, 1905년 2월 22일 일본의 독도 편입을 기념하는 날
역사 교과서 왜곡	일본은 독도를 일본 영토로 기록한 학습 지도 요령을 2008년 승인하고 왜곡된 역사 교과서를 발간함

태정관 지령문

01 다음 기행문에 나타난 답사 지역을 지도에서 옳게 찾은 것은? [3점]

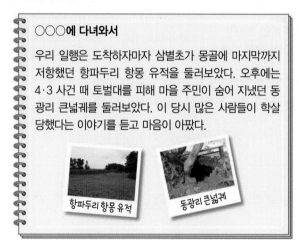

○○○에 다녀와서

우리 일행은 도착하자마자 삼별초가 몽골에 마지막까지 저항했던 항파두리 항몽 유적을 둘러보았다. 오후에는 4·3 사건 때 토벌대를 피해 마을 주민이 숨어 지냈던 동광리 큰넓궤를 둘러보았다. 이 당시 많은 사람들이 학살당했다는 이야기를 듣고 마음이 아팠다.

항파두리 항몽 유적 / 동광리 큰넓궤

① (가)　　② (나)　　③ (다)　　④ (라)

02 다음 사진전에 전시될 사진으로 옳지 않은 것은? [3점]

사진으로 만나보는
강화도 문화유산
• 기간 : 2019년 ○○월 ○○일~○○월 ○○일
• 장소 : □□ 박물관 특별 전시실

①
외규장각

②
정족산성

③
문무 대왕릉

④
부근리 고인돌

03 학생들이 공통으로 이야기하고 있는 지역을 지도에서 옳게 찾은 것은? [2점]

고구려의 한강 유역 진출을 알려 주는 비석이 있어.

김윤후가 몽골군에 항전한 곳이야.

신립이 탄금대에서 일본군에 맞서 싸운 곳이기도 해.

① (가)　　② (나)　　③ (다)　　④ (라)

04 학생들이 공통으로 이야기하고 있는 지역을 지도에서 옳게 찾은 것은? [2점]

임진왜란 때 송상현이 동래성에서 순절했어.

초량 왜관이 있었어.

2002년 아시아 경기 대회가 개최됐어.

내상의 활동 근거지였어.

① (가)　　② (나)　　③ (다)　　④ (라)

61회

05 (가) 지역에서 있었던 사실로 옳은 것은? [2점]

① 묘청이 난을 일으켰다.

② 원이 쌍성총관부를 설치하였다.

③ 만적이 신분 해방을 도모하였다.

④ 삼별초가 최후의 항쟁을 전개하였다.

52회

06 학생들이 공통으로 이야기하고 있는 지역을 지도에서 옳게 찾은 것은? [2점]

① (가) ② (나) ③ (다) ④ (라)

50회

07 밑줄 그은 '이 섬'으로 옳은 것은? [1점]

① 독도 ② 진도

③ 거문도 ④ 제주도

41회

08 밑줄 그은 '이 사람'으로 옳은 것은? [2점]

① 김정호 ② 유득공

③ 안용복 ④ 최윤덕

39회

09 밑줄 그은 '이 섬'으로 옳은 것은? [2점]

① 독도 ② 완도

③ 강화도 ④ 거제도

역사 인물

✱ 김춘추 604~661
- 신라와 당의 연합을 이루어 냄
- 김유신의 도움으로 왕위에 오름
- 최초의 진골 출신 왕

✱ 원효 617~686
- 불교의 대중화를 위해 노력
- 무애가를 지어 불교를 알림
- 이두를 집대성한 설총의 아버지

✱ 김유신 595~673
- 금관가야 왕족 출신의 신라 장군
- 화랑도 출신
- 황산벌 전투에서 백제군을 물리치는 등 삼국 통일에 기여함

✱ 장보고 ?~846
- 당의 무관으로 활약
- 청해진을 설치하여 해적 소탕
- 신라-당-일본을 잇는 해상 무역 주도
- 중국 산동반도에 법화원을 건립함

✱ 최무선 1325~1395
- 화약 제조법 습득
- 화통도감 설치하여 화포를 제작함
- 전함 제조법 연구
- 진포에서 왜구 격퇴

✱ 정도전 1342~1398
- 조선 왕조의 설계자
- 경복궁, 종묘, 사직단 등의 이름을 정함
- 『불씨잡변』을 써서 불교 비판

✱ 조광조 1482~1519
- 조선 중종 때 사림의 중심 인물
- 소격서 폐지를 주장
- 현량과 실시를 건의
- 기묘사화로 사약을 받음

✱ 허난설헌 1563~1589
- 조선의 여류 시인. 호는 난설헌
- 작품이 중국과 일본에서 높은 평가를 받음
- 동생인 허균은 『홍길동전』을 지은 인물

✱ 김만덕 1739~1812
- 상민 여성으로, 사업가이자 사회 활동가
- 제주에 흉년이 들었을 때 쌀을 사서 나눠줌
- 채제공이 『만덕전』을 저술해 선행을 널리 알림

✱ 박제가 1750~1805
- 상공업 발달에 관심을 가진 실학자
- 『북학의』에서 생산을 늘리기 위하여 소비의 중요성 강조

✱ 정약용 1762~1836
- 농업에 관심을 가진 실학자
- 『목민심서』를 통해 지방 관리가 지켜야 할 도리를 밝힘
- 거중기를 만들어 수원 화성 축조에 도움을 줌

✱ 박규수 1807~1877
- 실학자 박지원의 손자
- 진주 농민 봉기 수습을 위해 안핵사로 파견됨
- 평안도 관찰사 때 제너럴 셔먼호를 불태움
- 김옥균, 박영효 등 개화 사상가들에게 영향을 줌

✱ 최제우 1824~1864
- 경주의 몰락한 양반 가문에서 태어남
- 서학에 대응하기 위해 동학을 창시
- 동학을 믿는 사람이 늘어나자 혹세무민의 죄로 체포되어 사형당함

✱ 최익현 1833~1906
- 강화도 조약을 비판하는 운동 전개
- 을미의병, 을사의병 때 활약
- 쓰시마 섬에서 순국

✱ 김홍집 1842~1896
- 제2차 수신사로 일본에 파견
- 황준헌의 『조선책략』 유포
- 갑오·을미개혁 때 내각 책임자
- 아관 파천 직후 군중에게 피살됨

✱ 김옥균 1851~1894
- 박규수의 사랑방에서 개화 사상을 배움
- 갑신정변을 주도한 젊은 개화파 관리
- 갑신정변 실패 후 일본으로 망명

★ 호머 헐버트 1863~1949

- 육영 공원의 교사로 초빙
- 순 한글 교과서인 사민필지를 만드는 등 한글 연구와 보급에 힘씀
- 고종 황제의 특사로 우리나라 독립을 위해 활동
- 외국인 최초로 건국공로 훈장을 받음

★ 이회영 1867~1932

- 조상 대대로 높은 벼슬을 한 조선 시대 명문 가문의 자손
- 나라를 빼앗긴 이후 전 재산을 팔아 독립 운동 자금 마련
- 만주 삼원보에 신흥 강습소 설립해 독립군 양성

★ 홍범도 1868~1943

- 대한 독립군 사령관으로 봉오동 전투와 청산리 대첩에 참가하여 일본군을 크게 무찌름
- 스탈린에 의해 중앙아시아로 강제 이주

★ 남자현 1872~1933

- 독립군의 어머니라 불림
- 독립을 호소하며 '조선독립원'이라는 혈서를 씀
- 일본 외교관을 죽이려다 일제 경찰에게 체포됨

★ 주시경 1876~1914

- 일제 강점기의 국어학자로, 주보따리 선생이라고 불림
- 헐버트를 만나 한글의 우수성을 알게 됨
- 무료 강습소를 열어 한글을 가르침
- 국문 연구소에서 한글을 연구
- 우리글에 한글이라는 이름을 붙임

★ 김구 1876~1949

- 일제 강점기 독립운동가이자 정치가. 호는 백범
- 대한민국 임시 정부의 주석 역임
- 한인 애국단 조직
- 신탁 통치 반대 운동 주도
- 남북 협상을 위해 김규식과 방북

★ 안중근 1879~1910

- 연해주에서 계몽 운동을 펼치고 의병을 조직하여 활동함
- 만주 하얼빈에서 이토 히로부미 사살
- 『동양 평화론』 저술
- 뤼순 감옥에서 순국

★ 한용운 1879~1944

- 개항기, 일제 강점기 승려이자 시인, 독립운동가. 호는 만해
- 불교 개혁과 불교 대중화에 힘씀
- 3·1 독립 선언에 주도적으로 참여
- 『님의 침묵』 저술

★ 신채호 1880~1936

- 일제 강점기 독립운동가이자 역사학자
- 『이순신전』, 『을지문덕전』 저술
- 『조선상고사』에서 역사를 아(我)와 비아(非我)의 투쟁으로 기록함

★ 방정환 1899~1931

- 천도교 소년회를 조직하여 소년 운동을 전개
- 색동회 조직
- 어린이날을 처음 만듦
- 잡지 〈어린이〉 발행

★ 이봉창 1901~1932

- 한인 애국단 소속
- 일본 도쿄에서 일왕을 향해 폭탄 투척

★ 윤봉길 1908~1932

- 한인 애국단 소속
- 중국 상하이 훙커우 공원에서 열린 전승 기념 행사에 폭탄 투척

★ 김규식 1881~1950

- 신한 청년당 대표로 파리 강화 회의 파견
- 남북 협상 참석

★ 여운형 1886~1947

- 일제 강점기의 독립운동가이자 정치가. 호는 몽양
- 신한 청년당 결성
- 조선 건국 준비 위원회 위원장
- 좌우 합작 위원회 조직

역사 인물

정답과 풀이 79~80쪽

30회

01 (가)에 들어갈 인물로 옳은 것은? [2점]

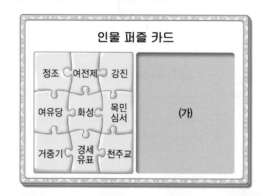

인물 퍼즐 카드

정조 / 여전제 / 강진 / 여유당 / 화성 / 목민심서 / 거중기 / 경세유표 / 천주교

(가)

① 박지원
② 박제가
③ 정약용
④ 홍대용

32회

02 (가)에 들어갈 인물로 옳은 것은? [2점]

이 력 서

인적 사항

이름	(가)
호	삼봉
출생 연도	1342년

주요 경력

연도	내용
1362년	과거에 급제함
1392년	조선 건국을 주도함
1395년	새 궁궐의 이름을 경복궁으로 지음

① 이색 ② 조준 ③ 정도전 ④ 정몽주

41회

03 밑줄 그은 '나'의 활동으로 옳은 것은? [3점]

신민회의 회원이었던 나는 전 재산을 팔아 만주로 가서 독립군을 길러 냈습니다.

① 진단 학회에 참여하였다.
② 신흥 강습소를 설립하였다.
③ 한인 애국단을 조직하였다.
④ 한국 광복군에서 활약하였다.

49회

04 (가)에 들어갈 인물로 옳은 것은? [2점]

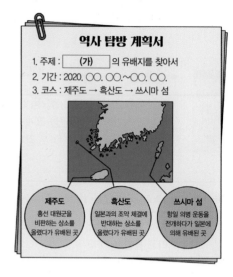

역사 탐방 계획서

1. 주제 : [(가)]의 유배지를 찾아서
2. 기간 : 2020. ○○. ○○.~○○. ○○.
3. 코스 : 제주도 → 흑산도 → 쓰시마 섬

제주도
흥선 대원군을 비판하는 상소를 올렸다가 유배된 곳

흑산도
일본과의 조약 체결에 반대하는 상소를 올렸다가 유배된 곳

쓰시마 섬
항일 의병 운동을 전개하다가 일본에 의해 유배된 곳

① 허위 ② 신돌석 ③ 유인석 ④ 최익현

32회

05 (가)에 들어갈 인물로 옳은 것은? [2점]

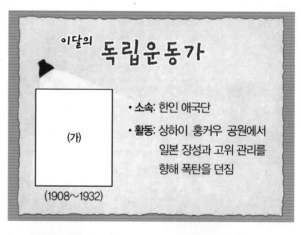

이달의 **독립운동가**

(가)

(1908~1932)

• 소속: 한인 애국단
• 활동: 상하이 훙커우 공원에서 일본 장성과 고위 관리를 향해 폭탄을 던짐

① 신채호
② 안중근
③ 윤봉길
④ 이봉창

용기란 두려움이 없는 것이 아니라
두려움을 극복하는 것이다.

온 마음과 힘을 다해 노력한다면
무슨 일인들 해내지 못하겠는가?
그러니 부디 포기하지 말길!

정답만 모아 ✅ 스피드 체크

1 선사 시대와 고조선

01강 선사 시대

01	02	03	04	05	06	07
③	②	④	③	①	①	④

02강 고조선의 건국과 여러 나라의 성장

01	02	03	04	05	06	07	08	09
②	④	④	③	④	①	④	④	③
10	11							
②	③							

2 삼국과 가야

03강 삼국과 가야의 성립과 발전

01	02	03	04	05	06	07	08	09
③	①	②	④	②	③	④	④	④
10	11	12	13	14	15	16	17	18
②	①	④	③	②	④	④	③	③
19	20							
⑤	④							

04강 삼국과 가야의 사회와 문화

01	02	03	04	05	06	07	08	09
③	③	③	①	③	④	①	①	①
10	11							
⑤	③							

3 통일 신라와 발해

05강 신라의 삼국 통일과 발해의 건국과 발전

01	02	03	04	05	06	07	08	09
③	②	②	④	③	④	④	①	③

06강 통일 신라와 발해의 사회와 문화

01	02	03	04	05	06	07	08
②	①	④	①	④	④	①	①

4 고려의 성립과 변천

07강 고려의 건국과 발전

01	02	03	04	05	06	07	08
②	②	①	②	③	③	②	③

08강 고려의 변화와 사회 모습

01	02	03	04	05	06	07	08
②	①	②	①	③	②	③	④

09강 고려의 대외 항쟁

01	02	03	04	05	06	07	08	09
②	②	④	①	④	④	②	③	⑤

10강 고려의 경제·사회·문화

01	02	03	04	05	06	07	08	09
①	①	③	③	②	③	①	②	④
10	11	12						
③	④	②						

5 조선의 성립과 발전

11강 조선의 건국과 발전

01	02	03	04	05	06	07	08	09
①	①	④	②	②	①	①	②	③
10	11	12	13	14	15	16	17	18
③	①	②	①	④	④	②	②	③

12강 임진왜란과 병자호란

01	02	03	04	05	06	07	08
④	②	②	③	④	③	①	③

13강 조선 전기의 사회와 문화

01	02	03	04	05	06	07	08
③	④	②	②	①	②	④	③

6 조선 사회의 새로운 움직임

14강 조선 후기의 정치

01	02	03	04	05	06	07	08	09
②	②	①	②	①	②	②	①	①

10	11	12	13	14	15
②	③	④	④	④	②

15강 조선 후기의 경제와 사회

01	02	03	04	05	06	07	08
①	③	②	④	③	①	①	⑤

16강 조선 후기의 문화

01	02	03	04	05	06	07	08	09
③	①	①	②	④	②	②	②	①

10	11	12	13	14
④	③	②	②	③

7 새로운 사회를 향한 움직임

17강 흥선 대원군의 정책과 강화도 조약

01	02	03	04	05	06	07
④	②	①	④	②	⑤	④

18강 임오군란과 갑신정변

01	02	03	04	05	06	07	08
④	③	④	②	②	②	①	①

19강 동학 농민 운동과 갑오·을미개혁

01	02	03	04	05	06	07	08	09
②	③	③	②	②	②	④	④	⑤

20강 자주독립과 근대화를 위한 노력

01	02	03	04	05	06	07	08	09
④	①	②	②	④	①	④	④	⑤

21강 국권 피탈과 국권 수호 운동

01	02	03	04	05	06	07	08	09
③	①	④	④	④	③	③	③	③

8 일제의 침략과 광복을 위한 노력

22강 일제의 식민지 지배 정책

01	02	03	04	05	06	07	08
④	②	②	③	②	①	①	①

23강 3·1 운동과 대한민국 임시 정부

01	02	03	04	05	06	07
①	③	②	③	①	③	②

24강 무장 독립 투쟁의 전개

01	02	03	04	05	06	07	08
④	③	②	④	③	④	④	③

25강 민족 문화 수호 운동

01	02	03	04	05	06	07	08
①	③	④	④	②	④	①	①

9 대한민국의 수립과 발전

26강 대한민국 정부 수립과 6·25 전쟁

01	02	03	04	05	06	07	08	09
④	④	②	②	②	①	④	④	②

27강 민주주의의 발전

01	02	03	04	05	06	07	08
③	①	③	③	④	④	①	③

28강 경제 성장과 발전, 통일을 위한 노력

01	02	03	04	05	06	07	08
①	①	④	②	②	③	④	①

시험 전 1문제 더 맞히기

세시 풍속과 민속놀이

01	02	03	04	05
②	④	①	④	①

유네스코 세계유산

01	02	03	04	05	06	07	08	09
④	②	①	③	③	④	④	①	②

지역사

01	02	03	04	05	06	07	08	09
②	③	④	③	③	①	①	③	①

역사 인물

01	02	03	04	05
③	③	②	④	③

초등 한국사
능력검정시험

2023·2024
시험 대비

실력을 높이는 비법책
정답과 풀이

▶ 모든 기출 문제에 대한 **친절하고 자세한 풀이**를 담았습니다.

▶ '출제 예감 자료'에서 **시험에 또 나올 자료와 개념**을 추가로 제공합니다.

▶ 어려운 기출 문제의 경우 혼자서도 충분히 풀이 과정을 이해할 수 있도록
해설 동영상 강의를 무료로 제공(QR코드)합니다.

차 례

정답과 풀이

1 선사 시대와 고조선

심화 문제 해설 강의

01강 선사 시대

키워드로 풀리는 기출 문제 본문 12~13쪽

01 ③	02 ②	03 ④	04 ③	05 ①
06 ①	07 ④			

01 구석기 시대의 생활 모습
001 주먹도끼 002 동굴과 막집

정답 ③

이 유물은 돌을 깨뜨려 만든 것으로, 이 시대 사람들이 처음으로 제작하였습니다. 사냥을 하거나 동물의 가죽을 벗기는 용도 등으로 사용되었습니다. — **정답** 구석기 시대

주먹도끼 찍개

— **결정적 단서** 구석기 시대의 대표적인 뗀석기

구석기 시대 사람들은 추위와 동물의 위협으로부터 몸을 보호하기 위해 주로 동굴이나 바위 아래 무리 지어 살았어요. 또는 강가 옆에 나뭇가지들을 엮어 만든 막집에 거주하기도 하였죠.

정답이 아닌 이유

① 철제 농기구는 철기 시대부터 등장한 도구예요. 철제 농기구를 만들어 사용하면서 곡식의 수확량이 늘어났어요.

② 신석기 시대 사람들은 진흙을 빚은 후 불에 구워 토기를 만들었어요. 식량을 저장하는 데 사용한 토기는 아래 쪽이 좁고 위쪽으로 갈수록 넓은, 긴 고깔처럼 생겼어요. 바깥 면에 빗살무늬가 있어 빗살무늬 토기라고 불러요.

④ 거푸집은 청동기를 제작하는 틀이에요. 따라서 구석기 시대가 아니라 청동기 시대에 나타난 모습이지요.

출제 예감 자료 구석기 시대의 주거지

충북 단양 금굴 유적 구석기인의 생활 모습 상상도

충북 단양의 금굴 유적은 대표적인 구석기의 주거지예요. 이 동굴에서 동물의 뼈와 뗀석기가 많이 나왔죠. 구석기 시대의 유적지는 주로 내륙의 동굴이나 강가에서 발견되는 반면, 신석기 시대의 유적지는 주로 해안가나 강가에 분포한답니다.

02 구석기 시대의 유물과 유적
001 주먹도끼 002 동굴과 막집

정답 ②

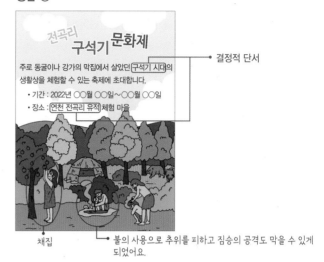

전곡리 **구석기 문화제**

주로 동굴이나 강가의 막집에서 살았던 구석기 시대의 생활상을 체험할 수 있는 축제에 초대합니다. — **결정적 단서**

• 기간 : 2022년 ○○월 ○○일~○○월 ○○일
• 장소 : 연천 전곡리 유적 체험 마을

채집 불의 사용으로 추위를 피하고 짐승의 공격도 막을 수 있게 되었어요.

구석기 시대의 생활 모습을 체험할 수 있는 축제의 초대장이므로 이 시기의 생활 모습을 고르면 되겠군요. ② 구석기 시대 사람들은 동굴이나 강가의 막집에 거주하였고, 돌을 깨뜨리거나 떼어서 뾰족하게 만든 뗀석기를 사용하였어요. 대표적인 뗀석기로는 주먹도끼가 있지요.

정답이 아닌 이유

① 가락바퀴는 식물의 줄기를 꼬아서 실을 만들 때 사용한 것으로 신석기 시대의 대표적인 도구예요.

③ 빗살무늬 토기는 신석기 시대 사람들이 사용하였어요. 신석기 시대에는 농사를 짓게 되면서 곡식을 저장하기 위해 흙을 이용해 토기를 만들었어요.

④ 청동기 시대 부분에서 학습할 내용이 나왔네요. 청동검은 청동으로 만든 칼이지요. 청동검을 만들 때는 만들려는 물건의 모양대로 속이 비어 있는, 거푸집이라는 틀을 사용했어요.

03 구석기 시대의 도구와 생활 모습
001 주먹도끼 002 동굴과 막집

정답 ④

(가)에 들어갈 도구는 뗀석기인 주먹도끼로, 주로 구석기 시대 사람들이 사용했어요. 구석기 시대 사람들은 식량을 구하기 위해 무리 지어 이동 생활을 했어요. 이들은 주로 동굴이나 바위 아래 무리 지어 살거나 강가 옆에 나뭇가지들을 엮어 만든 막집에서 거주하였어요.

정답이 아닌 이유

① 철로 제작된 무기는 철기 시대에 사용했어요.

② 신석기 시대 사람들은 조·수수 등을 재배하는 농경 생활을 시작하였고, 짐승을 기르는 목축도 하였어요. 이러한 농경과 목축 생활이 가져온 인류 생활의 큰 변화를 '신석기 혁명'이라고 불러요.

③ 청동기 시대에는 청동으로 청동 방울, 청동 거울, 청동검 등을 만들었어요. 청동기는 만들기가 어렵고 귀해서 하늘에 제사를 지내는 도구로 쓰이거나 지배 계급의 장신구나 무기 등으로 사용되었죠.

04 신석기 시대의 유물   004 빗살무늬 토기   005 가락바퀴

정답 ③

기원전 약 8000년경에 시작된 신석기 시대는 구석기 시대에 비해 돌을 다루는 수준이 발달하여 새로운 석기를 사용하였다는 뜻에서 신석기 시대라고 불러요. 농경을 시작했기 때문에 돌보습, 돌팽이, 갈판과 갈돌 등과 같은 농경용 간석기가 사용되었고, 움집을 짓고 한곳에 정착해 생활하였지요. ③ 빗살무늬 토기는 진흙으로 빚은 후 불에 구워 만든 토기로, 무른 땅에 쉽게 꽂기 위해 토기의 밑을 뾰족하게 만들었어요. 또한 토기를 불에 구울 때 갈라지지 않도록 하기 위해 빗살무늬를 새겼지요. 빗살무늬 토기는 음식을 만들거나 식량을 보관할 때 사용되었어요.

정답이 아닌 이유

① 거친 무늬 거울은 청동기 시대에 사용한 청동 거울을 이르는 말로, 거울 뒷면에 새겨진 문양이 다소 거칠고 선이 굵어 붙여진 이름이에요. 반면에, 철기 시대에 발견된 청동 거울은 거울 뒷면의 문양이 세밀하여 잔무늬 거울이라고 불려요.

② 비파형 동검은 청동기 시대의 대표적인 유물이에요. 중국의 악기인 비파를 닮았고 청동으로 만든 칼이라고 해서 비파형 동검이라고 이름을 붙였어요.

④ 신석기 시대에는 간석기를 나무나 뼈 등에 붙여 돌보습, 돌팽이 등으로 만들어 농사에 사용했어요. 철제 농기구를 사용한 시기는 철기 시대지요.

05 신석기 시대의 유물

003 갈판과 갈돌   004 빗살무늬 토기   005 가락바퀴

정답 ①

신석기 시대 사람들은 가락바퀴를 사용하여 실을 뽑았어요. '가락'은 실이 감기는 막대를 말해요. 가락바퀴는 가락을 돌리려고 둥글게 만든 도구이지요. 가락바퀴의 가운데 구멍에 가락을 끼워 실을 뽑았지요.

정답이 아닌 이유

② 신라는 왜의 침입을 받았을 당시 고구려의 광개토 대왕에게 도움을 요청했어요. 호우명 그릇은 신라와 고구려의 관계를 보여 주는 유물로, 그릇의 밑바닥에 '광개토지호태왕'이라는 글자가 새겨져 있어요.

③ 농경문 청동기는 청동기 시대의 유물로, 당시 사람들의 생활 모습을 알 수 있어요. 이 청동판에는 농기구를 이용해 밭을 가는 모습이 새겨져 있지요.

④ 기마 인물형 토기는 당시 신라인의 생활 모습을 잘 보여 주는 신라의 유물이에요.

06 구석기 시대의 사회 모습   001 주먹도끼   002 동굴과 막집

정답 ①

(가) 시대는 구석기 시대예요. 구석기 시대의 대표적인 유적지로는 충남 공주 석장리와 충북 단양 수양개 등이 있어요. 자료에 제시된 '슴베찌르개'는 나무와 연결해 사용한 구석기 시대 도구로, 짐승을 사냥하거나 짐승 가죽에 구멍을 뚫을 때 사용했어요. ① 구석기 시대 사람들은 주로 동굴이나 바위 그늘에서 살거나 강가에 막집을 지어 이동 생활을 하였어요.

정답이 아닌 이유

② 가락바퀴는 신석기 시대의 도구로, 실을 뽑는 데 사용되었죠. 이를 통해 신석기 시대 사람들이 옷을 지어 입었다는 사실을 알 수 있어요.

③ 명도전은 철기 시대에 한반도와 중국이 서로 교류했음을 보여 주는 유물이에요. 명도전은 중국에서 사용되던 청동 화폐이며, 손칼 모양에 '명(明)' 자가 쓰여 있어요.

④ 철로 만들어진 농기구는 철기 시대에 제작되었어요.

⑤ 청동기 시대에는 농사의 풍요를 기원하며 하늘에 제사를 지냈고, 군장은 청동으로 만든 무기와 청동검, 청동 방울, 청동 거울 등을 착용하고 제사를 주관하였지요.

07 신석기 시대의 생활 모습

003 갈판과 갈돌   004 빗살무늬 토기   005 가락바퀴

정답 ④

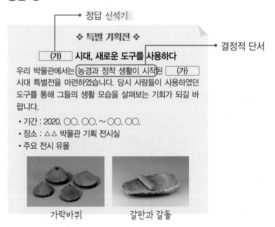

➤ 정답 신석기

✦ 특별 기획전 ✦

(가) 시대, 새로운 도구를 사용하다

우리 박물관에서는 농경과 정착 생활이 시작된 (가) 시대 특별전을 마련하였습니다. 당시 사람들이 사용하였던 도구를 통해 그들의 생활 모습을 살펴보는 기회가 되길 바랍니다.

➤ 결정적 단서

• 기간 : 2020. ○○. ○○. ~ ○○. ○○.
• 장소 : △△ 박물관 기획 전시실
• 주요 전시 유물

가락바퀴   갈판과 갈돌

④ 빗살무늬 토기는 신석기 시대의 대표적인 토기로, 음식을 조리하거나 저장할 때 사용하였어요.

정답이 아닌 이유

① 구석기 시대 사람들은 주로 동굴이나 강가의 막집에서 무리를 지어 생활하였어요.

② 지배층의 무덤인 고인돌을 만들었던 시기는 청동기 시대예요.

③ 세형 동검은 철기 시대에 등장한 한국식 동검이에요. 거푸집은 동검을 제작하는 틀인데, 이를 통해 청동기 제조 기술이 얼마나 발달했는지 알 수 있어요.

⑤ 철기 시대에 쟁기, 쇠스랑과 같은 철제 농기구를 사용하면서 전보다 농사일을 수월하게 할 수 있게 되었고, 이로 인해 농업 생산량이 증가하였어요.

키워드로 풀리는 **기출 문제** 본문 17~19쪽

01 ②	02 ④	03 ④	04 ③	05 ④
06 ①	07 ④	08 ④	09 ③	10 ②
11 ③				

01 청동기 시대의 생활 모습   008 비파형 동검

정답 ②

(가) 시대는 금속 도구를 사용하기 시작하고 지배자가 처음 출현한 청동기 시대예요. 청동기 시대는 기원전 약 2000년~기원전 약 1500년경에 시작되었어요. 청동은 제작이 어렵고 재료를 구하기 힘들었기 때문에 지배 계급의 무기나 장신구, 제사 도구를 만들 때 사용되었지요. ② 비파형 동검, 청동 거울, 청동 방울 등이 청동기 시대를 대표하는 유물이에요. 특히 비파형 동검은 중국의 악기인 비파를 닮아 비파형 동검이라고 이름이 붙여졌어요.

정답이 아닌 이유

① 우경이 널리 보급된 시기는 삼국 시대에 해당해요.

③ 가락바퀴는 실을 뽑는 데 사용한 신석기 시대의 도구예요.

④ 사람들이 주로 동굴이나 막집에서 거주한 시기는 구석기 시대에 해당해요.

02 청동기 시대의 생활 모습

정답 ④

'민무늬 토기'가 발굴된 부여 송국리 유적은 청동기 시대의 유적지예요. ④ 청동기 시대 사람들은 청동기를 찍어 내던 틀인 거푸집을 활용하여 청동 도끼를 만들었어요.

거푸집

정답이 아닌 이유

① 목화솜으로 옷을 만들어 입기 시작한 것은 고려 말 이후의 일이에요. 목화는 고려 말 공민왕 때 원에 사신으로 갔던 문익점이 들여왔다고 전해져요.

② 주로 동굴이나 바위 그늘에서 살았던 것은 구석기 시대 사람들의 생활 모습이에요. 구석기 시대 사람들은 먹을 것을 찾아 이동하는 생활을 했기 때문에 나무로 만든 막집이나 동굴, 바위 그늘에서 살았어요.

③ 무덤 안에 방을 만들어 벽화를 그린 것은 삼국 시대의 일에 해당해요. 그 중 고구려 사람들이 남긴 무덤 벽화가 가장 널리 알려져 있는데, 고구려 벽화에서는 말을 타며 활을 쏘는 고구려인의 모습과 귀족의 집 등을 볼 수 있어요.

03 고조선의 성립과 발전   009 8조법

정답 ④

제시된 퀴즈의 단계별 힌트를 종합하여 알 수 있는 국가는 ④ 고조선이에요. 고조선은 청동기 문화를 바탕으로 성립했고, 아사달에 이어 평양성을 도읍으로 삼았어요. 범금 8조는 고조선 때 시행한 8조법을 말해요. 고조선은 한 무제의 공격으로 멸망했고요.

정답이 아닌 이유

① 동예는 강원도 북부 동해안에 철기 문화를 바탕으로 세워진 나라예요. 동예는 같은 씨족끼리 결혼하지 않는 족외혼과 다른 부족의 영역을 침범하면 소나 말, 노비 등으로 물어 주는 책화라는 풍습이 있었어요.

② 부여는 철기 문화를 바탕으로 고조선에 이어 가장 먼저 세워진 나라예요. 만주의 쑹화강 유역에 위치한 부여는 왕은 중앙을 다스리고 가축의 이름을 딴 마가·우가·저가·구가 등이 사출도를 통치했어요.

③ 고구려는 압록강 중류에 세워졌어요. 부여에서 온 주몽이 고구려의 왕위를 차지한 후 발전의 기틀을 마련했어요. 고구려에는 남자가 여자 집에 가서 살다 오는 서옥제라는 결혼 풍습이 있었어요.

출제 예감 자료   범금 8조(=8조법)

고조선에는 범금 8조(8조법)가 있었는데 현재는 『한서』 지리지에 아래 3개 조항만 전해요.

> 1. 사람을 죽인 자는 사형에 처한다.
> 2. 남을 다치게 한 자는 곡식으로 갚는다.
> 3. 남의 물건을 훔친 사람은 데려다 노비로 삼는다. 만일 죄를 벗으려면 50만 전을 내야 한다.

04 고조선의 사회 모습   007 고조선의 건국 이야기

정답 ③

단군왕검이 세운 고조선은 『삼국유사』에 단군의 건국 이야기가 전해 오고 있지요. 널리 인간을 이롭게 한다는 뜻의 '홍익인간'을 건국 이념으로 하였으며 8조법으로 백성을 다스렸지요.

정답이 아닌 이유

① 대가야를 정복한 것은 신라의 진흥왕이에요.

② 낙랑과 왜에 철을 수출한 것은 변한과 가야에 해당해요.

④ 동맹은 고구려의 제천 행사였어요. 동맹은 10월에 열린 행사로, 일종의 추수 감사제였지요.

05 고조선의 사회 모습 007 고조선의 건국 이야기

정답 ④

'범금 8조'를 통해 (가) 나라가 고조선임을 알 수 있어요. 고조선은 우리나라 최초의 국가로 청동기 시대에 세워졌지요. 고조선에는 법이 있었는데 바로 8조법(범금 8조)이에요. 청동기 시대로 접어들면서 개인의 재산을 지키고자 법이 생긴 것이지요. 지금까지 전해 내려오는 조항은 딱 3개뿐인데 당시의 사회 모습을 파악할 수 있는 좋은 자료가 되지요. 범금 8조를 통해 고조선은 농사를 짓는 사회였고, 개인의 재산을 인정했다는 사실, 그리고 신분의 차이가 존재했고 화폐를 사용했다는 사실 등을 알 수 있어요. ④ 고조선의 건국 이야기는 고려의 승려 일연이 지은 『삼국유사』에 실려 있지요.

정답이 아닌 이유

① 낙랑과 왜에 철을 수출한 나라는 변한과 가야에 해당해요.

② 부여에서는 12월에 영고라는 제천 행사를 열어 한 해를 무사히 보내게 해 준 하늘에 대해 감사의 제사를 올렸어요.

③ 서옥제는 고구려의 결혼 풍습이에요. 결혼한 후, 신랑이 신부 집 뒤에 서옥이라는 집을 짓고 살다가 부부 사이에 태어난 자식이 어느 정도 자라면 신랑의 집으로 돌아가는 제도였어요.

06 철기 문화를 바탕으로 세워진 여러 나라 010 사출도

정답 ①

학생들이 공통으로 이야기하는 나라는 부여로, 지도에서 (가)에 해당해요. ① 부여는 가축의 이름을 딴 마가·우가·저가·구가 등이 사출도를 다스렸으며, 12월에는 영고라는 제천 행사를 열었어요.

정답이 아닌 이유

② (나)는 고구려예요. 고구려는 부여에서 온 주몽이 압록강 중류 졸본 지방을 중심으로 발전의 기틀을 마련하였어요. 고구려에는 동맹이라는 제천 행사가 있었어요.

③ (다)는 옥저예요. 옥저는 혼인 풍습으로 민며느리제가 있고, 장례 풍습으로 가족 공동 무덤을 만들었어요.

④ (라)는 동예예요. 동예는 같은 씨족끼리 결혼하지 않는 족외혼과 다른 부족의 영역을 침범하면 소, 말, 노비 등으로 배상하게 하는 책화라는 풍습도 있었어요. 그리고 동예는 10월에 무천이라는 제천 행사를 열었어요.

07 삼한의 사회 모습 011 소도

정답 ④

소도는 삼한에서 제사장인 천군이 하늘에 제사를 지내는 신성한 장소예요. 소도는 신성한 지역이라 죄인이 들어가도 잡지 못했어요. 소도를 표시하기 위해 큰 나무에 북, 방울 등을 매달았는데 이를 솟대의 유래로 보기도 해요. ④ 삼한에서 정치는 신지·읍차

등의 정치적 지배자(군장)가 담당했고, 제사는 천군이라는 제사장이 담당했어요. 이를 통해 삼한 사회가 제사와 정치가 분리된 제정 분리 사회라는 것을 알 수 있어요.

정답이 아닌 이유

① 고조선은 사회 질서를 유지하기 위하여 범금 8조(8조법)를 만들었는데, 현재는 3개 조항만 전해지고 있어요.

② 부여에서는 해마다 12월에 영고라는 제천 행사가 열렸어요. 이때 농사의 풍요와 성공적인 사냥을 기원하며 하늘에 제사를 지내고, 죄수를 풀어 주기도 했어요.

③ 고구려의 서옥제는 결혼한 후 신랑이 신부 집 뒤에 조그만 집(서옥)을 짓고 살다가 자식이 어느 정도 자라면 신부와 함께 신랑 집으로 돌아가는 혼인 풍습이에요.

08 부여의 정치와 사회 모습 010 사출도

정답 ④

④ 부여는 왕이 중앙을 다스리고 마가·우가·저가·구가 등의 여러 가(加)들이 별도로 사출도를 다스렸어요.

정답이 아닌 이유

① 삼한에 소도라고 불리는 신성 지역이 있었어요. 제사장인 천군이 소도를 다스렸어요.

② 책화는 다른 집단의 영역을 침범하면 소, 말, 노비 등으로 갚도록 한 풍습이에요. 책화라는 풍습이 있었던 나라는 동해안에 위치했던 동예예요.

③ 범금 8조를 통해 백성을 다스린 나라는 고조선이에요. 범금 8조는 8조법으로도 불리는데, 오늘날에는 3개 조항만 전해 오고 있어요.

09 옥저의 풍속

정답 ③

어린 여자아이를 신랑 집에서 데려와 기른 후 며느리로 삼는 혼인 풍습은 옥저의 민며느리제예요. 가족이 죽으면 가매장했다가 나중에 뼈만 추려 가족 공동의 무덤인 커다란 목곽(나무관)에 안치하는 풍습도 옥저의 장례 풍습이에요. ③ 지도에서 옥저는 (다)에 해당해요.

정답이 아닌 이유

① (가)는 부여로, 마가·우가·구가·저가가 사출도를 다스렸어요. 순장, 1책 12법의 풍습이 있었고, 12월에 영고라는 제천 행사가 열렸어요.

② (나)는 고구려로, 제가 회의에서 국가의 중대사를 결정했고, 서옥제라는 혼인 풍습이 있었으며, 10월에 동맹이라는 제천 행사가 열렸어요.
④ (라)는 동예로, 단궁·과하마·반어피가 특산물이었고, 책화와 족외혼의 풍습이 있었어요. 10월에는 무천이라는 제천 행사가 열렸어요.

10 부여의 정치·사회적 특징 <small>010 사출도</small>

정답 ②

'고구려와 백제의 왕족이 자신들의 기원으로 삼았던', '쑹화강 유역', '사출도', '1책 12법' 등을 통해 (가) 나라가 부여임을 알 수 있어요. ② 영고는 12월에 열린 부여의 제천 행사로, 이 기간에는 사람들이 모여 놀았으며 죄수를 풀어 주기도 했어요.

정답이 아닌 이유

① 삼한은 소도라는 신성 구역을 두었어요. 소도는 천군이라는 제사장이 다스리던 신성한 곳으로, 죄인이 들어가도 잡아가지 못하는 지역이었지요.
③ 옥저에는 혼인을 약속한 여자아이를 어릴 때부터 신랑 집에서 기르다가 성장하면 아내로 삼는 혼인 풍습인 민며느리제가 있었어요.
④ 동예에는 다른 부족의 경계를 침범하면 소나 말, 노비 등으로 배상하는 책화라는 풍습이 있었어요.
⑤ 목지국은 삼한 중 가장 세력이 컸던 마한의 54개 소국 중 하나였어요. 목지국의 지배자가 삼한을 대표하였지요.

11 동예의 사회와 경제

정답 ③

'책화'라는 풍습이 있었던 (가) 나라는 동예에요. 책화는 각 씨족의 경제 활동 지역을 중요하게 생각한 제도로, 다른 씨족이 정해진 경제 활동 지역을 침범하면 노비나 소 등으로 갚게 한 것이죠. ③ 옥저와 동예에는 왕이 없었고, 읍군 또는 삼로라고 불리는 군장이 각 지역을 다스렸어요.

정답이 아닌 이유

① 신성 지역인 소도는 삼한의 천군이 다스리던 곳으로 솟대를 세워 표시했어요. 소도에는 정치적 지배자인 군장의 힘이 미치지 못했어요.
② 백제의 귀족들은 정사암에 모여 재상을 선출하고 나라의 일을 논의하였어요.
④ 영고는 12월에 부여에서 열린 제천 행사로, 연일 음식과 가무를 즐겼어요.
⑤ 도둑질한 자에게 12배로 배상(1책 12법)하게 한 나라는 부여예요.

2 삼국과 가야

01 고구려의 건국 시조

정답 ③

주몽이 건국한 (가) 나라는 고구려예요. ③ 졸본(환인) 지역에서 건국된 고구려는 유리왕 때 국내성(지안)으로 도읍을 옮기면서 세력을 확장하고 삼국 중 가장 먼저 나라의 기틀을 마련했어요.

정답이 아닌 이유

① 화백 회의는 신라의 귀족 회의로, 나라의 중요한 일을 모두가 찬성하는 만장일치의 방식으로 결정했어요.
② 독서삼품과를 실시한 시기는 통일 신라의 원성왕 때예요. 독서삼품과는 유학 실력에 따라 3등급으로 나누고 관리를 뽑을 때 참고했던 제도예요.
④ 소도라는 신성 지역이 있었던 나라는 삼한이에요. 소도는 천군이라는 제사장이 다스리던 신성한 곳으로, 죄인이 소도에 들어가도 잡아가지 못했지요.

02 고구려 소수림왕의 업적

정답 ①

고국원왕의 아들 소수림왕(?~384)은 고구려의 최고 교육 기관인 태학을 설립하여 인재를 양성하였어요. 또한 중국으로부터 불교를 받아들여 국민의 마음을 하나로 모았어요. 그리고 통치 기본법인 율령을 반포하였지요. 이처럼 소수림왕은 고구려의 통치 체제를 정립함으로써 고구려가 전성기로 발전할 수 있는 기틀을 마련하였어요.

정답이 아닌 이유

② 병부는 군사에 관한 일을 담당하는 부서로, 신라 법흥왕 때 병부를 설치하였어요.
③ 화랑도를 국가적인 조직으로 정비하여 인재를 양성한 왕은 신라의 진흥왕이에요. 진흥왕은 백제 성왕과 힘을 합쳐 고구려를 공격해 한강 상류 지역을 차지하였고, 이후 백제의 한강 하류 지역까지 빼앗았어요.
④ 고구려 장수왕이 남쪽으로 진출하여 백제의 수도 한성이 함락되자 백제는 북쪽에서 내려오는 고구려를 막기에 유리한 웅진(공주)으로 수도를 옮겼어요.

03 고구려 광개토 대왕의 업적 `012 광개토 대왕과 장수왕`

정답 ②

그림 속의 비석은 장수왕이 광개토 대왕의 업적을 기록하여 세운 '광개토 대왕릉비'예요. ② 신라의 호우총에서 발견된 호우명 그릇의 밑바닥에 광개토 대왕을 의미하는 '국강상광개토지호태왕'이라는 글자가 새겨져 있었어요. 이 유물을 통해 신라가 왜의 침입을 받았을 당시, 고구려의 광개토 대왕에게 도움을 요청했다는 사실을 알 수 있게 되었어요.

정답이 아닌 이유

① 백제 무령왕의 뒤를 이은 성왕은 수로 교통이 편리하고 평야 지대인 사비(부여)로 수도를 옮기고, 중앙 관청과 지방 제도를 재정비하였어요. 또 부여를 계승한다는 의미로 국호를 '남부여'라 칭하였죠.

③ 불교를 처음으로 공인(공식적으로 인정)한 것은, 고구려는 소수림왕, 백제는 침류왕, 신라는 법흥왕 때의 일이에요.

④ 신라 진흥왕은 신라의 청소년들이 몸과 마음을 수련하던 단체인 화랑도를 국가적인 조직으로 정비했어요.

04 고구려 광개토 대왕의 업적 `012 광개토 대왕과 장수왕`

정답 ④

'영락'이라는 연호를 사용했다는 내용에서 카드 앞면의 인물이 고구려의 광개토 대왕임을 알 수 있어요. ④ 광개토 대왕은 신라가 도움을 요청하자 신라에 침입한 왜를 물리쳤어요. 당시 고구려와 신라가 서로 긴밀한 관계였다는 사실은 경주의 고분에서 발견된 호우명 그릇을 통해 알 수 있어요. 호우명 그릇에는 광개토 대왕을 기념하는 문구가 적혀 있지요.

정답이 아닌 이유

① 태학은 소수림왕 때 설립되었어요. 고구려의 최고 교육 기관 태학에서는 귀족의 자제를 대상으로 학문을 가르쳤어요.

② 평양으로 천도한 것은 고구려 장수왕 때의 일이에요. 장수왕은 국내성(지안)에서 평양으로 도읍을 옮기고 남쪽으로 영토를 크게 넓혔어요.

③ 천리장성은 동북쪽으로는 부여성에서 서남쪽으로는 발해만의 비사성에 이르기까지 1,000리에 걸쳐 지은 장성(길게 둘러쌓은 성)으로, 7세기인 647년에 완성되었어요. 당의 침입에 대비해 고구려 말에 국경 근처에 쌓은 성이에요.

05 고구려 장수왕의 업적 `012 광개토 대왕과 장수왕`

정답 ②

장수왕은 고구려 최대의 전성기를 만든 왕이에요. 광개토 대왕의 맏아들이기도 하지요. ② 장수왕은 수도를 국내성에서 평양으로 옮겼고, 적극적인 남진 정책을 실시하였어요. 또한, 백제를 공격하여 수도 한성을 점령하고 한강 남쪽까지 영토를 넓혔어요.

정답이 아닌 이유

① 청해진은 신라의 장보고가 지금의 완도에 설치한 해상 무역 기지예요. 주로 중국, 일본과 무역을 했던 곳이지요.

③ 백제 무령왕은 지방에 왕족을 보내 다스리는 22담로를 설치하였어요.

④ 독서삼품과는 통일 신라 원성왕 때 실시되었어요. 유학 실력에 따라 3개의 등급으로 나누고, 이를 관리를 뽑는 데 참고했던 제도예요.

06 고구려의 발전 과정 `012 광개토 대왕과 장수왕`

정답 ③

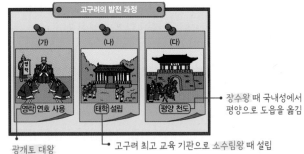

③ 고구려의 발전 과정은 '(나) 태학 설립(소수림왕) → (가) 영락 연호 사용(광개토 대왕) → (다) 평양 천도(장수왕)'의 순서예요.

(나) 소수림왕(?~384)은 율령 반포, 불교 수용, 태학 설립 등을 통해 고구려의 통치 체제를 정립하였어요.

(가) 광개토 대왕(374~412)은 소수림왕 때의 국내 정치 안정을 기반으로 영토 확장에 나섰고, 신라에 침입한 왜구를 물리쳤어요.

(다) 장수왕(394~491)은 광개토 대왕의 아들로, 수도를 평양으로 옮기고 한강 이남 지역까지 영토를 차지하여 신라와 백제를 위협했어요.

07 고구려 광개토 대왕의 업적 `012 광개토 대왕과 장수왕`

정답 ④

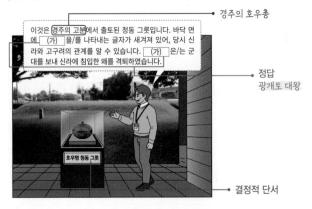

군대를 보내 신라에 침입한 왜를 격퇴하였다', '호우명 청동 그릇' 등의 내용을 통해 (가) 왕이 고구려의 광개토 대왕임을 알 수 있어요. 호우명 청동 그릇은 신라의 수도였던 경주의 한 고분에서

출토된 청동 그릇이에요. 그릇 바닥에 광개토 대왕을 기념하는 문구가 새겨져 있는데, 이는 그만큼 고구려와 신라가 긴밀한 관계였음을 나타내지요.

정답이 아닌 이유

① 태학은 고구려의 최고 교육 기관으로 소수림왕 때 설립되었어요. 소수림왕은 태학 설립 외에도 중국으로부터 불교를 받아들이고 율령을 반포하여 나라의 기틀을 마련했지요.

② 낙랑군을 몰아낸 것은 미천왕 때의 일이에요. 미천왕은 낙랑군, 대방군을 축출하고 영토를 확장하였어요.

③ 고구려 말인 647년에 당의 침입에 대비해 국경 지대에 천리장성을 쌓았어요.

08 을지문덕의 살수 대첩 013 살수 대첩

정답 ④

고구려의 을지문덕은 수나라가 고구려를 침략했을 때 살수에서 큰 승리를 거두었어요. 이를 살수 대첩이라고 해요.

정답이 아닌 이유

① 곽재우는 임진왜란 때 일본군이 쳐들어오자 의령에서 의병을 일으켰어요.

② 김유신은 금관가야의 후손이었고 신라의 귀족 사회에서 제대로 인정을 받지 못하였어요. 하지만 자신의 어려운 처지에 굴하지 않고 황산벌 전투 등 여러 전투에서 큰 승리를 거두어 신라가 삼국을 통일하는 데 큰 기여를 하였어요.

③ 고구려의 연개소문은 정변을 일으켜 영류왕을 제거하고 스스로 대막리지라는 벼슬에 올라 권력을 잡은 인물이에요.

09 고구려의 대외 항쟁

정답 ④

살수 대첩은 중국을 통일한 수가 고구려를 침략했을 때, 고구려의 장수 을지문덕이 살수(청천강)에서 수를 크게 물리친 전투에요. 이 사건으로 중국에서는 수가 망하고 당이 건국되었지요. 이후 연개소문의 정변 등을 구실로 당의 태종이 고구려를 침입하였어요. 요동성과 백암성 등이 함락되었지만, 안시성에서 성주와 백성들이 단결하여 당군을 물리쳤지요. 고구려는 수와 당의 침략을 잘 막아냈지만, 이후 당과 신라의 연합군에 의해 멸망하고 말았어요. ④ 그러므로 안시성 전투(645)가 일어난 시기는 연표에 제시된 살수 대첩(612) 이후와 고구려 멸망(668) 사이의 시기인 (라)에 해당해요.

정답이 아닌 이유

고구려 평양 천도는 장수왕 때의 일에 해당하죠. 장수왕은 국내성을 기반으로 한 귀족 세력을 약화시키고자 평양으로 수도를 옮겼어요. 관산성 전투는 백제 성왕 때 벌어진 백제와 신라의 전투에요. 성왕은 가야, 왜와 함께 신라를 공격했지만, 관산성 전투에서 전사하고 말아요. 모두 안시성 전투 이전의 사실이지요.

10 백제의 중흥 노력 015 22담로

정답 ②

> 이 전시실에서는 한성을 빼앗긴 뒤 웅진과 사비에서 국력을 회복하며 문화의 꽃을 피운 (가) 의 문화유산을 감상하실 수 있습니다.

결정적 단서 — 한성을 빼앗긴 뒤 웅진과 사비에서 국력을 회복
정답 백제
백제 금동 대향로

고구려 장수왕의 공격으로 한성을 빼앗긴 뒤 웅진(공주)으로 수도를 옮기고, 이후 다시 사비(부여)로 수도를 옮겨 국력을 회복하고자 한 (가) 국가는 백제예요. ② 백제를 다시 일으켜 세우고자 무령왕은 지방에 22담로를 두고, 왕족을 보내 다스리게 했어요. 담로란 백제가 지방의 중요한 지역에 설치하였던 행정 구역이에요. 이로 인해 지방 통치 제도를 정비하고, 나라의 기틀을 다져 나갈 수 있었어요.

정답이 아닌 이유

① 주몽은 고구려를 건국한 인물이지요.

③ 고조선은 사회 유지를 위해 8조법을 만들었어요.

④ 골품제는 골품에 따라 왕족·귀족·평민으로 구분하는 신라의 신분 제도예요.

11 백제 성왕의 업적

정답 ①

성왕은 백제의 도읍을 사비(부여)로 옮기고 백제의 부흥을 다지면서 나라 이름을 일시적으로 '남부여'로 고쳤어요. 또한 신라와 힘을 합쳐 한강 유역을 일시적으로 회복하였죠.

정답이 아닌 이유

② 김유신과 함께 삼국 통일을 이끈 김춘추는 진골 신분으로 최초로 신라의 왕이 되었는데, 이 사람이 바로 무열왕이에요.

③ 백제 근초고왕은 마한의 남은 세력을 정복하고, 고구려의 평양성을 공격하여 백제의 영토를 넓힌 왕이에요.

④ 고구려 소수림왕은 율령을 반포하여 나라의 기틀을 다지고 국립 교육 기관인 태학을 설립하였으며, 불교를 수용하였어요.

12 백제의 전성기 014 근초고왕

정답 ④

4세기의 근초고왕은 백제의 전성기를 이룬 왕이에요. 고구려와 싸워 고국원왕을 전사시키는 등 백제의 영토를 가장 많이 넓혔으며, 중국·왜 등 주변 나라들과 활발히 교류하였지요.

정답이 아닌 이유

① 백제의 성왕은 신라 진흥왕에게 배신당하여 한강 하류 지역을

빼앗기자, 직접 군대를 이끌고 신라를 공격했어요. 하지만 관산 성 전투에서 신라 진흥왕에게 패해 결국 목숨을 잃게 되었죠.
② 온조왕은 백제의 시조로, 한강 유역 위례성에서 나라를 세운 인물이에요.
③ 의자왕은 백제의 마지막 왕이에요.

13 신라 지증왕의 업적

정답 ③

국호를 신라로 확정하고 임금의 칭호를 마립간에서 왕으로 고친 왕은 신라 지증왕이에요. ③ 지증왕은 이사부를 보내 우산국(울릉도 일대)을 정복했어요.

정답이 아닌 이유

① 신라에서 불교가 공인된 것은 법흥왕 때 일이에요. 신라는 이 차돈의 순교를 계기로 불교가 공인되었어요. 삼국은 모두 불 교를 통해 나라의 정신적 통일을 꾀하였는데 백제는 침류왕, 고구려는 소수림왕 때 불교를 받아들였어요.
② 노비안검법이 시행된 것은 고려 광종 때 일이에요. 노비안검 법은 호족이 불법적으로 차지한 토지를 원래 주인에게 돌려주 고, 억울하게 노비가 된 사람을 양인으로 풀어 준 것이에요.
④ 황룡사 9층 목탑이 건립된 것은 신라 선덕 여왕 때 일이에요. 이 탑은 고려 시대 몽골군에 의해 불에 타 현재는 그 모습을 볼 수 없어요.

14 신라 법흥왕의 업적　016 법흥왕

정답 ②

② 신라 법흥왕은 이차돈의 순교를 계기로 불교를 공인하였고, 금관가야를 병합하여 영토를 넓혔어요. 또한 병부와 상대등 을 설치하고, 율령을 반포하여 중앙 집권 체제를 완성해 나갔 어요.

정답이 아닌 이유

① 백제 성왕(6세기)은 웅진에서 사비로 도읍을 옮기고, 국호를 '남부여'로 바꾸며 백제의 중흥을 위해 힘썼어요. 또한 신라 진 흥왕과 연합하여 고구려에 빼앗긴 한강 유역을 차지했지만, 신 라의 배신으로 다시 한강을 빼앗기고 관산성에서 전사했지요.
③ 신라 지증왕(6세기)은 이사부를 보내 우산국을 정복하였고, 농사짓는 데 소를 이용(우경)하여 농업 생산력을 높였어요. 또한 국호를 '신라'로 고치고, '왕'의 칭호를 사용했어요.

④ 백제 근초고왕(4세기)은 백제 전성기를 이끌었던 왕으로, 고 구려를 공격하여 북쪽으로 황해도 일부를 차지하고, 마한 전 지역을 정복했어요.

15 신라 진흥왕의 업적　017 진흥왕

정답 ④

'북한산 순수비' 등의 내용을 통해 밑줄 그은 '나'는 신라의 진흥왕 임을 알 수 있어요. 진흥왕은 백제 성왕과 힘을 합쳐 고구려를 공 격하여 한강 상류 지역을 차지하였고, 이후 백제가 차지했던 한 강 하류 지역까지 빼앗았어요. 그뿐만 아니라 대가야를 정복하 여 신라의 영토를 넓혔죠. 진흥왕의 업적은 곳곳에 세워진 비석 으로 알 수 있어요. 단양 적성비, 창녕 척경비, 북한산 순수비, 황 초령비, 마운령비 등이 대표적이지요. ④ 진흥왕은 화랑도를 국 가적인 조직으로 만들어 인재를 길러 냈어요.

정답이 아닌 이유

① 태학을 설립한 왕은 고구려 소수림왕이에요. 태학은 유학을 가르치는 고구려의 최고 교육 기관이에요.
② 고조선에는 백성들을 다스리기 위하여 8조법(범금 8조)이 있 었어요.
③ 지방에 22담로를 설치한 왕은 백제 무령왕이에요.

16 신라의 건국 이야기

정답 ④

자료는 박혁거세와 관련된 건국 이야기예요. 어느 날 한 촌장이 나정이라는 우물가에서 무릎을 꿇고 있는 흰 말과 큰 알을 발견 하였는데, 그 알에서 신라의 시조인 박혁거세가 태어났어요. 이 건국 이야기가 전해지는 (가) 나라는 신라예요. ④ 신라는 귀족 회의인 화백 회의에서 국가의 중요한 일을 결정하였어요.

정답이 아닌 이유

① 위례성을 도읍으로 한 나라는 백제예요.
② 서옥제라는 혼인 풍습이 있는 나라는 고구려예요.
③ 무천이라는 제천 행사가 열린 나라는 동예예요.

17 신라 진흥왕의 업적　017 진흥왕

정답 ③

한강 유역을 차지한 뒤, 이를 기념하여 북한산 순수비를 세우고, 화랑도를 국가적인 조직으로 개편한 왕은 신라의 진흥왕이에요. 진흥왕은 백제 성왕과 연합하여 고구려를 공격하여 한강 상류 지역을 차지하였고, 이후 백제가 차지했던 한강 하류 지역까지 빼앗았어요. 그 후 대가야를 정복하고 함경도 일부 지역까지 영 토를 확장했지요. 진흥왕은 영토 확장을 기념하기 위하여 단양 적성비와 4개의 순수비를 세웠어요.

정답이 아닌 이유

① 통일 신라 신문왕은 유학 교육 기관으로 국학을 설립하였어요.

② 신라 법흥왕은 군사에 관한 일을 담당하는 부서인 병부를 설치하였어요.
④ 통일 신라 원성왕 때 독서삼품과를 실시하여 유교적 소양을 갖춘 인재를 채용하였어요.

18 가야의 건국 `018 김수로왕`

정답 ③

김수로왕은 알에서 태어났으며 김해에 원래 있던 세력인 9간의 추대를 받아 금관가야의 왕이 되었다고 해요. ③ 가야는 낙동강 하류의 변한 지역 소국들이 3세기 무렵에 서로 통합해 나가면서 김해 지역을 중심으로 연맹 왕국으로 발전하였어요.

정답이 아닌 이유

① 8조법으로 백성을 다스린 나라는 고조선이에요.

② 영고라는 제천 행사를 열었던 나라는 부여예요. 부여는 철기 문화를 바탕으로 세워진 나라로 왕은 중앙을 다스리고 가축의 이름을 딴 마가, 우가, 저가, 구가 등이 사출도를 다스렸어요.

④ 화백 회의는 귀족들이 모여 나라의 중요한 일을 결정하던 신라의 귀족 회의예요.

19 가야의 특징 `018 김수로왕`

정답 ⑤

'김해 대성동 고분', '김수로왕이 건국했다'는 내용을 통해 (가) 나라는 가야임을 알 수 있어요. ⑤ 가야에는 철이 많이 생산되어 낙랑과 왜 등에 철을 수출하였어요.

정답이 아닌 이유

① 골품제는 신라 시대의 신분 제도로, 성골·진골의 골과 1~6두품의 품으로 신분을 구분하는 것이에요. 골품제는 관직뿐 아니라 집의 크기까지 제한했다는 특징이 있어요.

② 화백 회의는 국가의 중요한 일을 진골 이상의 귀족들이 모여 만장일치의 방식으로 결정했던 신라의 제도예요.

③ 사출도가 있었던 나라는 부여예요. 사출도는 수도(중앙)를 중심으로 마가, 우가, 저가, 구가 등이 각 부족을 동·서·남·북으로 나누어 다스렸던 지역을 말해요.

④ 신라 초기에는 박씨, 석씨, 김씨가 돌아가며 '이사금' 자리를 차지하여 왕의 권력이 강하지 않았어요. 이후 내물왕 때 이르러 김씨가 왕위를 독점적으로 세습하게 되었죠.

출제 예감 자료 신라의 3성 시조 이야기

박혁거세	석탈해	김알지
백마가 하늘에서 내려와 알을 품으니, 알에서 사내아이가 나왔다.	알을 넣은 궤짝이 떠내려와 경주 바닷가에 도착하였다. 노파가 궤짝을 여니 사내아이가 나왔다.	계림 숲속 나뭇가지에 금빛 궤짝이 걸려 있고 흰 닭이 울고 있어 궤짝을 열어 보니 사내아이가 나왔다.

고씨와 부여씨 단일 성씨만 나오는 고구려와 백제의 건국 이야기와

달리 신라는 박·석·김 3성의 시조가 탄생한 이야기가 전해지며 이들 성씨는 번갈아 신라의 왕이 되었어요. 이를 통해 신라의 건국과 성장이 어느 한 성씨 집단의 힘에 의해 이루어진 것이 아니라, 세 성씨 집단이 서로 연합·협력하였다는 것을 알 수 있어요.

20 고구려의 부흥 운동

정답 ④

'안승', '문무왕' 등의 내용을 통해 고구려 멸망 이후의 상황임을 알 수 있어요. 고구려는 668년 나당 연합군에게 평양성을 함락당했어요. 왕과 귀족들은 당의 군대에 항복하였지만, 고구려 곳곳에서 당에 대한 저항 운동이 시작되었지요. 고구려 부흥 운동을 이끈 검모잠은 안승을 왕으로 세우고, 사람들을 모아 한성 일대에서 당에 대항하였죠. 이후 안승은 검모잠을 죽이고 신라에 투항하면서 금마저(익산)에 보덕국을 세웠고, 신라의 문무왕은 안승을 보덕왕에 임명하였어요. ④ 따라서 해당 시기는 문무왕이 삼국 통일을 완성하기 이전의 (라) 시기임을 알 수 있어요.

정답이 아닌 이유

① 수는 당 이전에 있었던 나라예요.

② 안시성 전투는 고구려가 당의 군대를 안시성에서 크게 물리친 전투로, 고구려 멸망 이전의 일이에요.

③ 660년 백제가 멸망한 이후, 백제 부흥군과 왜의 연합군이 백강 전투에서 나당 연합군에 맞서 싸웠어요.

⑤ 신라의 문무왕은 고구려를 멸망시키고 당을 한반도에서 몰아낸 후 676년 삼국 통일을 완성하였어요. 대조영은 고구려가 멸망한 이후 고구려 유민과 말갈족을 이끌고 698년에 동모산에서 발해를 건국하였어요.

04강 삼국과 가야의 사회와 문화

키워드로 풀리는 기출 문제 본문 33~35쪽

01 ③	02 ③	03 ③	04 ①	05 ③
06 ④	07 ①	08 ①	09 ①	10 ⑤
11 ③				

01 고구려의 문화유산 `020 금동 연가 7년명 여래 입상`

정답 ③

무용도는 고구려의 무덤인 무용총에 그려진 벽화예요. 이 벽화를 통해 고구려인의 복장을 알 수 있어요. 또한 신분에 따라 사람의 크기를 다르게 표현한 것을 알 수 있어요. ③ 고구려의 대표적인 불상은 금동 연가 7년명 여래 입상이에요.

정답이 아닌 이유

① 금동 대향로는 백제인의 뛰어난 공예 기술을 보여 주는 문화

유산이에요.

② 가야의 옛 무덤에서 독특한 모양의 토기들이 발견되었어요. 받침대처럼 생기고 긴 다리가 달린 굽다리 접시와 오리 모양의 토기, 수레 모양의 토기, 배 모양의 토기 등이 있어요.

④ 산수무늬 벽돌은 백제의 유물로 도교의 신선 세계인 산, 나무, 물 등이 표현되어 있어요.

02 고구려의 빈민 구제 제도　019 진대법

정답 ③

고구려 고국천왕 때 재상 을파소의 건의로 진대법을 실시하였어요. 진대법은 매년 봄부터 가을까지 관청의 곡식을 빌려 주고, 곡식을 수확한 시기에 빌린 곡식을 갚게 한 빈민 구제 제도예요.

정답이 아닌 이유

① 고려 태조 왕건은 민생 안정과 빈민 구제를 위해 흑창을 설치하였어요. 흑창은 성종 때 의창으로 이름이 바뀌었어요.

② 상평창은 풍년에 곡식의 값을 올려 사들이고, 흉년에 곡식의 값을 내려 팔아 물가를 조절한 기관이에요. 상평창은 고려 성종 때 설치되었고, 이후 조선 세조 때에 다시 설치되었어요.

④ 제위보는 고려 시대에 돈·곡식 등을 모아 두었다가 백성에게 빌려 주고, 빈민 구제와 의료를 담당한 기관이에요.

03 백제의 탑

021 익산 미륵사지 석탑　　022 부여 정림사지 5층 석탑

정답 ③

백제의 익산 미륵사지 석탑은 오랜 세월을 지나며 크게 파손되었어요. 이후 방치되다시피 한 석탑을 최근에 완전히 해체하여 보수하였죠. ③ 익산 미륵사지 석탑과 함께 오늘날 남아 있는 백제의 석탑으로는 정림사지 5층 석탑이 있어요. 이 탑은 부여 정림사 터에 세워져 있으며, 목탑 양식을 계승해 만들어졌죠.

정답이 아닌 이유

① 불국사 다보탑은 통일 신라 때 불국사 대웅전 앞에 세워진 탑이에요.

② 고려의 경천사지 10층 석탑은 원의 영향을 받아 만들어졌으며, 조선 시대 원각사지 10층 석탑에도 영향을 주었어요.

④ 월정사 팔각 9층 석탑은 강원도 평창군 월정사에 있는 고려 시대의 석탑이에요. 6·25 전쟁 때 화재로 절의 건물과 함께 파괴되었다가 보수되었어요.

04 삼국과 일본의 교류　025 칠지도

정답 ①

삼국 시대에 우리나라의 많은 승려, 학자, 기술자 등이 일본에 건너가 문화를 전해 주었어요. 일본의 목조 미륵보살 반가 사유상의 재료인 붉은 소나무는 일본에서는 자라지 않지만 우리나라에

서는 많이 나는 품종이라고 해요. 이러한 사실을 통해 삼국과 일본이 서로 영향을 주고받았음을 알 수 있죠. ① 백제가 일본(왜)에 보낸 칠지도를 통해 두 나라 간에 활발한 교류가 있었음을 알 수 있어요. 칠지도는 7개의 가지가 달린 칼로 백제의 전성기를 이끈 근초고왕 때 왜왕에게 선물로 보냈다고 알려져 있어요.

칠지도

정답이 아닌 이유

② 청자 참외모양 병은 고려의 순청자를 대표하는 작품이에요.

③ 논산 관촉사 석조 미륵보살 입상은 고려의 불상이에요. 지역적 특색을 드러낸 거대한 불상으로 토속적인 얼굴을 하고 몸에 비해 머리가 큰 특징을 지녀요. 이러한 불상은 왕실이나 귀족, 호족들에 의해 만들어졌어요.

④ 몽유도원도는 안평대군이 꿈속에서 본 무릉도원의 모습을 듣고 안견이 그린 것으로, 조선 전기의 대표적인 그림이에요.

출제 예감 자료	삼국 문화의 일본 전파		
수산리 고분 벽화 (고구려)	다카마쓰 고분 벽화 (일본)	금동 미륵보살 반가 사유상 (삼국)	고류사 목조 미륵보살 반가 사유상(일본)
긴 저고리에 색동 주름 치마를 입은 옷차림이 비슷해요.		한쪽 다리를 올리고 앉아 생각에 잠겨 있는 모습이 매우 비슷해요.	

05 백제 무령왕의 업적　015 22담로

정답 ③

담로는 백제가 지방을 효과적으로 다스리기 위해 설치한 행정 구역으로, 국왕의 자제나 왕족을 지방의 요지에 보내 다스리게 하였던 제도예요. ③ 백제 무령왕은 22담로를 설치해 지방 통제를 강화하였어요.

정답이 아닌 이유

① 수의 군대가 침입하자 고구려의 을지문덕이 살수에서 수의 군대를 물리쳤어요. 이를 살수 대첩이라고 해요.

② 수도를 국내성에서 평양성으로 옮긴 인물은 고구려의 장수왕이에요.

④ 진대법은 을파소가 고국천왕에게 건의하여 실시된 제도로 전해지고 있어요.

10

무령왕릉의 출토 유물

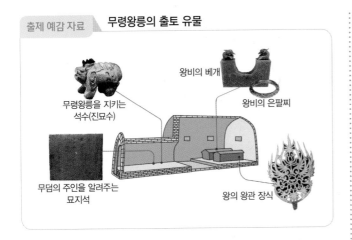

왕비의 베개

무령왕릉을 지키는
석수(진묘수)

왕비의 은팔찌

무덤의 주인을 알려주는
묘지석

왕의 왕관 장식

06 고구려 사람들의 생활 모습

정답 ④

(가)에는 고구려 사람들의 생활 모습을 보여 주는 문화유산이 들어가야 해요.

④ 고구려의 문화유산이 아닌 것은 신라의 천마총에서 발굴된 천마도예요. 천마는 죽은 사람을 하늘로 실어 나른다고 여겨지는 상징물이에요. 천마도는 벽화가 아니고, 말의 안장 양쪽에 달아 늘어뜨리는 말다래에 새겨진 그림이랍니다.

정답이 아닌 이유

① 무용총 무용도로, 고구려 시대 무용수들이 같은 동작으로 춤을 추고 있는 모습을 볼 수 있어요.

② 말을 타고 활을 쏘며 사냥하는 장면을 그린 수렵도를 통해 고구려인들의 씩씩하고 굳센 기상을 엿볼 수 있지요.

③ 무용총 접객도는 손님을 맞아서 시중드는 모습을 그린 벽화예요. 사람들의 신분에 따라 크기를 달리하여 그렸다고 해요. 시중드는 사람은 작게, 신분이 높은 사람은 크게 그렸죠. 이뿐만 아니라 입은 옷도 서로 다르는 사실도 알 수 있어요.

고구려 고분 벽화

덕흥리 고분 벽화 행렬도

각저총 씨름도

고구려 고분은 특히 벽화로 유명해요. 고구려인들은 굴식 돌방의 벽면은 물론, 널길, 천장 등 내부 전체에 벽화를 그렸어요. 삼국 시대의 벽화 고분은 대부분 고구려의 것이지요. 고분 벽화를 통해 당시 고구려 사람들의 생활 모습을 알 수 있어요.

07 신라의 사회 모습 `023 골품제`

정답 ①

왕성이 경주 월성이었다는 내용을 통해 '이 나라'는 신라임을 알 수 있어요. 박혁거세는 경주 지역을 중심으로 신라를 건국했어요. 경주 월성은 신라 시대 때 왕이 살던 성이에요. 월성은 성이 있는 곳이 초승달처럼 생긴 지형이라서 붙여진 이름이에요.

① 신라는 중앙 집권화를 이룩하는 과정에서 골품제라는 독특한 신분제를 마련했어요. 골품제는 골품에 따라 왕족·귀족·평민으로 구분하는 신분 제도예요. 지배층인 왕족은 성골과 진골, 그 아래 지배층은 6두품에서 1두품으로 나누었어요. 골품에 따라 관직의 직급, 집의 크기, 옷의 색깔 등도 차별을 받았어요.

정답이 아닌 이유

② 고려는 전국을 5도 양계로 나누어 통치하였어요. 일반 행정 구역인 5도에는 안찰사를 파견하였고, 국경선을 마주한 북쪽 지역에는 양계를 두어 병마사를 파견하였어요.

③ 고구려의 고국천왕은 빈민 구제를 위해 진대법을 실시하였죠.

④ 백제 귀족들은 정사암이라는 바위에 모여 회의를 하여 국가의 중대사를 결정하였어요.

08 백제의 석탑 `021 익산 미륵사지 석탑`

정답 ①

한국의 석탑 중 가장 크고 오래된 '이 탑'은 익산 미륵사지 석탑이에요. ① 미륵사지 석탑은 목탑의 양식으로 지어졌어요.

정답이 아닌 이유

② 돌을 벽돌 모양으로 다듬어 쌓아 올린 것은 전탑이에요. 경주의 분황사 모전 석탑이 대표적이에요.

③ 원의 영향을 받아 대리석으로 제작된 탑은 고려 시대에 제작된 경천사지 10층 석탑이에요.

④ 내부에서 무구정광대다라니경이 발견된 탑은 불국사 대웅전 앞의 3층 석탑(석가탑)이에요. 무구정광대다라니경은 세계에서 가장 오래된 목판 인쇄물로 인정받고 있어요.

미륵사 터

미륵사 복원 상상도

복원 후의
미륵사지 석탑

09 가야의 문화유산 `024 철제 판갑옷과 투구`

정답 ①

'김수로의 건국 이야기', '연맹 왕국', '낙랑·왜와 무역'과 관련 있는 (가) 나라는 가야예요. 가야는 약 1세기부터 6세기 중엽까지 주로 경상도 일대를 차지했던 나라예요. 고구려, 백제, 신라 삼국이 대립하며 성장할 무렵, 낙동강 유역의 평야 지역에 있던 연맹 왕국이지요. 초기에는 김해의 금관가야, 후기에는 고령의 대가야가 가야 연맹을 주도했어요. 가야는 질이 좋은 철이 많이 생산되어 이를 바탕으로 낙랑·왜 등의 나라들과 활발하게 교역할 수 있었어요. ① 철로 된 칼과 창, 갑옷 등의 문화유산을 통해 가야의 철기 문화 수준이 높았음을 확인할 수 있어요.

정답이 아닌 이유

② 백제 금동 대향로는 부여 능산리 절터에서 발견된 높이 64cm의 향로예요. 백제의 뛰어난 금속 공예 기술을 보여 주고 있죠.

③ 호우명 그릇은 경주 호우총에서 출토된 청동 그릇이에요. 그릇 바닥에는 '국강상광개토지호태왕'이라는 글자가 새겨져 있어, 당시 고구려와 신라의 관계가 긴밀했음을 알 수 있게 해 주지요.

④ 신라의 금관총 금관은 당시 신라 지배층의 무덤에서 발견되었어요. 황금으로 만들어진 이 금관을 통해 당시 신라의 섬세한 금속 공예 기술을 확인할 수 있죠.

10 백제의 석탑　022 부여 정림사지 5층 석탑

정답 ⑤

'부여', '목탑의 구조', '당의 장수 소장방이 쓴 글이 새겨져 있다'는 내용을 통해 (가)는 부여 정림사지 5층 석탑임을 알 수 있어요. 부여 정림사지 5층 석탑은 균형 잡힌 조형미로 유명한 백제의 대표적인 석탑이에요. 목탑의 구조와 비슷해 백제의 석탑이 목탑 형태에서 시작되었다고 추정할 수 있는 근거가 되지요. 한때 당의 장수 소정방이 자신의 공적을 새겨 놓아 평제탑(백제를 평정하고 세운 탑)이라 불리기도 하였어요.

정답이 아닌 이유

① 통일 신라의 구례 화엄사 4사자 3층 석탑이에요.

② 통일 신라의 경주 불국사 3층 석탑(석가탑)이에요. 다보탑과 함께 통일 신라 때 불국사 대웅전 앞에 세워진 탑이지요.

③ 통일 신라의 양양 진전사지 3층 석탑이에요.

④ 통일 신라의 경주 감은사지 3층 석탑으로, 동쪽과 서쪽에 동일한 모양의 3층 석탑이 마주보고 서 있어요. 신라 신문왕 때 삼국을 통일한 문무왕의 명복을 빌기 위해 만들어졌어요.

11 가야의 문화유산　024 철제 판갑옷과 투구

정답 ③

'김해 대성동 고분군', '덩이쇠', '김수로왕 건국' 등을 통해 (가)에 들어갈 나라는 가야임을 알 수 있어요. ③ 가야의 철제 판갑옷과 투구예요. 판갑옷은 여러 장의 긴 철판을 이어 만든 갑옷으로, 당시 가야의 철을 다루는 기술이 뛰어났음을 보여 주지요. 이러한 가야의 철은 낙랑과 왜 등으로 수출되기도 하였어요.

정답이 아닌 이유

① 백제 산수무늬 벽돌이에요. 산과 나무, 구름 등 자연과 더불어 살려는 이상이 담겨 있어요. 당시 귀족 사회에 도교가 유행했음을 보여 주는 유물이에요.

② 칠지도는 7개의 가지가 달린 칼로 백제의 전성기를 이끈 근초고왕 때 왜왕에게 선물로 보냈다고 알려져 있어요.

④ 진묘수(석수)는 무덤을 지키는 상상의 동물이에요. 무령왕릉에서 발견된 유물 중 하나지요.

⑤ 발해의 돌사자상이에요.

3 통일 신라와 발해

05강 신라의 삼국 통일과 발해의 건국과 발전

키워드로 풀리는 기출 문제　본문 40~41쪽

| 01 ③ | 02 ② | 03 ② | 04 ④ | 05 ③ |
| 06 ④ | 07 ④ | 08 ① | 09 ③ | |

01 신라의 삼국 통일 과정　027 황산벌 전투

정답 ③

황산벌 전투에서 백제의 계백 장군이 신라의 김유신 장군에게 패배하면서 나당 연합군에 의해 백제가 멸망하였어요(660). ③ 백제 멸망 이후 왕자 풍, 복신, 도침, 흑치상지가 백제 부흥 운동을 전개하였으나 실패하였지요.

정답이 아닌 이유

① 대가야는 신라 진흥왕 때인 562년에 정복되었으므로 황산벌 전투 이전의 사실이에요.

② 안시성 전투(645)는 살수 대첩(612) 이후 수가 멸망하고 당이 세워지자 당 태종이 고구려를 침입하였을 때 일어난 사건이에요. 안시성 전투도 황산벌 전투 이전의 사실이에요.

④ 백제의 공격을 받던 신라는 김춘추를 당에 보내 당과의 군사 동맹을 성사시켜 나당 연합을 이루었어요(648). 나당 연합군은 이후 황산벌 전투를 일으켜 백제를 멸망시켰어요.

02 신라의 삼국 통일 과정　026 김춘추

정답 ②

'선덕 여왕 11년 군사를 청하러 고구려로 떠났습니다', '몇 해 후 당으로 건너가 동맹을 맺었지요'라는 내용을 통해 '그'는 김춘추임을 알 수 있어요. ② 백제의 침입으로 대야성이 함락되자 신라는 김춘추를 보내 고구려 보장왕에게 도움을 요청하였어요. 하지만 고구려는 신라의 요청을 거절하였고 김춘추를 가두었어요. 이 과정에서 김춘추는 '토끼와 거북이의 이야기' 속 토끼처럼 꾀를 내어 고구려에게 영토를 돌려주겠다고 속이고 신라로 돌아오지요. 이후 김춘추는 당으로 건너가 당 태종을 설득하였고, 신라와 당은 동맹 관계를 맺는 데 성공하지요. 이후 신라는 당과 연합하여 백제와 고구려를 공격하였어요. 결국 백제는 660년, 고구려는 668년에 멸망하였어요. 이렇듯 신라가 삼국을 통일하는 데 중심적인 역할을 한 인물이 김춘추예요. 그가 바로 최초의 진골 출신 왕인 태종 무열왕이에요.

정답이 아닌 이유

① 김대성은 경덕왕의 뜻을 받들어 불국사와 석굴암을 지었어요.

③ 사다함은 진흥왕 때, 대가야와의 전쟁에 참여해 16세 나이로 큰 공을 세운 화랑이에요.

④ 이사부는 지증왕 때, 우산국(울릉도를 지배했던 왕국)을 정복한 신라의 장군이에요.

03 신라의 삼국 통일 과정

정답 ②

문무왕이 당을 몰아내기 위해 벌인 '전쟁'은 나당 전쟁을 뜻하죠. 지도에 나타낸 것은 매소성 전투를 의미해요. 당이 신라와 힘을 합쳐 백제와 고구려를 멸망시킨 후 한반도 전체를 차지하려고 하자 신라와 당이 전쟁(나당 전쟁)을 벌였어요. ② 7년에 걸친 전쟁 끝에 신라는 매소성에서 당의 20만 대군을 물리치고, 금강 하구의 기벌포에서 당의 수군도 물리쳤어요.

정답이 아닌 이유

① 광성보 전투는 미국이 조선의 강화도를 침략한 신미양요(1871) 때 일어났어요. 평양에서 미국 배가 불탄 제너럴 셔먼호 사건을 구실로 강화도에 침략한 미군에 맞서 싸운 것이에요.

③ 우금치 전투는 동학 농민 운동 과정에서 일어난 사건이에요. 동학 농민군은 일본을 몰아내기 위해 2차 봉기를 했어요. 한성으로 진격하던 농민군은 공주 우금치에서 관군과 일본군에 맞서 싸우다 패배했어요.

④ 처인성 전투는 고려 시대 몽골의 침략을 물리친 사건이에요. 승려 출신이었던 김윤후는 1232년 이 전투에서 몽골군 사령관 살리타를 사살했어요.

04 통일 신라 말의 사회 모습

정답 ④

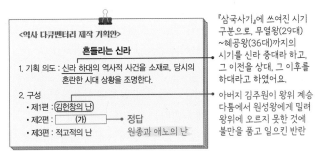

『삼국사기』에 쓰여진 시기 구분으로, 무열왕(29대)~혜공왕(36대)까지의 시기를 신라 중대라 하고, 그 이전을 상대, 그 이후를 하대라고 하였어요.

아버지 김주원이 왕위 계승 다툼에서 원성왕에게 밀려 왕위에 오르지 못한 것에 불만을 품고 일으킨 반란

'신라 하대', '김헌창의 난' 등을 통해 (가)에 들어갈 내용은 신라 말에 일어난 사건임을 알 수 있어요. 신라 하대, 진성 여왕 때 계속되는 자연재해로 농민들의 생활이 어려웠어요. 신라 정부는 이를 헤아리지 못하고 관리를 보내 농민들에게 세금을 독촉했죠. ④ 그러자 농민들은 반란을 일으키기 시작했는데 대표적인 것이 경상도 상주(사벌주)에서 일어난 '원종과 애노의 난'이에요. 이후 적고적(붉은 바지 도적)이 난을 일으키기도 했어요.

정답이 아닌 이유

① 만적의 난은 고려 시대 무신 정권기에 일어났어요. 최충헌의 사노비 만적은 신분 해방을 주장하면서 난을 준비하다 발각되었어요.

② 홍경래의 난(1811)은 조선 후기 세도 정치 시기에 일어난 사건이에요. 몰락 양반 홍경래는 탐관오리의 수탈과 평안도 지방에 대한 차별에 반대하며 난을 일으켰어요.

③ 망이·망소이의 난은 고려 시대 무신 정권 시기에 공주 명학소에서 망이와 망소이 형제가 무리를 모아 일으켰어요.

05 신라 말 새로운 세력의 등장

정답 ③

'신라 말 지방에서 나타남', '스스로 성주 또는 장군이라고 칭함'이라는 내용을 통해 제시된 퀴즈의 정답이 호족임을 알 수 있어요. ③ 호족은 신라 말, 중앙 정부의 통치력이 약해지자 지방에서 성장한 세력으로, 그들은 스스로를 장군, 성주라고 칭하였지요. 이들은 독자적으로 군사력과 경제력을 갖추고 지방을 실질적으로 지배한 세력이에요.

정답이 아닌 이유

① 양반은 조선 시대의 지배층으로, 높은 벼슬과 많은 토지를 차지하였어요. 원래는 문반·무반 관리를 의미했으나 점차 그 가족이나 후손까지 포괄하여 이르게 되었어요.

② 중인은 조선 시대 신분 중 하나예요. 중앙이나 지방의 관청에서 일하는 향리와 서리, 의약을 담당한 의관, 통역을 담당한 역관 등이 있었어요. 이들은 전문 지식과 기술을 가지고 직업을 세습할 수 있었지만 고위 관리가 되기는 어려웠지요.

④ 고려의 문벌 귀족은 왕실이나 비슷한 지위의 집안끼리 혼인하여 자신의 지위와 권력을 지키고자 하였어요. 또한 국가로부터 많은 토지를 받았고, 자신의 권력을 이용하여 자식에게 지위를 물려주었지요. 경원 이씨의 이자겸이 고려의 가장 대표적인 문벌 귀족이에요.

06 발해의 건국 028 대조영 029 해동성국

정답 ④

자료에서 당의 추격을 물리치고 동모산에 세운 '나라'는 발해예요. 발해는 고구려를 계승한 나라로 대조영이 건국하였어요. 이후 왕위에 오른 무왕과 문왕은 각각 '인안'과 '대흥'이라는 독자적인 연호를 사용했어요. ④ 선왕 때는 전성기를 이루어 중국(당)으로부터 '동쪽의 가장 융성한 나라'라는 의미의 해동성국이라 불렸어요.

정답이 아닌 이유

① 진대법을 실시한 나라는 고구려예요. 고구려 고국천왕 때 실시된 진대법은 봄에 곡식이 부족할 때 나라에서 백성들에게 곡식을 빌려 주고 추수한 후에 갚게 한 제도예요. 최초의 빈민 구제 제도라고 할 수 있죠.

② 왜에 칠지도를 보낸 나라는 백제예요. 칠지도는 백제의 왕세자가 왜의 왕을 위하여 만들어 주었다는 내용이 새겨져 있는데 현재 일본에 보관되어 있어요.

③ 전국에 9주 5소경을 둔 것은 통일 신라 때예요. 신라는 통일 후 넓어진 영토를 다스리기 위해 전국을 9주로 나누었으며, 수도인 금성(경주)이 한쪽에 치우쳐 위치한 것을 보완하기 위해 5소경을 두었어요.

07 발해의 발달 과정　028 대조영　029 해동성국

정답 ④

대조영은 자신을 따르는 고구려의 유민들과 말갈족을 이끌고 동모산 기슭에서 발해를 건국하였어요(698). 무왕 때는, 장수 장문휴에게 당의 산둥반도의 등주를 공격하게 하였으므로 (가)에 들어갈 사실은 ④예요. 문왕은 무(武)보다는 문(文)에 힘쓴 왕이에요. 이때 상경으로 수도를 옮기고 친선 관계를 회복하여 당의 문물을 수용하였지요. 문왕이 이룬 기반 위에 선왕은 발해의 최전성기를 이끌어 냈지요. 선왕은 '건흥'이라는 연호를 사용하였고, 동쪽으로는 연해주, 북쪽으로는 헤이룽장강, 서쪽으로는 요동 지역까지 진출하여 고구려의 옛 땅을 대부분 회복함으로써 발해 최대의 영토를 차지해요. 중국에서는 이러한 발해를 일컬어 '해동성국'이라 불렀지요.

정답이 아닌 이유

① 조선 시대 세종 때, 이종무가 왜구의 근거지인 대마도를 정벌하였어요.

② 조선 시대 세종 때, 압록강 유역에 4군, 두만강 유역에 6진을 개척하였어요.

③ 고려 때, 윤관의 건의로 별무반이 조직되어 여진을 정벌하고, 여진이 차지하던 동북 지방 일대에 동북 9성을 축조하였어요.

출제 예감 자료　무왕

대조영의 뒤를 이은 무왕의 이름은 대무예이며, '인안'이라는 독자적인 연호를 사용하였고, 동북쪽의 여러 말갈족을 복속하여 영토를 넓혔어요. 발해의 세력 확장에 위기를 느낀 흑수 말갈이 당과의 연계를 꾀하자, 무왕은 장문휴를 시켜 당의 등주를 먼저 공격하였지요(732). 한편 발해는 일본과의 친선 관계를 통해 신라와 당을 견제하였어요.

---

08 통일 신라 신문왕의 업적

정답 ①

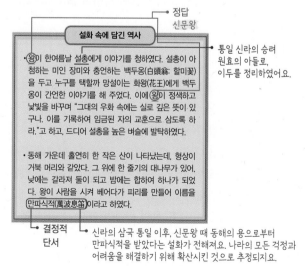

'설총', '만파식적'을 통해 밑줄 그은 '왕'이 통일 신라의 신문왕임을

알 수 있어요. 신문왕은 9주 5소경으로 지방 행정 조직을 정비하고, 국학을 설립하여 유학 교육을 실시하였어요. ① 또한 관리들에게 관료전을 지급하고 녹읍을 폐지하였습니다. 이것은 왕권을 강화하고 귀족들의 경제력을 약화시키기 위해 실시한 정책이랍니다.

정답이 아닌 이유

② 통일 신라 원성왕 때 독서삼품과를 실시함으로써 유교 경전의 이해 정도를 시험하여 관리를 채용하였어요.

③ 신라 법흥왕은 병부를 설치하여 군권을 장악하였어요. 또한 상대등을 설치하고 관등을 정비하는 등 왕권을 강화하기 위한 여러 정책을 펼쳤지요.

④ 신라의 선덕 여왕은 승려 자장의 건의를 받아들여 주변국의 침략을 막고자 하는 염원을 담아 황룡사 9층 목탑을 건립하였어요.

⑤ 통일 신라 진성 여왕 때인 888년, 위홍과 대구화상이 왕명을 받아 『삼대목』을 편찬하였어요. 『삼대목』은 향찰(한자의 음과 뜻으로 국어를 표기하는 방법)로 지은 가요인 향가를 모은 향가집이에요.

---

09 발해 문왕의 업적

정답 ③

'대흥'과 '정혜 공주와 정효 공주가 자녀'라는 내용을 통해 발해의 제3대 왕인 문왕에 대한 것임을 알 수 있어요. 무왕의 뒤를 이어 왕위에 오른 문왕은 당과의 친선 관계를 회복하여 당의 문물을 수용하였어요. 또한 신라도라는 교통로를 설치하여 신라와도 교류하였지요. ③ 문왕은 확대된 영토를 효과적으로 다스리고, 자신의 권력 기반을 강화하기 위하여 상경으로 수도를 옮겼어요.

정답이 아닌 이유

① 발해의 무왕은 '인안'이라는 독자적 연호를 사용하였고, 이후 왕위에 오른 문왕은 '대흥'이라는 연호를 사용하였지요.

② 무왕은 흑수 말갈의 토벌 과정에서 벌어진 일에 대한 당의 조치에 불만을 품고, 당의 등주로 장문휴를 보내 선제 공격하였어요.

④ 당이 흑수 말갈을 이용하고 발해를 견제하려고 하자 무왕은 대문예로 하여금 흑수 말갈을 정벌하게 하였어요.

⑤ 대조영은 당의 간섭을 피해 고구려 유민과 말갈인을 이끌고 동모산에서 발해를 건국하였어요.

06강　통일 신라와 발해의 사회와 문화

키워드로 풀리는 기출 문제　본문 44~45쪽

01 ②	02 ①	03 ④	04 ①	05 ④
06 ④	07 ①	08 ①		

---

01 신라의 신분 제도　023 골품제

정답 ②

'신라', '진골이 아니면 승진에 제한이 있지 않은가?'라는 내용을 통해 (가)에 들어갈 제도는 신라의 신분 제도인 골품제임을 알 수 있어요. 신라에는 삼국 통일 이전부터 골품제라는 신분제가 있었어요. 혈통에 따라 신분의 등급(골품)을 나누었는데 골품에 따라 오를 수 있는 관직의 직급이 달랐고, 집의 크기와 옷의 종류와 색깔, 장신구 등을 차별화하였지요.

정답이 아닌 이유

① 진흥왕은 활발한 정복 사업을 펼치면서 용감하고 애국적인 전사가 필요해짐에 따라 화랑도를 국가적인 조직으로 정비했어요. 이후 화랑도는 삼국 통일을 달성하는 데 크게 기여하였지요.

③ 신라에서는 국왕 교체나 전쟁과 같은 국가의 중대한 일을 귀족들이 모인 화백 회의에서 결정하였어요. 화백 회의는 만장일치를 원칙으로 하였기 때문에, 왕이라고 해도 마음대로 사안을 결정할 수 없었어요.

④ 통일 신라는 촌주 등의 지방 세력가를 일정 기간 동안 중앙(금성)에 머물게 하는 상수리 제도를 시행하여 지방 세력을 견제하였어요.

출제 예감 자료 **골품제**

골품제는 신라의 신분 제도에요. 왕족인 성골과 진골, 그 아래에 6두품에서 1두품까지 8등급으로 나뉘어 있었어요. 골품에 따라 관직 진출의 제한이 있어 주요 관직은 진골이 독점하였고, 6두품은 학문과 종교 분야에서 활동하는 경우가 많았어요. 또 집의 건축 규모, 착용할 수 있는 옷감의 종류 등 일상생활에서도 차등을 두었지요.

02 통일 신라의 대외 교역 030 청해진

정답 ①

통일 신라 시대의 흥덕왕 때 장보고가 완도에 청해진을 설치하여 해상권을 장악하고, 중국과 일본 사이에서 해상 무역을 주도하였어요.

정답이 아닌 이유

② 조선 초기에 여진에 대한 회유책으로 국경 지역에 무역소를 설치하여 여진과 교역했어요.

③ 조선 후기에 개시(공무역)와 후시(사무역)를 통한 국경 무역이 활발했어요.

④ 변한과 가야는 철이 풍부하여 낙랑과 왜에 철을 수출했어요.

03 통일 신라의 경제 모습

정답 ④

'신라 촌락 문서', '서원경에 속한 촌을 비롯한 4개 촌락의 경제 상황 기록'이라는 내용을 통해 민정 문서에 관한 것임을 알 수 있어요. 일본의 도다이사 쇼소인에 소장된 신라 촌락 문서는 현존하

는 가장 오래된 호구 조사 자료예요. 서원경 근처 4개 촌락의 경제 상황을 3년마다 작성하였지요. 촌주는 촌민의 출생과 사망을 비롯해 이사할 때마다 전입과 전출을 파악하여 촌락 문서를 작성하였어요. 신라 촌락 문서에는 인구 외에도 말과 소의 수, 토지의 넓이, 뽕나무·잣나무가 몇 그루인지까지 기록되어 있어요.

④ 이를 통해 노동력을 동원하고 세금을 징수하기 위하여 신라 촌락 문서가 작성되었음을 알 수 있어요. 신라 정부는 이 문서를 통해 지방 농민을 효과적으로 지배하고자 하였지요.

정답이 아닌 이유

①『삼국유사』에 단군의 건국 이야기가 수록되어 있어요.

② 병인양요 때 프랑스군은 퇴각하면서 외규장각 건물을 불태우고, 그 안에 보관된 왕실 관련 행사 기록인 의궤와 보물들을 약탈해 갔어요.

③ 합천 해인사 팔만대장경판은 유네스코 세계 기록유산으로 등재되었어요.

04 통일 신라의 문화유산 032 불국사와 석굴암

정답 ①

'경주 불국사 대웅전 앞에 있어', '2층 기단 위에 3층의 탑신을 세웠어', '탑을 보수하던 중 무구정광대다라니경이 발견되었지'의 내용을 통해 학생들이 공통으로 이야기하는 문화유산은 불국사 3층 석탑(석가탑, 무영탑)임을 알 수 있어요. 경주 불국사 대웅전 앞에는 다보탑과 3층 석탑이 있어요. 특히 불국사 3층 석탑을 보수하면서 무구정광대다라니경이 함께 발견되었지요. 무구정광대다라니경은 부처의 말씀을 정리해 놓은 두루마리 형식의 불경인데 현존하는 가장 오래된 목판 인쇄물로 유명해요.

정답이 아닌 이유

② 부여 정림사지 5층 석탑은 목탑 양식이지만 돌의 특성을 살려 만든 석탑이에요.

③ 분황사 모전 석탑은 현재 3층까지 남아 있는데 돌을 벽돌 모양으로 다듬어 쌓아 올려 웅장한 느낌을 주어요.

④ 익산 미륵사지 석탑은 목탑 양식으로 만든 석탑으로, 우리나라의 석탑 중에서 가장 크고, 가장 오래되었어요.

05 통일 신라의 문화유산 032 불국사와 석굴암

정답 ④

석굴암은 통일 신라 시대 때 경덕왕의 뜻을 받들어 김대성이 만들었어요. ④ 경북 경주의 토함산에 자리 잡고 있는 사찰로, 화강암을 쌓아 동굴처럼 만들었어요. 특히 석굴암은 뛰어난 예술성을 인정받아 1995년 유네스코 세계유산에 등재되었어요.

정답이 아닌 이유

① 안압지로 불리기도 한 곳은 경주에 있는 동궁과 월지예요. 동궁은 신라의 태자가 머물렀던 곳이라고 해요. 안압지는 인공 연못으로, 금동 불상을 비롯한 신라의 유물이 많이 발굴되었어요.

② 천마도 등의 유물이 출토된 곳은 경주 대릉원에 있는 천마총이에요. 천마도는 말을 탄 사람의 다리에 흙이 튀지 않도록 한 말다래에 하늘을 나는 것처럼 보이는 하얀 말이 새겨져서 붙여진 이름이에요.

③ 무구정광대다라니경이 발견된 곳은 경주 불국사 3층 석탑(석가탑)이에요. 무구정광대다라니경은 세계에서 가장 오래된 목판 인쇄물이에요.

06 발해의 문화 유산 033 고구려와 발해의 닮은 꼴

정답 ④

(가)에 들어갈 발해의 문화유산은 연꽃무늬 수막새예요. 연꽃은 불교의 상징이고, 수막새는 기와의 끝을 마무리하는 데 사용된 장식이에요. 발해의 연꽃무늬 수막새는 고구려의 연꽃무늬 수막새와 매우 닮아 있어요. 발해의 연꽃무늬 수막새를 통해서 발해에 불교 문화가 발달했다는 것과 발해가 고구려의 문화를 계승했다는 것을 알 수 있지요.

정답이 아닌 이유

① 칠지도는 칼날이 7개인 칼로 백제왕이 왜왕에게 하사한 칼이에요. 당시 백제가 일본과 친밀한 관계였다는 사실을 뒷받침하지요.

② 금관총 금관은 경주에서 출토된 신라 시대의 유물이에요.

③ 호우총 청동 그릇은 경주 호우총에서 출토된 고구려의 청동 그릇으로 '호우명 그릇'이라고도 해요. 바닥에 '을묘년국강상광개토지호태왕호우십'이라고 새겨져 있어요. '을묘년(415)에 광개토 대왕을 기념하기 위해 만든 호우'로 풀이돼죠. 이 시기 고구려의 문물이 신라로 많이 유입되었는데, 호우명 그릇은 당시 신라와 고구려의 관계를 알 수 있는 중요한 유물이에요.

07 통일 신라의 승려 031 원효

정답 ①

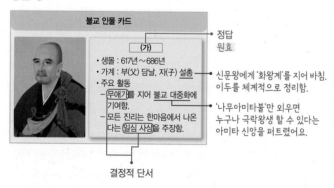

불교 인물 카드

(가) 정답 원효

· 생몰 : 617년~686년
· 가계 : 부(父) 담날, 자(子) 설총
· 주요 활동
  ─ 무애가를 지어 불교 대중화에 기여함.
  ─ 모든 진리는 한마음에서 나온다는 일심 사상을 주장함.

신문왕에게 '화왕계'를 지어 바침. 이두를 체계적으로 정리함.

'나무아미타불'만 외우면 누구나 극락왕생 할 수 있다는 아미타 신앙을 퍼트렸어요.

결정적 단서

무애가를 지어 불교 대중화에 기여한 인물은 신라의 승려인 원효예요. 원효는 일심 사상을 이론적으로 정리하고 이를 바탕으로 다른 종파와의 대립을 완화하고자 화쟁 사상을 주장하였어요. ① 원효의 대표 저서로는 『대승기신론소』, 『십문화쟁론』 등이 있어요.

정답이 아닌 이유

② 원광은 화랑의 행동 규범으로 세속 5계를 제시하였어요.

③ 의상에 대한 설명이에요. '화엄일승법계도'는 화엄 사상의 요지를 간결하게 요약한 시예요.

④ 혜초는 당을 거쳐 인도와 중앙아시아 지역을 여행한 후 『왕오천축국전』을 저술하였어요.

⑤ 선덕 여왕은 자장의 건의를 받아들여 주변 9개국을 신라가 복속하기를 바라는 염원을 담아 황룡사 9층 목탑을 건립하였어요.

08 발해의 문화유산 033 고구려와 발해의 닮은 꼴

정답 ①

온돌을 사용하였으며 고구려를 계승한 (가) 국가는 발해예요. ① 발해의 문화유산인 이불병좌상은 두 부처가 나란히 앉아 있는 모습을 하고 있으며, 고구려와 발해의 양식이 조화를 이룬 불상이에요.

정답이 아닌 이유

② 고구려의 대표적인 불상인 금동 연가 7년명 여래 입상이에요. 불상에 새겨져 있는 '연가 7년명'을 통해 고구려의 불상이라는 것을 알 수 있지요.

③ 통일 신라의 불상인 감산사 석조 아미타여래 입상이에요.

④ 삼국 시대의 불상인 금동 미륵보살 반가 사유상이에요. 일본의 고류사 목조 미륵보살 반가 사유상에 영향을 주었어요.

⑤ 고려 시대에 제작된 하남 하사창동 철조 석가여래 좌상(광주 춘궁리 철불)이에요. 고려 초기에는 이와 같은 대형 철불이 많이 만들어졌어요.

4 고려의 성립과 변천

07강 고려의 건국과 발전

키워드로 풀리는 기출 문제 본문 50~51쪽

| 01 ② | 02 ② | 03 ① | 04 ② | 05 ③ |
| 06 ③ | 07 ② | 08 ③ | | |

01 후삼국 시대의 성립 034 견훤과 궁예

정답 ②

자료의 밑줄 그은 '나'는 궁예예요. 궁예는 송악(개성)을 근거지로 후고구려를 세웠어요. 그 후 나라 이름을 '마진'으로 고쳤다가 철원으로 도읍을 옮긴 후에는 다시 '태봉'이라 바꾸었어요.

정답이 아닌 이유

① 견훤은 신라의 군인 출신으로, 전라도 지역에서 세력을 키워 백제의 부흥을 내세우며 900년 후백제를 세웠어요. 후백제의 도읍은 완산주(전주)였어요.

③ 신돈은 고려 공민왕 때의 승려예요. 공민왕은 신돈을 등용하여 전민변정도감을 설치한 후 권문세족이 불법적으로 차지한 토지를 원래 주인에게 돌려 주고, 억울하게 노비가 된 사람을 양인의 신분으로 되돌려 주었어요.

④ 왕건은 송악(개성) 출신 호족으로, 후고구려를 세운 궁예의 신하가 되었어요. 궁예가 강압적인 정치를 펼치자 그를 쫓아내고 고려를 세웠어요.

02 고려 태조 왕건의 정책

정답 ②

'훈요 10조를 남긴다'는 내용을 통해 (가) 왕은 태조 왕건임을 알 수 있어요. 훈요 10조는 후대 왕들이 지켰으면 하는 가르침을 담은 10가지 도리를 말해요. 태조 왕건은 후삼국 통일 과정에서 전쟁에 지친 백성들의 생활을 안정시키기 위해 흑창을 설치하여 가난한 농민들을 위해 곡식을 빌려 주는 등 빈민 구제에 힘썼어요. 또한 불교를 장려하여 연등회와 팔관회 등을 개최했어요. 한편, 왕권을 강화하기 위해 호족을 포섭하는 정책을 폈는데, 세력이 큰 호족의 딸과 결혼하고 공을 세운 자들에게 '왕씨 성'을 내렸지요. 그러면서도 호족을 견제하기 위해 기인 제도와 사심관 제도를 실시하였어요. ② 기인 제도는 지방 호족의 자제를 인질로 삼아 개경에 머물도록 하여 호족들이 함부로 반란을 일으키지 못하도록 한 제도예요. 사심관 제도는 지방 호족 출신의 고위 관리를 출신 지역의 사심관으로 임명해서 지방 통제를 책임지게 한 제도예요.

정답이 아닌 이유

① 조선 세종 때, 궁궐에 학문 연구 기관인 집현전을 설치하였어요.

③ 나선 정벌을 단행한 것은 조선 효종 때에 해당해요. 나선은 러시아를 뜻하는데, 청이 러시아를 정벌할 때 조선에 조총 부대를 보내 달라고 요청했어요. 이에 조선은 두 차례 조총 부대를 보냈어요.

④ 노비안검법은 양인이었다가 노비가 된 자들의 신분을 되찾아 주는 제도로, 고려 광종 때 실시하였어요.

03 고려 광종의 업적 036 광종

정답 ①

고려 광종은 불법적으로 호족의 노비가 된 자들을 안검(자세히 조사하여 살핌)하여 다시 양인으로 되돌리는 노비안검법을 시행했어요. ① 이를 통해 호족의 경제적·군사적 기반을 약화시키고 왕권을 강화하였지요. 또한 쌍기의 건의로 과거제를 실시하여 새로운 인재를 등용함으로써 왕권을 강화하고자 하였어요.

정답이 아닌 이유

② 인종은 묘청의 건의로 서경 천도를 계획했으나 김부식 등 반대파의 반발로 좌절되었어요. 그러자 묘청은 국호를 '대위국', 연호를 '천개'라고 선포하고 서경에서 반란을 일으켰어요. 하지만 묘청의 난은 김부식 등 관군에 의해 진압되었어요.

③ 태조 왕건은 고구려의 옛 땅을 되찾기 위해 서경(평양)을 중시하였고, 북진 정책을 추진했어요. 그 결과 청천강에서 영흥만까지 고려의 영토가 확장되었어요.

④ 현종 때 5도, 양계로 지방 행정 조직을 정비했어요. 5도는 일반 행정 구역으로 안찰사가 파견되었고, 양계는 군사 행정 구역으로 북계와 동계를 뜻하는데, 계에는 병마사를 파견했어요.

04 고려 성종의 정책 037 성종

정답 ②

성종 때의 관리로 '시무 28조'를 성종에게 건의한 (가) 인물은 ② 최승로예요. '시무'란 왕이 지금 당장 중요하게 해야 할 일을 뜻해요. 성종은 최승로의 건의를 받아들여 유교를 나라의 정치 이념으로 삼았어요.

정답이 아닌 이유

① 김부식은 고려 시대에 왕명을 받아 『삼국사기』라는 역사책을 펴냈어요. 『삼국사기』는 유교적 합리주의 사관에 입각해 기전체로 서술되었고, 현존하는 가장 오래된 역사서예요.

③ 정몽주는 고려의 문제점을 개혁하되 고려 왕조는 유지하려고 했던 온건파 신진 사대부예요. 그는 조선 건국을 반대하다 선죽교에서 이방원의 부하에게 죽임을 당했어요.

④ 이제현은 고려 후기의 유학자로, 성리학적 유교 사관에 기반하여 『사략』을 저술했어요. 이제현은 만권당에서 원의 학자들과 교류하며 성리학에 대한 이해를 넓혔어요.

최승로의 시무 28조 출제 예감 자료

왕명에 따라 28개조의 개혁안을 바치오니 시행하여 주시옵소서.

알겠노라.

최승로 / 성종

성종은 신하들에게 나라를 발전시키기 위한 정책을 건의하라고 했어요. 최승로는 28가지를 건의했는데, 이를 '시무 28조'라고 해요. 현재는 22가지만 남아 있어요. 유교 정치 이념에 따른 정책, 불교의 폐단 비판, 왕과 신하의 관계 등의 내용이 담겨 있어요.

05 후삼국 통일 과정 035 후삼국 통일

정답 ③

(가)는 고창 전투, (나)는 왕건의 고려 건국, (다)는 일리천 전투에 해당하므로, 고려의 후삼국 통일 과정은 (나)-(가)-(다) 순이에요. 왕건은 후고구려를 세운 궁예의 부하였지요. 후백제와의 전투에서 큰 공을 세우면서 점차 신임을 얻게 된 왕건은 궁예가

무리하게 나라를 이끌자 궁예를 몰아내고 왕으로 추대되었어요. 왕위에 오른 왕건은 고구려를 계승한다는 의미로 국호를 '고려'라 하고 연호를 '천수'로 정하였는데, 이때가 918년이에요. 이듬해에는 수도를 철원에서 송악으로 옮겼지요(919). 이후, 왕건의 고려군은 견훤의 후백제군과의 공산(대구 팔공산) 전투에서 패배하고(927), 이를 설욕하고자 고창(경북 안동)에서 후백제군과 맞서 큰 승리를 거두었어요(930). 이때 후백제는 왕권을 둘러싼 내분이 발생해 견훤의 큰 아들 신검이 견훤을 금산사에 가두고 왕위에 오르는 일이 벌어져요. 견훤은 후백제를 탈출해 고려로 왔고, 왕건과 견훤이 손잡고 일리천(경북 구미) 전투에서 후백제군을 크게 이겼어요. 결국 왕건이 후삼국을 통일하게 되지요(936).

출제 예감 자료   **후삼국 통일 과정**

고려 건국 ▶ 신라 항복 ▶ 후백제 멸망

06 고려의 교육 기관   037 성종

정답 ③

'고려 성종 때 설립', '유학과 기술 교육 담당', '고려의 최고 교육 기관'이라는 내용을 통해 퀴즈의 정답이 국자감임을 알 수 있어요. ③ 국자감은 고려 성종 때 설립된 최고 국립 교육 기관이에요. 유학 교육과 기술 교육을 담당하였고, 조선 시대의 최고 교육 기관인 성균관으로 이어졌어요.

정답이 아닌 이유

① 경당은 고구려의 교육 기관으로, 지방에 설치되어 평민층 자제에게 경학과 활쏘기를 교육시켰어요. 고구려의 중앙에는 최고 교육 기관인 태학이 있었고요.

② 향교는 고려와 조선 시대에 지방에서 유학을 교육하기 위하여 설립한 관학 교육 기관이에요. 유학 교육과 함께 선현에 대한 제사를 담당했어요.

④ 주자감은 발해의 최고 교육 기관으로, 왕족과 귀족을 대상으로 교육하였어요.

07 궁예의 후고구려 건국   034 견훤과 궁예

정답 ②

신라 왕족 출신인 궁예는 송악(개성)에 도읍을 정하고 901년에 후고구려를 세웠어요. 이후 국호를 '마진'으로 바꾸었다가 철원으로 도읍을 옮긴 다음에는 나라 이름을 '태봉'으로 바꾸기도 하였지요. ② 궁예는 국정을 총괄하는 기구로 광평성을 설치하고 관제를 정비하였으며, 이외에도 각종 정치 기구를 마련하였어요.

정답이 아닌 이유

① 견훤은 완산주(전주)에 도읍을 정하고 후백제를 세웠어요. 견훤은 건국의 정당성과 국제적인 지위를 인정받고자 후당과 오월에 사신을 파견하였지요.

③ 통일 신라의 장보고는 9세기 전남 완도 지역에 군사 거점인 청해진을 설치하였어요. 청해진은 당과 신라, 일본을 잇는 무역 거점으로 성장하였어요.

④ 고려 태조 왕건에 대한 설명이에요. 후백제에 내분이 일어나 견훤이 고려에 귀순하자 왕건은 견훤의 협조를 받아 신검의 후백제군을 일리천 전투에서 격파하였어요. 이로써 936년, 고려는 후삼국을 통일할 수 있었지요.

⑤ 후백제 견훤은 신라가 고려와 연합하려 하자 금성을 습격하여 경애왕을 살해했어요. 이후 견훤에 의해 경순왕이 옹립되었죠.

출제 예감 자료   **포석정과 금산사**

포석정	금산사
후백제 견훤이 경주를 쳐들어 왔을 때 경애왕이 신하들과 잔치를 벌였던 곳	후백제 견훤이 아들 신검에 의해 가둬진 곳

08 고려 초의 발전 과정   036 광종   037 성종

정답 ③

태조 왕건은 훈요 10조를 남겨 죽기 전 후대 왕들이 꼭 지켜야 할 가르침을 전했어요. 최승로는 성종에게 개혁안으로 시무 28조를 바쳤어요. 따라서 (가)에는 태조 왕건과 성종 사이의 시기에 일어난 사실이 들어가야 해요. ③ 고려의 광종은 호족과 공신 세력을 견제하기 위해 불법적으로 노비가 된 자를 다시 양인으로 되돌리는 노비안검법을 실시하였어요.

정답이 아닌 이유

① 정방은 최충헌의 아들인 최우가 자기 집에 설치한 기구로, 관리의 인사 행정을 주로 담당하며 권력 독점을 뒷받침하였어요. 무신 정권 시기의 일이에요.

② 고려 숙종 때 별무반을 편성하였어요. 윤관은 별무반을 이끌고 여진을 토벌한 후 동북 지역에 9성을 축조하였어요.

④ 통일 신라의 원성왕 때 관리를 등용하기 위하여 유교 경전의 이해 정도를 평가하는 독서삼품과가 시행되었어요.

⑤ 고려 말 반원 개혁을 추진한 공민왕이 고려의 내정을 간섭하던 정동행성 이문소를 폐지하였어요.

출제 예감 자료 ▶ 훈요 10조

> 1조 불교의 힘으로 나라를 세웠으니 불교를 장려할 것
> 3조 왕위는 맏아들이 계승하는 것을 원칙으로 할 것
> 4조 우리나라는 사람과 땅이 중국과 다르니 중국의 제도를 억지로 따르지 말 것
> 6조 연등회와 팔관회를 성대히 열 것

08강 고려의 변화와 사회 모습

키워드로 풀리는 기출 문제 본문 54~55쪽

| 01 ② | 02 ① | 03 ② | 04 ① | 05 ③ |
| 06 ② | 07 ③ | 08 ④ |

01 고려의 정치 세력 038 이자겸의 난

정답 ②

'경원 이씨 집안', '이자겸' 등의 내용을 통해 (가)는 문벌 귀족임을 알 수 있어요. ② 고려의 정치 세력인 문벌 귀족은 왕실이나 비슷한 지위의 집안끼리 혼인하여 자신의 지위와 권력을 지켜 나갔어요. 또한 국가로부터 많은 토지를 받았죠. 경원 이씨의 이자겸은 고려의 대표적인 문벌 귀족이었고요.

정답이 아닌 이유

① 호족은 신라 말부터 고려 초기 지방에서 독자적인 군사력을 갖춘 세력이었어요.

③ 진골 귀족은 신라 시대 골품의 둘째 등급에 해당하는 신분이에요.

④ 신진 사대부는 고려 말 성리학을 바탕으로 개혁을 주장했던 세력이었어요. 이색, 정몽주, 정도전 등이 있어요.

02 묘청의 난 039 묘청의 서경 천도 운동

정답 ①

'서경으로 수도를 옮기면 천하를 다스릴 수 있고, 금이 스스로 항복할 것이라고 주장해 왔다'는 내용을 통해 '묘청의 난'임을 알 수 있어요. ① 묘청은 풍수지리설을 바탕으로 고려의 도읍을 개경에서 서경으로 옮기자고 주장했어요. 하지만 김부식 등 개경 세력의 반대로 서경 천도가 어렵게 되자 난을 일으킵니다. 이들은 한때 서경 등 서북 지방을 대부분 점령하는 등 세력을 떨쳤지만, 김부식이 이끈 관군에 의해 1년여 만에 진압되었어요.

정답이 아닌 이유

② 김흠돌은 신라 시대의 진골 출신 고위 관료로, 신문왕 때, 반란을 일으켰는데 이를 김흠돌의 난이라고 하지요. 신문왕은 이를 진압하고 진골 귀족들을 숙청하면서 왕권을 강화시켰어요.

③ 홍경래는 조선 후기의 몰락 양반으로, 평안도 지역에 대한 차별과 지배층의 수탈에 대항하여 봉기를 일으켰어요. 이것이 홍경래의 난입니다.

④ 원종과 애노는 농민으로, 신라 말 진성 여왕 때 중앙 정부가 지방에 세금을 독촉하자 사벌주(경북 상주)에서 농민 봉기를 일으켰어요.

03 무신 정변의 과정 040 무신 정변

정답 ②

제시된 만화는 무신 정변에 대한 모습을 담고 있어요. 문신 김부식의 아들인 김돈중이 무신인 정중부의 수염을 촛불로 태운 일이 발생하였어요. 또 보현원에서 문신 한뢰가 무신 이소응의 뺨을 때린 사건도 있었지요. ② 이를 계기로 정중부 등 무신들이 무신 정변을 일으켰어요.

정답이 아닌 이유

① 갑신정변은 1884년에 김옥균을 중심으로 하는 급진 개화파가 우리나라를 청의 간섭에서 벗어나 근대적인 국가로 만들기 위해 일으킨 사건이에요.

③ 원종과 애노의 난은 통일 신라 말에 일어난 대표적인 농민 봉기예요. 당시에 진골 귀족들의 왕위 쟁탈전이 심화되고 농민에 대한 수탈이 심화되자 원종과 애노의 난 같은 농민 봉기가 곳곳에서 발생하였어요.

④ 망이·망소이는 고려의 특수 행정 구역인 '소'에 대한 차별을 없앨 것을 주장하며 봉기를 일으켰어요.

04 무신 집권기의 농민과 천민의 봉기 041 만적의 난

정답 ①

'최충헌을 비롯한 주인을 없애고 노비 문서를 태워 버리자'라는 내용을 통해 만적의 난과 관련 있음을 알 수 있어요. 최충헌의 사노비인 만적은 신분 해방을 주장하며 개경에서 봉기를 계획하였으나, 사전에 발각되어 실패하였어요.

정답이 아닌 이유

② 묘청은 서경 천도를 주장하였지만 받아들여지지 않았어요. 이에 금국 정벌 등을 주장하며 난을 일으켰어요. 하지만 묘청 등 서경 세력은 김부식이 이끈 관군의 공격으로 약 1년 만에 진압되었지요.

③ 무신 집권기에 무신들은 고위 관직을 독점하고 토지와 노비를 불법적으로 늘려 나갔어요. 이에 농민들의 고통이 커졌고 농민 봉기가 많이 발생하였지요. 이러한 배경 아래 특수 행정 구역인 공주 명학소에서 망이·망소이가 난을 일으켰어요.

④ 신라 말 진성 여왕 시기에 이르러 진골 귀족들의 왕위 쟁탈전이 심해졌어요. 중앙의 지방 통제력은 약화되었고, 지방민들에 대한 수탈은 더욱 심해졌지요. 이에 전국에서 농민 봉기가 많이 발생하였어요. 사벌주에서 봉기한 원종과 애노의 난이 대표적이랍니다.

05 무신 집권기 농민과 천민의 반란 `041 만적의 난`

정답 ③

'망이·망소이의 난', '만적의 난'의 공통점은 무신 집권기에 발생한 사건이라는 것이에요. 무신 정변(1170)으로 권력을 잡은 무신들은 백성들에게 이전보다 더 많은 세금을 거두었으며, 이의민처럼 노비 출신으로 권력을 잡은 사람도 있었어요. 이를 배경으로 농민과 천민들이 봉기를 일으켰어요. 이 중 '망이·망소이의 난'은 공주 명학소에서 무거운 세금에 저항한 망이와 망소이 형제가 일으킨 사건이고, '만적의 난'은 무신 집권자 최충헌의 사노비였던 만적이 개경에서 봉기를 일으키려다 사전에 발각되어 실패한 사건이에요.

정답이 아닌 이유

① 전주성을 점령한 것은 동학 농민 운동(1894) 때의 일이에요. 농민군은 황토현 전투에서 관군에게 처음 승리한 후 전라도 일대를 차지하고 전주성까지 점령했어요.

② 서경 천도를 주장한 이는 묘청이에요. 묘청은 풍수지리설을 바탕으로 서경(평양)으로 도읍을 옮기자고 주장했는데 개경 세력의 반대로 천도가 어려워지자 난을 일으켰어요.

④ 청의 군대에 의해 진압된 사건은 조선 말에 일어난 임오군란(1882)과 갑신정변(1884)에 해당해요. 청은 갑신정변 이후 조선에 대한 내정 간섭을 더욱 강화했어요.

06 무신 정변 이후의 역사적 사실 `040 무신 정변`

정답 ②

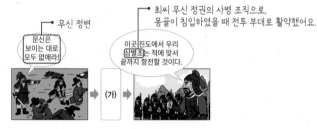

(가)는 무신 정변 이후부터 삼별초의 항쟁 이전까지의 시기에 해당해요. ② 이 시기에 최우는 자신의 집에 인사 행정 기구인 정방을 설치하여 인사권을 장악했어요.

1170년, 무신에 대한 차별 대우에 불만을 품고 무신들이 정변을 일으켰어요. 무신 정권 초기에 혼란스러웠던 상황은 최충헌이 정권을 잡으면서부터 안정을 찾았어요. 최충헌은 최고 집권 기구로 교정도감을 설치하고, 신변 경호를 위해 도방을 운영했어요.
최충헌의 뒤를 이어 집권한 최우는 자신의 집에 정방을 설치하여 인사권을 장악하고, 서방을 설치하여 문신들에게 자문을 구했어요. 또한 삼별초를 조직하여 도방과 함께 최씨 정권의 군사 기반으로 삼았어요. 최씨 무신 정권의 사병 조직이었던 삼별초는 몽골과의 전쟁에서는 전투 부대로 활약했어요. 삼별초는 강화도, 진도, 제주도로 근거지를 옮겨 가며 몽골군에 항전했지만 결국 여몽 연합군에게 진압당했어요.

정답이 아닌 이유

① 김헌창의 난은 신라 말기 헌덕왕 때 김헌창이 자신의 아버지가 왕위에 오르지 못하자 원한을 품고 일으킨 반란이에요.

③ 묘청은 풍수지리설을 내세워 서경 천도를 추진하였고, 칭제 건원(황제라 칭하고 연호를 사용할 것)과 금국 정벌을 주장했어요. 이 사건은 무신 정변 이전인 1135년의 사실이에요.

④ 서희는 거란이 송과의 외교 단절을 요구하며 쳐들어온 제1차 침입 때 소손녕과 외교 담판을 벌여 강동 6주를 획득했어요. 이 사건은 무신 정변 이전인 993년의 사실이에요.

07 무신 정변 이후의 역사적 사실 `040 무신 정변`

정답 ③

정중부는 이의방 등과 함께 1170년에 무신 정변을 일으켰어요. 이후 이의방을 제거하고 최고 집권자가 되었지요. 무신 집권기에 무신들 간의 권력 다툼으로 정부의 지방 통제력이 약해져 백성들의 생활이 어려워졌어요. ③ 이에 특수 행정 구역인 명학소 주민들이 수탈에 항거하여 망이·망소이의 난을 일으켰지요.

정답이 아닌 이유

① 이자겸의 난은 1126년에 일어났어요. 왕을 능가할 정도의 권력을 장악한 이자겸은 인종이 자신을 제거하려 하자 척준경과 함께 난을 일으켰어요.

② 윤관은 1107년, 여진이 고려를 침입하자 별무반을 이끌고 천리장성 이북에 있는 여진을 정벌하고, 동북 9성을 쌓았어요.

④ 인종의 명을 받은 김부식이 1145년에 『삼국사기』를 완성하였어요. 고려 전기의 사실에 해당해요.

⑤ 문종 때 관직에서 물러난 최충이 사립 학교인 9재 학당(문헌공도)을 설립하였어요. 9재 학당은 과거 합격자를 많이 배출하여 명망이 높았지요. 고려 중기에 해당하는 일이에요.

08 무신 정권 시기 몽골과의 항쟁 `040 무신 정변`

정답 ④

'정방을 자기 집에 설치하였다'는 내용을 통해 (가) 인물이 최우임을 알 수 있어요. ④ 몽골군이 고려를 침입하였을 때 최우는 해전에 약한 몽골군을 막기 위하여 수도를 강화도로 옮기고, 주민들을 섬과 산성으로 들어가게 하여 장기 항전을 준비하였어요.

정답이 아닌 이유

① 서경 출신인 묘청은 서경 천도와 금국 정벌을 주장하였어요. 하지만 이것이 받아들여지지 않자 서경에서 반란을 일으켰고, 결국 김부식 등의 개경 세력에게 진압되었어요.

② 봉사 10조는 고려 명종 때 최충헌이 올린 사회 개혁안이에요. 이는 제도적 장치를 마련하여 정치적 기반을 확보하기 위한 방편이었어요.

③ 정중부는 이의방 등과 함께 보현원에서의 연회를 계기로 무신 정변을 일으켰어요. 의종의 보현원 행차 중 열린 수박희 경연에서 문신인 한뢰가 시합에서 진 대장군 이소응의 뺨을 때렸

어요. 무신 차별에 불만을 품었던 무신들은 이 사건을 계기로 봉기하여 여러 문신을 제거하고 정권을 장악하였어요.

⑤ 신돈은 고려 공민왕에게 건의하여 전민변정도감을 설치하였어요. 이를 통해 권문세족이 빼앗은 토지를 원래 주인에게 돌려 주고 노비를 양민으로 해방시켰지요.

09강 고려의 대외 항쟁

키워드로 풀리는 기출 문제 본문 58~59쪽

| 01 ② | 02 ② | 03 ④ | 04 ① | 05 ④ |
| 06 ④ | 07 ② | 08 ③ | 09 ⑤ | |

01 고려 시대 거란의 침입   042 서희

정답 ②

'거란의 침입을 막아낸 외교 담판'이라는 내용을 통해 (가) 인물이 서희임을 알 수 있어요. ② 서희는 거란의 1차 침입 때 거란의 장수 소손녕을 만나 담판을 벌였어요. '송과 외교 관계를 끊는다'는 조건으로 압록강 유역의 강동 6주를 얻었지요.

정답이 아닌 이유

① 4군 6진을 개척한 것은 조선 세종 때 일이에요. 세종은 여진을 몰아내기 위해 최윤덕과 김종서를 각각 보내 압록강 유역에 4군, 두만강 유역에 6진을 설치하여 영토를 늘렸어요.

③ 동북 9성은 고려 시대 윤관이 별무반을 이끌고 여진을 몰아낸 후 쌓은 것이에요. 별무반은 고려가 여진을 정벌하기 위해 만든 특수 부대로 기병과 승병, 보병으로 구성되었어요.

④ 쌍성총관부는 원이 고려의 영토 일부를 직접 다스리기 위해 철령 이북에 설치한 것이에요. 쌍성총관부를 공격하여 되찾은 것은 고려 공민왕 때 일이에요.

> **출제 예감 자료**   강동 6주의 위치
>
>
>
> 거란은 고려를 세 차례에 걸쳐 침략했어요. 그중 1차 침략 때 활약한 인물이 바로 서희랍니다. 서희는 거란의 장수 소손녕과 만나 외교 담판으로 거란의 침입을 물리쳤어요. 그러면서 지도에 표시된 강동 6주를 차지하여 고려의 영토를 넓혔지요.

02 강감찬의 활약   043 강감찬

정답 ②

'귀주에서 거란군을 크게 물리쳤다'는 내용을 통해 '나'는 강감찬임을 알 수 있어요. ② 거란의 3차 침입 때 강감찬은 후퇴하는 거란군을 귀주에서 크게 물리쳤어요(귀주 대첩). 거란의 침입을 모두 막아 낸 후 고려는 강감찬의 건의에 따라 개경 주변에 나성을 쌓았고, 압록강부터 도련포까지 천리장성을 쌓아 북방 민족의 침입에 대비했어요.

정답이 아닌 이유

① 서희는 거란이 송과의 외교 단절을 요구하며 쳐들어온 제1차 침입 때 소손녕과 외교 담판을 벌여 강동 6주를 확보했어요.

③ 김종서는 조선 세종 때 두만강 유역에 6진을 개척한 인물이에요. 조선 초기 여진이 조선의 국경을 자주 침범하자 세종은 압록강 유역에 최윤덕을 파견하여 4군을, 두만강 유역에 김종서를 파견하여 6진을 개척했어요.

④ 고구려의 연개소문은 천리장성 축조 공사를 감독하면서 요동의 군사력을 장악한 뒤 정변을 일으켜 영류왕을 제거하고 스스로 대막리지에 올랐어요. 당은 연개소문의 정변을 구실로 고구려를 침략했어요.

03 윤관의 활약

정답 ④

④ 고려 숙종 때 윤관의 건의로 별무반이 설치되었어요. 윤관은 별무반을 이끌고 여진을 정벌하여 동북 9성을 개척했어요.

정답이 아닌 이유

① 우산국 정복은 신라 지증왕 때 이사부에 의해 이루어졌어요. 우산국은 지금의 울릉도와 독도를 말해요.

② 4군 6진은 조선 세종 때 여진을 몰아내고 설치하였어요. 세종은 압록강과 두만강 유역에 여진이 자주 침입해 백성들을 괴롭히자 압록강 방면에 최윤덕을, 두만강 유역에 김종서를 파견하여 여진을 몰아내고 4군과 6진을 설치하였어요.

③ 고려에 거란이 침입하자 서희는 거란 장수 소손녕과 담판하여 오히려 강동 6주의 땅을 확보하였어요.

> **출제 예감 자료**   별무반
>
> 별무반은 여진의 기병에 대항하기 위하여 윤관의 건의로 만들어진 특별 부대예요. 기병 부대인 신기군을 중심으로 보병인 신보군과 승려로 구성된 항마군 등으로 편성되었지요.

21

04 거란의 침입 과정 042 서희 043 강감찬

정답 ①

거란은 고려의 북쪽 땅이 자신들의 땅이라는 핑계로 침입했어요 (거란의 1차 침입). (가) 이때 서희는 거란의 침입 목적이 고려와 송의 관계를 끊는 것임을 간파하고, 송과의 관계를 끊는 대신 거란과 교류할 것을 약속하였어요. 대신 여진을 몰아내고 거란과 연결되는 교통로인 강동 6주를 회복할 것을 주장했지요. 그러나 송과의 외교 관계를 끊는 것은 고려가 지킬 수 있는 약속이 아니었어요. 거란이 송과 계속 교류하자 거란은 2차 침입을 하였어요. 고려는 개경이 함락되고 현종이 전라도 나주까지 피란하는 등 어려움을 겪어요. 결국 고려는 거란에 군신 관계를 제의하고, 이에 거란이 물러나게 되죠. (나) 하지만 고려의 저항이 계속되기도 했는데, 양규는 퇴각하는 거란군을 국경 지역에서 크게 무찔렀어요. 그런데 2차 침입 때 약속했던 고려 왕의 거란 방문과 강동 6주 반환을 고려가 지키지 않자 3차 침입이 일어나요. (다) 이때는 강감찬이 귀주에서 거란군을 크게 이긴 귀주 대첩이 있었지요. 따라서 시기순으로 나열하면 (가)-(나)-(다)예요.

05 고려의 대외 관계 045 삼별초 046 공민왕

정답 ④

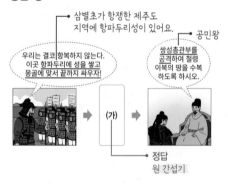

> 삼별초가 항쟁한 제주도 지역에 항파두리성이 있어요.

> 우리는 결코 항복하지 않는다. 이곳 항파두리에 성을 쌓고 몽골에 맞서 끝까지 싸우자!

> (가)

> 공민왕

> 쌍성총관부를 공격하여 철령 이북의 땅을 수복하도록 하시오.

> 정답 원 간섭기

삼별초는 개경 환도에 반대하면서 강화도, 진도, 제주도로 옮겨 가며 저항을 계속했어요. 삼별초가 진압된 후 고려는 80여 년 동안 원의 간섭을 받게 되었지요.

정답이 아닌 이유

① 별무반은 여진 정벌을 위해 윤관의 건의로 조직된 특수 부대예요. 별무반이 조직된 시기는 1104년으로, 고려 전기예요.
② 김헌창의 난은 통일 신라 말, 왕위 계승에 불만을 품고 일어났어요.
③ 김부식이 『삼국사기』를 편찬한 때는 1145년이에요.

> **출제 예감 자료 | 원 간섭기**
>
> 고려는 몽골과의 전쟁이 끝난 후 독립국의 지위를 유지하였지만, 원의 정치적인 간섭을 받았어요. 이 시기 고려에서는 몽골식 복장(호복)과 머리 모양(변발) 등 몽골의 풍습(몽골풍)이 유행하였고, 몽골에는 고려의 의복과 음식 등 고려의 풍습이 전해졌지요(고려양). 14세기 중반에 이르러 원의 세력이 약해지자 공민왕은 친원 세력을 제거하여 왕권을 강화하고, 쌍성총관부를 공격하여 영토를 회복하였지요.

06 공민왕의 정책 046 공민왕

정답 ④

14세기 중반, 원이 쇠퇴하자 고려의 공민왕은 반원 개혁 정책을 추진하였어요. 우선 원의 황후인 누이동생을 믿고 권력을 휘두르던 기철 등 친원 세력을 제거하고 쌍성총관부를 공격해 원의 지배를 받던 철령 이북 지역을 되찾았어요. 또 정동행성을 폐지하고 왕실의 호칭과 관제를 원래대로 되돌렸으며 몽골의 풍습도 금지하였어요. 이로써 고려의 자주성은 어느 정도 회복될 수 있었어요. ④ 그리고 공민왕은 전민변정도감을 설치해 권문세족이 빼앗은 토지를 원래 주인에게 되돌려 주고 억울하게 노비가 된 사람들은 양민으로 해방시켰어요.

정답이 아닌 이유

① 고구려의 남하 정책으로 백제는 수도 한성을 빼앗기고 웅진(공주)으로 천도했다가 성왕 때 사비(부여)로 천도하였죠.
② 신라 진흥왕은 영토 확장을 기념하여 단양 신라 적성비와 4개의 순수비(북한산 순수비, 창녕 척경비, 황초령비, 마운령비)를 세웠어요.
③ 통일 신라 원성왕은 관리를 등용하기 위하여 유교 경전의 이해 수준을 평가하는 독서삼품과를 실시하였어요.

07 고려 말 왜구의 침략과 격퇴

정답 ②

고려 말 홍건적과 왜구의 침입이 잦았는데 이때 최영과 이성계 등의 신흥 무인 세력이 큰 공을 세웠어요. 최영은 홍산(충남 부여)에서 왜구를 크게 무찔렀고, 이성계는 황산(전북 남원)에서 왜구를 격퇴했어요. 최무선은 화약과 화포를 개발하여 진포(전북 군산) 해전에서 왜구를 크게 물리쳤어요. ② 따라서 문제의 자료는 고려 말 왜구의 침략과 격퇴를 나타낸 지도라는 것을 알 수 있어요.

정답이 아닌 이유

① 고려는 몽골이 침입해 오자 수도를 강화도로 옮기면서 항전하였고, 김윤후는 처인성 전투에서 적장 살리타를 사살하며 몽골군을 격퇴했어요. 또한 고려 정부의 개경 환도 후에도 삼별초는 이를 거부하고 몽골군에 끝까지 항쟁했지요.
③ 고려 시대 윤관은 별무반을 이끌고 여진을 정벌한 후 동북 9성을 쌓았어요.
④ 조선 시대 흥선 대원군은 병인양요, 신미양요와 같은 서양의 침입을 겪으며 서양과 통상하지 않겠다는 의지를 널리 알리기 위해 척화비를 전국 각지에 세웠어요.

08 몽골의 침입과 고려의 저항 044 김윤후

정답 ③

'칸(몽골의 왕을 이르는 말)', '살리타', '사신 저고여'와 같은 내용을 통해 몽골의 고려 침입과 관련된 내용임을 알 수 있어요. 몽골은 세계적인 대제국으로 성장하며 고려를 위협하였어요. 몽골은 고려에 사신을 보내 물자를 바칠 것을 요구하였는데, 고려에 온 몽골 사신 저고여가 국경 지역에서 죽자 이를 구실로 고려에 침입하였어요(몽골의 1차 침입). 몽골군이 침입하자 백성과 관군은 힘을 모아 저항했으나 육지에서 몽골군에 맞서는 것은 힘들었기 때문에 고려는 강화도로 수도를 옮겼어요. ③ 몽골이 다시 침입하자 승려 김윤후는 처인 부곡의 주민들과 함께 몽골 장군 살리타를 사살하고 승리하였지요.

정답이 아닌 이유

① 여진은 금을 세우고 요(거란)를 멸망시켰어요. 세력이 커진 금은 고려에 사대할 것을 요구하였고 이자겸과 김부식 등 집권 세력은 정권 유지를 위해 사대 요구를 받아들였어요.

② 거란의 1차 침입 때 서희는 거란의 소손녕과 외교 담판을 벌이고, 거란과 교류할 것을 약속하여 거란의 군대를 돌려보냈어요.

④ 강감찬은 거란의 3차 침입 때 압록강 근처의 귀주에서 거란군을 크게 물리쳤어요.

09 공민왕의 정책   046 공민왕

정답 ⑤

> ──● 고려 공민왕   대표적인 친원파 권문세족 ●──
>
> (왕)이 원(元) 연호의 사용을 중지시키면서 교서를 내렸다. "근래에 나라의 풍속이 크게 바뀌어 오직 권세만을 추구하게 되었으니, 기철 일당이 권세를 믿고 나라의 법도를 뒤흔드는 일이 벌어졌다. …… 법령을 다듬어 명확히 하고 기강을 정돈함으로써 조종(祖宗)이 세운 법을 회복하여 온 나라 백성들과 함께 시작하고자 한다."
>
> ──● 기철의 누이 기황후는 원 순제의 황후로, 기황후의 아들이 황태자에 책봉되면서 기철의 집안이 권력을 장악하게 되었어요.

몽골이 침입해 오자 최우는 강화도로 천도하였어요(1232). 고려는 오랜 기간 몽골에 맞서 싸웠지만 결국 1270년에 몽골의 요구를 받아들여 개경으로 환도하였어요. 개경 환도 후 고려는 원의 내정 간섭을 받게 되었지요. 공민왕은 14세기 중반 원의 세력이 약해진 틈을 타 반원 자주 정책을 실시하였어요. 왕실 호칭과 관제를 원래대로 회복하고 변발 등 몽골의 풍습을 금지하였죠. ⑤ 따라서 공민왕의 활동 시기는 개경 환도 이후 원 간섭기인 (마) 시기에 해당해요.

정답이 아닌 이유

강조의 정변은 목종 때인 1009년에 강조가 목종을 폐위시키고 살해한 후 현종을 옹립한 사건이에요.

| 출제 예감 자료 | **원 간섭기 고려 왕실의 호칭 격하** | | |

구분	신하가 왕을 부를 때	신하가 왕위 계승자를 부를 때	왕이 죽은 뒤 부르는 호칭
변경 전	폐하	태자	○조, ○종
변경 후	전하	세자	왕

01 고려의 경제 상황   048 벽란도

정답 ①

고려 성종 때 최초의 금속 화폐인 '건원중보'가 만들어졌어요. 은병은 고려 숙종 때 발행된 은으로 만든 호리병 모양의 화폐고요. 하지만 널리 사용되지는 못하고 여전히 물품 거래는 쌀이나 옷감으로 하였죠. 따라서 고려의 경제 상황을 묻는 문제임을 알 수 있어요. ① 예성강 하구에 있는 벽란도는 고려의 대표적인 국제 무역항으로, 아라비아 상인과 송 상인들이 왕래하며 번성했어요.

정답이 아닌 이유

② 담배, 인삼 등의 상품 작물이 재배된 시기는 조선 후기예요.

③ 관청에 물품을 조달하는 공인이 활동한 시기는 대동법 실시와 관련 있으므로 조선 후기에 해당해요.

④ 시장을 감독하기 위한 동시전이 설치된 것은 신라 지증왕 때의 일이에요.

02 고려의 대외 교역   048 벽란도

정답 ①

벽란도는 예성강 하구에 있는 고려 시대의 대표적인 국제 무역항이에요. 송을 비롯해 일본, 아라비아 상인들과 교역하였지요. ① 건원중보는 고려 시대에 만든 금속 화폐예요.

정답이 아닌 이유

② 신해통공은 조선 후기 시전 상인들만 할 수 있었던 상업 활동을 다른 상인들에게도 허용한다는 뜻이에요.

③ 연분 9등법은 조선 세종 때 실시한 조세 제도로, 풍흉의 정도에 따라 9등급으로 나누어 토지에 붙는 세금을 납부하도록 한 것이에요.

④ 관수 관급제는 조선 성종 때 국가가 직접 토지를 관리하고, 관리에게는 녹봉을 지급한 제도를 말해요.

03 고려의 역사책   052 삼국사기

정답 ③

김부식은 고려의 유학자이자 정치가로 묘청의 서경 천도 운동을 진압할 때 활약한 인물이에요. 『삼국사기』는 현존하는 가장 오래된 역사서로, 고려 중기 인종 때 김부식이 집필했어요. 『삼국사기』는 유교적 입장에서 신라, 고구려, 백제 세 나라의 역사를 다루고 있으며 고려가 통일 신라를 계승했다고 보고 있어요.

정답이 아닌 이유

① 양규는 거란의 2차 침입 당시 활약한 고려의 장군이에요.

② 일연은 원 간섭기에 『삼국유사』를 집필한 승려예요. 『삼국유사』에서는 고대의 설화와 풍속 등이 풍부하게 기록되어 있고, 처음으로 단군의 건국 이야기를 수록하였어요.

④ 고려 후기에는 성리학의 영향으로 정통 의식과 대의명분을 강조하는 역사관이 강조되었어요. 고려 후기의 학자 이제현은 이러한 성리학적 유교 사관을 바탕으로 역사책 『사략』을 지었어요.

04 고려의 토지 제도　047 전시과

정답 ③

고려 시대에는 관리들을 18등급으로 나누어 토지의 수조권(세금을 거둘 수 있는 권리)을 지급하는 전시과를 실시했어요. 관직 복무와 직역의 대가로 곡물을 거둘 수 있는 전지(농토)와 땔감을 얻을 수 있는 시지(임야)를 관리에게 나누어 주었지요.

정답이 아닌 이유

① 관료전은 통일 신라 시대 때 관리에게 지급한 토지예요. 신문왕 때 관료전(세금만 거둠)을 지급하고, 녹읍(세금과 노동력을 모두 거둠)을 폐지함으로써 귀족들의 경제적 기반을 약화시켜 왕권을 강화할 수 있었어요.

② 대동법은 특산물을 세금으로 내던 공납 대신에 토지를 기준으로 쌀·삼베·동전 등으로 납부하게 하는 세금 제도예요. 조선 시대 광해군 때 경기도에서 처음 실시되었고, 양반 지주들의 반대로 전국적으로 실시되는 데 약 100년이 걸렸어요.

④ 조선 후기, 흥선 대원군은 호포제를 실시하여 양반에게도 군포를 거두었어요.

출제 예감 자료	전시과의 변천
시정 전시과 (경종)	전·현직 관리 대상, 관품과 인품을 기준으로 수조권 지급
개정 전시과 (목종)	전·현직 관리 대상, 관품을 기준으로 수조권 지급, 문관 우대, 18품 구분
경정 전시과 (문종)	현직 관리 대상, 관품을 기준으로 수조권 지급, 무반 차별 완화

05 고려의 국제 무역항　048 벽란도

정답 ②

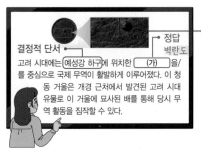

결정적 단서
고려 시대에는 예성강 하구에 위치한 (가) 을/를 중심으로 국제 무역이 활발하게 이루어졌다. 이 청동 거울은 개경 근처에서 발견된 고려 시대 유물로 이 거울에 묘사된 배를 통해 당시 무역 활동을 짐작할 수 있다.

정답 벽란도

고려 무역선이 그려진 청동 거울
돛을 올린 배가 파도를 헤치고 항해하는 모습이 그려져 있어요. 고려 시대 바닷길을 통한 교류가 활발하였음을 보여 주지요.

② 벽란도는 예성강 하구에 위치하였으며, 수도인 개경과 가까워 송과 일본 상인은 물론 아라비아 상인까지 와서 거래를 한 국제 무역항이었죠. 고려는 특히 송과의 교류가 활발했어요. 송의 상인들은 비단, 자기 등을 가지고 와서 인삼, 금, 은, 나전 칠기, 종이 등을 사 갔죠.

정답이 아닌 이유

① 당항성은 황해를 통해 다른 나라의 상인들이 드나들던 무역항이에요. 신라는 당항성을 차지하게 되면서 중국과 직접 교류할 수 있게 되었지요.

③ 통일 신라 시기에 수도 금성 인근의 울산항이 무역항으로 번성하였어요. 울산항에는 아라비아 상인도 왕래하여 신라의 이름이 이슬람 세계에 알려졌지요.

④ 장보고가 청해진을 통해 해상 무역을 주도했던 때는 통일 신라 시대예요.

06 고려의 승려

정답 ③

지눌은 고려 때 불교 개혁을 추진한 승려예요. 무신 집권기에 불교 교단 간의 갈등이 심화되자 지눌은 불교계의 타락을 비판하였어요. ③ 그리고 지눌은 수선사(전남 순천 송광사) 결사를 제창하며 불교 개혁 운동을 전개하였지요.

정답이 아닌 이유

① 무애가는 통일 신라 때의 승려 원효가 지은 노래예요. 원효는 무애가를 부르며 방방곡곡을 돌아다녔고, 민중에게 불교를 널리 전파하였어요.

② 고려의 승려 의천은 불교 경전을 중시하는 교종과 참선을 중시하는 선종을 하나로 합치고자 하였어요. 그는 해동 천태종을 창시하여 교종의 입장에서 선종을 통합하려고 하였어요.

④ 통일 신라 때 승려 혜초는 인도와 중앙아시아 지역을 순례하고, 이 지역의 종교·풍속·문화 등을 기록하여 『왕오천축국전』을 남겼어요.

07 고려의 승려

정답 ①

'대각국사', '왕자로 태어나', '천태종'을 통해 (가) 인물은 의천임을 알 수 있어요. ① 의천은 고려 문종의 넷째 아들로 태어나 11세에 승려가 되었어요. 의천은 송으로 건너가 중국의 불교를 연구했고, 불교 관련 책을 모아 불경을 정리한 『속장경』을 펴냈어요. 당시 불교는 경전을 중시하는 교종과 스스로 도를 닦아 깨달음을 얻는 참선을 중요하게 여기는 선종이 대립하고 있었어요. 이에 의천은 천태종을 만들어 불교계를 통합하기 위해 노력했어요. 특히 그는 왕에게 화폐 사용을 건의해 '해동통보'라는 화폐가 만들어지기도 했죠.

② 혜초는 신라의 승려로 인도와 주변 지역을 여행하고 와『왕오
천축국전』을 썼지요.

③ 신라의 승려 원효는 '나무아미타불'만 외우면 극락에 갈 수 있
다고 하며 불교의 대중화에 앞장섰어요.

④ 고려의 묘청은 금의 사대 요구를 수용하려는 개경의 문벌 귀
족들에 반대하며 수도를 서경으로 옮기자는 서경 천도 운동
을 전개하였어요.

08 고려의 인쇄술　051 팔만대장경

정답 ②

대장경은 불경을 모두 모아 만든 경전이에요. 몽골군의 침략으
로 초조대장경이 불에 타자, 고려는 몽골을 물리치고자 하는 마
음을 담아 대장경을 다시 제작하였어요. 이때 만든 대장경이 바
로 현재 해인사의 장경판전에 보관되어 있는 팔만대장경이에요.
팔만대장경은 경전의 경판 수가 무려 팔만 장에 달한다고 해서
붙여진 이름이에요. 강화도에 대장도감을 설치하고 조판에 착수
하여 무려 16년 만에 완성하였다고 해요. 팔만대장경은 모양이
뒤틀리거나 틀린 글자가 없이 고르고 정교하여 고려의 발달된
목판 인쇄술을 보여 주는 문화유산이에요.

정답이 아닌 이유

① 1145년에 김부식이『삼국사기』를 편찬하였어요.

③ 고려 목판 인쇄술의 발전은 금속 활자의 발명으로 이어졌어
요. 고려 때 간행된『직지심체요절』은 현재까지 남아 있는, 세
계에서 가장 오래된 금속 활자본이에요.

④ 무구정광대다라니경은 불국사 3층 석탑의 보수 과정에서 발
견된 불경이에요. 현존하는 세계에서 가장 오래된 목판 인쇄
물이에요.

09 고려청자의 특징　053 고려청자

정답 ④

도자기 표면에 무늬를 파고 다른 색의 흙을 넣는 것은 상감 기법
이에요. ④ 고려는 청자 기술을 발달시켜 상감 기법을 적용한 고
려 청자를 만들었어요. 12세기 중엽에 고려의 장인들은 기존의
청자를 뛰어넘는, 상감 청자를 세계 최초로 발명하였어요. 독창
적인 상감 기법을 통해 청자에 자유자재로 아름다운 무늬를 표
현할 수 있게 되었지요. 구름, 학, 모란 등의 다양한 무늬가 새겨
진 상감 무늬는 청자를 한층 더 우아하고 아름답게 하였어요.

정답이 아닌 이유

① 기마 인물형 토기는 신라의 문화유산이에요.

② 조선 시대에는 깨끗함을 강조한 백자가 발달하였어요.

③ 고려 초기에는 무늬가 없는 순청자가 주로 만들어졌어요. 청자
참외모양 병은 대표적인 순청자이지요.

고려 전기	고려 중·후기	조선 전기	조선 전체	조선 후기
순청자	상감 청자	분청사기	백자	청화 백자

10 고려의 금속 활자　054 직지심체요절

정답 ③

자료는 밀랍으로 활자를 만들고 쇳물을 부어 만든 금속 활자의
제작 방식을 보여 주는 그림이에요. ③ 금속 활자로 인쇄한 것은
『직지심체요절』이에요.『직지』라고도 불리는 이 문화유산은 청
주 흥덕사에서 만들어진 것으로, 세계에서 가장 오래된 금속 활
자본으로 인정받고 있어요.

정답이 아닌 이유

① 사발통문은 1894년 동학 농민군이 만든 문서예요.

②『왕오천축국전』은 신라의 승려 혜초가 인도를 돌아보고 쓴 기
행문이에요. 인도와 중앙아시아의 생활 모습을 알려 주는 이
책은 중국 둔황 석굴에서 발견되어 현재 프랑스 국립 도서관
에 보관되어 있어요.

④ 팔만대장경판은 고려 시대 부처의 힘으로 몽골의 침입을 물
리치기 위해 만든 것이에요. 현재 합천 해인사에 있는 경판은
이를 보관하는 장경판전과 함께 1995년 유네스코 세계 문화
유산으로 등재되었어요.

11 고려의 공예 기술

정답 ④

④ 나전 칠기는 조개껍데기를 여러 가지 모양으로 오려서 붙이고
옻칠을 해서 만든 공예품이에요. 주로 전복처럼 빛이 나는 조
개껍데기를 쓰는데, 이를 자개라고도 해요. 옻나무 액을 바르
면 윤기가 나고, 벌레가 생기지 않으며 물이 스며들지 않았어
요. 고려 시대부터 조선 시대에 걸쳐 널리 만들어졌어요.

정답이 아닌 이유

① 청화 백자는 흰색의 도자기에 청색의 안료로 그림을 그린 후
유약을 발라 구워서 만든 것이에요. 청화 백자는 14세기 말에
전래되어 조선 시대에 많이 만들어졌어요.

② 놋그릇은 구리에 여러 가지 금속을 섞어서 만든 것이에요. '유
기'라고도 불린 놋그릇은 조선 시대에 널리 사용되었어요. 조
선 시대 안성 지방에서 생산된 유기가 품질이 좋아 안성맞춤
이라는 말이 나올 정도였어요.

③ 화문석은 왕골에 색을 입혀 꽃무늬가 생기게 엮어서 만든 돗
자리에요. 우리나라에서는 삼국 시대부터 사용되었고 고려

시대에는 좋은 품질로 만들어져 송에 많이 수출했어요.

12 고려의 불상 050 논산 관촉사 석조 미륵보살 입상

정답 ②

'고려 시대 최대 규모의 불상', '은진 미륵', '거대하고 투박한 지역적 특색' 등을 통해 (가)에 들어갈 문화유산은 논산 관촉사 석조 미륵보살 입상임을 알 수 있어요. ② 논산 관촉사 석조 미륵보살 입상은 높이가 약 18m에 이르는 우리나라에서 가장 큰 석불 입상이에요. 고려의 불상은 신라 시대의 불상과 모양에 차이가 있고, 불상의 재료와 만드는 방법이 달랐어요. 고려의 불상은 주로 철을 이용해서 제작하거나 자연의 커다란 바위 등을 이용해 만들다 보니 신라의 불상에 비해 모양을 내기에 어려움이 있었어요. 크기는 컸지만 전체적인 균형이라든지 조화는 신라의 불상에 비해 다소 부족한 모습이었죠.

정답이 아닌 이유

① 절벽에 새긴 백제의 서산 용현리 마애여래 삼존상으로 '백제의 미소'로 유명해요.

③ 합천 치인리 마애여래 입상으로 통일 신라 시대의 불상이에요.

④ 파주 용미리 마애이불 입상으로 고려의 불상이에요.

⑤ 경주 배동 석조여래 삼존 입상으로, 신라의 불상이에요.

5 조선의 성립과 발전

11강	조선의 건국과 발전

키워드로 풀리는 기출 문제 본문 72~75쪽

01 ①	02 ①	03 ④	04 ②	05 ②
06 ①	07 ①	08 ②	09 ③	10 ③
11 ①	12 ②	13 ①	14 ④	15 ④
16 ②	17 ②	18 ③		

01 한양의 건축물 056 정도전

정답 ①

역대 왕과 왕비의 신주를 모신 (가) 문화유산은 종묘예요. 종묘는 조선을 건국하고 한양으로 수도를 옮길 때 경복궁의 왼쪽에 만든 것이에요. 종묘는 역대 왕과 왕비의 신주(죽은 사람의 이름을 적은 나무패)를 모시고 제사를 지내는 곳으로 경복궁의 동쪽에 세워졌어요. 유네스코는 종묘의 역사적 가치를 인정하여 1995년 세계유산으로 등재했어요.

정답이 아닌 이유

② 사직단은 경복궁의 오른편에 지은 것으로 토지신(사)과 곡식신(직)에게 제사를 지내던 곳이에요. 농업을 중심으로 삼았던 조선은 사직단을 중요하게 여겼어요.

③ 성균관은 조선 시대 최고 교육 기관이에요. 성균관은 수준 높은 유학 교육을 했으며, 과거 시험 중 소과에 합격해 생원이나 진사가 되어야 입학할 수 있었어요.

④ 명동 성당은 1898년에 만들어진 천주교 교회 건물이에요. 프랑스인 신부가 고딕 양식으로 설계하고 벽돌로 만든, 우리나라 최초의 천주교 교회라고 해요.

02 이성계의 4불가론 055 위화도 회군

정답 ①

자료는 이성계가 요동 정벌에 대하여 4가지 이유를 들어 반대하는 글인 '4불가론'이에요. ① 명이 철령 이북 지역을 차지하려 하자, 우왕과 최영은 요동 정벌을 추진했어요. 그러자 요동 정벌에 반대하였던 이성계가 위화도에서 회군하여 우왕과 최영을 몰아내고 권력을 장악했어요. 이후 반대파를 몰아내고 정도전 등 새 왕조 수립에 찬성하는 신진 사대부와 함께 조선을 건국했지요. 이성계의 4불가론은 결국 위화도 회군의 배경이 된 것이에요.

정답이 아닌 이유

② 동북 9성은 고려 시대 윤관이 별무반을 동원하여 여진족을 물리친 뒤 동북쪽 지역에 세운 9개의 성이에요.

③ 훈련도감은 조선 후기 중앙군인 5군영 중 하나로 임진왜란 중에 설치되었어요. 포수·살수·사수 삼수병으로 구성된 군영이에요.

④ 고구려 장수왕은 국내성에서 평양성으로 도읍을 옮기고 남진 정책을 추진했어요. 이는 국내성 기반의 귀족 세력을 약화시켜 왕권을 강화하고, 한반도 남쪽으로 영토를 확장하려는 목적이었어요.

03 조선의 토지 제도

정답 ④

과전법은 고려 말 공양왕 때 시행된 토지 제도예요. 위화도 회군 이후 이성계와 조준·정도전 등의 신진 사대부는 토지 제도를 개혁하고 과전법을 실시하였어요. ④ 과전법은 전·현직 관리들에게 토지에서 세금을 거둘 수 있는 수조권을 지급한 것이에요. 이를 통해 고려 말 어려워진 나라의 재정을 확충하고 혼란스러운 민생을 바로잡고자 하였지요. 또한 과전법의 시행으로 신진 사대부의 경제적 기반을 마련할 수 있었어요.

정답이 아닌 이유

① 대동법과 관련된 설명이에요. 16세기에 이르러 중앙 관청의 서리가 공물을 대신 국가에 납부하고 그 대가를 비싸게 매겨

농민에게 받아 내는 방납의 폐단이 나타났어요. 이를 바로잡기 위해 광해군 때 대동법이 시행되었지요. 대동법은 지역 특산물 대신 토지 결 수를 기준으로 쌀, 베, 동전 등을 납부하도록 한 제도예요. 대동법의 시행으로 정부가 필요로 하는 상품을 대신 사서 납부하는 공인이 등장하였어요.

② 지계는 근대적인 토지 증서예요. 1897년 고종이 대한 제국을 선포한 이후 전국적으로 양전 사업을 실시하고 토지 소유자에게 지계를 발급하였어요.

③ 고려 시대에 시행된 전시과에 대한 설명이에요. 전시과는 관리를 18등급으로 나누고 품계에 따라 토지를 지급한 제도로, 관직 복무와 직역의 대가로 곡물을 거둘 수 있는 전지(농토)와 땔감을 얻을 수 있는 시지(임야)를 준 것이지요.

04 정도전의 업적   056 정도전

정답 ②

『조선경국전』을 지어 바쳤다'는 내용을 통해 (가) 인물은 정도전임을 알 수 있어요. ② 삼봉 정도전은 태조 이성계를 도와 조선을 세우는 데 큰 역할을 한 인물이에요. 조선 건국 초기에 정도전은 기본적인 통치 질서 마련을 위해 『조선경국전』이라는 법전을 지어 바쳤어요. 그러나 이성계의 아들 이방원이 권력을 장악하기 위해 일으킨 제1차 왕자의 난 때 이방원에게 죽임을 당했지요.

정답이 아닌 이유

① 송시열은 노론의 우두머리로, 희빈 장씨 아들의 원자 책봉에 반대하여 기사환국(숙종) 때 처형당했어요. 이로 인해 서인이 몰락하고, 남인이 집권하게 되었지요.

③ 정약용은 정조 때 거중기를 고안하여 수원 화성을 건설했어요. 또한 실학을 집대성하였으며 『경세유표』와 『목민심서』 등을 저술했어요.

④ 홍대용은 상공업 중심의 개혁론을 펼친 실학자로, 지전설을 주장하였고 『의산문답』을 저술했어요.

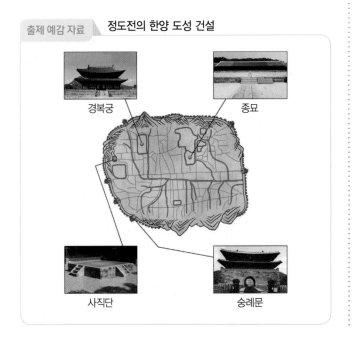

| 출제 예감 자료 | 정도전의 한양 도성 건설 |

경복궁 / 종묘 / 사직단 / 숭례문

05 태종의 업적   057 호패

정답 ②

'조선의 제3대 왕'이라는 내용을 통해 태종임을 알 수 있어요. 태종이 실시한 6조 직계제는 실무 담당 행정 기관 6조(이조·호조·예조·병조·형조·공조)가 의정부를 거치지 않고 왕에게 직접 보고를 올리고 재가를 받도록 하는 제도예요. ② 태종은 호패법을 시행하여 인구를 파악해 세금과 군역을 효율적으로 부과하려고 하였어요. 호패는 신분을 증명하기 위하여 16세 이상의 남자는 누구나 갖고 다니도록 하였던 나무 패예요. 호패에는 이름, 태어난 해 등이 새겨져 있어요. 또, 태종 때 주자소를 설치하여 금속 활자인 계미자를 주조하기도 하였지요. 전국을 8도로 나누고, 도 아래에는 부·목·군·현을 두어 관리를 파견한 왕도 태종이에요.

정답이 아닌 이유

① 세조는 현직 관리에게만 수조권(세금을 받을 권리)을 지급하는 직전법을 실시하였어요. 전직·현직 관리에게 수조권을 지급하는 과전법의 실시로 신진 관료에게 지급할 토지가 부족해지자 실시한 토지 제도예요.

③ 정조는 왕의 친위 부대인 장용영을 설치하여 군사적 기반을 강화하였어요.

④ 흥선 대원군은 신미양요 이후 전국 각지에 척화비를 건립하여 서양과의 통상 수교 거부 의지를 널리 밝혔어요. '척화'는 '사이 좋게 지내는 것을 거부하고 내친다'라는 뜻이에요.

06 조선의 편찬 사업   058 경국대전

정답 ①

『경국대전』은 나라를 다스리는 가장 기본적인 법전으로, 세조 때 만들기 시작해 성종 때 완성되었어요. 조선은 『경국대전』에 따라 중앙 및 지방 통치 제도를 마련하고 운영하였어요. 성종은 『경국대전』을 통해 유교적 통치 질서를 확립하고, 중앙 정치 제도 및 지방 행정 제도를 마련하여 통치 체제를 완성하였어요.

정답이 아닌 이유

② 『동국통감』은 서거정이 성종의 명을 받아 편찬한 역사서로, 고조선부터 고려 말까지의 역사를 편년체로 서술하였어요.

③ 『동의보감』은 조선 후기에 허준이 편찬한 의학서예요. 우리나라와 중국의 의학책을 종합하여 지병에 대한 처방을 일목요연하게 파악할 수 있도록 하였어요.

④ 조선 후기 실학자 유형원은 『반계수록』을 저술하여 모든 농민에게 토지를 균일하게 줄 것을 주장하였고, 양반 중심의 과거제, 노비제를 비판하였지요.

07 조선의 건국 과정   055 위화도 회군   056 정도전

정답 ①

조선의 건국 과정은 (가) 위화도 회군 → (나) 과전법 제정 → (다) 이성계 즉위 순서예요.

(가) 이성계와 신진 사대부는 1388년 위화도 회군을 통해 정치적 실권을 차지했어요.

(나) 1391년 과전법을 제정하여 권문세족이 불법적으로 차지한 토지를 빼앗아 경제적 기반도 마련했지요.

(다) 새로운 왕조 건설에 반대한 정몽주 등을 제거한 후 이성계가 즉위하면서 1392년에 조선을 건국하였어요.

08 조선의 건국 과정 055 위화도 회군

정답 ②

조선의 건국 과정에서 (가)에 들어갈 내용은 위화도 회군이에요. ② 위화도 회군은 요동 정벌에 반대했던 이성계가 압록강의 위화도에서 군대를 돌려서 온 사건이에요. 위화도 회군으로 이성계는 최영을 제거하고 정치적 실권을 차지할 수 있었어요. 그 후 권문세족이 불법적으로 차지한 토지를 몰수하는 과전법을 통해 새 왕조 건설의 경제적 기반을 마련했어요.

정답이 아닌 이유

① 비변사가 혁파된 것은 흥선 대원군이 집권하였던 시기예요. 비변사는 원래 국방 문제를 논의하는 임시 기구였는데, 임진왜란 후에는 의정부를 대신하여 최고 통치 기구의 역할을 했어요.

③ 흥선 대원군 집권 시기에 편찬된 『대전회통』은 정조 때 편찬된 『대전통편』을 보완하여 만든 법전이에요.

④ 훈민정음이 창제된 것은 세종 때예요. 훈민정음은 과학적인 문자로 우리말을 소리가 나는 대로 적을 수 있었어요.

09 태종의 업적 057 호패

정답 ③

'16세 이상의 남자들이 신분을 증명하기 위해 몸에 차고 다녔다'는 내용을 통해 '이것'은 호패임을 알 수 있어요. ③ 호패는 조선 시대 16세 이상의 남자에게 발급한 일종의 신분증으로, 신분에 따라 재료와 기록된 내용이 달랐어요. 태종은 인구를 파악하고 세금을 거두는 데 호패법을 활용하였어요.

정답이 아닌 이유

① 교지는 조선 시대 국왕이 신하에게 관직·시호·토지 등을 내려 주는 문서예요.

② 족보는 한 가문의 계통과 혈통 관계를 적어 기록한 책이에요.

④ 공명첩은 말 그대로 '이름 쓰는 칸이 비어 있는 문서'라는 뜻으로 나라의 재정을 보충하기 위해 일정한 돈을 낸 사람에게 주던 명예 관직 임명장이에요.

10 집현전의 역할

정답 ③

자료는 조선 세종 때 확대·개편한 학문 연구 기관인 집현전에 대한 내용이에요. 훈민정음을 창제한 세종은 훌륭한 학자들을 키

위 내기 위해 집현전을 운영하였어요. ③ 정인지, 신숙주, 성삼문 등의 집현전 학자들은 학문을 연구하며 유교와 관련된 여러 가지 책을 펴냈지요.

정답이 아닌 이유

① 우리나라 최초의 신문은 한성순보예요. 한성순보를 발행한 기구는 1883년에 세워진 박문국이에요.

② 조선 시대에 병든 백성을 치료하였던 곳은 동·서 대비원, 혜민국(혜민서) 등이 있어요. 환자 치료와 빈민 구제, 의약품 제공 등을 하였지요.

④ 조선에서 군사 훈련을 실시한 군사 조직은 훈련도감이에요. 임진왜란 중에 군사 조직을 재정비할 필요성이 커지면서 설치되었고, 포수·살수·사수의 삼수병으로 구성된 직업 군인이에요.

출제 예감 자료　　『훈민정음 해례본』

일제 강점기 독립운동은 무장 독립운동만 있는 것이 아니었어요. 간송 전형필은 우리 고유의 문화를 지키고, 문화재를 지키는 노력으로 독립운동을 하였지요. 전형필은 자신이 가진 재산을 털어 우리 민족의 문화재를 수집하고 지켜냈어요. 전형필은 문화재가 지닌 가치를 알고 문화재를 살 때마다 정당한 값을 치렀다고 해요. 그 금액은 현재 가치로 실로 엄청난 것이었지요. 그중 『훈민정음 해례본』은 전형필이 지켜 낸 우리 민족 제일의 문화재로 손꼽히고 있어요. 훈민정음은 그 가치를 따질 수 없을 정도로 높이 평가받고 있는 우리의 문화유산이지요.

훈민정음 해례본

훈민정음 서문

---

11 세종의 업적 068 훈민정음 069 농사직설

정답 ①

훈민정음을 창제하고, 『농사직설』을 편찬한 '이 왕'은 조선의 세종이에요. ① 조선 초기 여진이 조선의 국경을 자주 침범하자 세종은 압록강 유역에 최윤덕을 파견하여 4군을, 두만강 유역에 김종서를 파견하여 6진을 개척했어요.

정답이 아닌 이유

② 『경국대전』은 조선의 기본 법전으로, 통치 체제를 정비하기 위해 세조 때부터 편찬하기 시작해서 성종 때 완성했어요.

③ 대동여지도는 조선 후기 김정호가 제작한 지도예요. 목판에 새겨 찍어 냈으며, 산맥·하천·포구·도로망을 정밀하게 표시하고 있어요. 도로망에 10리마다 눈금을 표시하여 거리를 쉽게 알 수 있도록 했지요.

④ 백두산정계비는 조선 숙종 때 백두산에 세운 비석으로, 조선과 청 사이의 국경선을 표시한 경계비예요.

12 세조의 정책 `059 6조 직계제`

정답 ②

'계유정난으로 정권을 잡고 단종을 몰아낸 왕'이라는 내용을 통해 세조에 대한 내용임을 알 수 있어요. 세조는 왕권 강화를 위해 6조 직계제를 시행하였어요. 태종 때 처음 시행된 6조 직계제는 6조가 의정부를 거치지 않고 왕에게 직접 보고를 올려 나랏일을 하는 제도지요. 세조는 6조 직계제를 부활하고, 집현전을 폐지하고, 경연을 일시적으로 중단하여 신권(신하의 권력)을 약화시키고 왕권을 강화했어요. ② 또한, 세조는 직전법을 실시하였어요. 그동안 과전법을 실시하여 전·현직 관리 모두에게 수조권을 지급하자 점차 관리에게 나누어 줄 토지가 부족하게 되었어요. 그리하여 세조는 현직 관리에게만 수조권을 지급하도록 하는 직전법을 시행하였지요.

정답이 아닌 이유

① 삼별초는 고려에 몽골이 침입하였을 때 끝까지 맞서 싸운 군대이지요.

③ 한양으로 천도한 왕은 태조 이성계입니다. 한양은 한반도의 중심부에 위치하고 한강을 끼고 있어 교통이 편리하였으며 여러 산으로 둘러싸여 있어 방어에도 유리했어요.

④ 세종은 독창적인 문자인 훈민정음을 창제하였어요.

13 조선의 교육 기관 `060 성균관`

정답 ①

조선의 교육 목적은 유교적 교양과 능력을 갖춘 인재를 길러 관리로 진출시키는 데 있었어요. 서울은 4부 학당, 지방은 향교에서 중등 교육을 맡았고, 성균관이 최고 교육 기관의 역할을 하였어요. 한편 조선 시대 사림 세력은 덕망 높은 유학자를 기리고 지방 양반의 자제를 교육하기 위해 지방 곳곳에 서원을 설립하였어요. ① 경당은 고구려의 교육 기관으로, 주로 독서와 활쏘기를 가르쳤어요.

정답이 아닌 이유

② 조선의 국립 교육 기관으로 중앙에 4부 학당, 지방에 향교가 있었어요.

③ 성균관은 조선 시대 한양에 있던 최고 교육 기관이에요. 성균관의 정원은 200명으로, 초시인 생원시와 진사시에 합격한 유생들에게 우선적으로 입학 기회가 주어졌지요. 성균관 유생들은 과거에서 여러 가지 특전을 받아 관직에 임용될 수 있는 기회가 많았어요.

④ 서원은 조선 시대 지방에 설립된 사립 교육 기관으로, 선현에 대한 제사와 지방 양반 자제들의 교육을 담당하였어요. 조선 후기에는 붕당의 근거지 역할을 하였지요.

14 조선의 중앙 정치 기구

정답 ④

'(가)의 수장인 대사헌'이라는 내용을 통해 (가)는 '사헌부'임을 알 수 있어요. 조선 시대의 사헌부는 관리들의 비리를 감찰하는 역할을 담당하였어요. 사헌부의 수장을 대헌 혹은 대사헌이라고 부르는데, 이는 종2품에 해당하였어요. 국왕의 정치를 비판하는 사간원, 학술·경연을 담당하고 국왕의 정책을 자문하는 홍문관, 관리의 비리를 감찰하는 사헌부를 3사라고도 불렀어요. 언론 활동을 담당한 3사는 권력의 독점과 부정을 방지하는 데 기여했지요.

정답이 아닌 이유

① 왕명 출납(왕의 명령을 전달하거나 신하들의 보고 사항을 올리는 일)을 담당한 조선의 정치 기구는 승정원이에요. 승정원은 국왕의 비서 기관으로, 왕권 강화를 위한 기구였지요.

② 수도의 행정과 치안은 한성부가 맡았어요.

③ 사역원은 외국어 통역과 번역을 담당하였어요. 사역원은 고려 말에 설치되어 조선까지 이어진 기구예요.

15 조선의 중앙 정치 기구

정답 ④

궁궐 내의 서적을 관리하고 왕의 각종 자문에 응하는 기구로, 사헌부, 사간원과 함께 삼사라고 불린 (가) 기구는 홍문관이에요. ④ 홍문관은 왕의 정책에 대한 자문과 경연을 담당하였어요.

정답이 아닌 이유

① 승정원은 국왕의 명령을 발표하고 상소문을 처리하는 등 왕의 비서 역할을 하였고, 나라의 큰 죄인을 다스리는 의금부와 함께 왕권 강화를 뒷받침하였어요.

② 어사대는 풍속을 단속하고 관리의 비리를 감찰하는 고려의 정치 기구예요.

③ 집사부는 신라의 권력 기구로, 국가 기밀과 일반 업무를 관장한 최고 행정 기구였어요.

16 사화의 발생 `061 사림`

정답 ②

조선 건국에 참여하거나 세조가 왕위에 오르는 데 공을 세운 공신들이 중심이 된 정치 세력이에요.

성종 때 처음 관직에 진출한 김종직과 그의 제자들을 말해요. 훈구 세력의 잘못을 비판했지요.

조선 시대 정치 세력인 훈구와 사림의 대립 과정에서 사화가 일어났어요. 연산군 때 김종직이 쓴 '조의제문'을 구실로 훈구 세력이 김일손을 비롯한 사림 세력에게 피해를 입힌 것이 무오사화예요. 무오사화 이후에도 여러 차례의 사화가 일어나 사림이 큰 피해를 보았어요.

정답이 아닌 이유

① 경신환국은 숙종 때 일어난 사건이에요. 숙종 때 신하들은 서인과 남인으로 나뉘어 정치에 참여했어요. 경신환국은 숙종이 당시 정권을 차지하고 있던 남인을 몰아내고 서인을 등용한 사건이에요.

③ 인조반정은 서인이 광해군을 몰아내고 인조를 왕으로 추대한 사건이에요. 서인은 광해군이 명과 후금 사이에서 중립적인 외교 정책을 펴자, 이것이 명에 대한 의리를 지키지 않는 것이라 하여 광해군을 쫓아냈어요.

④ 임오군란은 1882년에 신식 군대인 별기군에 비해 차별을 받고 있다고 생각한 구식 군인들이 폭동을 일으킨 사건이에요.

구분	무오사화	갑자사화	기묘사화	을사사화
시기	1498년, 연산군	1504년, 연산군	1519년, 중종	1545년, 명종
원인	김종직이 쓴 '조의제문'	연산군의 어머니인 폐비 윤씨 사건	조광조의 급진적인 개혁 정치	외척 간의 세력 다툼

17 조선의 교육 기관　060 성균관

정답 ②

(가)에 들어갈 조선 최고 교육 기관은 성균관이에요. 조선 시대에 높은 관리가 되기 위해 꼭 다녀야 했던 학교지요. 성균관은 수준 높은 유학 교육을 했으며, 보통 소과에 합격해 생원이나 진사가 되어야 입학할 수 있었어요.

성균관의 구조

정답이 아닌 이유

① 향교는 조선 시대 대표적인 중등 교육 기관으로 전국의 군과 현에 1개씩 두어 약 329개가 있었다고 해요. 서당에서 초보적인 유학 지식을 익힌 학생들이 향교에 입학하여 공부했어요.

③ 육영 공원은 1886년 국가가 세운 최초의 근대적 공립 학교예요. 정부는 고위 관리의 자제와 젊은 관리들에게 영어를 비롯한 서양 학문을 가르치기 위해 이 학교를 세웠어요.

④ 4부 학당은 조선의 도읍인 한성에 있던 중등 교육 기관이에요.

18 조광조의 개혁 정치　061 사림　062 조광조

정답 ③

조광조는 중종 때 등용된 사림의 중심 인물로, 급진적인 개혁 정치를 추구했어요. 성리학의 이념으로 통치하는 도학 정치를 추구하였고, 도교 행사를 주관하는 소격서 폐지를 주장했어요. ③ 조광조는 천거제의 일종인 현량과 실시를 건의하여 이 시기에

사림이 대거 등용되었어요. 그는 공신들의 거짓된 공을 삭제하는 위훈 삭제 등의 급진적 개혁 정치를 추구했고, 부담을 느낀 중종과 훈구 세력에 의해 기묘사화 때 제거되었어요.

정답이 아닌 이유

① 이이는 『성학집요』를 저술하여 현명한 신하가 성학을 군주에게 가르쳐 그 기질을 변화시켜야 한다고 주장했어요.

② 백운동 서원은 조선 중종 때 풍기 군수 주세붕이 고려 말 성리학을 전래한 안향을 제사 지내기 위해 세운 서원이에요.

④ 시헌력은 조선 후기 김육이 도입을 주장한 역법으로, 태음력에 태양력의 원리를 적용하여 24절기의 시각과 하루의 시각을 정밀하게 계산하여 만든 역법이에요.

12강　임진왜란과 병자호란

키워드로 풀리는 기출 문제　본문 78~79쪽

01 ④	02 ②	03 ②	04 ③	05 ④
06 ③	07 ①	08 ③		

01 임진왜란 당시 수군의 역할　063 이순신

정답 ④

'임진왜란 당시의 전투 모습', '학익진 전법'을 통해 밑줄 그은 '이 전투'는 이순신의 한산도 대첩임을 알 수 있어요. 이순신은 수군으로 활약하였는데, 거북선과 화포 등의 무기로 일본군과의 전투를 승리로 이끌었어요. ④ 한산도 대첩은 학이 날개를 펼치는 것처럼 적을 포위하는 학익진 전법을 이용하여 일본군을 크게 물리친 전투예요. 행주 대첩, 진주 대첩과 함께 임진왜란의 3대 대첩 중 하나이지요.

정답이 아닌 이유

① 진주 대첩은 임진왜란 당시 진주성에서 벌어진 전투예요. 진주성에서는 일본군과 두 차례의 전투가 있었어요. 그 중 제1차 전투에서 김시민이 크게 승리하였는데, 이를 진주 대첩이라고 해요. 제2차 전투에서는 김천일이 목숨을 걸고 싸웠지만 성이 함락되었고, 논개가 적의 장수를 안고 강물에 몸을 던졌다는 이야기가 전해져요.

② 귀주 대첩(1019)은 고려에 거란이 침입하였을 때 벌어진 전투예요. 거란은 고려에 총 3번 침입하였는데, 제3차 침입 때 강감찬이 이끄는 고려군이 귀주에서 거란군을 거의 전멸시키는 큰 승리를 거두었어요. 이를 귀주 대첩이라고 하지요.

③ 청산리 대첩은 일제 강점기인 1920년에 있었던 전투예요. 김좌진의 북로 군정서군과 홍범도의 대한 독립군 등 독립군 연합 부대는 청산리 일대에서 일본군과 6일 간의 전투를 치른 끝에 승리를 거두었어요.

진주성	행주 산성
임진왜란 때 김시민이 이끈 진주 대첩이 벌어졌던 곳	임진왜란 때 권율이 이끈 행주 대첩이 벌어졌던 곳

02 임진왜란의 전개   `064 행주 대첩`

정답 ②

'진주성', '진주 목사 김시민'을 통해 (가) 전쟁이 임진왜란임을 알 수 있어요. 1592년, 일본이 조선을 침략한 임진왜란이 발발했어요. 이순신의 수군은 한산도에서 일본군에 크게 승리하였고(한산도 대첩), 김시민의 관군은 백성들과 함께 성에서 일본군을 물리쳤어요(진주 대첩). 곽재우가 이끄는 의병 부대도 성 밖에서 이를 지원하고 있었어요. 이후 조명 연합군이 평양성을 탈환하였고, ② 권율이 이끄는 관군은 백성들과 함께 행주 산성에서 큰 승리를 거두었어요(행주 대첩).

정답이 아닌 이유

① 천리장성은 2개가 있어요. 고구려의 천리장성은 수 멸망 후 당의 침략에 대비하기 위해 부여성에서 비사성까지 쌓은 장성이고, 고려의 천리장성은 거란, 여진 등 북방 민족의 침입에 대비하기 위해 압록강에서 도련포에 이르는 국경 지대에 쌓은 장성이에요.

③ 황룡사 9층 목탑은 신라 선덕 여왕 때 자장의 건의로 세워졌어요. 9층은 주변 9개의 나라로부터 신라를 지킨다는 뜻으로 호국 불교의 성격이 강해요. 고려 시대 몽골의 침입으로 불타 없어지고 지금은 터만 남아 있어요.

④ 고려 숙종 때 여진족을 정벌하기 위해 윤관의 건의로 별무반을 편성했어요. 신기군(기병), 신보군(보병), 항마군(승병)으로 조직되었고, 윤관은 별무반을 이끌고 여진을 정벌하여 동북 지역에 9성을 축조했어요.

동래성 전투	평양성 전투	노량 해전
임진왜란 초기에 일본군이 부산에 상륙하면서 일어남	명의 군대와 함께 싸운 전투로, 조명 연합군이 평양을 탈환함	임진왜란의 마지막 전투로, 이곳에서 이순신이 전사함

03 유성룡의 업적

정답 ②

'징비록', '이순신을 천거', '훈련도감 설치를 건의'라는 내용을 통해 (가) 인물이 유성룡임을 알 수 있어요. ② 유성룡은 선조 때 영의정을 지낸 인물로, 왜적이 쳐들어올 것을 예상하고 이순신과 권율을 등용했어요. 또 선조에게 훈련도감 설치를 건의했어요. 훈련도감은 돈을 받는 직업 군인으로 포수·사수·살수로 구성되었으며, 임진왜란 중에 만들어졌어요. 임진왜란을 겪은 후 벼슬에서 물러난 유성룡은 『징비록』을 저술하여 전쟁의 참혹함을 기록했어요.

정답이 아닌 이유

① 조선 후기의 실학자 박지원은 청을 돌아보고 온 뒤 기행문인 『열하일기』를 썼어요. 그는 조선 후기 사회를 개혁하기 위해서 청의 발달된 문물을 받아들여야 한다고 주장한 북학파의 대표적 인물이지요.

③ 임경업은 조선 인조 때 활동한 장군이에요. 병자호란 후 청이 명을 치기 위해 군대를 동원하자 명에 의리를 지켜야 한다고 생각해 이에 따르지 않았다가 청에 붙잡혀 죽음을 맞이했어요.

④ 정약용은 조선 후기의 대표적인 실학자예요. 그는 정조의 총애를 받으며 화성을 건설하는 데 큰 역할을 했고, 약 500여 권의 책을 펴냈어요.

징비록은 유성룡이 임진왜란 당시의 상황을 기록한 책이에요. 책의 제목인 '징비'는 '지난 잘못을 살펴 후환을 경계한다'는 의미를 갖고 있지요. 이 책에는 임진왜란 이전 일본과의 관계, 임진왜란 당시 조선 수군의 제해권 장악, 명의 군대 파견 등에 대한 내용이 상세히 기록되어 있답니다.

04 광해군의 중립 외교   `065 광해군`

정답 ③

임진왜란이 끝난 후 선조에 이어 왕위에 오른 밑줄 그은 '나'는 광해군이에요. 이 무렵 중국에서는 명이 힘을 잃어 가고 후금이 세력을 키우고 있었어요. 명이 후금을 공격하기 위해 조선에 군대를 요청하자 광해군은 명과 후금 사이에서 중립 외교를 펼쳤어요.

정답이 아닌 이유

① 세조는 세종의 둘째 아들로 조선 제7대 왕이 되었어요. 수양 대군으로 불렸던 그는 조카인 단종의 왕위를 빼앗아 왕이 된 후 현직 관리에게만 토지를 지급하는 직전법을 실시하였어요.

② 정조는 조선의 제22대 왕으로, 어릴 때 이름은 이산이에요. 사도세자의 아들로 할아버지 영조에 이어 왕이 되었어요.

④ 연산군은 성종에 이어 조선의 제10대 왕에 올랐으나 신하들에 의해 쫓겨났어요. 그는 두 차례의 사화를 일으켜 신하들을 탄압했어요.

광해군은 왕이 된 후 임진왜란의 피해를 복구하기 위해 노력하였어요. 토지와 인구를 조사하여 국가 재정을 늘렸고, 허준으로 하여금 질병으로 고통받는 백성들을 위해 『동의보감』을 편찬하게 하였죠. 『동의보감』은 주변에서 쉽게 구할 수 있는 약재를 이용하여 질병을 치료할 수 있는 방법을 소개하고 있는 의학 백과사전이에요.

05 광해군의 정책　065 광해군　077 대동법

정답 ④

'중립 외교', '인조반정으로 왕의 자리에서 쫓겨났다'라는 내용을 통해 (가) 왕은 광해군임을 알 수 있어요. 임진왜란 이후 명은 점차 쇠퇴해지고 여진족이 세운 후금은 강성해져 후금이 명을 공격했어요. 이에 명은 조선에 군대를 요청했어요. 광해군은 명과 후금 사이에서 실리를 취하는 중립 외교 정책을 실시하였고, 강홍립으로 하여금 출병하게 한 후 상황을 보아 투항하도록 했어요. 이러한 광해군의 정책은 이후 인조반정의 원인이 되기도 했어요. ④ 광해군은 방납의 폐단을 개선하기 위해 경기도 지역에 대동법을 처음 시행했어요. 대동법은 집집마다 특산물을 세금으로 내던 방식을 바꾸어 토지를 기준으로 쌀, 삼베, 동전으로 납부하게 한 제도예요. 양반 지주들의 반대로 전국적으로 실시되는 데 약 100년이 걸렸어요.

정답이 아닌 이유

① 『대전회통』은 고종 때 흥선 대원군의 주도로 편찬된 법전이에요.

② 철종 때 임술 농민 봉기가 발생하자 정부는 삼정의 문란을 바로 잡기 위해 삼정이정청을 설치했지만 큰 효과를 거두지는 못했어요.

③ 정조는 젊고 재능 있는 관리들을 선발하여 규장각에서 재교육시키는 초계문신제를 실시했어요.

06 병자호란의 전개　067 병자호란

정답 ③

'척화파', '주화파'를 통해 밑줄 그은 '전쟁'이 병자호란임을 알 수 있어요. 병자호란 때 조선의 신하들은 척화파와 주화파로 나뉘었어요. 척화파는 왕세자를 인질로 보내라는 청의 요구를 받아들일 수 없다고 주장하였어요. 주화파는 청의 군대가 너무 강하기 때문에 일단 화해를 하고 나중에 힘을 길러 다시 싸워야 한다고 주장하였지요. 조선의 지배층은 청에 맞서 싸워야 한다는 척화파의 생각에 동의하였어요. 이에 조선은 청이 요구한 임금과 신하의 관계를 거절하였지요. 그러나 청의 태종이 직접 군대를 이끌고 조선을 침략하는 병자호란이 일어났고, 일주일 만에 한성이 함락되었어요. ③ 이때 인조는 신하들과 함께 남한산성으로 피란하였지요.

정답이 아닌 이유

① 화통도감은 고려 말 화약 무기를 만들기 위해 설치한 관청이에요. 화약을 개발한 최무선은 화통도감에서 일하며 다양한 화약 무기를 개발했어요.

② 김시민이 진주성에 항전한 것은 임진왜란 때의 일이에요. 김시민은 진주성에서 3천 8백 여 명의 군사로 왜군 2만 명에 맞서 승리했어요. 이 전투를 진주 대첩이라고 해요.

④ 황룡사 9층 목탑이 불탄 것은 고려 시대에 몽골이 침입했을 때예요. 40여 년에 걸친 몽골의 침입으로 황룡사 9층 목탑 이외에도 대구 부인사에 보관된 대장경판이 불에 타서 없어졌어요.

병자호란이 일어났을 때 인조는 강화도로 가려 하였으나, 청군이 빠른 속도로 한양으로 오자 남한산성으로 피란하였어요. 청군이 남한산성을 포위하자 인조와 신하들은 계속 버텼어요. 하지만 성 안의 물과 식량은 떨어졌고, 겨울이라 추위도 심하여 조선군은 점점 지쳐갔어요. 결국 조선은 더 이상 버티지 못하고 청에 항복하였답니다.

07 효종의 업적

정답 ①

대화 속 '효종'의 활약상은 북벌의 추진에 해당해요. 북벌론은 청을 정벌하여 병자호란의 치욕을 씻고, 명에 대한 의리를 지키자는 주장이었어요. 이를 위해 효종은 군대를 양성하고 성곽을 수리하는 등 군사력을 강화하였지요. 하지만 청의 세력은 점점 강해졌고, 효종이 죽자 북벌은 실행되지 못했어요. 오히려 러시아의 남하를 막으려는 청이 조선에 군대를 요청하자, 조선은 두 차례에 걸쳐 군대를 파견했어요. 이를 나선 정벌이라고 해요.

정답이 아닌 이유

② 경복궁을 중건한 인물은 흥선 대원군이에요. 경복궁은 임진왜란 때 불탔는데 그 후 다시 세워지지 못하다가 흥선 대원군이 왕실의 위엄을 되살리기 위해 다시 지었어요.

③ 청과 명 사이에서 중립 외교를 펼친 인물은 광해군이에요. 광해군의 중립 외교가 명에 대한 의리를 지키지 않는 것이라 여긴 신하들은 그를 쫓아내고 인조를 왕으로 추대하는 인조반정을 일으켰어요.

④ 『대전통편』은 조선 정조 때 만들어진 법전이에요. 정조는 이전에 만들어진 『경국대전』, 『속대전』 등의 법전을 종합하여 『대전통편』을 완성했어요.

08 임진왜란의 전개　063 이순신　064 행주 대첩

정답 ③

권율의 행주 대첩, 신립의 탄금대(충주) 전투, 이순신의 노량 해전과 명량 해전은 모두 임진왜란 때 일어난 전투예요.

(나) 신립의 탄금대 전투는 임진왜란 초기에 발생한 전투로, 이 전투에서 조선군이 대패하면서 20일 만에 한성이 함락되었어요. 계속해서 밀리던 조선군은 이순신이 이끄는 수군과 의병의 활약 속에 반격의 기회를 잡았고, 이후 명의 지원군이 파견되면서 본격적으로 반격을 시작하였지요.

(가) 조명 연합군이 평양을 탈환하였고, 권율은 행주 산성에서 큰 승리를 거두었어요. 이후 명과 일본의 휴전 협상이 결렬되자, 일본군이 재차 조선을 침략하면서 정유재란이 일어났어요.

(다), (라) 백의종군하던 이순신은 복귀하여 12척의 배를 가지고 명량 해전에서 일본군을 대파하였고, 본국으로 철수하는 일본을 뒤쫓아가 노량 해전에서 승리하였어요. 이순신은 노량 해전에서 적의 총탄에 맞고 전사하지요. ③ 따라서 전투의 순서는 (나) - (가) - (다) - (라)예요.

13강 조선 전기의 사회와 문화

키워드로 풀리는 기출 문제 본문 82~83쪽

01 ③ 02 ④ 03 ② 04 ② 05 ①
06 ② 07 ④ 08 ③

01 세종 때 제작된 과학 기구   071 앙부일구

정답 ③

앙부일구는 솥뚜껑을 뒤집어 놓은 것처럼 오목한 모양을 하고 있어요. 앙부일구는 그림자로 시간을 확인하는 해시계로, 글을 읽을 줄 모르는 백성도 시간을 읽을 수 있도록 그림을 새겨 넣었어요. 앙부일구의 안쪽에는 시각뿐만 아니라 절기를 알 수 있도록 금(가로줄)이 그어져 있지요.

정답이 아닌 이유

① 자격루는 자동 물시계예요. 장영실은 일정한 시간이 되면 북과 징, 종이 자동으로 시간을 알려 줄 수 있도록 자격루를 만들었어요.

② 측우기는 비가 오는 양을 측정하기 위해 만든 과학 기구예요. 측우기는 서양보다 200년이나 앞서 제작되었다고 해요.

④ 혼천의는 천체의 운행과 위치를 측정하기 위해 만든 과학 기구예요. 세종 때 만들어진 혼천의는 이천, 장영실 등이 중국 혼천의를 참고하여 만들었다고 해요.

02 조선 시대의 천문학과 역법서

정답 ④

그림 속 우리 실정에 맞는 역법서는 『칠정산 내편』이에요. 『칠정산』은 세종 때 이순지와 김담이 왕의 명으로 만든 역법서로, 내편과 외편으로 구성되어 있어요. 우리나라 최초로 한양을 기준으로 천체 운동을 측정하여 만들었지요.

정답이 아닌 이유

① 『금양잡록』은 조선 전기에 강희맹이 쓴 농업책이에요. 강희맹은 벼슬에서 물러난 후 경기도 금양현에서 직접 농사를 지으며 경험한 것을 정리해 책을 펴냈어요.

② 『농사직설』은 세종 때 편찬된 농업책이에요. 우리 실정에 맞는 농사법을 정리하라는 명을 받은 정초는 전국 각지에서 농사 경험이 풍부한 농부들의 농사 방법을 모아 『농사직설』을 펴냈어요.

③ 『삼강행실도』는 세종 때 편찬된 윤리서예요. 세종은 유교 예절을 널리 알리기 위해 중국과 우리나라의 충신, 효자, 열녀의 이야기를 글과 그림으로 편찬하도록 했어요.

출제 예감 자료   삼강행실도에 소개된 이야기

제목 : 효자 최루백 이야기

#1. 아버지가 호랑이에 물려 죽였다는 소식에 도끼를 들고 호랑이를 잡으러 떠남

#2. 최루백이 호랑이를 죽여 아버지의 원수를 갚음

#3. 아버지의 무덤 옆에 초막을 짓고, 비가 오나 눈이 오나 묘를 지킴

#4. 아들의 효심에 감동한 아버지의 혼령이 최루백을 찾아옴

03 세종의 편찬 사업   068 훈민정음 069 농사직설

정답 ②

'훈민정음 창제'라는 내용을 통해 (가) 왕이 세종임을 알 수 있어요. 세종은 우리 풍토에 맞는 농법서인 『농사직설』을 편찬하고, 국산 약재와 치료법을 정리한 『향약집성방』을 간행했어요. 또한 유교 윤리를 백성에게 널리 가르치기 위하여 옛 이야기를 나타낸 그림과 한글 해설을 곁들인 『삼강행실도』를 편찬하였어요.

정답이 아닌 이유

① 만권당은 고려 후기 충선왕이 원나라에 세운 독서당이에요. 백이정, 이제현과 같은 고려의 학자들은 만권당에서 성리학을 연구하였고, 원나라의 학자들과 자유롭게 교류하였어요.

③ 대전회통은 조선의 마지막 법전이에요. 흥선 대원군 때 통치 체제를 정비하고자 『대전회통』을 편찬했는데, 이는 정조 때 편찬한 『대전통편』을 보완한 것이랍니다.

④ 초계문신제는 조선 후기 때 정조가 젊고 유능한 관리를 선발해 규장각에 소속시켜 학문을 연구하게 한 제도예요.

04 조선의 학문

정답 ②

'강릉 오죽헌에서 태어났다', '조선 시대 유학자이자 정치가', '수미법 주장'의 내용을 통해 (가)의 인물은 이이임을 알 수 있어요. 이이는 이황과 더불어 조선의 대표적인 성리학자예요. 이이는 현실적이고 개혁적인 성향으로, 관직에서 오랫동안 활동하면서 정치, 경제, 군사 면에서 여러 가지 개혁을 주장하였어요. 특히 공납 제도의 폐단을 줄이기 위해 수미법을 주장하였지요. 수미법은 공납을 현물(물품)이 아닌, 쌀로 걷자는 제도입니다. 이이가 저술한 『성학집요』는 성리학의 내용 가운데 왕이 알아야 할 것을 모아 선조에게 바친 책이에요.

정답이 아닌 이유

① 앙부일구는 세종 때 장영실이 처음 제작한 해시계예요. 앙부일구에 비춰지는 해의 그림자를 통해 시간을 측정하였어요.

③ 고려의 최승로는 시무 28조를 성종에게 건의했어요. 성종은 이를 받아들여 유교에 바탕을 둔 통치 체제를 정비하였어요.

④ 화통도감은 화약과 무기 등을 만드는 일을 맡았던 임시 관청으로, 고려 말 최무선의 건의로 만들어졌어요.

05 조선의 과학 기술 `070 자격루`

정답 ①

'자동으로 시간을 알려 주는 장치', '물시계'라는 내용을 통해 (가)에 들어갈 과학 기구는 자격루임을 알 수 있어요. ① 자격루는 조선 전기에 세종의 명을 받아 장영실 등이 제작하였어요. 물의 변화량에 따라 스스로 시간을 알려 주는 자동 시계로 날씨와 상관없이 시간을 알 수 있지요.

정답이 아닌 이유

② 측우기는 세종 때 강우량을 측정하기 위해 제작된 기구예요.

③ 혼천의는 세종 때 천체의 운행과 그 위치를 측정하기 위해 제작된 천문 관측 기구예요.

④ 앙부일구는 '솥뚜껑을 뒤집어 놓은 듯한 모습을 한 해시계'라는 뜻으로, 조선 세종 때 제작된 해시계예요.

> **출제 예감 자료** | **자격루의 원리와 구조**
>
> 자격루는 사람의 힘을 빌리지 않는 자동 시계예요. 시간에 따라 변하는 물의 양으로 일정한 시각이 되면 인형이 나와 종, 북, 징을 쳐서 시간을 알려 주었어요. 해시계인 앙부일구와는 달리 구름이 해를 가린 날이나 밤에도 시각을 알 수 있었지요.

06 조선 시대의 법전 `058 경국대전`

정답 ②

자료의 성종 때 반포된 법률 서적은 『경국대전』이에요. 조선은 『경국대전』에 따라 중앙 및 지방 통치 제도를 마련하였어요. 『경국대전』은 중앙의 6조 체제에 맞춰 6개의 법전으로 구성되었어요. 각종 행정 법규를 수록하였고, 유교적 기본 질서인 효와 충을 강조하였으며, 민본 사상에 입각하여 만들어졌지요. 『경국대전』의 완성으로 조선은 유교적 법치 국가로 나아갈 수 있었어요.

정답이 아닌 이유

① 이중환은 전국을 직접 돌아다닌 뒤 『택리지』를 써서 각 지방의 지리 환경과 생활 모습, 풍속 등을 소개하였어요.

③ 세종 때 우리나라의 풍토에 맞는 농사 방법을 정리하여 『농사직설』을 편찬하였어요.

④ 전쟁으로 피폐해진 백성들을 위하여 허준은 중국과 우리나라의 의학 서적을 집대성하여 『동의보감』을 편찬하였어요.

07 조선 전기의 그림 `072 몽유도원도`

정답 ④

'조선 전기를 대표하는 그림', '안견이 그린 것'이라는 내용을 통해 (가)는 몽유도원도임을 알 수 있어요. 세종의 아들 안평 대군이 꿈에서 본 이상 세계에 대한 이야기를 안견에게 그리게 하였죠.

정답이 아닌 이유

① '무동도'는 조선 후기 단원 김홍도의 작품으로, 풍악가락에 맞춰 춤추는 아이의 모습을 그렸어요.

② '세한도'는 조선 후기 추사 김정희가 제주도에 유배되었을 때 제자 이상적에게 그려 준 그림으로, 빈집과 고목 몇 그루의 모습을 나타내고 있어요.

③ '인왕제색도'는 조선 후기 겸재 정선이 인왕산의 모습을 그린 진경 산수화예요.

08 조선 성종 대의 편찬 사업

정답 ③

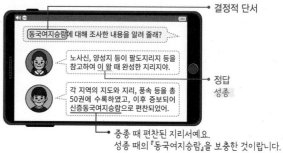

'동국여지승람'을 통해 '이 왕'이 조선의 성종임을 알 수 있어요. 『동국여지승람』은 각 도의 지리와 연혁, 인물, 풍속 등이 수록된 지리서예요. 이 책을 바탕으로 중종 때 『신증동국여지승람』이 편찬되었지요. 성종 대에는 『동국여지승람』을 비롯하여 여러 서적이 편찬되었어요. 조선 최고의 기본 법전인 『경국대전』, 서거정

등이 단군 조선에서 고려 말까지의 역사를 기록한 『동국통감』,
③ 음악 이론이나 악기 배열 등을 기록한 음악 서적인 『악학궤
범』이 대표적이에요.

정답이 아닌 이유

① 『동의보감』은 허준이 광해군 때 편찬한 의학 서적이에요.

② 『동국문헌비고』는 영조 때 각종 문물과 제도에 대해 기록한
백과사전식 책이에요.

④ 조선 태종 때 제작된 혼일강리역대국도지도에는 중국은 세계
중심에 크게 그려져 있고, 일본은 작게 그려져 있어요. 조선
은 유럽과 아프리카를 합친 것과 비슷한 크기로 그려져 있고
요. 이를 통해 조선이 자국을 크게 그릴 정도로 자부심이 강
했음을 알 수 있지요.

⑤ 조선 전기에는 천문학, 농업과 관련된 각종 기구가 발명·제작
되었고, 천문학의 발달과 함께 새로운 역법도 마련되었어요.
『칠정산』은 우리나라 역사상 처음으로 서울을 기준으로 천체
운동을 정확하게 계산한 역법서예요.

6 조선 사회의 새로운 움직임

14강	**조선 후기의 정치**

키워드로 풀리는 **기출 문제** 본문 88~91쪽

01 ②	02 ②	03 ①	04 ②	05 ①
06 ②	07 ②	08 ①	09 ①	10 ②
11 ③	12 ④	13 ④	14 ④	15 ②

01 붕당 정치의 전개   073 예송

정답 ②

예송은 조선 현종 때 일어난 예법을 둘러싼 논쟁을 말해요.

② 조광조 일파가 축출된 것은 중종 때 있었던 기묘사화 때예요.
조광조는 유교적 이상 정치를 실현하고자 급진적인 개혁을
추진하였어요. 중종은 너무 급진적인 개혁에 부담을 느꼈고,
훈구 세력은 크게 반발했지요. 이에 훈구 세력은 조광조를 비
롯한 사림 세력을 반역죄를 씌워 제거하였어요.

정답이 아닌 이유

① 1, 2차 예송에서 서인과 남인이 예법을 둘러싸고 대립하였어
요. 서인은 효종이 둘째 아들이기 때문에 1년설(1차), 9개월
설(2차)을 주장하였어요. 남인은 효종이 비록 둘째 아들로서
왕위에 올랐지만 국왕이었기 때문에 장자로서의 예를 두어야
한다는 입장에서 3년설(1차)과 1년설(2차)을 주장하였지요.
1차 예송에서는 서인의 주장이 받아들여졌고, 2차 예송에서
는 남인의 입장이 받아들여졌어요.

③, ④ 조선 현종 때 효종과 효종비가 죽은 후 효종의 새어머니인
자의 대비의 상복을 입는 기간을 둘러싸고 예송이 일어났어요.

02 송시열의 활동   073 예송

정답 ②

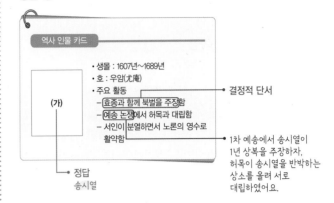

② 송시열은 효종 때 북벌을 주장했으며, 서인으로서 예송 논쟁
때 남인 허목과 대립하기도 했어요. 서인이 분열하면서 노론
의 영수(우두머리)가 되어 희빈 장씨 아들의 원자 책봉에 반
대하는 상소를 올렸다가 유배되었어요.

정답이 아닌 이유

① 박지원은 조선 후기 실학자로 상공업 중심의 개혁론을 주장
했어요. 청을 다녀온 후 『열하일기』를 저술하였고, 『양반전』을
저술하여 양반의 위선과 무능을 비판했어요. 또한 수레와 선
박의 이용과 화폐 유통의 필요성을 주장했어요.

③ 정몽주는 고려의 문제점을 개혁하되 고려 왕조는 유지하려고
했던 고려 개혁파 신진 사대부예요. 그는 조선 건국을 반대하
다가 조선 개국파 세력인 이방원의 부하에게 선죽교에서 죽
임을 당했어요.

④ 채제공은 정조 시기 때 영의정으로 탕평책을 추진한 핵심적인
인물이에요. 또한 신해통공을 주도해 시전 상인들의 금난전
권을 폐지하여 자유로운 상업 활동을 보장했어요.

03 조선 후기의 통치 체제

정답 ①

(가)에 들어갈 기구는 비변사예요. 비변사는 외적의 침입에 대
비하여 국방 문제를 처리하기 위하여 임시로 설치한 회의 기구
였어요. 하지만 임진왜란과 병자호란을 거치면서 비변사로 권력
이 집중되어 기능이 강화되었지요. 전쟁 중에는 가장 중요한 것
이 국방 문제이니까요. 양 난 이후, 비변사는 국방뿐만 아니라 외
교·재정·사회·인사 등의 국가 업무를 총괄하는 최고 통치 기구가
되었어요. 비변사의 기능이 강화되면서 상대적으로 왕권이 약해
지고 의정부와 6조의 기능이 축소되었어요.

정답이 아닌 이유

② 조선 시대의 사헌부는 관리들의 비리를 감찰하는 역할을 담당
하였어요. 고려의 어사대와 비슷한 역할을 했지요.

③ 의금부는 조선 시대 때 왕의 명령을 받들어 중대한 범죄를 저
지른 죄인을 신문하는 일을 맡은 기구로, 왕권을 유지·강화하
는 데 중요한 역할을 했어요.

④ 홍문관은 조선 시대 때 학술·경연을 담당하고 국왕의 정책을 자문하며 궁궐의 각종 문서를 관리하는 기관이에요.

04 붕당 정치의 전개 과정 062 조광조 073 예송

정답 ②

(가)는 조광조의 급진적인 개혁에 부담을 느낀 훈구 세력이 조광조를 비롯한 사림 세력을 제거한 '기묘사화'를 나타내요. 중종반정 이후 중앙 정치에 진출한 조광조는 소격서 폐지, 현량과 실시, 위훈 삭제 등 과감한 개혁 정치를 실시하였지요. 훈구 세력 입장에서는 조광조의 개혁 내용이 위협이 되었기 때문에 조광조가 왕이 되려는 역모를 꾸민다고 하여 사화를 일으키는데, 이것이 중종 때 일어난 기묘사화(1519)예요. 사화를 거치며 사림 세력이 많이 약화되었지만 이후 선조 때 다시 중앙 정계로 진출하지요. ② 사림은 3사의 인사권을 가진 이조 전랑의 임명 문제 등을 두고 동인과 서인으로 갈라지게 되는데, 이때부터 붕당 정치가 시작되지요. 동인은 이후 남인과 북인으로 분리되는데 현종 때 두 차례의 예송(예법을 둘러싼 논쟁)이 일어나면서 서인과 남인의 대립이 심해져요. (나)는 효종이 상을 당하자 효종의 새어머니인 자의 대비가 기년복(1년 상복)을 입을지, 삼년복(3년 상복)을 입을지를 놓고 벌어진 예송을 나타내요.

정답이 아닌 이유

① 갑신정변은 1884년, 김옥균 등 급진 개화파가 일으켰어요.

③ 영조는 성균관 입구에 탕평비를 세워 탕평책을 널리 알리고자 했어요(1742).

④ 태종은 왕자의 난을 통해 정도전과 세자 등을 제거하고 왕위에 올랐어요.

05 조선 후기 사회 안정책 074 영조

정답 ①

'양민의 부담을 덜고자 군포를 절반으로 줄이는 제도'라는 내용을 통해 밑줄 그은 '제도'가 '균역법'임을 알 수 있어요. 영조는 양민들이 군대에 가지 않는 대신 내던 군포(베)의 부담이 커지자 군포를 1인당 2필에서 1필로 줄여 주었어요. 이에 따라 줄어든 재정 수입은 토지 1결당 2두씩 결작을 거두고, 어장세와 선박세 등으로 보충했어요.

정답이 아닌 이유

② 대동법은 광해군 때 시행한 제도로, 공납(지방의 특산물을 바치는 것)의 폐단을 바로잡기 위하여 집집마다 부과하던 공납을 토산물 대신 쌀, 베, 동전 등으로 부담하도록 하였어요. 전국에 확대되기까지 100여 년의 시간이 걸렸지요.

③ 영정법은 인조 때 실시한 제도로, 풍흉에 관계없이 토지 1결당 쌀 4~6두를 거두는 전세(토지에 대한 세금) 제도예요.

④ 직전법은 세조 때 실시한 제도로, 현직 관리에게만 수조권을 지급하였어요.

대동법(광해군)	영정법(인조)	균역법(영조)
집집마다 특산물로 내던 공납을 토지를 가진 사람에게 쌀, 동전, 베 등으로 내도록 함	풍년, 흉년에 관계없이 토지 1결당 쌀 4~6두의 세금을 거둠	군대에 가지 않는 대신 내던 군포 2필을 1필로 줄임

06 영조의 업적 074 영조

정답 ②

'탕평비'를 세운 왕은 영조이지요. 영조는 붕당 간의 대립을 완화하고 왕권을 강화하기 위해 탕평책을 실시하였어요. 영조는 노론과 소론의 온건파를 중심으로 각 붕당의 인물들을 고르게 등용하였지요. ② 영조는 조선 시대의 기본 법전인『경국대전』을 정비하여『속대전』을 편찬하였어요.『속대전』은『경국대전』편찬 이후 만들어진 법령 중에서 시행할 만한 것을 추려서 만든 법전이지요.

정답이 아닌 이유

① 비변사는 중종 때 여진족과 왜구의 침입에 대비하여 임시 기구로 설치하였어요. 그 후 임진왜란이라는 국가적 어려움이 닥치자 조선 정부는 이를 수습하기 위하여 비변사를 전시 최고 회의 기구로 활용하였지요. 비변사를 혁파한 것은 흥선 대원군이에요.

③ 나선 정벌은 효종 때 조선이 청을 도와 러시아와 싸운 사건을 말해요. '나선'은 러시아를 뜻해요.

④ 백두산 정계비는 숙종 때 백두산에 세운 비석으로 조선과 청의 국경선을 표시한 경계비예요.

탕평비 건립	청계천 정비
신하들이 편을 갈라 다투지 않기를 바라는 마음으로 성균관 입구에 세움	청계천 홍수 방지 공사를 마치고 그린 그림

07 정조의 업적 075 정조

정답 ②

'수원 화성'을 통해 정조의 업적에 대한 문제임을 알 수 있어요. 정조는 아버지인 사도 세자의 무덤을 옮긴 것을 계기로 수원에 화성을 건설하여 개혁 정치의 중심지로 삼으려고 하였어요. 또한 할아버지인 영조의 뒤를 이어 탕평책을 실시하였어요.

②『경국대전』은 세조 때부터 편찬하기 시작하여 성종 때 완성하

여 반포한 조선 시대의 기본 법전이에요. 정조는 『경국대전』과 『속대전』 및 여러 법령을 통합해 『대전통편』이라는 법전을 편찬하였어요. 흥선 대원군이 이 법전을 발전시켜 『대전회통』을 편찬하였지요.

정답이 아닌 이유

① 정조는 왕의 친위 부대인 장용영을 창설하여 왕권을 뒷받침하였어요.

③ 정조는 관리를 재교육하는 초계문신제를 실시하였어요.

④ 자신의 권력과 정책을 뒷받침하기 위해 정조는 왕실 도서관인 규장각을 설치하였어요.

출제 예감 자료 **수원 화성의 문화유산**

화홍문	서장대	서북공심돈	팔달문

08 정조의 개혁 정치 `075 정조`

정답 ①

'왕실 도서관', '서얼 출신 인재들이 검서관으로 등용되었다' 등의 내용을 통해 학생이 생각하고 있는 기구는 규장각임을 알 수 있어요. ① 규장각은 조선의 왕실 도서관이자 학술과 정책을 연구하는 기관으로 정조 때 설치되었어요. 정조는 차별 완화와 인재 등용의 일환으로 유득공, 박제가와 같은 서얼 출신 인재들을 규장각 검서관으로 등용하였지요.

정답이 아닌 이유

② 성균관은 조선 시대 한양에 있던 최고의 국립 교육 기관이에요. 성균관의 정원은 200명으로, 초시인 생원시와 진사시에 합격한 유생들에게 우선적으로 입학할 기회가 주어졌어요. 성균관 유생들은 과거에서 여러 가지 특권을 받아 관직에 임용될 수 있는 기회가 많았지요.

③ 집현전은 세종 때 궁중에 설치한 학문 연구 기관이에요. 세종의 훈민정음 창제를 도왔고, 여러 가지 책을 만들어 내는 등 세종 때 문화 발전에 크게 이바지했어요.

④ 홍문관은 경연을 주관하고, 궁중의 서적을 관리하며, 왕에게 자문을 하는 역할을 했어요. 사간원, 사헌부와 함께 3사라고 불리며 언관의 역할을 수행하고, 왕권을 견제했어요.

09 정조의 정책 `075 정조`

정답 ①

아버지 사도 세자의 묘를 참배하러 가기 위해 만안교를 만든 조선 제22대 왕은 정조예요. ① 정조는 왕권 강화를 위해 국왕 친위 부대인 장용영을 창설하여 군사적 기반을 강화했어요. 이외에도 영조의 탕평책을 이어받았으며, 학문 연구 기관인 규장각을 설치하

였어요. 이곳에서 정조의 개혁을 뒷받침할 인재들을 길렀지요.

정답이 아닌 이유

② 집현전은 세종 때 궁중에 설치한 학문 연구 기관이에요.

③ 척화비는 흥선 대원군이 서양 세력을 배척하기 위해 전국 각지에 세운 비석이에요. "서양 오랑캐가 침범하는 데 싸우지 않는 것은 곧 화친을 하자는 것이고, 화친을 하는 것은 나라를 파는 것이다."라는 내용이 담겨 있어요.

④ 『경국대전』은 조선의 기본 법전으로, 통치 체제를 정비하기 위해 세조 때부터 편찬하기 시작해서 성종 때 완성했어요.

출제 예감 자료 **배다리**

배다리는 배를 여러 척 엮고 그 위에 나무판을 늘어놓아 연결한 다리예요. 정조가 화성에 행차하느라 한강을 건널 때 설치하여 이용하였지요. 정약용의 설계로 만들어졌으며, 한강을 오가는 큰 배를 빌려 만들었어요. 화성 행차가 끝난 후에는 철거되었고요.

10 정조의 개혁 정치 `075 정조`

정답 ②

정조 때 만든 '이 성'은 수원 화성이에요. 정조는 양주에 있었던 아버지 사도 세자의 묘소를 수원으로 옮겨 현륭원(융릉)이라 하고, 현륭원 북쪽의 수원에 새로운 도시인 화성을 건설하였어요. 정조는 수원 화성을 자신의 개혁 정치의 기반으로 삼으려 하였으며, 군사와 상업의 중심지로 만들고자 하였지요. 정조는 화성을 행차할 때 일반 백성과 직접 접촉하는 기회를 늘려 백성의 뜻을 정책에 반영하려 하였어요.

정답이 아닌 이유

① 해미 읍성은 현재의 충남 서산에 있어요. 왜구의 침입에 대비하여 성종 때 쌓은 성이지요. 읍성은 산성과 달리 평야에 사람들이 사는 집을 둘러서 쌓은 성이에요.

③ 현재의 충남 공주에 있는 공산성은 백제의 두 번째 수도인 웅진을 지키기 위해 쌓은 산성이에요.

④ 진주성은 임진왜란 때 일본군과 두 차례의 전투가 벌어졌던 곳이에요. 제1차 전투인 진주 대첩에서는 김시민이 크게 승리했어요. 제2차 전투에서는 김천일이 목숨을 걸고 싸웠지만 성이 함락되어 패배하고 말았지요.

출제 예감 자료 **녹로**

녹로는 우리말로 도르래라는 의미예요. 기다란 장대 꼭대기에 달려 있는 고정 도르래를 이용하여 물건을 낮은 곳에서 높은 곳으로 옮길 수 있었어요. 수원 화성을 만들 때 성벽을 차곡차곡 쌓아 올리는 데 사용하였답니다.

11 정조의 업적 075 정조

정답 ③

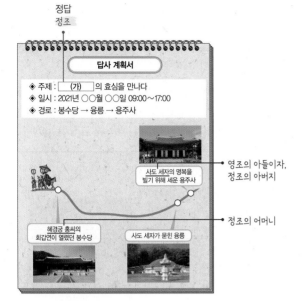

답사 계획서의 '사도 세자', '혜경궁 홍씨'를 통해 (가)는 정조임을 알 수 있어요. 사도 세자와 혜경궁 홍씨의 아들인 정조는 할아버지인 영조의 뒤를 이어 왕위에 올랐어요. 정조는 아버지인 사도 세자의 묘를 옮겨 융릉이라 하고 명복을 빌기 위해 용주사를 세웠어요.

③ 『농사직설』은 세종 때 편찬된 책으로, 농부들의 실제 경험을 모아 우리나라의 기후와 풍토에 맞게 농업 기술을 소개하였지요.

정답이 아닌 이유

① 장용영은 정조가 왕권을 강화하기 위해 만든 친위 부대로, 한양 도성을 지키는 내영과 수원 화성을 지키는 외영으로 나뉘었다고 해요.

② 금난전권은 시전 상인이 난전(정부의 허가를 받지 않은 상인)을 금지할 수 있는 권한을 말해요. 정조는 금난전권을 폐지하여 자유로운 상업 활동이 이루어지도록 했어요.

④ 초계문신제는 정조가 재능 있는 젊은이들을 모아 규장각에서 학문을 연구하도록 한 제도예요.

12 조선 후기의 농민 봉기 076 홍경래의 난

정답 ④

'19세기 농민 봉기', '광부를 모집한다', '홍경래' 등을 통해 밑줄 그은 '거사'는 홍경래의 난임을 알 수 있어요. ④ 조선 후기 세도 정치를 비판하고, 서북 지역민에 대한 차별을 반대하면서 홍경래를 중심으로 농민 봉기가 일어났어요. 몰락 양반이었던 홍경래는 1811년 난을 일으켜 청천강 이북 지역까지 차지했으나, 관군에 의해 정주성에서 진압되었어요.

정답이 아닌 이유

① 강화도 초지진에서 항전한 것은 신미양요 때예요. 제너럴 셔먼호 사건을 구실로 미국이 1871년에 조선을 침입하였어요. 미군이 초지진과 덕진진을 점령한 후 광성보를 공격하였는

데, 이때 어재연을 비롯한 조선군이 항전하여 미군이 철수하였지요.

② 고려 시대 묘청을 비롯한 서경 세력은 풍수지리설을 내세워 지력이 쇠한 개경에서 서경으로 천도할 것과, 황제를 칭하며(칭제 건원) 금을 정벌할 것(금국 정벌)을 주장하였어요.

③ 제물포 조약은 1882년에 있었던 임오군란 이후 체결되었어요. 임오군란 당시 조선의 구식 군인들이 일본 공사관을 습격하였는데, 이때 일본인이 죽고 일본 공사관이 불에 탔어요. 이에 일본은 조선 정부에 배상금을 지불할 것을 요구하고 일본 공사관을 지키겠다는 구실로 조선에 군대를 주둔시켰지요.

출제 예감 자료 | **홍경래의 난 격문**

> 평서대원수는 급히 격문을 띄우노니 관서 지역의 모든 사람들은 들으라. … 조정에서는 관서 지역을 썩은 흙과 같이 버렸다. 심지어 권세가의 노비들도 관서 사람을 보면 반드시 '평안도 놈'이라고 한다. 어찌 억울하고 원통하지 않겠는가.

---

13 세도 정치 시기의 사회 모습

정답 ④

제시된 자료는 조선 후기 실학자 정약용이 삼정의 문란함을 비판하며 지은 '애절양'이라는 시의 일부예요. '시아버지 죽어서 이미 상복 입었고'는 죽은 사람에게도 군포를 부과한 일(백골징포)을 나타내고, '갓난아기 배냇물은 아직 마르지도 않았는데'는 어린아이에게도 군포를 부과한 일(황구첨정)을 나타낸 것이에요. 군정은 군대에 가지 않는 대신 백성에게 군포를 내도록 한 제도예요. 나라에서는 마을 단위로 양인 남자의 수를 파악하여 받아야 할 군포의 양을 정해 놓았기 때문에, 세금을 견디다 못한 농민들이 도망을 가기도 했지요. 그러면 도망간 사람들이 내야 하는 군포를 친척이나 같은 마을 사람들이 대신 부담해야만 했어요. 심지어는 죽은 사람, 어린아이에게도 군포를 부담하게 하는 등 폐단이 심각했어요. 군정과 함께 전정(토지에 부과하는 세금), 환곡(봄에 곡식을 빌려 주고 가을에 갚게 하는 제도)의 폐해도 심했는데 이를 일컬어 삼정의 문란이라고 하지요.

정답이 아닌 이유

① 과전법은 조선 건국 직전인 공양왕 3년(1391)에 실시되었어요. 조준과 정도전의 건의로 권문세족이 불법적으로 차지한 토지를 빼앗아 재분배해서 신진 사대부의 경제적 기반을 마련하기 위하여 실시되었지요.

② 조선 형평사는 1923년 경남 진주에서 백정들이 자신들에 대한 차별과 멸시를 타파하기 위해 만들었지요.

③ 전민변정도감은 고려 말 공민왕 때, 승려 신돈을 기용하여 억울하게 노비가 된 사람들을 원래의 신분으로 되돌리기 위해 설치한 기구예요.

14 임술 농민 봉기의 결과
정답 ④

'유계춘'과 '경상 우병사 백낙신의 탐욕과 수탈을 참을 수 없다'라는 내용을 통해 진주 농민 봉기에 대한 문제임을 알 수 있어요. 진주 농민 봉기는 1862년에 몰락 양반인 유계춘이 주도하여 일어났어요. 백낙신의 탐학과 삼정의 문란으로 인한 폐해가 겹쳐 진주에서 대규모의 농민 봉기가 발생한 것이지요. 이 농민 봉기는 다른 지역으로 확산되어 1862년 한 해 동안 전국 70여 곳에서 봉기가 일어났는데, 이를 '임술 농민 봉기'라고 하지요. ④ 정부는 사태를 수습하기 위해 박규수를 안핵사로 파견하고, 봉기의 원인으로 지목된 삼정의 문란을 해결하기 위해 삼정이정청을 설치하였으나 별다른 성과를 거두지 못하였어요.

정답이 아닌 이유
① 소격서를 폐지한 것은 중종 때 일이에요. 소격서는 도교 행사를 주관하던 곳으로 유교적 이상 정치를 추구했던 조광조의 건의로 폐지되었어요.

② 직전법을 실시한 것은 세조 때 일이에요. 세조는 과전법 제도가 계속되면서 관리에게 지급할 토지가 부족해지자 현직 관리에게만 토지를 지급하는 직전법을 실시했어요.

③ 척화비를 건립한 것은 흥선 대원군 때 일이에요. 흥선 대원군은 병인양요와 신미양요 후, 통상 수교 거부 정책의 내용을 담은 척화비를 전국 곳곳에 세웠어요.

15 정조의 업적 075 정조
정답 ②

제시된 1~4단계 힌트를 통해 정조에 대한 한국사 퀴즈임을 알 수 있어요. 조선의 제22대 국왕인 정조는 자신의 정치 기반을 강화하기 위하여 초계문신제를 실시하였어요. 젊고 유능한 관리들을 선발하여 왕이 스승의 입장에서 그들을 재교육시키는 제도이지요. 그리고 육의전을 제외한 시전 상인의 금난전권(허가받지 않은 상인이 난전을 하지 못하게 한 권리)을 폐지하였어요. 이를 통해 자유로운 상공업 활동을 할 수 있도록 하였죠(신해통공). 또 왕실 도서관인 규장각을 설치하여 많은 학자들과 함께 나라의 문제에 관하여 자유롭게 의견을 나누었어요. 그래서 규장각은 정조의 개혁 정책과 조선 후기 문화 발달에 큰 역할을 하였지요. ② 이외에도 정조는 수원 화성을 건설하였어요. 이를 기반으로 강력한 왕권을 가지고 개혁 정치를 펼치고자 하였죠. 수원 화성은 1997년 유네스코 세계 문화유산으로 등재되었어요.

정답이 아닌 이유
① 훈련도감은 임진왜란 중에 설치되었어요. 포수·살수·사수의 삼수병으로 구성되었으며, 이들은 일정한 급료를 받는 직업 군인이었어요.

③ 효종 때 청의 요청으로 나선 정벌이 단행되었어요. 청과 러시아 사이의 국경 분쟁이 일어나자 청이 조선에 군사를 요청하였어요. 효종은 조총 부대를 두 차례 보내 러시아군과 교전하였지요.

④ 19세기 후반 간도로 이주하는 조선인이 증가하면서 청과 분쟁이 생겼어요. 이에 대한 제국은 두 차례 회담 이후, 1903년 간도 관리사로 이범윤을 파견하였지요.

⑤ 이인좌의 난은 영조 때 노론에게 밀리던 소론과 남인이 함께 일으킨 반란이에요.

15강 조선 후기의 경제와 사회
키워드로 풀리는 기출 문제 본문 94~95쪽

| 01 ① | 02 ③ | 03 ② | 04 ④ | 05 ③ |
| 06 ① | 07 ① | 08 ⑤ | | |

01 조선 후기의 경제 상황 079 상평통보
정답 ①

① 과전법은 고려 말 위화도 회군으로 권력을 장악한 이성계와 신진 사대부들이 주도해 실시한 토지 제도예요. 고려 말 공양왕 때 실시된 과전법은 전·현직 관리에게 토지의 수조권을 지급하는 제도로, 권문세족들의 토지를 몰수한 후 재분배하여 신진 사대부들의 경제적 기반을 마련해 주었어요.

정답이 아닌 이유
② 조선 후기에 모내기법이 전국적으로 확산되면서 벼와 보리의 이모작이 가능해지고, 농업 생산력이 증대되었어요.

③ 조선 후기에 상평통보가 널리 유통되었어요.

④ 조선 후기에는 전국적으로 장시가 활성화되었고, 1,000여 개의 장시가 생겨나기도 했어요.

조선 후기 상품 작물의 재배

고구마	감자	담배
		인삼
		고추
		토마토

02 조선 후기 수취 체제의 변화 077 대동법

정답 ③

'선혜청', '특산물 대신 쌀, 베, 동전으로 납부' 등의 힌트를 통해 대동법과 관련 있음을 알 수 있어요. ③ 대동법은 집집마다 부과하던 공납을 특산물 대신 쌀, 베, 동전으로 부담하도록 한 제도로, 광해군 때 경기도에서 시범적으로 실시되었지요. 양 난을 거치면서 나라 재정이 어려워지고, 백성은 무거운 세금 부담에 시달렸어요. 이에 정부는 조세 제도를 개편하여 재정 문제를 해결하고 백성의 생활을 안정시키려 하였지요. 백성에게 가장 큰 부담이 되었던 공납은 집집마다 토산물을 내던 방식에서 토지 결수에 따라 쌀, 베, 동전을 내는 대동법으로 바꾸었어요. 대동법의 시행으로 넓은 토지를 가진 지주의 부담은 늘었고, 일반 농민은 공물 부담이 없어지거나 크게 줄어들었어요. 그래서 대동법은 전국적으로 확대 시행되는 데까지 100여 년이 걸렸답니다.

정답이 아닌 이유

① 과전법은 경기 일대의 토지에 한해 관료들에게 수조권(세금을 거둘 수 있는 권리)을 지급한 제도예요. 고려 말에 과전법을 실시하여 권문세족의 경제력을 약화시키고 신진 사대부의 경제 기반을 마련하였지요.

② 균역법은 군대에 가지 않는 대신에 내는 군포를 1년에 2필에서 1필로 줄여 준 제도예요. 영조는 민생 안정과 국가 재정 확보를 위해 균역법을 실시하여 백성의 부담을 줄여 주었지요.

④ 영정법은 풍흉에 관계없이 토지 1결당 쌀 4~6두를 거두는 전세(토지에 대한 세금) 제도예요.

03 조선 후기의 상업 078 사상

정답 ②

자료의 세 사람은 조선 후기의 상업에 대해 이야기하고 있어요.

② 예성강 하구에 있는 벽란도는 고려 시대의 대표적인 국제 무역항이에요. 벽란도는 송, 아라비아 상인들과 무역하며 번성했어요.

정답이 아닌 이유

① 조선 후기에 상업이 발달하면서 큰 도시를 중심으로 장사를 하는 상인들이 생겨났어요. 개성의 송상, 의주의 만상, 동래의 내상 등이 대표적이에요. 동래의 내상은 일본과의 무역을 주도한 상인이에요.

③ 조선 후기 대동법 실시 이후에 관청에 물품을 조달하는 상인인 공인이 활동했어요. 공인의 활약으로 상업과 수공업이 발달하였으며, 화폐의 사용이 활발해졌지요.

④ 장시는 조선 시대에 열린 정기 시장이에요. 5일마다 열리는 5일장이 대부분이었지요. 조선 후기에 이르러 장시가 전국적으로 활성화되었고, 1,000여 개의 장시가 생겨났어요.

04 조선 후기의 신분 제도

정답 ④

'역관', '화원', '의관'을 통해 (가)에 들어갈 신분은 중인임을 알 수 있어요. ④ 중인은 양반과 상민의 중간에 있던 신분이에요. 관직에 오를 수 있었지만 양반처럼 높은 관직에 오를 수는 없었지요. 기술관(잡과를 통해 선발), 역관(사신을 수행하며 통역을 담당), 의관, 화원, 서리, 향리(지방에서 행정 실무를 담당), 서얼 등으로 구성되지요.

정답이 아닌 이유

① 천민은 최하층의 신분으로 대부분 노비였어요. 노비는 매매와 상속, 증여가 가능하여 재산처럼 취급되었지요.

② 귀족은 삼국 시대부터 고려 시대까지의 지배층이에요. 고위 관직을 독점하고 많은 특권을 누렸지요.

③ 양반은 정치적으로 관료층, 경제적으로 지주층이며 각종 국역을 면제받았어요.

김득신의 노상알현도

나는 양반이니 당연히 절을 받아야지.

갈 길이 바쁜데 양반을 만났으니 어쩔 수 없이 절을 해야 하는군.

김득신은 조선 후기의 풍속화가예요. 김득신의 대표 작품인 노상알현도는 나귀에 앉아 있는 양반과 허리를 굽혀 인사하는 상민의 모습을 표현하였어요. 이를 통해 조선 시대의 신분 질서를 알 수 있죠.

05 상평통보의 유통 079 상평통보

정답 ③

'조선 숙종 때 공식 화폐로 주조되어 널리 유통되었다'라는 내용을 통해 (가)에 들어갈 화폐가 상평통보임을 알 수 있어요. 엽전이라고도 불린 상평통보는 인조 때 처음 만들어졌으나 이때는 잘 사용되지 않았다고 해요. 숙종 때 공식 화폐로 주조되어 널리 유통되기 시작하였고, 18세기 후반에는 일상생활에서 널리 사용되었어요. 상평통보는 항상 가치가 일정하게 통하는 돈이라는 뜻을 가졌으며, 단위는 1푼이에요. 10푼을 1전, 10전을 1냥이라고 하였지요.

정답이 아닌 이유

① 건원중보는 고려 성종 때 만들어진 우리나라 최초의 화폐예요. 중국 당의 화폐를 본 떠 만든 건원중보는 철전과 동전의 두 가지 종류가 만들어졌어요.

② 해동통보는 고려 숙종 때 만들어진 화폐예요. 숙종 때에는 해동통보와 같은 동전뿐만 아니라 우리나라의 지형을 본 떠 만든 활구(은병)라 불리는 고액 화폐도 만들었어요.

④ 백동화는 근대 시설인 전환국에서 만든 화폐예요. 표면에 오얏꽃무늬와 오얏나뭇가지, 무궁화 등이 새겨진 이 화폐는 1892년에 만들기 시작해서 전환국이 폐지되는 1904년까지 만들어 사용되었어요.

06 조선 후기의 사회와 경제   080 공명첩

정답 ①

이보게! 자네 형님이 공명첩을 샀다는 소문이 진짜인가?

그렇다네. 담배 농사를 시작하더니, 그걸로 돈을 많이 모으셨다는군.

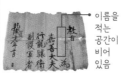

이름을 적는 공간이 비어 있음

결정적 단서

'공명첩', '담배 농사'라는 내용을 통해 대화가 이루어진 시기는 조선 후기임을 알 수 있어요. 공명첩은 명예 관직 임명장으로, 실직은 주지 않고 명목상의 벼슬만 주는 것이었어요. 납속책과 공명첩으로 인하여 조선 후기 신분 제도의 동요가 심해졌어요. ① 녹읍은 신라 시대에 관료에게 직무의 대가로 일정 지역의 수조권을 준 것이에요. 녹읍은 토지에 딸린 노동력과 세금을 모두 거둘 수 있기 때문에 진골 귀족들의 경제적 기반이었어요. 삼국 통일 후에, 신문왕은 녹읍을 폐지하고 관료전을 지급하여 왕권을 강화했지요. 관료전은 관리에게 준 토지로, 관료전을 받은 관리는 해당 토지를 경작하는 농민에게 조세만 거둘 수 있었어요.

정답이 아닌 이유

② 조선 후기에는 모내기법이 확산되어 수확량이 증가하고, 노동력이 절감되어 한 사람이 농사지을 수 있는 면적이 늘어났어요. 뿐만 아니라 면화, 담배, 인삼, 고구마, 감자, 고추, 토마토 등 상품 작물을 재배하였어요. 잉여 농산물과 상품 작물을 시장에서 내다 파는 사람이 늘어나 일부 농민들은 부농으로 성장하기도 하였어요.

③ 대동법의 시행으로 관청에 물품을 납품(조달)하는 공인이 등장하였어요.

④ 상업이 발달하면서 개성의 송상, 의주의 만상, 한양의 경강상인, 동래의 내상 등이 사상으로 활동했어요. 특히, 의주의 만상은 청과의 무역을 주도하고, 동래의 내상은 일본과의 무역을 주도하여 많은 자본을 가진 독점적 상인(도고)으로 성장했어요.

07 김만덕

정답 ①

'제주 출신의 사회 활동가', '큰 흉년으로 굶주리는 제주 백성들을 위해 쌀을 기부하였다'라는 내용을 통해 가상 인터뷰의 주인공이 김만덕임을 알 수 있어요. ① 김만덕은 어려서 부모님을 잃고 기생이 되었다가, 어른이 된 이후 기생의 신분에서 벗어나 장사를 통해 많은 부를 쌓았어요. 김만덕은 제주도에서 흉년으로 백성들의 삶이 어려워지자 자신의 재산으로 쌀을 사 백성들에게 나누어 주었어요. 이로 인해 당시 왕이었던 정조와 정치가들의 칭송을 받았지요.

정답이 아닌 이유

② 유관순은 일제 강점기인 1919년 3월 1일 만세 운동을 펼친 독립운동가예요. 유관순은 서울에서 만세 시위에 참여하였다가 휴교령으로 고향에 내려가 아우내 장터에서 만세 운동을 계획하였어요. 하지만 만세 시위 도중 체포되어 서대문 형무소에 갇혔지요. 감옥 안에서도 만세 시위를 하였고, 모진 고문으로 순국하였어요.

③ 신사임당은 율곡 이이의 어머니로, 그림에 재능이 있었어요. 풀과 벌레, 꽃 등을 소재로 한 그림을 많이 그렸으며, 대표 작품으로 초충도가 있지요.

④ 허난설헌은 허균의 누나로, 어려서부터 글재주가 뛰어났어요. 허난설헌이 죽은 후 허균이 누나의 시를 모아 책으로 펴냈어요. 이는 중국과 일본에서 높게 평가받았지요.

출제 예감 자료   **조선 시대의 여성들**

논개	신사임당	허난설헌	김만덕
임진왜란 때 일본군의 장수를 안고 강에 몸을 던져 순절	율곡 이이의 어머니로, 그림에 재능이 뛰어남	여류 시인으로, 중국과 일본에서 높은 평가를 받음	상인으로, 굶주린 제주도 백성을 구함

08 조선 후기 공납의 변화   077 대동법

정답 ⑤

'공납의 폐단을 해결할 목적으로 실시되고 있다'는 내용을 통해

'이 법'이 대동법임을 알 수 있어요. 16세기 이후 방납의 폐단으로 농민들의 고통이 커졌어요. 이를 해결하기 위하여 정부는 경기도에서 처음으로 대동법을 실시하였어요. ⑤ 기존에 각 지역의 특산물을 집집마다 부과하여 현물로 거두던 것을 토지 결 수를 기준으로 1결당 쌀 12두로 납부하도록 하였고, 쌀 대신 베나 동전 등으로도 납부할 수 있도록 하였지요. 이로 인해 토지를 적게 가진 사람들의 부담이 줄어들었어요. 또한 정부에 필요한 물품을 대신 사서 납부하는 공인이라는 상인이 등장하였어요. 이는 조선 후기 상품 화폐 경제가 발달하는 계기가 되었지요.

정답이 아닌 이유

① 호포제에 대한 설명이에요. 흥선 대원군이 군포를 호 단위로 징수하여 양반들도 군포를 납부하도록 하였어요.

② 인조 때 실시한 영정법에 대한 설명이에요. 영정법은 풍흉에 관계없이 전세를 토지 1결당 쌀 4~6두로 고정하여 징수하도록 한 제도예요.

③ 세종 때 정비한 전분 6등법에 대한 설명이에요. 토지의 비옥도에 따라 토지를 6등급으로 나누어 등급에 따라 다르게 세금을 부과하였어요.

④ 선무군관포는 균역법과 관련이 있어요. 영조 때 농민의 군포 부담을 1년에 2필에서 1필로 줄이면서 나라의 재정 수입이 부족해졌어요. 이를 보충하기 위해서 지주에게 결작을 부과하거나, 일부 상류층에게 1년에 1필의 선무군관포를 징수하였어요.

출제 예감 자료 ‖ 대동법의 영향

땅 가진 게 무슨 죄입니까? 새 법에 반대합니다.

관청에 필요한 물건을 납품하고 돈을 벌 수 있으니 참 좋은 법입니다.

나 같이 땅이 적은 사람은 공납 부담이 줄어드니 감사할 일입니다.

지주 / 공인 / 농민

공물을 바치는 대신 소유한 땅의 크기에 따라 쌀이나 베로 납부하게 되면서 토지를 많이 가진 지주의 부담은 늘어났어요. 반면, 토지가 적은 농민의 부담은 줄어들었어요.

16강 조선 후기의 문화

키워드로 풀리는 기출 문제 본문 99~101쪽

01 실학자 정약용의 활동 081 정약용

정답 ③

'여전론'을 통해 가상 인터뷰의 주인공이 정약용임을 알 수 있어요. 정약용은 토지를 마을 단위로 공동 소유·공동 경작·공동 분배하자는 여전론을 주장했어요. ③ 정약용은 유배 생활 중에 지방관이 갖추어야 할 도리를 논한 『목민심서』를 저술하기도 했답니다. 당시 지역에서 백성을 직접 다스리는 수령을 목민관이라고 했어요. 심서는 마음가짐과 도리에 대한 책이란 뜻을 지니고 있어요.

정답이 아닌 이유

① 동학은 서학에 반대하여 경주의 몰락 양반 최제우가 창시한 종교예요. 민간 신앙과 유교·불교·도교를 융합하여 창시하였고, 중심 교리는 인내천과 후천개벽 사상이에요.

② 추사체는 추사 김정희가 완성한 글씨체예요.

④ 사상 의학은 사람의 체질을 태양인, 태음인, 소양인, 소음인 네 가지로 나누고 각각의 특성에 따라 병을 치료하는 의학이에요. 이제마는 『동의수세보원』을 저술하여 사상 의학을 확립하였어요.

02 실학자 유형원의 활동

정답 ①

'유형원', '『반계수록』을 저술'이라는 내용을 통해 밑줄 그은 개혁안이 유형원의 균전제임을 알 수 있어요. ① 균전은 고를 균(均), 밭전(田), 즉 땅을 고르게 하다는 뜻이에요. 다시 말해 모든 사람에게

균전제

토지를 분배하되, 관리, 선비, 농민 등 신분에 따라 차등을 두고, 세금과 군역 부담도 다시 조정하자는 주장이에요. 유형원의 호는 반계랍니다. 처음으로 실학을 전체적으로 정리하여 실학의 선구자라고 하지요. 벼슬을 멀리하고 농촌으로 내려가 살면서 국가 개혁서인 『반계수록』을 저술하였어요.

정답이 아닌 이유

② 무신 정변 이후 불교계가 타락하자 지눌은 정혜결사를 조직하여(후일 수선사로 개칭) 불교 본연의 수행을 강조하였어요.

③ 훈련도감은 임진왜란 중 창설된 군대예요. 이들은 삼수병(조총을 다루는 포수, 활을 다루는 사수, 창과 칼을 쓰는 살수)으로 구성되었으며, 급료를 받는 직업 군인이었지요.

④ 전민변정도감은 고려 공민왕이 개혁 정치를 추진하기 위해 설치한 기구예요.

03 실학자 정약용의 활동 081 정약용

정답 ①

'다산초당', 『목민심서』를 통해 밑줄 그은 '이 분'이 정약용임을 알 수 있어요. 다산은 정약용의 호이고, 다산초당은 정약용이 강진에서 귀양살이를 할 때 살던 초가집이에요. 정약용은 천주교 박해 때 유배를 당해 강진으로 귀양을 갔고, 그중 11년을 다산초

당에서 귀양살이를 했다고 해요. ① 오랜 유배 생활 속에 『목민심서』 등 여러 책을 저술한 정약용은 수원 화성을 건설할 때 거중기를 설계하여 공사 기간을 단축했어요.

정답이 아닌 이유

② 추사체를 창안한 인물은 김정희예요. 김정희는 돌, 금속 등에 새겨진 옛글을 연구하는 금석학자로, 추사는 그의 호예요. 세도 정치 시기 제주도에서 유배 생활을 했던 김정희는 '세한도'라는 그림을 남기기도 했어요.

③ 『열하일기』를 저술한 인물은 박지원이에요. 박지원은 청의 문물을 받아들이자는 북학파 실학자로, 사절단으로 가는 사촌형을 따라 청에 다녀와서 『열하일기』를 썼어요.

④ 대동여지도를 제작한 인물은 김정호예요. 목판을 찍어 만든 대동여지도는 도로망과 산맥, 하천 등이 세밀하게 표시되어 있어요. 전체를 22첩으로 묶고 이를 책처럼 만들었지요. 이렇게 만든 22첩을 순서에 맞게 연결하면 하나의 전국 지도가 완성된답니다.

출제 예감 자료　**박제가**

그림은 박제가가 북경에 갔을 때 우정을 나눈 청의 화가 나빙이 선물한 것이에요. 4차례나 연행길에 올라 청의 지식인들과 교류하였던 박제가는 청의 제도와 문물을 소개한 『북학의』를 저술하였어요.

04 박지원의 활동　082 박지원

정답 ②

'연암', 『양반전』, 『허생전』 저술', '수레와 선박의 이용 등을 강조' 등을 통해 박지원에 대한 문제임을 알 수 있어요. ② 박지원은 청을 다녀온 후 『열하일기』를 저술하였어요.

정답이 아닌 이유

① 몽유도원도를 그린 사람은 조선 초기 대표적 화가인 안견이에요. 안견은 화원 출신으로 몽유도원도에서 환상적인 이상 세계를 표현하였어요.

③ 사상 의학은 사람들의 체질을 네 가지로 구분하고, 체질에 따라 처방을 다르게 해야 한다는 학설이에요. 조선 후기 이제마에 의해 체계화되었지요.

④ 대동여지도는 조선 후기 김정호가 제작한 지도예요. 대동여지도에는 산맥, 하천, 포구, 도로망의 표시가 정밀하게 기록되어 있어요.

출제 예감 자료　**『열하일기』**

『열하일기』는 1780년에 박지원이 청의 열하를 다녀온 기록으로, 청의 문물 제도를 구체적으로 소개하며 청의 발달한 문물을 받아들일 것을 주장하고 있어요. 또한 박지원은 상공업 진흥을 강조하면서 수레와 선박의 이용, 화폐 유통의 필요성 등을 주장하였어요.

05 조선 후기의 풍속화의 유행　087 풍속화

정답 ④

제시된 그림은 김홍도의 서당도예요. 김홍도는 서민의 소박한 생활 모습을 담은 풍속화를 그린 조선 후기의 대표적인 화가이지요. 조선 후기에는 농업과 상공업의 발달로 서민의 지위가 향상되면서 서민 문화가 발달하게 되어요. 판소리, 탈춤, 사설 시조, 한글 소설, 민화와 풍속화 등이 유행했지요.

④ 초조대장경은 고려 현종 때 거란의 침입을 부처의 힘으로 이겨 내기 위해 만든 대장경(불경을 모두 모아 만든 경전)이에요. 몽골과의 전쟁에서 초조대장경과 통일 신라 때 세운 황룡사 9층 목탑 등이 불에 탔어요.

정답이 아닌 이유

① 한글 소설은 주로 서민과 여인들이 읽었고, 돈을 받고 소설을 읽어 주는 사람(전기수)도 있었어요. 『심청전』, 『흥부전』, 『홍길동전』, 『장화홍련전』 등이 조선 후기에 유행한 한글 소설이에요.

② 청화 백자는 흰 바탕에 푸른 안료로 꽃, 새 등의 무늬를 그려 넣은 자기인데, 조선 후기에 유행했어요.

③ 판소리는 소리꾼이 고수의 북장단에 맞추어 긴 이야기를 노래로 들려주는 공연이에요. 판소리는 흥부가, 춘향가 등 열두 마당이 있었는데 현재는 다섯 마당만 전해져요.

출제 예감 자료　**『홍길동전』**

홍길동은 첩의 자식이어서 차별과 천대를 받았어요. 이에 스스로 의로운 도적이 되기로 결심하죠. 홍길동의 이러한 활약을 담은 최초의 한글 소설이 바로 허균이 지은 『홍길동전』입니다.

06 조선 후기의 회화

정답 ②

조선 후기 진경 산수화를 주제로 한 특별전에서 볼 수 있는 작품은 '인왕제색도'예요. ② '인왕제색도'는 정선이 그린 것으로 비가 온 후 안개가 낀 인왕산의 모습이 표현되었어요.

정답이 아닌 이유

① 수렵도는 고구려 고분인 무용총의 벽에 그려진 벽화로, 말을 타고 활을 쏘는 고구려 사람들의 모습이 잘 표현되어 있어요.

③ 몽유도원도는 조선 전기에 안견이 그린 그림이에요. 안견은 세종의 아들인 안평 대군이 꿈 속에서 본 무릉도원의 이야기를 듣고 이 그림을 그렸다고 해요.

④ 고사관수도는 조선 전기 양반 출신 화가인 강희안이 그린 그림이에요. 그림 속에는 바위에 기대어 흐르는 물을 조용히 감상하는 사람이 그려져 있어요.

07 조선 후기의 지도   084 대동여지도

정답 ②

김정호가 제작한 총 22첩의 목판본 지도 (가)는 조선 후기의 대동여지도예요. ② 대동여지도는 전국 지도로서, 산맥, 하천, 포구, 도로 등을 기호로 써서 다양한 정보를 한눈에 볼 수 있게 하였는데, 오늘날의 지도와 비교해도 큰 차이가 없을 만큼 정확하다는 평가를 받고 있어요. 조선 8도를 남북 22단으로 나누었고, 한 단이 하나의 책자로 되어 있어요. 22개의 책자(22첩)를 모두 이어 붙이면 우리나라 전국 지도가 완성된답니다.

정답이 아닌 이유

① 동국지도라는 명칭을 가진 조선의 지도는 두 종류예요. 첫 번째는 세조 때 정척, 양성지 등이 제작한, 우리나라 최초의 실측(실제로 측정) 지도예요. 두 번째는 영조 때 정상기가 제작한, 우리나라 최초로 축척이 표시된 지도예요.

③ 곤여만국전도는 이탈리아 선교사인 마테오 리치가 만든 지도로, 조선 후기에 중국을 통해 전래된 세계 지도예요. 지구를 둥그렇게 표현하여 중국 중심의 생각에서 벗어나게 해 주었다는 데 의의가 있어요.

④ 혼일강리역대국도지도는 조선 전기에 만든 지도로, 현전하는 동양에서 가장 오래된 세계 지도예요. 지구는 네모로, 중국과 조선은 세계의 중심이라 하여 크게 그렸어요.

08 조선 후기 서민 문화의 발달   085 판소리   086 한글 소설

정답 ②

조선 후기 서민 문화를 주제로 하는 박물관 행사 중 (가)에 들어갈 내용으로 적절하지 않은 것은 상감 청자 공예전이에요.
② 상감 청자는 고려 시대에 만들어진 도자기로, 표면을 파내고 다른 색의 흙으로 채운 후 유약을 발라 구워낸 것으로 귀족들이 많이 사용했어요.

정답이 아닌 이유

① 사설 시조는 일반 시조처럼 글자 수를 엄격하게 지키지 않고 길게 늘여 쓴 것이에요. 조선 후기 서민 문화가 발달하면서 서민들의 생각과 감정을 자유롭게 표현한 것이에요.

③ 판소리는 소리꾼이 북을 치는 고수와 함께 이야기를 노래와 말로 들려주는 것이에요. 판소리는 흥부가, 춘향가 등 열두 마당이 있었는데 현재는 다섯 마당만 전해져요.

④ 민화는 이름이 알려지지 않은 화가가 그린 것으로 서민의 바람인 다산과 장수, 출세 등의 내용을 담고 있어요. 생활 공간을 장식하는 용도로 쓰였으며, 대표적인 그림으로는 문자도, 까치와 호랑이, 십장생도 병풍 등이 있지요.

09 동학의 등장

정답 ①

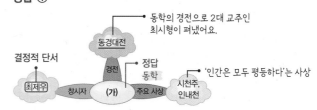

① 조선 후기 사회가 불안해지자, 최제우가 창시한 동학이 민간에 확산되었어요. 동학은 평등을 강조한 인내천 사상을 앞세워 농민들 사이에서 큰 호응을 얻었지요.

정답이 아닌 이유

② 대종교는 나인영(나철), 오기호 등이 창시하였어요. 단군교라고도 해요. 간도와 연해주 등지에서 독립운동을 주도한 사람들에게 큰 영향을 미쳤지요.

③ 원불교는 일제 강점기 박중빈이 창시하여 개간 사업과 저축 운동을 통하여 우리 민족의 자립 정신을 높였어요.

④ 청과 교류가 활발해지면서 연경을 방문한 조선 사신을 통해 천주교가 조선에 전래되었어요. 당시 사람들은 천주교를 서양의 학문 중 하나로 받아들여 서학이라고 불렀지요. 서학은 인간 평등을 강조하고 제사를 부정하여 유학자들로부터 반발을 초래하였어요. 이에 조선 정부는 서학을 금지하고 신자들을 탄압하였지요.

출제 예감 자료   최제우

경주 지방의 몰락 양반 최제우는 천주교가 조선에 퍼지는 것을 내버려 두면 서양이 조선을 지배하게 될 것이라고 우려하여, 천주교 즉 서학에 맞서 동학을 창시하였어요. 동학은 유교와 불교, 도교 뿐만 아니라 백성이 믿고 있던 여러 민간 신앙이 융합된 종교였어요. 사람이 곧 하늘이라는 사상(인내천)을 내세워 모든 인간이 평등한 세상을 열고자 하였지요. 이러한 교리는 많은 백성의 공감을 얻었고, 동학은 짧은 기간에 교세를 크게 확장하였어요. 정부와 양반 지배층은 백성을 속이고 세상을 어지럽히는 나쁜 종교라고 하여 동학을 금지하고 최제우를 처형하였지요. 그러나 정부의 탄압에도 불구하고 동학은 백성의 적극적인 지지와 참여에 힘입어 교세를 넓혀 나갔어요.

10 조선 후기 서민 문화의 발달   085 판소리   086 한글 소설

정답 ④

'전기수', '상평통보'를 통해 조선 후기의 상황을 묻고 있음을 알 수 있어요. 조선 후기에는 서민들 가운데 한글을 읽을 줄 아는 사람들이 늘면서 한글 소설의 수요가 증가하였어요. 그런데 소설을 읽고 싶어도 글을 몰라 읽지 못하는 사람들도 많았지요. 그래서 생겨난 새로운 직업이 전기수예요. 전기수는 사람들에게 책을 읽어 주고 그 대가로 돈을 받는 이들을 말해요. 전기수는 약방, 활터, 사랑방 등 사람이 많이 모이는 곳에서 구수한 입담으로 청중들을 웃기고 울렸지요.
④ 단군 조선을 우리 민족 최초의 국가로 기록한『제왕운기』는 고려 후기 이승휴가 쓴 역사책이에요.

정답이 아닌 이유
① 조선 후기에 중인과 서민의 문학 활동이 활발해지면서 시사가 조직되었어요.
② 판소리가 유행하였던 시기는 조선 후기예요. 소리꾼이 북을 치는 고수와 함께 이야기를 풀어 나가는 공연이지요. 현재는 춘향가, 심청가, 흥부가, 적벽가, 수궁가만 전해지지요.
③ 조선 후기에는 형식에 얽매이지 않고 감정을 자유롭게 표현할 수 있는 사설 시조가 유행하였어요.

11 천주교의 전래
정답 ③
'교황', '이승훈' 등의 내용을 통해 (가) 종교는 천주교임을 알 수 있어요. ③ 17세기 중국에 다녀온 사신들에 의해 소개되었던 천주교는 처음에는 서양 학문으로 이해되어 서학이라고 불렸어요. 18세기 후반에 정권에서 밀려난 남인 계열의 일부 학자가 천주교를 신앙으로 받아들이기 시작하였어요. 이승훈이 청에서 서양인 신부에게 세례를 받고 돌아온 뒤 신앙 활동은 더욱 활발해졌고, 천주교는 평등을 강조하여 중인, 상민, 부녀자들 사이에 빠르게 퍼져 나갔지요. 하지만 정부는 국왕의 권위에 도전하고 성리학적 사회 질서를 무너뜨린다는 이유로 천주교를 금지하였어요.

정답이 아닌 이유
① 중광단은 대종교가 주도하여 1911년 만주에서 조직된 독립운동 단체예요.
② 천도교는 만세보라는 민족 신문을 발간하여 민족 의식을 높이고자 하였어요.
④『동경대전』을 기본 경전으로 삼은 종교는 동학이에요.

12 조선 시대 우리나라에 온 외국인 하멜
정답 ②
조선 후기 제주도에 표류해 조선의 풍속에 관한 책을 쓴 네덜란드 사람 (가)는 하멜이에요. ② 하멜은 조선 효종 때 배를 타고 일본 나가사키로 가던 도중 폭풍을 만나 제주도 해안가에 표류하게 되었어요. 조선에서 14년 동안 살았던 하멜은 탈출하여 네덜란드로 돌아갔어요. 그곳에서 조선에서 경험한 내용을 적은『하멜 표류기』를 펴냈어요.

정답이 아닌 이유
① 베델은 영국인이에요. 그는 대한 제국 시기인 1904년 양기탁과 함께 대한매일신보를 창간했어요. 대한매일신보는 일본의 조선 침략을 널리 알리고 국채 보상 운동이 전국적으로 퍼져 나가는 데 큰 역할을 했어요.

③ 매켄지는 캐나다에서 태어난 영국 기자였어요. 그는 두 번에 걸쳐 대한 제국을 방문했어요. 특히 두 번째 방문했던 시기인 1907년 해산된 군인들이 펼쳤던 의병 항쟁을 취재하고 이를 사진으로 남겼지요.
④ 헐버트는 미국인으로 조선 정부가 세운 최초의 근대적 관립 학교인 육영 공원에서 외국어를 가르쳤어요. 또 을사늑약 후 고종이 준 비밀 문서를 가지고 미국으로 가서 부당함을 알리려고 노력했어요.

13 정선의 작품
정답 ②
'겸재', '진경 산수화', '금강전도' 등의 내용을 통해 (가) 인물이 정선임을 알 수 있어요. 겸재 정선은 조선 후기의 대표적인 화가로, 우리나라 산천을 소재로 한 진경 산수화를 그렸어요. ② 인왕제색도는 정선의 대표 작품으로, 서울 인왕산의 모습을 묘사하였지요.

정답이 아닌 이유
① 조선 후기 김홍도의 총석정도예요.
③ 조선 후기 강세황의 영통동구도예요. 강세황은 원근법과 같은 서양화 기법을 반영해 사물과 풍경을 실감나게 표현했어요.
④ 조선 후기 김정희의 세한도예요. 제주도에 유배 중 그린 것으로, 추운 겨울을 견디는 소나무와 잣나무를 보고 자신의 처지를 글과 그림으로 표현하였어요.
⑤ 조선 전기 안견의 몽유도원도예요.

14 김홍도의 작품 `087 풍속화`
정답 ③
'단원 특별전', '풍속화, 산수화, 기록화, 초상화 등 다양한 분야에서 뛰어난 작품을 남겼다'는 내용을 통해 김홍도에 대한 문제임을 알 수 있어요. 조선 후기에는 다양한 계층의 일상생활을 생동감 있게 표현한 풍속화가 유행하였어요. 대표적인 풍속화가로 단원 김홍도와 혜원 신윤복이 있지요. 김홍도는 서민들의 일상생활을 그린 씨름, 서당, 무동 등의 작품을 남겼어요. ③ 벼타작은 지주가 지켜보고 있는 가운데 농민들이 벼를 타작하는 모습을 익살스럽게 그린 김홍도의 풍속화예요.

정답이 아닌 이유
① 김득신의 파적도예요. 조선 후기의 풍속화로, 조용한 여염집에서 벌어진 소동을 생생하게 표현하였어요.
② 신사임당의 초충도예요. 16세기에 활동한 신사임당이 과일과 곤충들을 생동감 있게 표현하였지요.
④ 정선의 인왕제색도예요. 조선 후기의 진경 산수화로, 비 온 뒤 갠 인왕산의 모습을 사실적으로 묘사하였어요.
⑤ 김정희의 세한도예요. 조선 후기의 학자 김정희가 제자와의 변치 않는 우정을 소나무와 잣나무로 표현하였지요.

7 새로운 사회를 향한 움직임

01 흥선 대원군 집권 시기의 사실   088 흥선 대원군

정답 ④

경복궁 중건과 당백전

'당백전'을 통해 흥선 대원군 집권 시기의 모습에 대한 것임을 알 수 있어요. ④ 흥선 대원군 집권기에 왕실의 권위를 회복하기 위하여 임진왜란 때 소실된 경복궁을 중건하였어요. 이때 백성들을 강제로 동원하여 백성들의 불만을 사기도 했지요. 당백전은 흥선 대원군이 경복궁 중건 비용을 마련하기 위해 발행한 화폐예요. 상평통보의 100배 가치라고 하였지만 실질적인 가치는 5~6배에 지나지 않았죠. 당백전의 발행으로 물가가 크게 올라 백성들의 형편이 매우 어려워지게 되었어요.

정답이 아닌 이유

① 원에 공녀로 끌려가는 일은 고려 원 간섭기 때의 일이에요. 몽골과의 전쟁 이후 원 간섭기가 되면서 고려는 원에 많은 공녀를 바쳤어요. 공녀란 '공물로 바치는 여자'라는 뜻이에요.

② 원산 총파업은 1929년에 원산의 한 석유 회사에서 일본인 감독이 조선인 노동자를 구타한 사건을 계기로 원산 노동자들이 노동 조건 개선을 요구하며 총파업한 사건이에요. 일본, 프랑스 등지의 노동 단체로부터 격려 전문을 받기도 했어요. 원산 노동자 총파업은 일제 시기 최대의 노동 쟁의이자 반제 국주의 항일 투쟁이었어요.

③ 1910년 국권 피탈 이후 일제는 조선인의 생활을 감시하고 억압하기 위해서 헌병 경찰제를 실시했어요. 헌병이 경찰을 지휘하고, 일반 행정 업무까지 담당하게 함으로써 강압적인 무단 통치를 실시한 것이에요. 1919년 3·1 운동을 계기로 헌병 경찰제는 보통 경찰제로 바뀐답니다.

02 신미양요의 결과   090 신미양요   091 척화비

정답 ②

'미국 군대가 쳐들어왔다', '어재연 장군을 중심으로 광성보를 지켜 내자'라는 내용과 장수를 뜻하는 '수(帥)' 자가 새겨진 수자기를 통해 '다음 상황'이 신미양요임을 알 수 있어요. 미국은 제너럴 서면호 사건을 구실로 조선에 여러 차례 배상금 지불과 통상을 요구하였으나 흥선 대원군은 이를 거절하였어요. 그러자 미국은 1871년, 5척의 군함을 이끌고 강화도로 쳐들어왔어요. 이

사건이 신미양요예요. 미군에 맞서 어재연 장군이 이끈 조선군은 광성보에서 몸 바쳐 싸웠어요. 하지만 어재연 장군이 전사하고 광성보는 함락되었어요. 이때 수자기도 약탈당했지요. 그러나 미군은 20여 일 후 공격을 포기하고 철수했어요. 흥선 대원군은 신미양요 이후 전국 곳곳에 척화비를 세워 통상 수교 거부의 의지를 널리 알리게 되지요.

정답이 아닌 이유

① 병인박해는 천주교 확대를 막기 위해 프랑스 선교사를 비롯한 천주교 신자들을 탄압한 사건이에요. 병인박해는 병인양요의 원인이 되었어요. 프랑스는 병인박해에 대한 책임을 묻는다는 구실로 강화도를 침략하였는데 이 사건을 병인양요라고 해요.

③ 제너럴 서면호 사건은 신미양요의 원인을 제공한 일이에요.

④ 독일 상인 오페르트는 1868년 흥선 대원군의 아버지(남연군)의 묘를 도굴하려고 하였어요. 이 사건으로 흥선 대원군은 서양에 대해 더욱 확고한 통상 수교 거부의 의지를 갖게 됩니다.

03 병인양요의 배경   089 병인양요

정답 ①

'양헌수 장군', '정족산성에서 프랑스군과 벌인 전투'라는 내용을 통해 밑줄 그은 '이 사건'이 1866년에 일어난 병인양요임을 알 수 있어요. ① 병인양요는 흥선 대원군이 프랑스 선교사와 많은 천주교 신자를 처형한 병인박해를 구실로 프랑스가 강화도에 침략한 사건이에요. 이때 양헌수 장군이 이끄는 조선군이 정족산성에서 프랑스군을 무찔렀어요. 하지만 프랑스군이 철수하는 과정에서 외규장각을 불태우고 외규장각 의궤와 도서를 약탈해 갔어요.

정답이 아닌 이유

② 영국이 거문도를 점령한 것은 1885년의 일이에요. 조선이 청의 간섭에서 벗어나고 일본을 견제하기 위해 러시아와 가까워지자 영국은 이를 막기 위해 거문도를 불법적으로 점령했어요.

③ 오페르트가 남연군의 묘를 도굴하려던 사건은 1868년에 일어났어요. 오페르트는 흥선 대원군의 아버지인 남연군의 묘를 도굴하려 했으나 실패했어요.

④ 조선 시대에 서인은 명과 후금 사이에서 중립 외교 정책을 펴던 광해군을 몰아내고 인조를 왕으로 추대하는 인조반정을 일으켰어요. 그 후 명을 가까이하고 후금을 배척하는 친명 배금 정책을 추진했어요.

출제 예감 자료   개항기의 역사적 사건

병인양요	척화비 건립	강화도 조약 체결
1866년	1871년	1876년

04 신미양요의 전개 090 신미양요

정답 ④

신미양요는 미국이 제너럴 셔먼호 사건을 구실로 1871년에 강화도를 침략한 사건이에요. 제너럴 셔먼호 사건은 신미양요가 일어나기 몇 해 전인 1866년 미국의 상선이 통상을 요구하며 행패를 부리자 평양의 관리와 백성들이 그 배를 불태운 사건이에요. ④ 미군이 강화도의 초지진과 덕진진을 점령하고 광성보를 공격하자 광성보에서 어재연 장군이 이끄는 조선군은 미군에 맞서 싸웠어요. 미군은 20여 일 후 스스로 포기하고 철수하였지요. 이때 미군이 어재연 장군의 수자기를 약탈하였어요.

정답이 아닌 이유

① 고려 시대 몽골이 침입하자 최씨 무신 정권은 몽골군이 수전에 약하다고 판단하고 강화도로 도읍을 옮겨 몽골에 맞서 싸웠어요.

② 외규장각 도서는 프랑스군이 강화도에 침입한 병인양요(1866) 때 약탈당했어요. 프랑스 국립 도서관에 소장되어 있던 외규장각 도서는 2011년 영구 임대 방식으로 우리나라에 돌아왔어요.

③ 구식 군대에 대한 차별로 일어난 사건은 임오군란(1882)이에요. 구식 군인들은 신식 군대인 별기군에 비해 낮은 대우를 받자 이에 반발하여 일본 공사관을 불태우고 궁궐을 습격했어요.

05 강화도 조약의 체결 계기 092 강화도 조약

정답 ②

일본 군함 운요호는 식수를 구한다는 구실로 강화도 부근에 배를 정박시키고 군인들을 내보내 불법으로 주변 해안가를 측량하였어요. 이때 조선군은 경고의 의미로 대포를 쏘았고, 일본군은 이를 핑계로 운요호에서 함포를 쏘며 위협하였지요. 근대적 무기로 무장한 일본군은 초지진을 파괴하고 영종도에 상륙하여 조선군과 주민들에게 큰 피해를 입혔어요. 이 사건이 바로 운요호 사건이랍니다. ② 강화도 조약은 운요호 사건이 계기가 되어 체결한 조약으로, 조선이 맺은 최초의 근대적 조약이에요.

정답이 아닌 이유

① 105인 사건은 일제가 데라우치 총독의 암살 미수 사건을 확대·조작하여 애국 계몽 단체인 신민회의 항일 운동을 탄압한

사건이에요. 이 사건으로 1911년에 신민회가 해체되었어요.

③ 헤이그 특사 사건은 고종이 을사늑약의 부당함을 국제 사회에 알리기 위해 이준, 이상설, 이위종을 특사로 파견한 것이에요. 하지만 일제의 방해로 뜻을 이루지 못했지요.

④ 1866년 미국의 상선인 제너럴 셔먼호는 대동강을 거슬러 올라와 조선에 통상을 요구하였어요. 조선이 이를 거절하자 미국은 대포와 총을 발사하는 등 난폭한 행동을 하였지요. 이에 평양의 관리와 백성들이 제너럴 셔먼호를 불태워 침몰시켰어요. 이를 빌미로 신미양요가 일어났지요.

출제 예감 자료   **불평등 조약인 강화도 조약**

> **강화도 조약의 주요 내용**
> **제1조** 조선은 자주국이며 일본과 동등한 권리를 갖는다.
> **제4조** 조선은 부산 외에 두 곳의 항구를 개항하고 일본인의 통상을 허가한다.
> **제7조** 일본인이 조선의 해안을 자유롭게 측량하는 것을 허가한다.
> **제10조** 일본인이 조선 항구에서 죄를 지은 사건은 모두 일본의 관리가 심판한다.

조선이 자주국임을 선언하는 규정도 있지만, 이는 조선의 권리를 지키는 것보다는 청의 간섭을 막기 위한 목적이었어요. 조선은 부산과 원산, 인천 등 세 항구를 열어야 했어요. 일본인들은 이 항구를 자유롭게 드나들며 무역을 할 수 있었고, 심지어 조선의 해안을 마음대로 측량할 수 있게 되었지요. 일본인이 개항장에 머무르는 동안 죄를 지어도 조선 정부는 그들을 처벌할 수 없고 일본 영사가 재판의 권한을 가졌어요. 또한 일본 상품이 대량으로 들어와 조선의 산업 기반을 무너뜨린다고 해도 막을 수 있는 관세 규정은 아예 없었어요. 그리하여 강화도 조약은 일본이 정치·경제적으로 조선을 침탈하는 출발점이 되었지요.

06 병인양요의 원인 089 병인양요

정답 ⑤

'프랑스군이 약탈한 외규장각 의궤'라는 내용을 통해 (가) 사건은 병인양요임을 알 수 있어요. ⑤ 흥선 대원군은 천주교의 확대를 막기 위해 프랑스 선교사와 천주교 신자들을 탄압하였어요. 이를 병인박해라고 하지요. 프랑스는 조선에 병인박해에 대한 책임을 묻는다는 구실로 병인양요를 일으켰어요. 정족산성에서 프랑스군에 맞서 싸운 양헌수를 비롯한 조선군의 활약으로 프랑스는 패배하였어요. 프랑스군이 철수하면서 외규장각에 있던 왕실의 물품과 책을 빼앗았는데, 의궤도 이때 약탈해 갔어요. 외규장각 도서는 프랑스와의 협상을 통해 2011년에 대여 형식으로 우리나라에 반환되었어요.

정답이 아닌 이유

① 대한 제국을 둘러싼 러시아와 일본 간의 갈등이 심화되자, 고종은 러시아와 일본의 싸움에 말려들지 않기 위해 국외 중립

을 선언하였어요. 이후 일본이 러시아를 기습 공격하면서 러
일 전쟁이 일어났지요.

② 강화도 조약(1876) 이후 일본으로 곡물 유출이 심해져 조선
의 식량 사정이 악화되었어요. 이에 함경도 관찰사 조병식은
1889년에 방곡령을 선포하였어요.

③ 1868년 독일의 상인 오페르트가 조선과 통상 조약을 체결
하려는 의도를 가지고 흥선 대원군의 아버지인 남연군 묘를
도굴하려 하였어요.

④ 위안스카이가 이끄는 군대가 상륙한 것은 임오군란(1882) 이
후예요. 정부의 개화 정책 추진과 구식 군대 차별에 대한 반발
로 1882년에 임오군란이 일어났어요. 정부의 요청으로 위안스
카이가 이끈 청의 군대가 들어와 임오군란을 진압하였지요.

07 강화도 조약의 결과 092 강화도 조약

정답 ④

'운요호 사건을 빌미로 일본이 요구'의 내용을 통해 밑줄 그은 '조
약'이 강화도 조약임을 알 수 있어요. ④ 강화도 조약의 체결로
조선은 부산 외에 인천과 원산의 항구를 개항하였어요. 또한 일
본이 조선의 해안선을 측량할 수 있는 권리가 보장되었고, 일본
인에 대한 치외 법권(영사 재판권)을 인정하여 조선에서 죄를 지
은 일본인에게 조선의 법을 적용하지 않고 일본 관리가 심판할
수 있도록 하였어요.

정답이 아닌 이유

① 1883년 조일 수호 조규를 개정(조일 통상 장정)하면서 조선의 지
방관이 곡물 유출을 막는 방곡령을 선포할 수 있도록 하였어요.

② 1904년 제1차 한일 협약에 따라 외국인 외교 고문과 재정 고
문이 임명되었어요. 재정 고문이었던 메가타는 1905년 대한
제국의 백동화 등을 일본 제일 은행 화폐로 모두 바꾸는 화폐
정리 사업을 실시하였어요.

③ 조미 수호 통상 조약에 대한 설명이에요. 최혜국 대우는 어느
나라가 제3국에 준 가장 유리한 조건을 조약 상대국에게도 그
대로 인정하는 것이에요. 이는 대한 제국이 열강에게 이권을
침탈당하는 빌미가 되었지요.

⑤ 고종은 을사늑약의 부당성을 호소하기 위하여 1907년 이준,
이상설, 이위종을 만국 평화 회의가 열리는 네덜란드 헤이그
에 특사로 파견하였어요. 하지만 일제의 방해로 특사들의 활
동은 성과 없이 끝났지요.

01 개화 정책의 추진 093 별기군

정답 ④

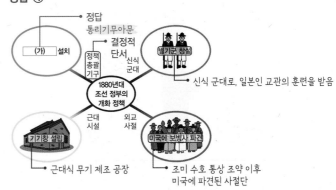

개항 후 조선 정부는 개화 정책을 총괄하는 기구로 통리기무아
문을 설치하였어요. 신식 군대인 별기군을 창설하였으며, 선진
문물을 받아들이기 위해 외국에 사절단을 파견하였지요. 먼저
김기수, 김홍집 등을 차례로 일본에 수신사로 파견하여 근대 문
물을 돌아보게 하였어요. 또 일본에 조사 시찰단을 파견하여 발
전된 모습을 살펴보게 하고, 청에 영선사 일행을 보내 무기 제조
법과 군사 훈련법을 배워 오게 하였지요. 조미 수호 통상 조약 체
결 이후에는 미국에 보빙사도 파견하였어요.

정답이 아닌 이유

① 교정청은 전주 화약 이후 동학 농민군의 요구 사항을 처리하
는 기구로 설치되었어요.

② 군국기무처는 갑오개혁을 추진하기 위해 설치된 기구예요.

③ 도평의사사는 고려 후기 국가의 전반적인 일을 처리하던 최고
기구였어요. 도병마사에서 이름을 바꾸었지요.

> **출제 예감 자료** **조미 수호 통상 조약**
>
> 제2차 수신사로 파견되었던 김홍집이 조선으로 돌아올 때 『조선책
> 략』을 가지고 들어왔어요. 이 책에는 러시아를 견제하기 위해 조선
> 이 청·일본·미국과 연대해야 한다고 기록되어 있었어요. 이 책의
> 내용이 유포되고, 청이 적극적으로 알선하여 조미 수호 통상 조약
> 이 체결되었어요. 이 조약은 조선이 서양 국가와 맺은 최초의 근대
> 적 조약이랍니다.
>
>
>
> 『조선책략』 　조약 체결 장면 　조약 체결 후 미국 공사의
> 파견에 대한 답례로
> 미국에 간 보빙사

02 개항 이후 개화 정책에 대한 반발 093 별기군 094 임오군란

정답 ③

'일본에 조사 시찰단으로 파견', '홍영식' 등을 통해 1881년 이후
의 사실을 묻고 있음을 알 수 있어요. 1880년대 조선 정부는 개
화를 총괄하는 기구로 통리기무아문을 설치하고, 신식 군대인

별기군을 창설하였어요. 이외에도 해외에 시찰단을 파견하고 근대식 시설을 만들었지요. 당시 별기군은 신식 군대로, 일본인 교관에게 훈련을 받고 신식 무기와 복장을 지급받았어요. ③ 이러한 차별 대우에 구식 군인들의 불만이 폭발하여 1882년에 임오군란이 일어났어요.

정답이 아닌 이유

① 임술 농민 봉기 후 정부는 삼정의 문란을 시정하기 위해 삼정이정청을 설치하였어요.

② 어재연 부대가 미군에 맞서 싸운 사건은 신미양요(1871)로 개항 전에 일어났어요.

④ 제너럴 셔먼호 사건은 1866년 미국 상선 제너럴 셔먼호가 대동강을 거슬러 올라와 통상을 요구하며 난동을 부리다 평양의 관민에 의해 불태워진 사건이에요.

고종은 일본의 개화 상황 등을 파악하고 개혁에 필요한 자료를 수집하기 위하여 일본에 조사 시찰단을 파견하였어요. 시찰단은 박정양, 홍영식 등 60여 명으로 구성되었지요. 당시 개화를 반대하는 사람들을 의식하여 공식적으로 파견하지 못하고 비밀리에 파견하였어요. 조사 시찰단은 근대 시설과 근대적 법률, 조세 제도 등을 살피고 돌아와 고종에게 보고서를 올렸지요. 이 보고서는 정부가 개화 정책을 추진하는 뒷받침이 되었답니다.

03 임오군란의 영향 093 별기군 094 임오군란

정답 ④

자료에서 설명하는 사건은 임오군란이에요. 1882년에 발생한 임오군란은 신식 군대인 별기군에 비해 차별 대우를 받던 구식 군인들이 일으킨 난이에요. 구식 군인들은 일본 교관과 일본 공사관을 습격했고, 이후 흥선 대원군이 잠깐 동안 다시 집권하였어요. 민씨 세력의 요청으로 청이 군대를 파견하여 난을 진압하고, 흥선 대원군을 청으로 압송해 갔지요. ④ 임오군란의 결과 청의 내정 간섭이 심화되었고, 조청 상민 수륙 무역 장정을 체결하여 청 상인의 내류 무역을 보장했어요. 또한 일본과 제물포 조약을 체결하여 배상금을 지급하고, 일본군의 서울 주둔을 허용하였지요.

정답이 아닌 이유

① 1875년 일본 운요호가 조선의 해로를 따라 초지진으로 침입해오자 조선 수비병이 포격을 가했어요. 이에 일본은 초지진에 무차별 폭격을 가하였지요. 이를 운요호 사건이라고 해요. 이를 계기로 일본은 강화도 조약 체결을 이끌어 냈어요.

② 1880년에 설치된 통리기무아문은 개화 정책을 총괄하기 위한 기구예요. 정부는 그 아래에 12사를 두어 외교, 군사, 산업, 통상 등의 업무를 담당했어요.

③ 1866년 프랑스군이 강화도를 침략한 병인양요가 일어났어요. 프랑스군에 맞서 양헌수가 이끄는 조선군이 정족산성에서 항전하여 프랑스군을 물리쳤어요. 프랑스군은 철수하면서 외규

장각의 의궤와 도서를 약탈해 갔지요. 2011년에 영구 대여 형식으로 약탈된 의궤가 반환되었답니다.

구식 군인들의 불만 폭발 → 선혜청 습격 → 피신하는 왕비 →

청군의 도착 → 청으로 끌려가는 흥선 대원군 → 일본과 제물포 조약 체결

04 갑신정변의 전개 095 우정총국 096 갑신정변

정답 ②

'우정총국 개국 축하연을 기회로 삼아'라는 내용을 통해 (가)에 들어갈 사건은 갑신정변임을 알 수 있어요. ② 우정총국 개국 축하연을 틈타 김옥균 등 급진 개화파는 갑신정변(1884)을 일으켰어요. 이들은 청을 몰아내고 사회 제도를 고치기 위한 정책을 발표하는 등 개혁을 서둘렀어요. 하지만 청군의 개입으로 갑신정변은 3일 만에 실패로 끝나고 말았지요.

정답이 아닌 이유

① 갑오개혁(1894~1895)은 김홍집 내각이 조선의 낡은 제도를 없애고 근대 국가로 발돋움하기 위하여 실시한 개혁이에요. 과거제와 신분제를 폐지하였고, 초혼을 금지하였으며 도량형을 통일하였어요.

③ 브나로드 운동(1931)은 동아일보의 주도로 '배우자, 가르치자, 다 함께 브나로드'의 구호를 내세운 문맹 퇴치 운동이에요.

④ 민립 대학 설립 운동은 1920년대 초, 이상재 등이 우리 민족의 힘으로 대학을 설립하기 위하여 모금 활동을 전개한 운동이에요. 아쉽게도 민립 대학 설립 운동은 조선 총독부의 방해로 실패하였어요.

05 갑신정변이 일어난 장소 095 우정총국

정답 ②

'1884년 근대 우편 업무를 도입하기 위해 세워졌다'는 내용을 통해 (가)는 우정총국임을 알 수 있어요. ② 우정총국은 오늘날의 우체국과 같은 기관이에요. 1884년 우정총국 개국 축하연을 틈타 김옥균을 중심으로 한 개화당(급진 개화파) 세력이 갑신정변을 일으켰어요.

정답이 아닌 이유

① 1883년에 세워진 기기창은 우리나라 최초의 근대식 무기 제조 공장이에요. 1881년 조선 정부는 김윤식 등 영선사를 청의 톈진에 파견하여 무기 제조 기술과 군사 훈련법 등을 배우게

했는데, 이들이 돌아와 기기창을 세웠어요.

③ 1894년에 설치된 군국기무처는 제1차 갑오개혁을 추진했던 최고 정책 결정 기관이에요. 군국기무처는 일본의 강요에 의해 만들어졌지만, 일본이 청일 전쟁에 주력하는 사이 신분제와 과거제 폐지 등 수많은 개혁을 비교적 자율적으로 단행할 수 있었어요.

④ 1880년에 설치된 통리기무아문은 개화 정책을 총괄하기 위한 기구예요. 정부는 그 아래에 12사를 두어 외교, 군사, 산업, 통상 등의 업무를 담당했어요.

06 갑신정변의 결과 <small>096 갑신정변</small>

정답 ②

우정총국 개국 축하연을 기회로 삼아 일어난 (나) 사건은 갑신정변이에요. 조선의 자주독립과 근대화를 목표로 일어난 갑신정변(1884)은 청군의 개입으로 3일 만에 실패했어요. 갑신정변의 결과 청의 내정 간섭이 심화되었고, ② 조선과 일본은 한성 조약을 체결하였어요. 조선이 일본에 배상금을 지급하고, 일본 공사관 신축 비용을 부담했지요.

정답이 아닌 이유

① 대한 제국은 '옛 제도를 근본으로 하고, 새로운 제도를 참작한다'는 구본신참을 개혁 원칙으로 하여 광무개혁(1897)을 실시했어요.

③ 프랑스군이 강화도를 침략한 병인양요(1866) 때 프랑스군이 철수하면서 외규장각의 의궤와 도서를 약탈해 갔어요. 2011년에 영구 대여 형식으로 약탈된 의궤를 돌려받았어요.

④ 조선 후기에 세도 정치로 인한 삼정의 문란과 경상 우병사 백낙신의 수탈로 인해 진주 농민 봉기(1862)가 일어났고, 농민 봉기가 전국적으로 확대되어 임술 농민 봉기가 발생했어요. 정부는 삼정의 문란을 해결하기 위해 삼정이정청을 설치하고, 박규수를 안핵사로 파견하여 사태를 수습하려 했지만 큰 효과를 거두지는 못했어요.

07 갑신정변의 개혁 정강 <small>096 갑신정변</small>

정답 ①

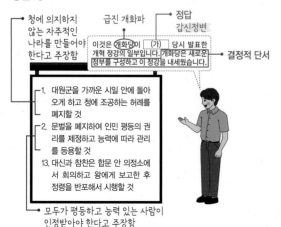

① 갑신정변이 3일 천하로 실패한 후 조선은 일본과 한성 조약을 체결하였어요. 조선이 일본에 배상금을 지급하고, 파괴된 일본 공사관을 다시 짓는 비용을 부담한다는 내용이 포함되어 있지요.

정답이 아닌 이유

② 별기군이 창설된 것은 갑신정변 이전의 사실이에요. 정부의 개화 정책에 따라 신식 군대인 별기군이 창설되었어요. 이들은 일본인 교관에게 훈련을 받고, 신식 무기와 복장을 지급받는 등 좋은 대우를 받았지요. 당시 구식 군인들은 이러한 차별 대우에 대한 불만이 폭발하여 임오군란을 일으켰지요.

③ 부산 외 두 곳의 항구가 개항된 것은 1876년 강화도 조약 체결로 인한 결과예요. 강화도 조약은 우리나라 최초의 근대적 조약이자 불평등 조약이지요.

④ 김윤식이 청에 영선사로 파견된 것은 갑신정변 이전의 사실이에요. 조선 정부는 외국의 선진 문물을 받아들이기 위해 외국에 사절단을 파견하였어요. 그중 영선사는 1881~1882년에 청에 파견된 사절단으로 청의 무기 제조 기술과 군사 훈련법 등을 배우고 돌아왔지요. 이를 계기로 근대식 무기 공장인 기기창이 세워졌답니다.

⑤ 1880년 조선 정부는 개화 정책을 총괄하는 기구인 통리기무아문을 설치하여 여러 정책을 실시하였어요. 신식 군대인 별기군도 설치하였으며, 수신사·조사 시찰단·영선사·보빙사 등 외국에 여러 사절단도 파견하였지요.

08 갑신정변의 결과 <small>095 우정총국</small> <small>096 갑신정변</small>

정답 ①

'우정총국 개국 축하연을 기회로 삼아 일으켰다', '박영효, 서광범, 서재필, 김옥균'의 내용을 통해 밑줄 그은 '이 사건'이 갑신정변임을 알 수 있어요. 청이 임오군란을 진압하면서 청의 내정 간섭이 심해지자 김옥균 등 급진 개화파는 우정총국 개국 축하연을 기회로 삼아 정변을 일으켜 개화당 정부를 조직하였어요. 그리고 사회 제도를 고치기 위한 개혁 정강을 발표하였지요. ① 그러나 청의 개입으로 3일 만에 갑신정변은 실패하였어요. 김옥균, 박영효, 서광범 등은 일본으로 몸을 피했지요. 이후 청의 내정 간섭은 더욱 심해졌어요.

정답이 아닌 이유

② 보국안민(나랏일을 돕고 백성을 편안하게 하자), 제폭구민(폭정을 제거하고 백성을 구하자)은 동학 농민 운동 당시 농민군이 주장한 내용이에요.

③ 임오군란 이후 조선은 일본과 제물포 조약을 체결하여 일본에 배상금을 지불하고 일본군의 조선 주둔을 허용하였어요.

④ 별기군은 개화 정책의 일환으로 1881년에 창설되었어요.

⑤ 조선 정부는 청에서 서양의 무기 제조 기술과 군사 훈련법을 배워 오기 위하여 1881~1882년 청에 영선사를 파견하였어요.

01 동학 농민 운동의 전개 과정 097 동학 농민 운동

정답 ②

백산 집결 → 황룡촌 전투 → 전주성 점령 → 우금치 전투의 순서로 진행된 사건은 1894년에 일어난 동학 농민 운동이에요. ② 동학 농민군은 전주성 점령 후 자치 기구인 집강소를 설치하고 폐정 개혁을 추진했어요.

정답이 아닌 이유

① 외규장각 도서는 병인양요(1866) 때 프랑스군에게 약탈되었어요. 프랑스는 병인박해를 구실로 군함을 이끌고 강화도를 침략했어요.

③ 홍의 장군 곽재우가 의병장으로 활약한 것은 임진왜란 때 일이에요. 곽재우는 붉은 옷을 입고 활약했다고 해서 홍의 장군으로 불렸어요.

④ 서북인에 대한 차별이 원인이 되어 일어난 사건은 홍경래의 난(1811)이에요. 여기서 서북인이란 평안도 지방 사람들을 말해요.

02 갑오·을미개혁의 추진 099 갑오개혁

정답 ③

(가)에 들어갈 기구는 군국기무처예요. 1894년, 일본의 강요로 김홍집 중심의 친일 내각이 수립되었어요. 김홍집 내각은 최고 정책 의결 기구인 군국기무처를 설치한 후 이를 중심으로 개혁을 추진하였어요. 군국기무처는 입법권을 가진 초정부적 회의 기구였지요. 제1차 갑오개혁은 갑신정변의 개혁안과 동학 농민군의 요구가 일정 부분 반영되었어요.

정답이 아닌 이유

① 정방은 고려의 최씨 무신 정권 시대에 최우가 자신의 집에 설치한 인사 행정 담당 기구예요.

② 교정도감은 고려의 최씨 무신 정권 시대에 최충헌이 설치한, 국정을 총괄하는 최고 권력 기구예요.

④ 조선 정부는 1880년에 개화 정책을 총괄하는 기구로 통리기무아문을 설치하였어요.

03 동학 농민 운동의 주도 세력 097 동학 농민 운동 098 전봉준

정답 ③

밑줄 그은 '이 문서'는 동학 농민 운동 당시에 작성한 사발통문이에요. 봉기의 주동자가 누구인지 알 수 없도록 사발을 대고 원형으로 동의하는 사람들의 이름을 써넣었지요.

정답이 아닌 이유

① 공명첩은 이름을 적는 곳이 비어 있는 관직 임명장이에요. 왜란 이후 나라의 재정이 부족해지자 이를 해결하기 위해 발급하였어요. 조선 후기에 상품 화폐 경제가 발달하면서 재산을 모은 상민층이 공명첩을 사서 양반이 되는 경우가 많았어요.

② 조선이 개화 정책을 추진하고 미국과도 수교하려고 하자 이만손 등 유생들은 영남 만인소를 올려 이에 반대하였어요.

④ 1919년 3월 1일 서울 탑골 공원에서 수많은 학생과 시민들이 모여 독립 선언서를 낭독하고 대한 독립 만세를 외쳤어요.

04 동학 농민 운동의 전개 097 동학 농민 운동 098 전봉준

정답 ②

사진은 우금치 전투에서 동학 농민군이 패배한 이후 체포되는 과정에서 다리를 다친 전봉준이 들것에 실려 재판을 받으러 가는 모습이에요.

② 동학 농민군은 외세의 개입을 막기 위해 정부와 전주 화약을 맺었어요. 한성 조약은 갑신정변 이후 일본이 갑신정변에 대한 책임을 조선에 돌리며 배상금 지불 등의 내용을 담아 체결한 조약이에요.

정답이 아닌 이유

① 집강소는 동학 농민 운동 당시 농민의 요구를 실천하려고 설치한 농민 자치 기구예요.

③ 전봉준 등은 농민군을 재조직하여 백산으로 이동해 4대 강령과 농민 봉기를 알리는 격문을 발표하였어요. 격문에는 '나라를 돕고 백성을 편안하게 하자.'라는 보국안민과 '폭정을 제거하고 백성을 구하자.'라는 제폭구민의 내용이 담겨 있었죠.

④ 동학 농민군은 황토현에서 관군을 물리치고, 황룡촌 전투에서는 정부군을 크게 격파한 후 기세를 몰아 전주성까지 점령하였어요.

출제 예감 자료 **새야 새야 파랑새야**

새야 새야 파랑새야
녹두밭에 앉지 마라
녹두꽃이 떨어지면
청포 장수 울고 간다

1894년에 일어난 동학 농민 운동을 주도한 녹두 장군 전봉준을 기리는 노래예요. 녹두는 전봉준을 가리켜요. 파랑새는 청색 옷을 입은 일본군/청군이라 해석하기도 하고, 팔과 왕을 합친 팔왕새[팔(八) + 왕(王) = 전(全)]를 이르는 것이라는 해석도 있어요.

05 을미사변과 단발령

정답 ④

'역적들이 국모를 시해'한 사건은 을미사변을 가리키고, '억지로 머리카락을 깎게' 한 사건은 단발령을 의미해요. 청일 전쟁(1894)에서 승리한 일제의 간섭을 막기 위해 고종과 명성 황후가 러시아 세력을 끌어들이자 일본은 위기를 느꼈어요. 그리하여 을미사변(1895)이 일어나게 되지요. 일본은 조선 정부에 대한 간섭을 강화하고 친일 정부를 세워 을미개혁(1895)을 추진해요. 을미개혁 때 태양력 사용, 단발령 실시 등의 개혁을 추진했어요. 을미사변에 분노하고 있던 백성들은 단발령에 거세게 반발하여 전국 각지에서 의병을 일으켰어요(을미의병). 그러므로 밑줄 그은 '의병'이 일어난 시기는 (라)에 해당하겠네요.

06 정부의 근대적 개혁 추진   099 갑오개혁

정답 ②

'도량형 통일', '과거제 폐지', '신분제 폐지' 등을 통해 (가)에 들어갈 사건은 갑오개혁임을 알 수 있어요. 갑오개혁은 김홍집 등이 중심이 되어 조선의 낡은 제도를 없애고 근대 국가로 발돋움하기 위하여 실시한 개혁이에요. 정부는 군국기무처를 설치하고 동학 농민군의 주장을 일부 받아들여 개혁을 추진했어요. 구체적 내용으로는 과거제와 신분제 폐지, 화폐로 세금 징수, 과부의 재가 허용 등이 있어요.

정답이 아닌 이유

① 갑신정변(1884)은 김옥균, 박영효, 홍영식 등 급진 개화파(개화당)가 우정총국 개국 축하연 때 반대 세력을 몰아내고 정권을 차지한 사건이에요. 급진 개화파는 이 사건으로 새로운 정부를 구성하고 근대적 개혁을 추진하려 했으나 청군의 개입으로 3일 만에 실패하였어요.

③ 을미사변(1895)은 일본이 경복궁을 습격하고 왕비(명성 황후)를 시해한 사건이에요. 이 사건 이후 일본은 단발령과 태양력을 시행하는 개혁을 실시했어요.

④ 아관 파천(1896)은 일본이 을미사변 후 의병 항쟁을 진압하기 위해 지방으로 군대를 보내 경비가 소홀해진 틈을 타서 고종과 왕세자가 러시아 공사관으로 피신한 사건이에요. 아관 파천 이후 조선에 대한 러시아의 영향력이 커졌어요.

07 근대적 개혁의 흐름   099 갑오개혁

정답 ④

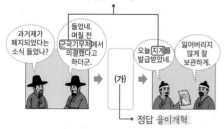

결정적 단서
군국기무처는 갑오개혁을 추진하기 위해 설치된 기구,
지계는 광무개혁 때 발행한 토지 문서

첫 번째 삽화의 군국기무처에서 과거제 폐지를 의결한 것은 갑오개혁의 내용이에요. 세 번째 삽화의 근대적 토지 문서인 지계를 발급하는 모습은 광무개혁 때 있었던 일이지요. 두 개혁 사이인 (가)에 들어갈 개혁은 을미개혁(또는 제3차 갑오개혁)이에요.

④ 을미개혁의 주요 내용으로는 태양력 채택, 건양 연호 사용, 단발령 실시 등이 있지요.

정답이 아닌 이유

① 당백전은 흥선 대원군이 집권하던 시기에 발행한 화폐예요. 조선 후기 널리 사용된 상평통보의 100배 가치에 해당한다고 하여 당백전이라는 이름이 붙여졌는데, 당백전이 사용되면서 물가가 올라가게 되었어요.

② 동시전은 신라 지증왕 때 동시라는 시장을 감독하기 위해 설치한 관청이에요.

③ 『속대전』은 조선 영조 때 편찬한 법전이에요. 『속대전』은 조선의 기본 법전인 『경국대전』이 반포된 후 사회가 변화하면서 법령의 해석과 시행에 어려움을 겪게 되자 법전을 다시 정리해 펴낸 것이에요.

08 아관 파천의 발생 시기   100 아관 파천

정답 ④

자료의 내용처럼 왕과 세자가 가마를 타고 러시아 공사관으로 피신한 사건은 아관 파천이에요. 일본은 조선 왕실이 러시아와 가까워지자 이를 주도한 것이 명성 황후라 여기고 경복궁을 습격해 명성 황후를 시해했어요(을미사변). 을미사변 후 조선에서는 일본에 저항하는 의병 항쟁이 계속되었고, 일본은 이를 진압하기 위해 지방으로 군대를 파견했어요. 이에 고종은 궁궐 경비가 소홀해지자 왕세자와 함께 1896년에 러시아 공사관으로 피신했어요(아관 파천). ④ 따라서 아관 파천이 일어난 시기는 연표에서 (라) 시기에 해당해요.

정답이 아닌 이유

① (가) 시기에는 흥선 대원군이 권력을 차지하고 있었어요. 흥선 대원군은 왕권을 강화하기 위해 여러 개혁을 실시했으며, 서양의 침략에 맞서 통상 수교 거부 정책을 펼쳤어요.

② (나) 시기에는 일본과 강화도 조약(1876)을 맺고 개항을 했어요. 개항 후 정부는 통리기무아문을 설치하고 적극적으로 개화 정책을 추진했어요.

③ (다) 시기 고종은 갑오개혁(1894~1895)을 실시하였어요.

09 제1차 갑오개혁의 내용   099 갑오개혁

정답 ⑤

'군국기무처를 설치하였다'는 내용을 통해 밑줄 그은 '개혁'이 제1차 갑오개혁임을 알 수 있어요. 청일 전쟁 개시 후 일본은 군국기무처를 설치하고 교정청을 폐지하였어요. 일본에 의해 내정 개혁을 강요당하는 상황이었지만 조선 정부는 일본이 청일 전쟁을 치르는 틈을 타 나름대로 개혁을 펼칠 수 있었어요. 이것이 바로 제1차 갑오개혁이에요. 갑오개혁 때 상품의 원활한 유통을 위해 은본위제를 실시하였는데요, 은본위제란 나라의 화폐 제도의 근간을 이루는 기준을 은으로 정하고, 국가에서 은을 확보한 만큼 찍어 내는 제도를 말해요.

⑤ '건양'이라는 연호를 채택한 것은 을미개혁이에요. '건양'은 1896년 1월 1일에 맞춰 '양력으로 세운다'란 뜻을 지녀요. 따라서 달을 기준으로 날짜를 세는 태음력을 태양력으로 바꾸는 태양력 채택과 관련이 있음을 알 수 있어요.

정답이 아닌 이유

제1차 갑오개혁 때 군국기무처에서 ①, ②, ③ 과거제·연좌제·신분제를 폐지하였고, ④ 과부의 재가를 허용하는 등 정치·경제·사회 분야에서 여러 개혁을 추진하였어요.

20강 자주독립과 근대화를 위한 노력

키워드로 풀리는 기출 문제 본문 118~119쪽

| 01 ④ | 02 ① | 03 ② | 04 ② | 05 ④ |
| 06 ① | 07 ④ | 08 ④ | 09 ⑤ | |

---

01 근대 학교의 건립   104 이화 학당

정답 ④

이것은 1886년에 선교사 스크랜턴이 여성의 신학문 교육을 위해 세운 학교 사진이야. 최초의 여의사 박에스더, 3·1 운동으로 순국한 유관순 등이 이 학교에서 공부했어. → 결정적 단서

할머니, 이 사진은 무엇인가요?

밑줄 그은 '학교'는 이화 학당이에요. 개항 이후 서양에서 온 선교사들은 교육 기관을 세워 학생들을 교육했어요. ④ 이화 학당은 여성의 신학문 교육을 위해 1886년에 미국인 선교사 스크랜턴이 세운, 근대적 교육 기관이에요. 이화 학당은 우리나라 최초의 여성 교육 기관이며 신학과 근대 학문을 교육했어요.

정답이 아닌 이유

① 배재 학당은 1885년, 개신교 선교사 아펜젤러가 서울에 세운 우리나라 최초의 근대식 사립 학교예요.

② 오산 학교는 1907년, 이승훈이 민족정신을 고취하고 독립운동의 인재를 양성하기 위하여 평안북도 정주에 세운 학교예요.

③ 육영 공원은 우리나라 최초의 근대적 관립 학교예요. 미국인 교사를 초빙하여 양반 고위 관리의 자제들을 대상으로 영어를 비롯한 서양 학문을 교육하였어요.

---

02 독립신문의 발행   101 독립 협회

정답 ①

'서재필', '한글판과 영문판', '우리나라 최초의 민간 신문'이라는

내용을 통해 (가) 신문은 독립신문임을 알 수 있어요. ① 독립신문은 1896년 서재필이 정부의 지원을 받아 만든 우리나라 최초의 민간 신문이에요. 외국인에게도 국내의 상황을 알리기 위해서 한글판과 영문판으로 발행했어요.

정답이 아닌 이유

② 제국신문은 순 한글로 발행되어 서민과 부녀자들에게 많이 읽혔어요.

③ 해조신문은 1908년 러시아 블라디보스토크에서 발행되었어요. 해외에서 최초로 한글로 발행된 일간 신문으로 국권 회복과 한인 동포들의 계몽을 목적으로 간행되었어요.

④ 대한매일신보는 양기탁이 영국인 베델과 함께 발행했어요. 영국인이 발행인으로 참여하고 있어서 영일 동맹을 맺고 있던 일본이 쉽게 검열할 수 없었지요. 의병 운동을 호의적으로 보도하고, 국채 보상 운동 확산에도 기여했어요.

---

03 대한 제국 시기 독립 협회의 활동   101 독립 협회   102 만민 공동회

정답 ②

결정적 단서

오늘 신문에 [(가)] 이/가 종로에서 만민 공동회를 열어 러시아 군사 교관 철수를 요구했다는 기사가 실렸네.

러시아는 절영도에 석탄 기지를 건설하기 위해 땅을 빌리려 했어요.

지난 기사에는 러시아의 절영도 조차 요구를 반대했다는 내용이 실렸지요. → 정답 독립 협회

독립 협회는 1896년 서재필, 이상재 등이 중심이 되어 조직한 단체로, 대중 집회인 만민 공동회를 개최하여 러시아의 절영도 조차(다른 나라의 영토 일부를 빌려 일정 기간 통치함) 요구를 반대했어요. ② 독립 협회는 영은문을 허물고 독립문을 건립했어요.

정답이 아닌 이유

① 태극 서관을 운영한 것은 신민회예요. 신민회는 안창호, 양기탁 등이 1907년 비밀리에 만든 단체로 국내에서는 대성 학교와 자기 회사 등을 세웠고, 만주에는 신흥 강습소를 세워 독립군을 길러 냈어요.

③ 대한 자강회는 1906년 교육 진흥과 산업 육성 추구를 목적으로 서울에서 조직된 단체로, 고종 강제 퇴위 반대 운동을 벌이다 통감부에 의해 해산되었어요.

④ 국채 보상 운동은 1907년 일본에게 진 빚을 갚자며 대구에서 일어났어요. 이 운동이 전국적으로 퍼져 나가도록 지원한 신문은 대한매일신보예요.

---

04 독립 협회의 활동   101 독립 협회

정답 ②

'독립문', '자주독립의 의지' 등의 내용을 통해 밑줄 그은 '이 단체'

가 독립 협회임을 알 수 있어요. ② 독립 협회는 서재필, 이상재 등이 설립했어요. 특히 서재필은 갑신정변이 실패한 후 미국으로 갔다가 이 무렵 다시 돌아와 독립신문을 창간하고 독립 협회를 설립했어요.

정답이 아닌 이유

① 집강소는 동학 농민군이 근대적 개혁을 위해 전라도 각 고을에 설치한 자치 기구예요. 농민들은 집강소를 통해 탐관오리 처벌, 신분 차별 철폐, 조세 개혁 등을 추진했어요.

③ 한국 광복군은 1940년 대한민국 임시 정부가 만든 부대예요. 일본이 미국의 진주만을 습격하여 아시아·태평양 전쟁을 일으키자 영국군과 함께 인도와 미얀마 전선에서 활동했어요.

④ 물산 장려 운동을 주도한 단체는 조선 물산 장려회로, 1920년 조만식을 포함한 70여 명의 사람이 일본으로부터 경제적 자립을 하기 위해 평양에서 설립했어요.

05 대한 제국의 선포   103 대한 제국

정답 ④

'고종이 하늘에 제사 지내고 황제 즉위식을 거행한 장소'라는 내용을 통해 (가)는 환구단임을 알 수 있어요. ④ 환구단은 천자가 하늘에 제사를 올리는 제단이에요. 고종은 대한 제국으로 국호를 바꾸고, 이곳에서 하늘에 제사를 지낸 후 황제 즉위식을 거행했어요. 이를 통해 우리나라가 자주독립국이며 황제가 다스리는 제국임을 널리 알렸어요. 하지만 환구단은 일제에 의해 헐리고 그 자리에 호텔이 들어섰어요. 현재는 부속 건물인 황궁우와 석고, 대문 등만 남아 있어요.

정답이 아닌 이유

① 종묘는 조선 시대 역대 왕과 왕비의 신위(신주)를 모신 사당이에요. 유교가 나라의 근본 이념이었던 조선은 조상들에게 제사 지내는 예를 아주 중요하게 여겨 종묘를 중시했어요. 종묘는 유네스코 세계 문화유산으로 등재되어 있지요.

② 광혜원은 1885년에 세워진 우리나라 최초의 서양식 병원이에요. 조선 정부가 미국인 알렌의 건의를 받아들여 설립했어요. 이후 제중원으로 이름이 바뀝니다.

③ 사직단은 조선 시대에 토지신과 곡물신에게 풍년을 기원하며 제사를 올리던 제단이에요. 조선은 농업이 산업의 근본이었기 때문에 사직단을 중시했어요.

06 근대 시설의 등장   105 광혜원

정답 ①

'미국인 알렌이 건의해서 만들어진 우리나라 첫 번째 서양식 병원'인 (가)는 광혜원이에요. ① 광혜원은 갑신정변 당시 칼에 맞아 목숨이 위태롭던 민영익을 미국인 선교사이자 의사였던 알렌이 살려 낸 일을 계기로 서양 의학의 우수성을 알게 된 고종이 알렌의 건의를 받아들여 세우게 되었어요.

정답이 아닌 이유

② 전환국은 근대식 새로운 화폐를 만들던 기관이에요.

③ 배재 학당은 1885년 개신교 선교사인 아펜젤러가 설립한 근대식 사립 학교예요.

④ 육영 공원은 정부가 세운 최초의 근대적 관립 학교로, 양반 자제들에게 신지식과 외국어를 가르쳤어요.

07 대한 제국의 수립   103 대한 제국

정답 ④

'국왕과 세자가 비밀리에 러시아 공사관으로 거처를 옮겼다'라는 내용을 통해 '사건'은 아관 파천임을 알 수 있어요. 을미사변 (1895)으로 인해 신변의 위협을 느낀 고종은 을미의병의 진압을 위하여 일본군이 출동한 틈을 타 러시아 공사관으로 피신하였는데 이를 아관 파천(1896)이라고 하지요. 이로 인해 김홍집 내각이 붕괴하고 을미개혁이 중단되었죠. 고종이 러시아 공사관에 머무는 동안 러시아의 정치 간섭과 열강들의 이권 침탈은 계속되었어요. 이러한 분위기 속에 고종은 1년 만에 경운궁(덕수궁)으로 돌아와요. 고종은 환궁 후 나라의 위상을 높이고 열강의 간섭에서 벗어난 자주독립국임을 보여 주기 위하여 대한 제국을 수립해요.

정답이 아닌 이유

① 훈련도감은 선조 때, 유성룡의 건의로 임진왜란 중 설치되었어요. 수도 경비와 포수, 사수, 살수의 삼수병 양성을 담당하던 기관이에요.

② 1881~1882년에 조선 정부는 청에 김윤식 등을 영선사로 파견하였어요. 영선사는 청의 근대식 무기 제조 기술을 배웠고, 이들의 귀국 후 기기창(근대식 무기 공장)이 설립되었어요.

③ 프랑스군은 병인양요 때 외규장각 건물을 불태우고 외규장각 도서(의궤)를 약탈하였어요.

08 근대적 시설의 설치   095 우정총국

정답 ④

'최초의 근대 우편 업무를 담당했던 기관'이라는 내용을 통해 (가)에 들어갈 가상 우표는 우정총국임을 알 수 있어요. ④ 우정총국은 조선 최초의 우체국으로 우정국이라고도 불려요. 우정총국은 1884년에 문을 열었는데, 이를 축하하는 잔치에서 홍영식, 김옥균 등의 개화파들이 갑신정변을 일으켰어요. 이 사건으로 우정총국은 폐지되고 말았죠. 우정총국이 폐지된 후, 1895년 우체사가 설치될 때까지 10년 동안은 다시 역참에 의한 통신 방법이 사용되었다고 해요.

정답이 아닌 이유

① 광혜원은 1885년에 세운 우리나라 최초의 서양식 병원이에요.

② 원각사는 우리나라 최초의 서양식 극장이에요. 1908년 11월 원각사에서 이인직의 '은세계'가 공연되었는데, 이는 우리나

라 역사상 최초의 창작 창극이었어요.

③ 환구단은 1897년 고종이 대한 제국의 황제로 즉위한 곳이에요. 예로부터 하늘에 제사를 지내는 일은 황제만 할 수 있었기 때문에 왕의 나라였던 조선에는 환구단이 없었죠. 고종은 새로 환구단을 세워 하늘에 제사를 지낸 뒤 황제의 자리에 올랐어요.

근대 시설 – 철도

조선에 기차를 소개한 김기수는 '불을 내뿜는 수레'라는 뜻에서 기차를 '화륜거'라 이름 붙이고, 기차가 달리는 모습을 '우레와 번개처럼 달리고 바람과 바깥이 날뛴다'라고 묘사했어요. 우리나라에 처음으로 설치된 철도는 경인선이에요. 경인선을 통해 일본은 인천항에서 곧바로 서울로 들어가는 길을 얻게 되었어요. 그후 경부선과 경의선도 개통되었어요. 그런데 이러한 철도는 일본의 자본과 기술로 건설된 것으로, 일본인의 조선 침략 의도가 깔린 근대 시설이었지요.

09 근대 신문의 발행
정답 ⑤

국한문 혼용체로 발행되어 주로 유생을 독자층으로 삼았으며, 을사늑약을 규탄한 장지연의 논설 '시일야방성대곡'을 실어 일시적으로 발간이 중단되기도 했던 신문은 황성신문이에요. '시일야방성대곡'은 '이 날에 목을 놓아 통곡한다.'라는 뜻이에요.

정답이 아닌 이유

① 만세보는 1906년 천도교에서 만든 신문이에요. 만세보는 신문을 매일 발행한 일간지였으며, 한자로 쓴 기사에 한글로 음을 달았다고 해요.

② 독립신문은 1896년 서재필이 정부의 지원을 받아 창간한 신문이에요. 독립신문은 누구나 쉽게 읽을 수 있게 모든 기사를 한글로 썼으며, 외국인에게 우리나라의 소식을 알리기 위해 영문으로도 펴냈어요.

③ 제국신문은 대한 제국 때인 1898년에 창간된 근대 신문이에요. 한글로만 쓰여져 서민과 여성들도 쉽게 읽을 수 있었어요.

④ 한성순보는 우리나라 최초의 신문으로, 10일에 한 번 박문국에서 발행했답니다.

시일야방성대곡

소위 우리 정부의 대신이라는 자들이 출세와 부귀를 바라고 거짓 위협에 겁을 먹어 뒤로 물러나 벌벌 떨며 매국의 역적이 되기를 달게 받아들였다. 4천 년 강토와 5백 년 종사를 남에게 바치고 2천만 국민을 남의 노예로 만드니 … 아! 원통하고, 아! 분하도다. 우리 2천만 남의 노예가 된 동포여! 살았는가, 죽었는가! 단군, 기자 이래 4천 년 국민 정신이 하룻밤 사이에 갑자기 멸망하고 말 것인가. 원통하고 원통하다. 동포여, 동포여!

01 을사늑약의 결과   106 을사늑약
정답 ③

고종의 완강한 거부에도 불구하고 일제의 특사 이토 히로부미는 궁궐을 포위한 채 1905년 을사늑약을 강제로 체결하였어요. 일제는 러일 전쟁 중에 미국, 영국과 조약을 맺어 한국에 대한 권리를 인정받았어요.

덕수궁 중명전

러일 전쟁에서 승리한 뒤에는 포츠머스 조약을 통해 한국에서의 지위를 확인받았지요(1905. 9). 이후 일제는 군사를 보내 궁궐을 포위하고 대신들을 협박하여 덕수궁 중명전에서 강제로 을사늑약을 체결하였어요(1905. 11). ③ 그 결과 대한 제국은 외교권을 박탈당하였으며, 일제가 설치한 통감부가 외교를 비롯한 국정 전반에 관여하였지요.

정답이 아닌 이유

①, ④ 운요호 사건을 계기로 조선과 일본은 강화도 조약(1876)을 체결하였어요. 조선이 외국과 맺은 최초의 근대적 조약이자 불평등 조약이지요.

② 조미 수호 통상 조약(1882)은 미국에 치외 법권과 최혜국 대우를 인정한 불평등 조약이었어요. 최혜국 대우란 한 나라가 다른 국가에 부여하는 가장 유리한 대우를 조약 상대국에게도 부여한다는 뜻이에요.

을사늑약에 저항한 민영환의 자결

오호! 나라의 치욕과 백성의 욕됨이 이에 이르렀으니 …… 나는 죽음으로써 황제의 은혜에 보답하고 우리 동포 형제에게 사죄하려 하노라. 그러나 나는 죽어도 죽지 않고 저승에서도 사람들을 기꺼이 도우리라. 동포 형제들은 천만 배 더욱 기운 내 힘쓰고 의지를 굳게 하고 학문에 힘쓰며 한마음으로 힘을 다해 우리의 자유 독립을 회복하면 죽어서라도 마땅히 저세상에서 기뻐 웃으리라. 오호! 조금도 실망하지 말지어다. 대한 제국 2천만 동포에게 죽음을 고하노라.
– 민영환, 「경고 대한 2천만 동포 유서」

02 항일 의병 운동의 전개   106 을사늑약
정답 ①

'평민 출신 의병장', '태백산', '평해 일대'를 통해 밑줄 그은 '나'가 신돌석임을 알 수 있어요. 을사늑약이 강제로 체결되자 봉기한 을사의병은 을사늑약의 폐기와 친일 내각의 타도를 내세우며 무장 항전하였어요. ① 이때 평민 출신 의병장인 신돌석이 등장하였는데, 그는 당시 의병 3,000여 명을 이끌고 평해와 울진 등지에서 크게 활약하였지요.

정답이 아닌 이유

② 김좌진은 1920년 청산리 대첩을 승리로 이끈 장군이에요.

③ 최익현은 왜양일체론을 주장하며 일본과의 수교(강화도 조약)를 비판하는 위정척사 운동을 전개하였어요. 을미의병과 을사의병에 참여하였으며, 의병 활동 중 체포되어 쓰시마 섬(대마도)에서 순국하였지요.

④ 유인석은 을미의병을 이끌었던 유생 출신 의병장이에요.

03 대한 제국 시기 고종의 퇴위와 의병 항쟁　106 을사늑약

정답 ④

고종은 을사늑약의 부당함을 알리기 위해 네덜란드 헤이그에 특사를 파견하였어요. ④ 일제는 이를 구실로 고종 황제를 강제 퇴위시키고 군대를 해산시켰죠. 이를 계기로 정미의병이 일어났어요. 이때 해산된 군인들이 대거 의병 항쟁에 참여하면서 정미의병의 전투력이 향상되었어요. 정미의병은 13도 창의군을 결성하여 서울 진공 작전을 전개하였으나 실패하였어요.

정답이 아닌 이유

① 장용영을 창설한 것은 정조 때의 일이에요. 영조에 이어 왕위에 오른 정조는 탕평책을 추진하면서 왕권을 강화하고자 친위 부대인 장용영을 만들었어요.

② 홍건적은 머리에 붉은 수건을 두른 도적 집단으로 고려를 여러 차례에 걸쳐 침입했어요. 2차 침입 때는 고려의 수도 개경이 함락되어 공민왕이 현재의 경북 안동까지 피란하였죠.

③ 운요호 사건은 일본의 군함 운요호가 강화도 앞바다에서 무력 시위를 벌이고 조선의 해안에 불법 침입한 일이에요. 일본은 운요호 사건을 구실로 조선에 강화도 조약 체결을 강요했어요.

04 대한매일신보의 활동　108 국채 보상 운동

정답 ④

'양기탁과 베델이 창간', '국채 보상 논설'이라는 내용을 통해 (가) 신문은 대한매일신보임을 알 수 있어요. ④ 양기탁이 영국인 베델과 함께 1904년에 대한매일신보를 창간하였어요. 대한매일신

보는 일제가 조선에 행하는 일들에 대한 비판적인 기사를 써서 항일 의식을 높였지요. 또 국채 보상 운동이 널리 퍼져 나가는 데 큰 역할을 했어요.

정답이 아닌 이유

① 만세보는 1906년 천도교에서 만든 신문이에요.

② 독립신문은 1896년 서재필이 정부의 지원을 받아 창간한 신문이에요.

③ 해조신문은 1908년 러시아 블라디보스토크에서 우리 동포가 발행한 신문이에요. 한글로 펴낸 최초의 민간 일간지라고 해요.

05 국채 보상 운동의 전개　108 국채 보상 운동

정답 ④

일본의 경제 침탈이 심해지자, 1907년에 국민의 성금을 모아 나라의 빚을 갚고, 국권을 지키자는 국채 보상 운동이 전개되었어요. 서상돈, 김광제 등이 주도하여 대구에서 시작되었고, ④ 국채 보상 운동 기성회를 중심으로 각종 계몽 운동 단체와 대한매일신보 등의 언론 기관이 앞장서 모금 운동을 벌였어요. 남성들은 금주, 금연을 하였고, 여성들은 비녀와 가락지를 팔아 성금을 모았지요.

정답이 아닌 이유

① 근우회는 일제 강점기에 조직된 민족 유일당 운동 단체로 여성의 지위 향상을 목표로 활동하였어요. 최초의 전국적인 여성 운동 조직이지요.

② 조선 총독부는 1910년에 설치된 식민 통치 기구이므로 국채 보상 운동 시기와 거리가 멀어요. 이 시기 일제의 통치 기구는 통감부였어요.

③ 김홍집은 군국기무처의 수장이 되어 갑오개혁을 추진했어요.

06 안중근의 의거　107 안중근

정답 ③

'이토 히로부미가 동양의 평화를 어지럽혔기에 사살하였다'라는 내용을 통해 밑줄 그은 '나'는 안중근임을 알 수 있어요. ③ 안중근은 국내에서 애국 계몽 운동을 폈으나 한계를 느꼈어요. 이에 1907년 북간도를 거쳐 연해주로 망명하여 의병을 모아 국내 진입 작전을 펴는 등 무장 투쟁을 벌였지요. 안중근은 조국의 독립과 동양의 평화를 위해 목숨을 바칠 것을 맹세하고 1909년 하얼빈에서 초대 통감인 이토 히로부미를 처단하였어요. 그는 재판 과정에서 자신은 대한 의군 참모 중장으로 일본과 싸우다 잡힌 전쟁 포로이므로, 국제법에 따라 재판해 줄 것을 요구하였어요. 안중근은 뤼순 감옥에서 『동양 평화론』을 집필하던 중에 처형되었어요.

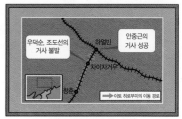

안중근의 하얼빈 의거

정답이 아닌 이유
① 김상옥은 1919년에 조직된 의열단의 단원이에요. 1923년 종로 경찰서에 폭탄을 투척하였지요.
② 김원봉은 1919년 만주에서 무장 독립운동 단체인 의열단을 조직한 인물이에요.
④ 윤봉길은 김구가 1931년에 조직한 한인 애국단의 단원이었어요. 1932년 상하이 훙커우 공원에서 열린 만주 사변 축하 기념식에서 폭탄을 던져 일본군 장성과 고위 관리들을 처단하였어요. 그는 현장에서 체포되어 총살당하였지요.

07 독립운동 기지의 건설 110 이회영

정답 ③
'신흥 강습소를 설립하여 독립군을 양성하다'라는 내용을 통해 (가)에 들어갈 인물은 이회영임을 알 수 있습니다. '우당'은 이회영의 호입니다. 이회영은 조상 대대로 높은 벼슬을 한 조선 시대 명문 가문의 자손이었습니다. 나라를 빼앗긴 이후, 이회영은 가족들과 함께 막대한 재산을 처분하고 고향을 떠나 만주 지역으로 갔어요. 그리고 그는 만주 삼원보에 신흥 강습소(훗날 신흥 무관 학교)를 설립하여 독립군을 양성하였어요.

정답이 아닌 이유
① 신채호는 독립운동가이자 역사학자예요. 그는 『이순신전』, 『을지문덕전』을 저술하였고, 『독사신론』에서 민족주의 사학의 연구 방향을 제시하였어요.
② 안중근은 만주 하얼빈에서 이토 히로부미를 사살하고 『동양 평화론』을 저술하였어요.
④ 이동휘는 상하이의 대한민국 임시 정부에 참여한 독립운동가로, 초대 국무총리를 맡았어요.

08 신민회의 활동 109 안창호 110 이회영

정답 ③
'안창호, 양기탁 등이 조직한 비밀 결사', '독립운동 기지 건설', '105인 사건으로 해산되었다'라는 내용을 통해 (가) 단체는 신민회임을 알 수 있어요. 통감부의 억압으로 활동이 어려워진 계몽운동가들은 1907년에 비밀 결사 단체인 신민회를 조직하였어요. 신민회는 대성 학교와 오산 학교를 세우는 등 교육 활동을 펼쳤어요. ③ 또한 태극 서관과 자기 회사를 운영하여 민족 산업을 육성하기 위해 노력하였지요. 이후 일제의 탄압으로 국내에서 활동하는 것이 점점 어려워지자 신민회의 이회영 등은 장기적인 독립운동의 기반을 마련하기 위해 만주 삼원보에 독립운동 기지를 건설하고 신흥 강습소(훗날 신흥 무관 학교)를 설립하였어요. 하지만 신민회는 일제가 조직한 105인 사건으로 1911년에 해산되고 말았지요.

정답이 아닌 이유
① 독립신문은 민간에서 발행한 우리나라 최초의 근대 신문이에

요. 1896년 서재필이 정부의 지원을 받아 창간하였지요.
② 갑오개혁 때 교육입국 조서가 반포되면서 교사를 양성하기 위해 한성 사범 학교가 설립되었어요.
④ 보안회는 러일 전쟁 중 일제가 황무지 개간권을 요구하자 반대 운동을 벌여 이를 철회시켰어요(1904).

09 을사늑약의 체결 결과 106 을사늑약

정답 ③
'이토', '강압적 분위기 속에서 조약 체결 진행', '고종의 윤허 없이 조인'이라는 내용을 통해 자료에서 말하고 있는 사건이 을사늑약임을 알 수 있어요. 을사늑약은 1905년 일본이 대한 제국의 외교권을 박탈하기 위해 강제로 체결한 조약이에요. ③ 을사늑약이 체결됨에 따라 외교권을 박탈당하였고, 통감부가 설치되었어요. 통감부는 대한 제국 황실의 안전과 평화를 유지한다는 이유로 설치되었으나 사실 식민 통치를 준비하는 기구였지요.

을사늑약 장면을 그린 풍자화

정답이 아닌 이유
① 1897년 고종이 대한 제국을 선포한 이후 대한국 국제를 반포(1899)하였어요. 대한국 국제는 대한 제국의 헌법이라 할 수 있는 것으로, 황제가 모든 권력을 갖는다는 것을 분명히 하였어요. 이후 원수부를 설치하여 황제가 군사권을 직접 장악하였지요.
② 별기군은 1880년대 초 정부가 개화 정책을 추진하면서 창설한 신식 군대예요. 신식 무기와 복장을 지급받았으며, 일본인 교관에게 근대식 훈련을 받았지요.
④ 고종이 러시아 공사관으로 거처를 옮긴 것은 1896년의 아관 파천이에요. 1895년 을미사변이 발생하고 을미의병이 일어나 혼란스러운 상황 속에 고종은 러시아 공사관으로 피신하였어요.
⑤ 1904년에 일어난 러일 전쟁에 대한 설명이에요. 만주와 한반도를 둘러싸고 러시아와 일본 간의 갈등이 계속되는 가운데, 일본이 영국과 동맹을 맺고 러시아를 기습 공격하면서 전쟁이 시작되었지요.

8 일제의 침략과 광복을 위한 노력

22강 일제의 식민지 지배 정책

키워드로 풀리는 기출 문제 본문 128~129쪽

01 1910년대 일제의 경제 수탈 111 토지 조사 사업

정답 ④

'일제의 경제 수탈', '일본인들이 우리
땅을 측량하고 있다'는 내용을 통해
(가)는 토지 조사 사업임을 알 수 있
어요. ④ 일제는 1910년대 토지 조사
사업을 실시하여 토지 주인이 자기

토지 측량 모습

땅임을 인정받으려면 땅의 크기, 모양, 가격 등을 정해진 기간에
신고하도록 하였어요. 기간 내에 신고되지 않은 땅은 주인이 없
는 땅이라고 하여 조선 총독부가 차지하였지요. 조선 총독부는
이 땅을 동양 척식 주식회사를 통해 일본인에게 싼값에 팔아 넘
겼어요. 그 결과 일본인 대지주가 증가하였고, 우리나라의 농민
들은 자신의 땅을 빼앗겨 소작농으로 전락하였지요.

정답이 아닌 이유

① 지계는 대한 제국 시기에 시행되었던 광무개혁 내용 중 하나예
요. 고종은 1897년 대한 제국을 선포한 이후 전국적으로 양전 사
업을 실시하고, 토지의 소유를 증명하는 지계를 발급하였어요.

② 1949년 이승만 정부 시기에 농지 개혁법이 제정되었어요. 농
지의 유상 매수·유상 분배를 원칙으로 하였지요.

③ 일제는 급격한 공업화와 농촌의 황폐화로 자국의 식량 사정이
악화되자 한국에서 쌀의 생산량을 늘려 일본으로 가져가기
위해 1920년부터 산미 증식 계획을 시행하였어요.

02 일제의 식민 통치 기구

정답 ②

일제는 1910년 조선을 식민지로 만든 후 통치 기구인 조선 총독
부를 설치했어요. 조선 총독부의 총독은 식민 통치의 모든 권한
을 가졌으며, 일본의 육군과 해군 대장 출신 중에서 임명되었어
요. 1995년 김영삼 정부는 광복 50주년을 맞이하여 '역사 바로 세
우기' 사업 중 하나로 조선 총독부를 철거했어요.

정답이 아닌 이유

① 일제 강점기에 세워진 조선 신궁은 일본의 종교인 신도의 사
찰 중 가장 높은 지위의 건물이에요. 일본은 남산에 조선 신
궁을 짓고 신사 참배를 강요했어요.

③ 종로 경찰서는 1923년 의열단원 김상옥이 폭탄을 던진 곳이
에요. 1919년 김원봉이 만주에서 조직한 의열단은 일본의 식
민 통치 기관과 주요 인물을 암살하기 위해 만들어졌어요.

④ 동양 척식 주식회사는 1908년 일본이 조선의 자원과 토지를
빼앗기 위해 만든 회사예요. 1926년 의열단원인 나석주가 동
양 척식 주식회사와 조선 식산 은행에 폭탄을 던졌어요.

03 1910년대 일제의 무단 통치 111 토지 조사 사업

정답 ②

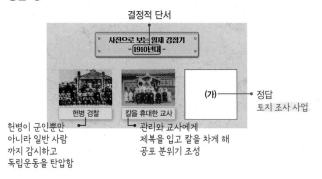

1910년 대한 제국을 식민지로 삼은 일제는 무단 통치를 실시하
였어요. 헌병이 경찰 업무를 대행하였고, 조선인에게만 적용되
는 조선 태형령(1912)을 제정하였지요. 언론·출판·집회·결사의
자유를 모두 박탈하였으며, 공포 분위기를 조성하기 위해 관리
와 교사들에게 제복을 입고 칼을 차도록 하였어요. ② 경제 수탈
정책으로는 토지 조사 사업을 실시하였어요. 토지 조사 사업은
일제가 식민 통치에 필요한 기초 자료를 마련하기 위해 1910년
부터 1918년까지 진행되었어요.

정답이 아닌 이유

① 조선 정부는 1881년 신식 군대인 별기군을 창설하였어요. '교
련병대'로 불린 별기군은 일본인 교관에게 근대적 군사 훈련
을 받았어요.

③ 산미 증식 계획은 1920년대 일제가 조선에서 쌀 생산량을 늘
리기 위해 실시한 것이에요. 산미 증식 계획을 실시한 결과
쌀 생산량은 늘어났지만 이보다 더 많은 쌀을 일본으로 가져
가 조선의 식량 사정이 악화되었어요.

④ 강제 공출은 일제가 중일 전쟁(1937)과 태평양 전쟁(1941)을
일으킨 후 전쟁에 필요한 식량과 쇠붙이 등을 강제로 가져간
것이에요.

> **출제 예감 자료** **조선 태형령**
>
> 일본인 감독이 어느 마을을 지정하여 몇 월 몇 일까지 신작로를 닦
> 으라고 명령하면 반드시 기일 안에 닦아야 했다. 만일 그렇지 못하
> 거나 작업에 늦게 나오면 태형령에 의한 처벌을 면치 못하였다. 매
> 는 80대가 보통이었는데, 도중에 기절하면 회생시켰다가 3일 후에
> 다시 불러내서 때렸다.   – 문정창, 『군국 일본 조선 강점 36년사』

04 1920년대 일제의 경제 수탈 112 산미 증식 계획

정답 ③

'1920년부터 시행', '쌀 생산량은 늘어났지만 이보다 더 많은 쌀
이 일본으로 유출되었다'라는 내용을 통해 밑줄 그은 '이 정책'이

산미 증식 계획임을 알 수 있어요. ③ 일제는 1920년대 산업화로 자국의 식량이 부족해지자 조선에서 쌀 생산을 늘려 가져가려는 산미 증식 계획을 추진하였어요. 생산량을 늘리기 위해 벼의 종자를 개량하고 수리 시설을 만들었지요. 산미 증식 계획의 결과 한국의 쌀 생산량은 늘어났지만, 늘어난 쌀 생산량보다 훨씬 더 많은 쌀을 일본으로 가져가 한국은 식량이 부족하게 되었어요. 우리나라 사람들은 치솟은 쌀값과, 쌀 생산량을 늘리는 데 필요한 여러 비용에 대한 부담 등으로 생활이 어려워졌지요.

군산항 시설 확충
기념 쌀탑 1926

정답이 아닌 이유

① 대동법은 집집마다 특산물로 내던 공납을 토지를 기준으로 쌀이나 옷감(베)으로 내게 한 제도예요. 조선 광해군 때 실시되었으며 토지를 가진 지주들이 반대하여 전국적으로 실시되는 데 100년이나 걸렸다고 해요.

② 방곡령은 조선의 지방관이 곡물의 가격이 크게 오르거나 식량이 부족해지는 현상을 막기 위해 곡물을 다른 곳으로 가져가지 못하도록 금지한 명령이에요. 강화도 조약을 체결한 이후 일본 상인들이 조선 농촌에 가서 쌀을 많이 사들여 자기 나라로 가져갔어요. 또 흉년까지 겹치자 조선의 식량 사정은 어려워졌죠. 이에 함경도와 황해도 지역 등에서 여러 차례 방곡령이 내려졌어요.

④ 토지 조사 사업은 일제가 조선을 식민지로 만든 직후인 1910년대에 실시하였어요. 이를 통해 일제는 우리의 전 국토의 40% 정도를 국유지로 만들어 식민 통치의 재정 기반을 마련했어요.

05 1930년대 일제의 지배 정책 `113 민족 말살 정책`

정답 ②

'강제로 동원된 사람들이 신사 참배하고 있는 모습'을 통해 밑줄 그은 '이 시기'가 1930년대임을 알 수 있어요. 1930년대 이후부터 일제는 침략 전쟁을 본격화하여 중일 전쟁과 태평양 전쟁을 일으켰어요. 이에 한국인을 전쟁에 동원하기 위해 우리의 민족정신을 없애 일본인으로 만들고자 하였지요. 일본 천황이 사는 궁성을 향해 절을 하라고 강요하였고, 한국과 일본이 하나라고 주장하며 황국 신민 서사를 외우게 하였어요. 황국 신민 서사는 천황이 다스리는 일본의 신하와 백성이 되겠다고 맹세하는 글이에요. 이외에도 ② 성과 이름을 일본식으로 바꾸도록(창씨개명) 강요하는 등 민족 말살 정책을 펼쳤답니다.

정답이 아닌 이유

① 강화도 조약 체결 이후 일본으로의 곡물 유출이 심해져 국내의 식량 사정이 악화되었어요. 이에 함경도 관찰사 조병식은 1889년에 방곡령을 선포하였지요.

③ 전민변정도감은 고려 말 공민왕 때 설치된 개혁 기구예요. 공민왕은 이를 통해 권문세족의 경제 기반을 약화시켰지요.

④ 조선 정부는 1880년부터 개화 정책을 본격적으로 추진하였

고, 1881년 신식 군대인 별기군을 창설하였어요.

06 일제의 식민지 지배 정책 `114 징병제와 공출`

정답 ①

(가)~(다)를 일어난 순서대로 나열하면 (가) 조선 태형령 실시 → (나) 치안 유지법 제정 → (다) 국가 총동원법 공포의 순서예요. 1910년대에 일제는 헌병 경찰제를 통해 강력한 무단 통치를 실시하였습니다. 헌병 경찰제란 군대 안에서 경찰 활동을 하는 헌병이 경찰의 업무까지 담당하는 제도지요. 1912년에 실시한 조선 태형령은 죄를 지은 사람의 엉덩이를 때리는 태형을 조선인에게만 적용하도록 한 형벌 제도예요. 헌병 경찰은 자의적인 판단에 따라 재판 없이 즉시 심판할 수 있는 권한이 있었기 때문에 이에 따라 태형이 집행되기도 했어요. 1920년대는 일제의 민족 분열 통치 기간이지요. 1925년, 일제는 사회주의 운동을 탄압하기 위한 치안 유지법을 제정하면서 사회주의 운동뿐만 아니라 항일 민족 운동까지도 거세게 탄압하였어요. 치안 유지법은 당시 전 세계적으로 유행하던 사회주의로 인해 나라의 질서가 문란해지는 것을 막기 위해 만들어진 법이었죠. 그러나 일제는 민족주의 사상을 지닌 독립운동가까지도 방해가 된다 싶으면 모두 치안 유지법으로 다스렸어요. 1930년대는 민족 말살 정책이 실시되고 인적·물적 자원의 수탈이 심해진 시기예요. 국가 총동원법은 1938년 시행되었는데, 이를 통해 일제는 전쟁에 필요한 한국의 인적·물적 자원 수탈을 강화하였어요.

출제 예감 자료 **1930년대 일제의 식민 지배 정책**

황국 신민 서사를
암송하는 학생들

일본식으로 바꾼 이름을
등록하려는 사람들

강제로 징용된 노동자들

금속 회수령에 따른 공출

07 1930년대 이후 일제의 식민 지배 정책 `113 민족 말살 정책`

정답 ①

'황국 신민 서사', '창씨개명'을 통해 1930년대 이후 일제가 실시한 민족 말살 정책에 대한 것임을 알 수 있어요. 일제는 대공황이라는 경제적 위기를 벗어나기 위해 중일 전쟁, 태평양 전쟁 등을 일으켰어요. ① 일제는 사람과 물자를 전쟁에 동원하기 위해 한국을 전시 체제로 바꾸고, 한국인을 일본인에 동화시키려는 민족 말살 정책을 본격적으로 실시하였어요. 천황에게 충성을 맹

세하는 황국 신민 서사를 강제로 외우게 하고, 일본식 성과 이름으로 바꿀 것(창씨개명)을 강요하였지요.

정답이 아닌 이유

② 백정들은 조선 형평사를 조직하여 사회적 차별을 극복하고자 형평 운동을 전개하였어요. 형평 운동은 백정들이 저울처럼 평등한 세상을 만들자는 취지에서 전개한 운동이에요.

③ 갑오개혁 때 과거제가 폐지되고 교육입국 조서가 발표되면서 근대 교육 제도가 본격적으로 도입되었어요.

④ 일제는 우리나라에서 빼앗은 땅을 관리하기 위하여 대한 제국을 병합하기 직전인 1908년 동양 척식 주식회사를 세웠어요.

08 1930년대 이후 일제의 식민 지배 정책 `113 민족 말살 정책`

정답 ①

'일본군 위안부', '국가 총동원법'이라는 내용을 통해 밑줄 친 '시기'가 1930년대 이후임을 알 수 있어요. 1930년대 후반 일제는 중일 전쟁과 태평양 전쟁을 일으켰어요. 이 전쟁에 한국인을 동원하기 위하여 일제는 우리의 민족정신을 말살시키는 정책을 펼쳤어요.

① 태형을 집행한 것은 1910년대의 일이에요. 일제는 대한 제국을 식민지로 만든 후 무단 통치를 실시하였어요. 헌병 경찰제를 실시하여 헌병이 군인뿐만 아니라 일반인까지 감시하도록 하였으며, 독립운동도 탄압하였지요. 또 한국인에게만 적용되는 조선 태형령을 제정하여 재판 없이 태형을 가하기도 하였어요.

정답이 아닌 이유

② 우리나라 각지에 일본 신사를 세워 절을 하도록 신사 참배를 강요하였어요.

③ 천황이 다스리는 일본의 신하와 백성이 되겠다고 맹세하는 황국 신민 서사를 암송하게 하였지요.

④, ⑤ 1938년에는 국가 총동원법을 제정하여 인력과 물자를 수탈하였어요. 미곡과 금속을 공출하였고, 징용제·징병제·학도 병제 등을 통해 수많은 한국인을 희생시켰지요.

23강 3·1 운동과 대한민국 임시 정부

키워드로 풀리는 기출 문제 본문 132~133쪽

01 ①   02 ③   03 ②   04 ③   05 ①

06 ③   07 ②

01 3·1 운동의 배경 `115 3·1 운동`

정답 ①

'1919년 2월 8일', '일본 도쿄', '독립 선언서' 등의 내용을 통해 (가) 사건은 3·1 운동임을 알 수 있어요. ① 1919년 2월 8일, 일본 도쿄에 있던 유학생들이

2·8 독립 선언

중심이 되어 2·8 독립 선언을 발표하였어요. 한국 병합 조약이 우리 민족의 뜻에 의해 이루어진 것이 아니라는 것을 강조하였지요. 또 윌슨이 주장한 민족 자결주의의 원칙을 우리 민족에게 적용할 것을 요구하였어요. 3·1 운동은 이러한 2·8 독립 선언 발표에 영향을 받아 국내에서 벌어진 만세 운동이에요.

정답이 아닌 이유

② 브나로드 운동은 일제 강점기 문맹을 퇴치하고자 펼쳐진 농촌 계몽 운동이에요.

③ 국채 보상 운동은 1907년 일본에 진 빚을 갚자며 대구에서 시작되었어요. 성금을 모으기 위해 남자들은 금연과 금주를 했고, 여자들은 반지와 비녀를 팔아 참여하였죠. 하지만 통감부의 방해로 성공을 거두지 못했어요.

④ 동학 농민 운동은 고부 군수 조병갑의 횡포를 막기 위해 전봉준을 비롯한 농민들이 일으킨 것이 발단이 되어 시작되었어요. 동학 농민군은 황토현·황룡촌 전투에서 승리하여 전주성까지 점령하였어요. 하지만 공주 우금치 전투에서 일본군과 관군에 맞서 싸웠으나 패배하였지요.

출제 예감 자료   독립 선언서

> 우리는 여기에 우리 조선이 독립된 나라인 것과 조선 사람이 주인임을 선언하노라. 이것을 세계 모든 나라에 알려 인류가 평등하다는 큰 뜻을 밝히며, 자손만대에 일러 우리 민족이 독자적으로 생존할 정당한 권리를 영원히 누리게 하노라.
> – 1919년, 독립 선언서

02 3·1 운동의 전개, 의의와 영향 `115 3·1 운동`

정답 ③

'1919년에 일어난 ~ 시위', '우리 민족이 일제의 무단 통치에 맞서 전국적으로 ~ 전개하였음' 등의 내용을 통해 (가)는 3·1 운동임을 알 수 있어요. 1919년 3월 1일 탑골 공원에서는 많은 학생과 시민들이 모여들어 독립 선언서를 낭독하고 만세 시위를 전개하였어요. 그후 만세 시위는 전국적으로 빠르게 확산되었고 일본, 만주, 연해주, 미주 지역에까지 확산되었어요. 3·1 운동은 신분, 직업, 나이, 성별, 지역, 남녀노소에 관계없이 우리 민족이 힘을 합쳐 전개한 최대 규모의 민족 운동이었어요. ③ 3·1 운동을 계기로 상하이에 대한민국 임시 정부가 수립되었지요. 그리고 일제는 3·1 운동을 통해 강압적 무단 통치의 한계를 깨닫고 이른바 '문화 통치'를 실시하지요.

정답이 아닌 이유

① 동학 농민군은 전라도 일대에 자치 조직인 집강소를 설치하고 폐정 개혁안을 추진하였어요.

② 1920년 평양에서 조만식 등의 주도로 설립된 조선 물산 장려회는 물산 장려 운동을 전개하였어요.

④ 1929년 광주 학생 항일 운동 당시 신간회는 광주에 진상 조사

단을 파견하였어요. 그리고 학생 항일 운동을 확산시키기 위하여 서울에서 대규모 민중 대회를 추진하였지만, 일본 경찰에 발각되어 이를 개최하지는 못했어요.

3·1 운동의 전개 과정

탑골 공원에서 학생 대표가 독립 선언서를 낭독하였다.

학생과 시민들이 적극 참여하였다.

일제는 만세 시위를 탄압하였다.

전국 방방곡곡, 국외까지 확산되었다.

03 독립운동가의 활약 109 안창호

정답 ②

정답 안창호

결정적 단서

<역사 인물 설문 조사>
(가) 하면 가장 먼저 떠오르는 것에 스티커를 붙여 주세요.

호는 도산 | 대성 학교 설립 | 흥사단 조직

② 도산 안창호는 1907년 신민회를 조직하고, 평양에 대성 학교를 세웠어요. 또 미국으로 건너가 샌프란시스코에서 흥사단을 조직해 한국인의 실력을 양성하는 운동에 앞장섰지요.

정답이 아닌 이유

① 김규식은 신한 청년당의 대표로 파리 강화 회의에 참여해 독립 청원서를 제출했어요. 또 광복 후에는 남한만의 단독 정부 수립에 반대하며 김구와 함께 평양에 가 남북 협상을 시도했어요.

③ 여운형은 광복 후 조선 건국 준비 위원회를 만들어 위원장에 취임하고 새로운 국가 건설을 위한 준비를 했어요. 1946년에는 좌우 합작 운동을 추진했으나 뜻을 이루지 못했어요.

④ 이동휘는 일제 강점기 러시아에서 활동한 독립운동가예요. 또 대한민국 임시 정부에서 국무총리를 맡기도 했어요.

04 대한민국 임시 정부의 활동 117 대한민국 임시 정부

정답 ③

'상하이', '교통국', '연통제' 등의 내용을 통해 (가)에 들어갈 학습

주제는 대한민국 임시 정부임을 알 수 있어요. ③ 대한민국 임시 정부는 국민이 주인이 되는 민주 공화제 정부를 수립하였어요. 입법 기관과 행정 기관, 사법 기관이 나눠져 있어 3권 분립의 원칙을 따랐어요. 당시 미국에 구미 위원부를 두어 위원장인 이승만을 중심으로 적극적인 외교 활동을 전개하였지요. 또한 국내외를 연결하고 독립운동 자금을 마련하기 위해 독립 공채를 발행하였고, 이러한 독립운동 자금은 연통제와 교통국 등 비밀 조직망을 통해 임시 정부에 전해졌지요.

정답이 아닌 이유

① 1927년 결성된 신간회는 기회주의 배격과 민족의 단결을 강령으로 삼아 활동하였어요. 신간회는 1929년에 일어난 광주 학생 항일 운동 당시 현지에 진상 조사단을 파견하였지요.

② 독립 협회는 1896년에 서재필 등이 주도하여 설립하였어요. 독립 협회는 종로에서 상인, 학생 등 1만여 명이 참여한 만민 공동회를 개최하였어요. 만민 공동회는 독립 협회가 개최한 대중 집회로, 러시아의 내정 간섭과 열강의 이권 침탈을 비판하였지요.

④ 조선 건국 준비 위원회는 1945년 8월 15일 광복 직후에 조직되었으며, 여운형과 안재홍을 중심으로 구성되었어요.

05 대한민국 임시 정부의 이동과 활동 117 대한민국 임시 정부

정답 ①

윤봉길 의거 이후 일제의 탄압을 피해 근거지를 옮김 → 1940년 충칭에 정착

결정적 단서

이것은 대한민국 임시 정부의 이동을 보여 주는 지도입니다. 임시 정부의 활동에 대해 말해 볼까요?

1919년 9월 상하이에 통합된 대한민국 임시 정부가 수립됨

충칭(1940) 치장 류저우 광저우 창사 전장 항저우 상하이(1919)

① 대한민국 임시 정부가 수립되기 이전에 신민회의 이회영 등을 중심으로 만주 삼원보에서 신흥 강습소가 설립되었어요. 이 학교는 후에 신흥 무관 학교로 재설립되었지요. 신흥 무관 학교에서는 주로 군사 교육을 하였으며 우리 역사와 국어, 지리도 가르쳤어요.

정답이 아닌 이유

② 대한민국 임시 정부는 국내 각 지역의 독립운동을 지도하고, 독립운동 자금을 모으기 위해 비밀 행정 조직인 연통제와 통신 기관인 교통국을 조직하였어요.

③ 대한민국 임시 정부는 미국에 구미 위원부를 두고 외교 활동을 하였어요. 미국 내에 일제 침략의 부당성을 알리고 한국의 독립 문제를 여론화하는 데 힘을 쏟았지요.

④ 대한민국 임시 정부는 독립 공채를 발행하여 해외 각지에서 독립 자금을 마련하였어요. 독립 공채는 독립운동 자금을 마련하기 위해 임시 정부가 독립 후 쓰여 있는 금액을 지불할 것을 약속하고 판매한 증서예요.

06 대한민국 임시 정부의 활동 `117 대한민국 임시 정부`

정답 ③

'3·1 운동을 계기로 상하이에서 수립되었다'라는 내용을 통해 (가)는 1919년에 수립된 대한민국 임시 정부임을 알 수 있어요.
③ 신흥 강습소는 신민회가 독립군을 키우기 위해 만주 삼원보에 세운 학교예요. 훗날 신흥 무관 학교가 되지요. 대한민국 임시 정부 수립 이전에 설립되었어요.

정답이 아닌 이유

① 연통제는 대한민국 임시 정부가 국내외를 연결하고 독립운동 자금을 모으기 위해 만든 비밀 행정 조직망이에요. 연통제는 학생, 교사 등 다양한 사람이 참여했지만, 일제의 감시로 1921년 이후 활동이 어려워졌어요.

② 대한민국 임시 정부는 독립운동 자금을 마련하기 위해 독립 공채를 발행하거나 성금을 거두었어요.

④ 『한일 관계 사료집』은 대한민국 임시 정부가 임시 사료 편찬 위원회를 설치하여 일제의 침략과 독립운동에 대한 사료를 모아 발간한 책이에요.

07 3·1 운동의 영향 `115 3·1 운동` `117 대한민국 임시 정부`

정답 ②

'독립 선언서', '민족 대표자 33인' 등의 내용을 통해 자료에서 설명하고 있는 민족 운동이 1919년 3월 1일에 일어난 3·1 운동임을 알 수 있어요. 3·1 운동은 민족 대표 33인의 독립 선언식과 탑골 공원에서의 독립 선언서 낭독으로 시작되었어요. 만세 시위는 전국으로 확산되었고, 학생·상인·노동자·농민 등 전 국민이 참여한 평화 시위로 국외로도 퍼져 나갔지요. ② 3·1 운동 이후에는 독립운동을 이끌 통일된 지도부에 대한 필요성이 제기되어 중국 상하이에 대한민국 임시 정부가 수립되었어요. 또한 우리 민족의 저항 의지를 보게 된 일제가 식민지 지배 정책을 무단 통치에서 이른바 '문화 통치'로 바꾸었지요.

정답이 아닌 이유

① 3·1 운동은 종교계 인사들로 구성된 민족 대표 33인이 주된 세력이었어요. 손병희 등 천도교계 15명, 이승훈 등 기독교계 16명, 한용운 등 불교계 2명이 참여하였지요. 사회주의 세력이 참여한 만세 운동으로 1926년에 일어난 6·10 만세 운동이 있어요.

③ 일제가 105인 사건을 조작하여 탄압한 것은 신민회에 대한 설명이에요. 1907년에 조직된 신민회는 태극 서관, 자기 회사를 설립하여 운영하였어요. 또 만주 지역에 항일 독립운동을 전개하기 위해 신흥 강습소를 세웠지요. 이러한 신민회는 1911년 105인 사건으로 해산되었어요.

④ 광주 학생 항일 운동에 대한 설명이에요. 1929년 10월 광주의 통학 기차 안에서 일본 남학생이 한국 여학생을 희롱한 일이 일어났어요. 이를 계기로 양국 학생 사이에 싸움이 일어났고, 이를 처리하는 과정에서 한국인에 대한 차별과 탄압이 가해지자 학생들이 항일 운동을 벌였지요.

---

⑤ 동아일보는 브나로드 운동이라는 이름으로, 1931년부터 1934년까지 4회에 걸쳐 마을마다 야학을 설치하여 한글을 가르치는 등 농촌 계몽 운동을 전개하였어요.

제암리 학살 사건

1919년 3·1 운동이 일어났을 때 일제의 탄압으로 희생된 사람들이 많았어요. 그중 대표적인 사건은 제암리 학살 사건이에요. 제암리 학살 사건은 일제가 만세 시위에 참여했던 경기도 화성 제암리의 마을 주민들을 무자비하게 총칼로 학살한 사건이에요. 당시 프랭크 스코필드가 외국 언론에 이 사건을 제보하여 일제의 만행을 세계에 폭로하였어요.

프랭크 스코필드

24강 무장 독립 투쟁의 전개

키워드로 풀리는 기출 문제 본문 136~137쪽

01 ④	02 ③	03 ②	04 ④	05 ③
06 ④	07 ④	08 ③		

01 만주 지역 독립군 부대의 활동 `119 봉오동 전투`

정답 ④

'봉오동 전투', '청산리 대첩' 등의 내용을 통해 (가) 인물이 홍범도임을 알 수 있어요. ④ 홍범도는 대한 독립군을 이끌며 1920년 봉오동 전투와 청산리 대첩에서 일본군을 격파했어요.

정답이 아닌 이유

① 김원봉은 1919년 의열단을 조직하여 독립운동을 펼쳤어요. 이후 중일 전쟁이 일어나자 1938년 조선 의용대를 조직하고 항일 무장 투쟁을 했어요.

② 신돌석은 평민 출신 의병장이에요. 을사늑약이 체결되자 경상도와 강원도, 충청도 일대에서 의병을 일으켰으며, '태백산 호랑이'라고 불리기도 하였어요.

③ 이봉창은 김구가 조직한 한인 애국단의 단원으로 1932년 일본으로 건너가 일왕에게 수류탄을 던졌어요. 일왕을 암살하지는 못했지만, 일본의 수도 도쿄에서 펼친 그의 의거는 일본 사람들에게 큰 충격을 주었어요.

봉오동 전투의 영웅, 홍범도

홍범도 장군은 봉오동 전투와 청산리 대첩 후 연해주로 이동했어요. 1937년 구 소련 스탈린 정부의 한인 강제 이주 정책으로 카자흐스탄까지 오게 되었고, 1943년 그곳에서 숨을 거두었어요. 최근 홍범도 장군의 유해 봉환 문제가 제기되면서 국내외 독립운동가의 예우에 관한 관심이 높아지고 있습니다.

카자흐스탄에서 공연된 홍범도의 일대기를 그린 연극 장면

* 예우 : 예의를 지키어 정중하게 대우함

02 1920년대 독립군 부대의 활동 120 청산리 대첩

정답 ③

이것은 1920년 10월 김좌진의 북로 군정서군 등 독립군 연합 부대가 백운평, 천수평, 어랑촌 일대에서 일본군과 싸워 크게 승리한 전투입니다. → **결정적 단서**

→ **정답** 청산리 전투

청산리 대첩

밑줄 그은 '전투'는 '청산리 전투'예요. 봉오동 전투(1920)에서 패한 일제는 독립군의 활동을 위협적으로 생각하고 만주 일대의 독립군을 공격했어요. 김좌진이 이끄는 북로 군정서군을 중심으로 한 독립군 연합 부대는 1920년 10월, 백운평·천수평·어랑촌 등 청산리 일대에서 일본군을 크게 무찔렀어요. 백운평 전투를 시작으로 6일 간에 걸친 10여 차례의 크고 작은 전투에서 1,200여 명의 일본군을 사살하는 등 큰 승리를 거두었지요. 이것이 독립 전쟁사에서 가장 큰 승리를 거둔 청산리 전투(청산리 대첩)예요.

정답이 아닌 이유

① 백강 전투(663)는 백제 부흥군과 일본(왜)의 연합군이 신라와 당의 연합군에 맞서 백강(현재의 금강 하구 부근)에서 벌인 싸움이에요.

② 진주성 전투(1592)는 임진왜란 때 경상도 진주에서 진주 목사 김시민이 이끈 우리 군과 왜군이 벌인 큰 전투로, 진주 대첩이라고 불리기도 해요.

④ 대전자령 전투(1933)는 지청천이 지휘하는 한국 독립군이 중국군과 연합하여 대전자령에서 일본군을 격파한 전투입니다.

03 의열단의 활동 121 의열단

정답 ②

'의열단원', '조선 식산 은행과 동양 척식 주식회사에 폭탄을 던졌다'는 내용을 통해 (가) 인물은 나석주임을 알 수 있어요. ② 나석주는 의열단의 단원으로서 1926년 한반도의 경제 침탈에 앞장섰던 조선 식산 은행과 동양 척식 주식회사에 폭탄을 던졌어요. 의열단은 1919년에 김원봉이 만주 지린에서 조직한 항일 무력 독립운동 단체로, 일제의 식민 통치 기관을 폭파하거나 일제의 주요 인물을 처단하는 투쟁을 했어요.

정답이 아닌 이유

① 김규식은 1919년 신한 청년당의 대표로 파리 강화 회의에 참석하여 일본의 한국 침략을 규탄했어요. 임시 정부의 부주석을 지냈으며, 광복 후에는 남북 분열을 막기 위해 좌우 합작을 시도했어요. 1948년에는 김구와 함께 남북 협상을 시도했으나 실패하여 정치에서 은퇴했어요.

③ 안창호는 신민회, 흥사단 등에서 활발하게 독립운동을 한 민족 지도자예요.

④ 이육사는 일제 강점기 저항 시인이에요. 의열단 활동을 하며 조선은행 대구 지점 폭파를 계획하다 발각되어 옥고를 치렀는데, 이때의 죄수 번호였던 264번을 따서 이름을 이육사라고 지었어요(본명은 이원록). 이육사는 '청포도', '광야' 등 민족의 독립 열망을 표현한 작품들을 발표했어요.

04 한국 광복군의 활동 123 한국 광복군

정답 ④

(가)에 해당하는 군사 조직은 '한국 광복군'이에요. 1940년, 대한민국 임시 정부는 중국의 충칭에 정착한 후, 여러 지역의 독립군을 모아 정규 부대인 한국 광복군을 창설하였어요. 한국 광복군은 지청천을 총사령관으로 하였고, 연합군의 일원이 되어 영국군의 요청에 따라 인도·미얀마 전선에도 투입되었지요. 그리고 국내에 침투하여 일본군을 몰아내려는 국내 진공 작전을 계획하였지만 일제가 연합군에 항복하면서 계획을 실현하지는 못했어요.

정답이 아닌 이유

① 북로 군정서(1919)는 만주에서 김좌진을 중심으로 조직된 무장 독립운동 단체예요. 북로 군정서는 청산리 대첩(1920)에서 크게 활약했어요.

② 조선 의용대(1938)는 중국 우한에서 김원봉이 창설한 무장 독립운동 단체예요.

③ 조선 혁명군(1929)은 조선 혁명당의 산하에 있던 무장 독립운동 단체예요. 남만주에서 중국 의용군과 연합하여 영릉가 전투, 흥경성 전투에서 승리하였어요.

05 1930년대 독립군의 무장 독립 투쟁

정답 ③

'대전자령 전투'는 1933년 지청천이 이끄는 한국 독립군이 중국 호로군과 힘을 합쳐 일본군을 물리친 사건이에요. ③ 대전자령 전투는 만주 사변(1931)과 중일 전쟁(1937) 사이의 (다) 시기에 일어났어요.

정답이 아닌 이유

① (가) 시기 독립군의 대표적인 활동은 1920년에 일어난 봉오동 전투와 청산리 대첩이 있어요. 두 전투에서 패배한 일본은 간도에 살고 있던 우리 동포를 학살하고, 집과 학교를 불태우는 간도 참변을 일으켰어요(1920).

② (나) 시기의 독립군은 러시아의 자유시에서 러시아의 적군에게 참변(1921)을 당한 후 만주로 돌아와 부대를 다시 정비했어요. 그 결과 참의부, 정의부, 신민부의 3부가 조직되었어요.

④ (라) 시기에 중일 전쟁(1937)이 일어나자 김원봉은 1938년에 조선 의용대라는 독립군 부대를 만들어 항일 운동을 펼쳤어요. 1940년에는 대한민국 임시 정부의 정규 부대인 한국 광복

군이 창설되었지요.

한중 연합 작전

만주에서 활동하던 독립군은 만주 사변이 일어나자 중국인 부대와 연합하여 여러 차례 일본군을 격퇴하였어요.

06 한인 애국단의 활동   122 한인 애국단

정답 ④

'한인 애국단', '도쿄에서 일왕에게 수류탄을 던지다' 등의 내용으로 보아 (가) 인물은 이봉창임을 알 수 있어요. ④ 이봉창은 김구가 조직한 한인 애국단의 단원으로 1932년 도쿄에서 일왕이 탄 마차에 수류탄을 던졌어요. 비록 수류탄이 빗나가 일왕 암살에는 실패했으나 국내외에 큰 파문을 일으켰어요. 그는 체포된 뒤 사형 선고를 받고 순국했으며, 광복 후 서울 효창 공원에 안장되었어요.

일본 경찰이 이봉창 의사의 의거 현장을 조사하는 모습

정답이 아닌 이유

① 김원봉은 항일 무장 독립운동 단체인 의열단을 조직하고 (1919), 조선 의용대를 창설(1938)하는 등 일제에 맞서 무장 투쟁을 전개하였어요.

② 윤동주는 일제 강점기의 저항 시인으로, 주요 작품으로는 '서시', '별 헤는 밤', '자화상' 등이 있어요.

③ 윤봉길은 한인 애국단의 단원으로 1932년 상하이 훙커우 공원에서 열린 일본군 상하이 점령 기념식에서 일본 장성과 고위 관리들을 향해 폭탄을 던졌어요.

윤봉길의 의거 활동

한인 애국단 단원 윤봉길은 1932년 훙커우 공원에서 열리는 상하이 점령 기념 행사에 일본인 고위 관리를 향해 폭탄을 던졌어요. 중국의 장제스 총통은 '중국의 백만 대군도 못한 일을 조선의 한국 용사가 해냈다'라고 높이 평가하였어요. 이후 중국 국민당 정부와 중국인들은 대한민국 임시 정부의 독립운동을 적극 지원해 주었지요.

07 의열단의 활동   121 의열단

정답 ④

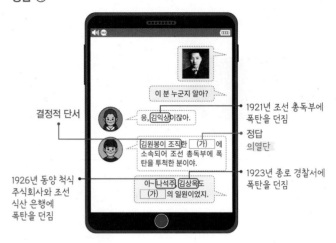

의열단은 1919년 만주에서 조직된 단체로, 일제 식민 지배에 참여한 주요 인물을 암살하거나 일제의 식민 통치 기관을 폭파하는 활동을 주로 했어요. ④ 의열단은 신채호가 쓴 '조선 혁명 선언'을 활동 지침으로 삼았어요. 의열단원으로 활약한 인물은 김익상 외에도 박재혁, 김상옥, 나석주 등이 있어요.

정답이 아닌 이유

① 105인 사건으로 해체된 단체는 신민회예요. 안창호, 양기탁 등이 비밀리에 조직한 신민회는 국내에서 대성 학교를 설립하고, 자기 회사를 세우는 등 실력 양성 운동에 힘썼어요. 한편 만주 삼원보에 독립운동 기지를 만들고 신흥 강습소를 세워 독립군을 키워 내기도 했어요.

② 고종의 밀지를 받아 결성된 헤이그 특사는 이준, 이상설, 이위종으로 구성되었어요. 네덜란드에서 열리는 만국 평화 회의에서 을사늑약의 부당함을 알리려 했으나 실패했어요.

③ 파리 강화 회의에 대표를 파견한 것은 신한 청년당이에요. 1918년 상하이에서 조직된 신한 청년당은 1919년 김규식을 대표로 파견하여 독립 청원서를 제출했어요.

지도로 보는 의열단의 활동

08 지청천의 활동   123 한국 광복군

정답 ③

'한국 광복군 창설의 주역', '한국 광복군 총사령관 역임'의 내용을 통해 자료의 인물이 지청천임을 알 수 있어요. ③ 지청천은 1920년대 3부가 성립할 때 정의부를 만들었으며, 이후 3부 통합 운동을 거쳐 한국 독립당을 만들기도 했어요. 한국 독립군의 총사령관으로 쌍성보·대전자령 전투를 승리로 이끌었어요. 또한 대한민국 임시 정부의 정규 군대인 한국 광복군의 총사령관도 맡았지요.

정답이 아닌 이유

① 동양 척식 주식회사에 폭탄을 투척한 인물은 의열단의 단원인 나석주예요.

② 대한 광복회는 1910년대 국내(대구)에서 박상진 등이 결성한 비밀 결사예요.

④ 대한 국민회군은 대한인 국민회가 1920년 만주에서 창설한 항일 독립군 부대예요. 대한 독립군 등과 연합하여 봉오동 전투와 청산리 대첩의 승리에 기여하였어요.

⑤ 의열단이 행동 강령으로 삼았던 '조선 혁명 선언'을 집필한 인물은 신채호예요. 그는 역사학자이자 독립운동가로, 다양한 역사책과 『을지문덕전』, 『이순신전』 등 나라를 구한 인물들의 위인전을 써서 우리 민족의 애국심을 높이기 위해 노력했어요.

25강 민족 문화 수호 운동

키워드로 풀리는 기출 문제 본문 140~141쪽

01 ①   02 ③   03 ④   04 ④   05 ②
06 ④   07 ①   08 ①

01 형평 운동의 전개

정답 ①

'일제 강점기', '백정들이 저울처럼 평등한 사회를 만들고자 일으켰던 운동', '저울을 뜻하는 글자' 등을 통해 (가)에 들어갈 포스터는 형평 운동 포스터임을 알 수 있어요. ① 형평 운동은 백정들이 저울처럼 평등한 세상을 만들자는 취지에서 전개한 운동이에요. 이때 '형'은 백정들이 사용하는 저울을 의미한답니다.

정답이 아닌 이유

② 물산 장려 운동 포스터예요. 물산 장려 운동은 '내 살림 내 것으로', '우리가 만든 것 우리가 쓰자'라는 구호를 내세우며, 국산품 애용 운동을 벌였어요.

③ 어린이날 표어예요. 일제 강점기에 소년 운동을 벌인 방정환은 아이들을 인격적으로 대우하라는 뜻에서 '어린이'라는 용어를 처음 사용하였어요.

④ 브나로드 운동 포스터예요. 일제 강점기에 동아일보는 브나로드 운동을 벌여 농촌에서 한글을 가르치고 미신을 타파하는 등의 계몽 활동을 전개하였어요.

출제 예감 자료 **방정환**

방정환은 '어린이'라는 말을 처음으로 만들어 사용하고 '어린이날'을 제정한 인물이에요. 민족의 미래가 어린이에게 있다며 어린이를 존중하자는 운동을 펼쳤지요. 잡지인 〈어린이〉를 펴냈으며, 어린이 문화 단체인 색동회도 만들었지요.

잡지 〈어린이〉

02 물산 장려 운동   124 물산 장려 운동

정답 ③

'조만식의 동상', '내 살림 내 것으로'라는 내용을 통해 밑줄 그은 '이 운동'이 물산 장려 운동임을 알 수 있어요. ③ 물산 장려 운동은 1920년대에 국산품을 사용하여 우리 민족 경제의 자립을 이루자는 운동이에요. 평양에서 조만식 등이 중심이 되어 조선 물산 장려회를 설립하고 토산품 애용을 통한 민족 산업 육성을 목표로 활동하였으나 일제의 탄압과 방해로 큰 성과를 거두지 못했어요. 또한 일부 상인들과 자본가에게만 이익이 되는 운동이라는 사회주의자들의 비판을 받기도 했어요.

정답이 아닌 이유

① 브나로드 운동은 1931년에 동아일보가 주축이 되어 일으킨 농촌 계몽 운동이에요. 브나로드는 러시아 말로 '민중 속으로'라는 뜻이에요.

② 문자 보급 운동은 1929년에 조선일보가 중심이 되어 실시한 문맹 퇴치 및 한글 보급 운동이에요. '아는 것이 힘, 배워야 산다'라는 표어 아래 전개되었어요.

④ 민립 대학 설립 운동은 1920년대 초 이상재 등이 일제 식민지 우민화 교육에 맞서 고등 교육 기관인 민립 대학을 설립하기 위해 전개한 운동이에요. '한민족 1천만이 한 사람이 1원씩'의 구호를 내걸고 모금 운동을 전개했으나 일제의 간섭으로 실패하였어요. 일제는 회유책으로 경성 제국 대학을 설립하였지요.

출제 예감 자료 **실력 양성 운동**

물산 장려 운동   조선 물산 장려회 거리 행진   문자 보급 운동 기사

03 형평 운동의 주체

정답 ④

'백정이라는 모욕적인 말을 폐지', '차별 대우 철폐'를 통해 (가)는 백정 운동과 관련된 조선 형평사임을 알 수 있어요. 도살업 등을 위주로 살아온 백정들은 조선 시대 가장 천한 신분에 속하였어

요. 갑오개혁으로 신분 제도가 폐지되었지만, 이들에 대한 사회적 차별 의식은 쉽게 없어지지 않았지요. 일제 강점기에도 백정들은 호적에 붉은 점을 표시하는 등 신분을 드러내야 했어요. ④ 이에 백정들은 조선 형평사를 조직하여 사회적 차별을 극복하고자 하였지요. 진주에서 시작된 형평 운동은 전국으로 확대되면서 항일 운동으로 발전해 나갔어요.

정답이 아닌 이유

① 보안회는 1904년에 일본의 황무지 개간권 요구를 막아냈어요.

② 의열단은 1919년에 김원봉 등이 만주에서 결성한 단체로, 일제의 주요 인물을 처단하고 식민 통치 기관을 파괴하는 등의 의열 투쟁을 벌였어요.

③ 대한 자강회는 1906년에 교육 진흥과 산업 육성을 목표로 조직되었어요. 고종의 강제 퇴위에 반대하는 운동을 전개하기도 하였지요.

04 신간회의 활동 ¹²⁵ 광주 학생 항일 운동

정답 ④

1927년 민족 유일당 운동으로 비타협적 민족주의 세력과 사회주의 세력이 서로 연합하여 최대 규모의 항일 단체인 신간회가 창립되었어요. ④ 신간회는 1929년 광주 학생 항일 운동에 진상 조사단을 파견하고, 진상 보고를 위한 민중 대회를 계획했지만 사전에 발각되어 무산되었어요.

정답이 아닌 이유

① 대한민국 임시 정부에서 독립운동 자금을 모금하기 위해서 독립 공채를 발행했어요.

② 독립 협회가 개최한 관민 공동회에서 헌의 6조를 결의하고 정부에 건의했어요. 근대적 의회 정치를 주장했으나 독립 협회가 강제 해산을 당하면서 헌의 6조도 실현되지 못했어요.

③ 조선어 학회에서는 한글 맞춤법 통일안을 발표해서 현대 국어 표준어의 기초를 확립했어요.

05 근우회의 활동

정답 ②

'신간회의 자매 단체', '여성의 단결과 지위 향상 도모' 등의 내용을 통해 (가)에 들어갈 단체는 근우회임을 알 수 있어요. ② 근우회는 일제 강점기인 1927년에 조직된 민족 운동 단체로 여성의 지위 향상을 목표로 활동하였어요. 국내외에 60여 개의 지회를 설치하고 기관지 〈근우〉를 발간했으며, 전국 순회 강연과 야학 등을 통해 여성들의 의식을 향상시키고자 노력했어요. 최초의 전국적인 여성 운동 조직이었답니다.

정답이 아닌 이유

① 러시아의 블라디보스토크에 형성된 한인 집단 거주지인 신한촌에서 독립운동가와 의병 세력이 모여 항일 독립운동 단체인 권업회를 결성하였어요(1911).

③ 일본은 황무지를 개간하여 조선의 토지를 차지하려고 하였어

요. 이에 보안회가 황무지 개간 반대 운동을 전개함으로써 일본의 황무지 개간권 요구를 철회하였어요.

④ 송죽회는 1913년 평양에서 조직된 항일 비밀 여성 단체예요.

06 한글 연구와 보급 운동 ¹²⁶ 조선어 학회

정답 ④

'한글 맞춤법 통일안', '외래어 표기법 통일안'을 통해 조선어 학회에 관한 것임을 알 수 있어요. ④ 조선어 학회는 글자를 못 읽는 문맹을 퇴치하기 위해 전국에 걸쳐 한글 강습회를 열었어요. 또 『조선말(우리말) 큰사전』을 편찬하려 했으나 일본이 조선어 학회를 강제로 해산시켜 뜻을 이루지 못했고, 광복 후 편찬할 수 있었어요.

정답이 아닌 이유

① 보안회는 1904년 서울에서 만들어진 단체로, 일본이 조선의 황무지를 개간할 권리를 요구하자 이에 반대하는 운동을 펼쳤어요.

② 독립 협회는 1896년 서재필, 이상재 등이 중심이 되어 만든 단체예요. 독립 협회는 성금을 모아 독립문을 세웠으며, 만민 공동회를 개최하여 근대 의식을 널리 알렸어요.

③ 대한 광복회는 1915년 대구에서 만들어진 독립운동 단체예요. 이 단체는 민주 공화국 수립을 목표로 하였으며, 군대식 조직을 갖추고 독립군을 길러 내기 위해 노력했어요.

07 신채호의 활동 ¹²⁷ 신채호

정답 ①

『독사신론』, 『조선상고사』 등을 저술하였다는 내용을 통해 (가) 인물이 신채호임을 알 수 있어요. 신채호는 『조선상고사』를 통해 고조선부터 시작하는 고대사를 소개해 우리 역사를 축소하고 왜곡하던 일제의 주장을 반박했어요. ① 신채호는 의열단 투쟁의 지침서인 '조선 혁명 선언'을 집필하였어요. 조선 혁명 선언은 1923년에 신채호가 김원봉의 요청으로 작성한 선언서로, 일제의 식민 통치를 규탄하고 민중의 의열 투쟁을 주장하였지요.

정답이 아닌 이유

② 신한 청년당은 파리 강화 회의에 김규식을 대표로 파견하였어요.

③ 하와이에서 박용만이 대조선 국민 군단을 설립하여 정식 군대와 같은 수준의 훈련을 본격적으로 실시하였어요(1914).

④ 조선어 학회가 『조선말(우리말) 큰사전』 편찬을 주도하였어요. 하지만 『조선말(우리말) 큰사전』은 일제가 조작한 조선어 학회 사건으로 해산되어 완성되지 못했어요.

08 1920년대 학생 운동의 전개 `125 광주 학생 항일 운동`

정답 ①

'1929년 한일 학생 간의 충돌을 계기로 광주에서 일어나', '학생 독립운동 기념일' 등의 내용을 통해 검색창에 들어갈 민족 운동은 광주 학생 항일 운동임을 알 수 있어요. 이승만 정부는 광주 학생 항일 운동을 기념해 1953년 10월, 11월 3일을 '학생의 날'로 지정하였고, '학생의 날'은 2006년에 '학생 독립운동 기념일'로 바뀌었어요. ① 광주 학생 항일 운동 당시 신간회에서 진상 조사단을 파견하였어요.

정답이 아닌 이유

② 순종의 인산일에 학생들의 주도로 전개된 것은 6·10 만세 운동이에요.

③, ⑤ 3·1 운동의 영향으로 대한민국 임시 정부가 수립되었으며, 일제가 이른바 문화 통치를 실시하게 되었어요.

④ 대한매일신보의 후원으로 전국적으로 확산되었던 것은 국채 보상 운동이에요.

출제 예감 자료 **1920년대 학생 운동에 관한 기사**

광주 학생 항일 운동   6·10 만세 운동

9 대한민국의 수립과 발전

26강 대한민국 정부 수립과 6·25 전쟁

키워드로 풀리는 기출 문제 본문 146~147쪽

| 01 ④ | 02 ④ | 03 ② | 04 ② | 05 ② |
| 06 ① | 07 ④ | 08 ④ | 09 ② | |

01 백범 김구의 활동 `118 김구`

정답 ④

④ 유엔 소총회에서 남한만의 단독 선거 실시가 결정되자 김구는 통일 정부 수립을 위해 남북 협상(1948. 4.)을 추진했어요. 김

구와 김규식이 평양을 방문해 김일성, 김두봉과 만나 회담했지만 실질적인 성과 없이 끝나고 말았어요. 결국 남한에서는 5·10 총선거로 단독 정부가 수립되었답니다.

정답이 아닌 이유

① 흥사단은 도산 안창호가 1913년 미국 샌프란시스코에서 조직한 민족 운동 단체예요.

② 서전서숙은 이상설 등이 1906년 만주 용정에 신학문과 민족 교육을 목표로 설립한 학교예요.

③ 『한국통사』는 박은식이 저술한 역사서로 근대 이후 일본이 한국을 침략하는 과정을 밝히고 있어요. 민족정신을 '혼(魂)'으로 파악하여 국가의 외형은 잃었어도 그 근원인 혼과 정신을 지키면 국권을 회복할 수 있다고 강조했어요.

02 모스크바 삼국 외상 회의 `130 모스크바 삼국 외상 회의`

정답 ④

카이로 회담에 모인 (왼쪽부터) 중국의 장제스, 미국의 루스벨트, 영국의 처칠

'미소 공동 위원회 설치', '신탁 통치' 등을 통해 미국·소련·영국이 참여한 모스크바 삼국 외상 회의에 대한 문제임을 알 수 있어요. ④ 1945년 12월 모스크바에서는 삼국의 외무 장관이 모여 제2차 세계 대전 후의 여러 문제에 대해 논의했어요. 한반도 문제에 대해선 '독립국으로 만들기 위해 임시 정부를 세운다', '미소 공동 위원회를 열어 임시 정부 수립을 돕는다', '임시 정부와 협의해 5년 이내의 신탁 통치를 한다'고 합의했지요.

정답이 아닌 이유

① 얄타 회담은 1945년 2월, 미국·영국·소련의 대표자가 모여 열린 회담이에요. 일본과의 전쟁에 소련이 참여할 것을 약속하였고, 한국에 대한 신탁 통치가 처음 이야기되었다고 해요.

② 카이로 회담은 1943년 연합국의 지도자들이 일제가 전쟁에서 패배하면 우리나라를 독립시켜 주겠다고 약속한 최초의 회담이에요.

③ 파리 강화 회의는 제1차 세계 대전 이후 세계 질서를 다시 세우기 위해 개최되었어요.

출제 예감 자료 **포츠담 회담**

1945년 독일의 항복 이후, 독일의 베를린 교외 지역인 포츠담에서 열린 회담이에요. 이 회담에서 미국·영국·소련의 대표가 만나 제2차 세계 대전의 전후 문제를 논의하였고, 한국의 독립을 재확인하였어요.

03 미소 공동 위원회의 결정 `130 모스크바 삼국 외상 회의`

정답 ②

'덕수궁 석조전', '모스크바 삼국 외상 회의에서 결정' 등을 통해 밑줄 그은 '위원회'가 미소 공동 위원회임을 알 수 있어요. ② 모스크바 삼국 외상 회의의 결정에 따라 한국 문제 해결을 위해 미소 공동 위원회가 설치되었어요. 두 차례에 걸쳐 열린 미소 공동 위원회는 미국과 소련의 의견 대립으로 결국 결렬되었어요.

정답이 아닌 이유

① 1972년 박정희 정부 시기에 남북은 자주·평화·민족 대단결의 통일 원칙에 합의한 7·4 남북 공동 성명을 발표하고, 남북 조절 위원회를 설치했어요.

③ 조선 건국 준비 위원회는 1945년 광복 직후 여운형과 안재홍 등이 좌·우익 세력을 연합하여 결성한 건국 준비 단체예요. 전국에 지부를 설치하고, 치안대를 조직하여 치안 유지에 힘썼어요. 미군정을 실시한다는 소식이 들려오자 조선 인민 공화국 수립을 선포했지만 미군정의 승인을 받지 못해 해체되었어요.

④ 제헌 국회는 친일파의 반민족 행위를 조사하고 처벌하기 위해 반민족 행위 처벌법(1948. 9.)을 제정하고, 반민족 행위 특별 조사 위원회(1948. 10.)를 설치했어요.

04 이승만의 정읍 발언

정답 ②

'남방만이라도 임시 정부 혹은 위원회를 조직', '이승만'을 통해 정읍 발언과 관련 있음을 알 수 있어요. 미소 공동 위원회의 결렬로 한국 문제를 유엔에 이관하자 유엔 소총회에서 남한만의 총선거 실시를 결정하였어요. ② 남한만의 총선거에 반대한 김구는 북한과 계속 협상하여 통일 정부를 수립해야 한다고 주장하며 남북 협상을 추진하였어요(1948. 4.).

정답이 아닌 이유

① 1940년 대한민국 임시 정부는 충칭에 정착한 후, 지청천을 사령관으로 하는 한국 광복군을 창설하였어요.

③ 1945년 12월 모스크바 삼국 외상 회의에서 한반도에 임시 민주 정부를 세워 최대 5년간 신탁 통치할 것을 결정하였어요.

④ 여운형은 광복 후 조선 건국 준비 위원회를 조직하여 위원장을 맡는 등 자주 국가를 세우기 위해 노력하였어요.

출제 예감 자료 | **유엔 소총회의 '남북한 총선거 실시' 결정**

제2차 미소 공동 위원회가 성과 없이 끝나자, 미국은 한국 문제를 유엔에 상정하였어요. 유엔 총회에서는 인구 비례에 의한 남북한의 총선거로 정부를 수립하기로 결의하였지요. 총선거를 준비하기 위해 유엔 한국 임시 위원단이

유엔 한국 임시 위원단 방한

파견되었지만, 소련과 북한은 이들의 방북을 거절하였어요. 이에 유엔 소총회는 선거가 가능한 지역에서라도 선거를 실시하도록 결정을 바꾸었어요. 분단이 점차 현실화되자 김구와 김규식 등은 통일 정부 수립을 논의하기 위해 북한에 남북 협상을 제의하였어요. 1948년 4월, 평양에서 남북 지도자 간에 회의가 개최되었지만, 별다른 성과를 거두지 못하였어요.

---

05 대한민국의 정부 수립 과정

131 5·10 총선거

정답 ②

1945년 8월 15일 광복을 맞이한 우리 민족은 3년이 지난 1948년 8월 15일에야 대한민국 정부를 수립할 수 있었어요. 이 시기 일본군을 무장 해제시키겠다며 미군과 소련군이 한반도에 주둔했고, 신탁 통치 문제를 둘러싸고 좌익과 우익의 대립이 커져만 갔지요. 신탁 통치 문제를 논의하기 위한 미소 공동 위원회가 성과 없이 끝나자 유엔은 남북한이 총선거를 실시하고 통일 정부를 수립할 것을 결정했어요. 그러나 북한이 이 결정을 거부하자 김구와 김규식은 평양에 가서 북한의 지도자들과 만나는 남북 협상을 추진했어요. 남북 협상도 별다른 소득 없이 끝나자 남한에서는 1948년 5월 10일 총선거가 실시되었고, 이를 통해 제헌 국회 의원이 선출되었어요. ② 따라서 (가) 시기에 있었던 사실로 옳은 것은 '김구와 김규식 등이 남북 협상을 추진하였다'랍니다.

정답이 아닌 이유

① 윤봉길이 상하이에서 의거를 일으킨 것은 1932년이에요. 윤봉길은 일본이 전쟁 승리 기념식을 하는 상하이 훙커우 공원에서 폭탄을 던져 일본군 요인에게 큰 피해를 주었어요.

③ 유엔군과 국군이 인천 상륙 작전에 성공한 것은 1950년 6·25 전쟁 때의 일이에요. 인천 상륙 작전의 승리로 전세를 뒤집고 서울을 다시 찾을 수 있게 되었어요.

④ 안중근이 하얼빈에서 이토 히로부미를 저격한 사건은 1909년에 일어났어요. 안중근은 러시아 대신과 회담을 하기 위해 하얼빈에 도착한 이토 히로부미를 저격해 처단하였어요.

---

06 6·25 전쟁의 전개 과정

132 6·25 전쟁

정답 ①

'전쟁 기간 1950년~1953년', '이산가족', '전쟁고아'를 통해 (가) 전쟁이 6·25 전쟁임을 알 수 있어요. 6·25 전쟁은 1950년 북한의 남침으로 시작되었어요. 북한군은 전쟁이 시작된 지 3일 만에 서울을 점령하고 낙동강 부근을 제외한 대부분 지역을 점령했어요. ① 이승만 정부는 국군과 유엔군이 펼친 인천 상륙 작전으로 전세를 뒤집고 서울을 되찾을 수 있었답니다. 그 후 국군과 유엔군은 38선을 넘어 압록강과 두만강 유역까지 진격했으나 중국군의 개입으로 다시 남쪽으로 후퇴해 다시 서울을 내주었어요. 전열을 가다듬은 국군과 유엔군은 서울을 다시 찾고 지금의 휴전선 부근에서 전쟁을 계속했어요. 계속된 전쟁으로 피해가 늘어나자 정전 협상을 시작하여 1953년 7월 27일에 정전 협정이 체결되었어요.

정답이 아닌 이유

② 모스크바 삼국 외상 회의는 1945년 미국·영국·소련이 한국의 독립 문제를 의논하기 위해 개최한 회의예요. 회의에서 한반도에 임시 민주 정부를 세우고 신탁 통치를 실시할 것을 결정하였어요.

③ 미국이 발표한 애치슨 선언은 미국의 태평양 방위선에서 한국과 타이완을 뺀다는 내용을 담고 있었어요. 애치슨 선언이 발

표된 후 북한은 6·25 전쟁을 일으켰어요.

④ 반민족 행위 처벌법은 이승만 정부 시기인 1948년 9월 친일파를 처벌하기 위해 제정되었어요. 이 법에 따라 반민족 행위 특별 조사 위원회가 구성되었지요. 이승만 정부가 친일파 처벌에 소극적이어서 성과를 거두지 못했어요.

6·25 전쟁의 과정

북한군의 남침 → 국군과 유엔군의 반격 → 중국군의 개입 → 전선 고착·휴전

07 휴전 협정의 장소 132 6·25 전쟁

정답 ④

'1953년 7월 27일, 6·25 전쟁의 휴전 협정이 체결된 곳'이라는 내용을 통해 (가)에 들어갈 장소는 판문점임을 알 수 있어요.

정답이 아닌 이유

① 광성보는 조선 시대에 강화도의 동쪽 해안인 강화 해협을 지키던 중요한 요새로, 신미양요 때 치열한 전투가 벌어졌던 곳이기도 해요.

② 임진각은 평화 누리 공원, DMZ 관광지 등 통일 안보 관광지로, 경기도 파주에 위치하고 있어요. 휴전선에서 남쪽으로 약 7km 떨어진 지점에 있어, 남북 분단이란 한국의 비극적인 현실을 상징하고 있지요.

③ 1905년 일본이 우리나라의 외교권을 빼앗기 위해 강제로 을사늑약을 체결한 장소가 덕수궁의 중명전이지요.

정전 협정

휴전 협정이라고도 하는 정전 협정은 전쟁을 멈추는 것이지, 완전한 평화 협정은 아니랍니다. 휴전 협상은 1951년부터 시작되었는데, 휴전선 문제, 포로 교환 방식 등에서 의견 차이가 컸어요. 오랜 실랑이 끝에 1953년 7월 27일 국제 연합군과 북한군·중국군 대표가 정전 협정을 체결했어요. 1953년 정전 협정이 맺어진 뒤, 남한과 북한 사이에는 휴전선이 가로막게 되었지요.

08 대한민국 정부의 수립 과정 131 5·10 총선거

정답 ④

'신탁 통치 반대 집회'와 '대한민국 정부 수립' 사이인 (가)에 들어갈 사진으로 옳은 것은 5·10 총선거예요. ④ 1948년에 실시된 5·10 총선거로 제헌 국회가 구성되고 헌법이 제정되었어요.

정답이 아닌 이유

① 경부 고속 국도는 박정희 정부 시기인 1970년에 개통되었어

요. 이로써 우리나라는 전국이 1일 생활권으로 바뀌었지요.

② 4·19 혁명은 이승만 정부 시기인 1960년에 일어난 민주화 운동이에요. 4·19 혁명으로 장기 집권을 꾀하던 이승만이 대통령에서 물러났어요.

③ 유신 헌법은 박정희 정부 시기인 1972년에 공포되었어요. 이 헌법으로 대통령의 연임을 제한하지 않게 되어 박정희의 영구 집권이 가능해졌고, 대통령에게 긴급 조치권이 부여되었어요.

09 여운형의 활동 129 조선 건국 준비 위원회

정답 ②

'1918년 신한 청년당 결성', '1945년 조선 건국 준비 위원회 위원장에 취임' 등을 통해 (가) 인물은 여운형임을 알 수 있어요. ② 여운형은 대한민국 임시 정부 수립에 참여하는 등 다양한 활동을 벌였어요. 광복 이후 새로운 정부를 세우기 위한 노력의 일환으로 조선 건국 준비 위원회를 조직했지요.

정답이 아닌 이유

① 안창호는 양기탁과 함께 비밀리에 신민회를 만들어 우리 민족의 실력을 키우는 활동을 했어요. 또 미국으로 건너가 흥사단이라는 민족 운동 단체를 설립했어요.

③ 김구는 대한민국 임시 정부를 이끌며 독립운동을 펼친 인물이에요. 광복 후 우리나라에 돌아와 통일 정부 수립을 위한 노력을 했으나 안두희가 쏜 총에 맞아 죽음을 맞이했어요.

④ 김규식은 대한민국 임시 정부에서 활동한 독립운동가예요. 신한 청년당 대표로 파리 강화 회의에 참석하여 독립 청원서를 제출했어요.

27강 민주주의의 발전

키워드로 풀리는 기출 문제 본문 150~151쪽

| 01 ③ | 02 ① | 03 ③ | 04 ③ | 05 ④ |
| 06 ④ | 07 ① | 08 ③ | | |

01 이승만 정부 시기의 사실

정답 ③

'반민족 행위 특별 조사 위원회', '친일파 청산' 등의 내용을 통해 (가) 정부는 이승만 정부임을 알 수 있어요. 1948년 반민족 행위 처벌법이 제정되고, 반민족 행위 특별 조사 위원회(반민 특위)가 조직되었지요. 하지만

이승만

이승만 정부와 친일파의 방해로 친일파 청산은 실패하였어요. 한편, 이승만은 자유당을 창당하여 6·25 전쟁 중인 1952년에 임시 수도 부산에서 대통령 직선제 개헌을 통과시키고(발췌 개헌), 제2대 대통령에 당선되었어요. 그리고 이승만은 장기 집권을 위해 4년씩 두 번만 대통령을 할 수 있다고 규정한 헌법을 고치려

고 하였어요. ③ 하지만 국회에서 1표 차이로 부결되자 사사오입(반올림)의 논리를 적용하여 이 개헌안을 통과시킨 후 제3대 대통령으로 당선되었어요.

정답이 아닌 이유

① 금융 실명제가 실시된 시기는 김영삼 정부예요. 금융 실명제는 다른 사람의 이름이나 가명이 아닌 실제 이름으로만 금융 거래가 가능하도록 한 제도를 말해요.

② 노태우 정부는 북방 외교를 통해 소련 및 중국과 수교하고, 동유럽 여러 국가와도 외교 관계를 맺었어요.

④ 개성 공단은 김대중 정부 시기에 건설되었어요. 이 시기에는 남북 정상 회담이 개최되고 6·15 남북 공동 선언이 발표되어 남북 간의 경제 교류가 활발해졌지요.

02 4·19 혁명의 전개 과정 133 4·19 혁명

정답 ①

(가)에 들어갈 민주화 운동은 4·19 혁명이에요. 1960년 4월 19일, 국민들이 이승만 자유당 정부의 독재와 부정부패, 부정 선거에 항의하여 벌인 항쟁을 4·19 혁명이라고 일컬어요. 1960년, 이승만 정부는 정·부통령 선거에서 이기려고 대대적으로 부정을 저질렀어요. 이 사건을 3·15 부정 선거라고 해요. 이에 마산에서는 분노한 학생과 시민들이 이승만의 독재 정권에 반대하는 시위를 일으켰어요. 이후 시위 과정에서 실종되었던 고등학생 김주열의 시신이 마산 앞바다에서 발견되자 시위는 전국으로 확산되었어요. 이승만 정부는 계엄령을 선포하고 시위를 무력으로 진압하였는데, 그 과정에서 많은 사람들이 죽거나 다쳤어요. 서울 시내 대학 교수단은 대통령 하야를 요구하며 시위를 이어나갔지요. 결국 이승만은 대통령에서 물러났고, 독재 정권은 무너졌어요.

정답이 아닌 이유

② 1987년, 대학생 박종철이 경찰의 고문으로 사망하는 사건이 발생하자 국민들은 진상 규명 및 정권 퇴진과 대통령 직선제 개헌을 요구하며 대규모 민주화 시위를 전개하였어요. 이를 6월 민주 항쟁이라고 해요.

③ 1979년, YH 무역 사건, 김영삼 신민당 총재의 국회 의원직 제명 등 박정희 정부의 탄압이 계속되자 부산과 마산에서 유신 반대 시위가 일어났어요. 이를 부마 민주 항쟁이라고 해요.

④ 1980년, 전두환 중심의 신군부가 정권을 장악하자(12·12 사태), 광주에서 민주화를 요구하는 대규모 시위가 일어났는데 이를 5·18 민주화 운동이라고 해요.

03 5·18 민주화 운동의 전개 135 5·18 민주화 운동

정답 ③

'광주', '신군부의 무자비한 진압'을 통해 (가) 사건이 5·18 민주화 운동임을 알 수 있어요. 1979년 10·26 사태 이후 전두환과 노태우를 비롯한 신군부 세력이 12·12 사태로 권력을 장악하였어요. 이에 분노한 시민들이 1980년 5월 서울역 앞에 모여 시위(서울

의 봄)를 벌였으나, 신군부는 5월 17일 비상계엄을 전국으로 확대하였지요. ③ 이에 광주 시민들이 저항하자 신군부는 공수 부대를 투입하여 시위를 무자비하게 탄압하였어요. 광주 시민들은 시민군을 조직하여 저항하였으나, 수많은 사람들이 죽거나 크게 다쳤지요. 이를 5·18 민주화 운동이라고 해요.

정답이 아닌 이유

① 4·19 혁명은 1960년에 일어난 민주화 운동이에요. 장기 집권을 하려는 이승만을 대통령에서 물러나게 한 4·19 혁명은 3·15 부정 선거가 직접적인 원인이 되어 일어났어요.

② 6월 민주 항쟁은 1987년 대통령 직선제 개헌을 요구하며 일어난 민주화 운동이에요. 전두환 정부는 6·29 민주화 선언을 통해 대통령 직선제를 받아들였어요.

④ 3선 개헌 반대 운동은 박정희 정부 시기 일어난 민주화 운동이에요. 1969년 박정희 정부는 경제 발전을 위해 대통령을 3번 연달아 할 수 있다고 헌법을 바꾸었어요. 이 시기 야당 정치인과 학생들은 개헌 반대 시위를 펼쳤어요.

04 부마 민주 항쟁의 원인 134 유신 헌법

정답 ③

1979년 야당인 신민당은 김영삼을 총재로 선출하고, 민주화 운동에 힘을 쏟았어요. 김영삼의 유신 반대가 거세지자 정부는 김영삼을 국회 의원직에서 제명하였지요. ③ 김영삼의 정치 근거지인 부산과 마산 일대에서 학생과 시민들이 합세하여 반정부 시위를 벌였고(부마 민주 항쟁), 정부는 부산 지역에 계엄령을 선포하고 이를 탄압하려 하였어요. 그러나 박정희 대통령이 김재규에게 시해(10·26 사태)되면서 유신 체제는 막을 내리게 되었지요.

정답이 아닌 이유

① 1960년 4월 19일 이승만 정부의 독재와 장기 집권에 저항하는 시민들이 대대적인 시위를 전개하였어요(4·19 혁명).

② 1987년 박종철이 경찰의 고문으로 사망하자 진상 규명 및 정권 퇴진과 대통령 직선제 개헌을 요구하는 시위가 전개되었어요. 전두환 정부는 개헌을 거부하는 4·13 호헌 조치를 내렸지요. 이후 이어진 시위에서 연세대학교 학생 이한열이 경찰이 쏜 최루탄에 맞아 사망하자 전국으로 시위가 확산되었어요(6월 민주 항쟁).

④ 1980년 전두환 중심의 신군부가 집권하자, 광주에서 민주화를 요구하는 대규모 시위가 일어났어요(5·18 민주화 운동).

05 박정희 정부 시기의 사실 134 유신 헌법

정답 ④

'한일 국교 정상화', '대일 외교에 반대하는 시위'를 통해 밑줄 그은 '정부'가 박정희 정부임을 알 수 있어요. 박정희 정부 시기 한국 경제는 비약적인 수출 증대와 함께 연평균 9%가 넘는, 높은 경제 성장률을 기록하면서 '한강의 기적'을 이루었어요. 하지만 정치적으로 박정희 정부는 장기 집권을 위하여 대통령의 3회 연임

을 허용하는 개헌안을 통과시켰고(1969), 유신 체제를 통해 장기 집권과 독재 체제를 이어 나갔어요(1972).

④ 2002년 한일 월드컵 축구 대회를 성공적으로 개최한 것은 김대중 정부 당시의 일이에요.

정답이 아닌 이유

① 박정희는 야당과 국민들의 반대에도 대통령의 3회 연임을 허용하는 3선 개헌안을 통과시켰어요.

② 미국의 요청을 받아들여 1964년부터 베트남에 국군을 파병하였어요. 이를 통해 경제 개발 자금을 확보하고 국군의 전력을 증강하였지요.

③ 박정희 정부는 1962년부터 4차에 걸친 경제 개발 5개년 계획을 적극 추진하여 고도의 경제 성장을 이루었어요.

출제 예감 자료 **사진으로 보는 박정희 정부**

---

06 1970~1980년대의 역사적 사실 `134 유신 헌법`

정답 ④

'긴급 조치'를 통해 박정희 정부 시기에 발표된 성명서임을 알 수 있어요. 박정희 정부는 1972년에 헌법을 개정(유신 헌법)했어요. 유신 헌법에서는 대통령의 중임 제한을 없애 영구 집권을 가능하게 했으며, 대통령의 긴급 조치권을 두었어요. 긴급 조치란 국가의 안전이 위태로울 때 대통령이 국민의 자유와 입법부, 사법부의 활동을 제한할 수 있는 권한을 말해요. 1979년 10·26 사태로 유신 체제는 끝이 났어요. 그 후 국민들은 민주화가 이루어질 것이라 기대했지만 전두환을 비롯한 신군부 세력이 쿠데타를 일으켜 권력을 잡았어요. ④ 신군부의 퇴진과 민주화를 요구하는 대규모 시위가 곳곳에서 이루어지자 신군부는 이를 탄압하는 과정에서 광주 지역의 시위를 폭력적으로 탄압했어요. 이 사건이 5·18 민주화 운동이에요.

정답이 아닌 이유

① 4·19 혁명은 장기 집권을 하려는 이승만을 대통령에서 물러

나게 한 민주화 운동이에요. 이승만 정부는 1960년 대통령 선거에서 사전 투표, 3인 공개 투표 등 부정한 방법을 동원했어요. 이러한 3·15 부정 선거가 직접적인 원인이 되어 4·19 혁명이 일어났어요.

② 5·10 총선거는 1948년 국회 의원을 뽑기 위해 실시되었어요. 5·10 총선거로 구성된 국회는 처음 헌법을 만들어서 제헌 국회라 불려요. 제헌 국회는 나라의 이름을 대한민국으로 정하고 제헌 헌법을 만들었어요.

③ 1961년 박정희와 일부 군인들이 5·16 군사 정변을 일으켰어요. 박정희는 군사 정변 후 국회를 해산하고 군정을 실시했어요. 이후 헌법을 바꾸고 대통령에 당선되었어요.

출제 예감 자료 **1960~1980년대 민주화 운동**

---

07 6월 민주 항쟁의 결과 `136 6월 민주 항쟁`

정답 ①

'호헌 철폐', '독재 타도' 등의 내용을 통해 밑줄 그은 '민주화 운동'은 6월 민주 항쟁임을 알 수 있어요. 전두환 정부 말기 시민들의 대통령 직선제 개헌 요구 시위가 계속되는 가운데 박종철 고문치사 사건이 발생했어요. 당시 정부는 이를 은폐하려 하였고, 시민들은 진상 규명을 요구했어요. 당시 전두환 정부는 직선제 개헌 논의 자체를 금지하는 4·13 호헌 조치를 발표했는데 이에 저항하는 시민들의 시위가 이어졌어요. 그러던 중 연세대 학생 이한열이 시위 도중 경찰이 쏜 최루탄에 맞아 뇌사 상태에 빠졌고, 시민들의 저항은 더욱 거세졌지요. ① 결국 정부와 여당은 차기 대통령 후보로 내정된 노태우를 통해 5년 단임의 대통령 직선제를 수용한다는 6·29 민주화 선언을 발표했어요.

정답이 아닌 이유

② 3·15 부정 선거에 항의하여 4·19 혁명(1960)이 전개되었어요. 4·19 혁명으로 3번이나 대통령을 했던 이승만이 하야했어요.

③ 박정희 정부가 비밀리에 한일 국교 정상화를 추진하자, 굴욕적인 한일 국교 정상화를 반대하는 시위가 1964년에 전국적으로 일어났어요(6·3 시위). 그러나 박정희 정부는 군대를 동원하여 반대 시위를 진압하면서 1965년에 한일 협정을 체결

하였어요.

④ 신군부의 비상계엄 확대가 원인이 되어 1980년 광주에서는 민주화를 요구하는 대규모 시위가 일어났어요(5·18 민주화 운동).

08 6월 민주 항쟁의 의의 　136 6월 민주 항쟁

정답 ③

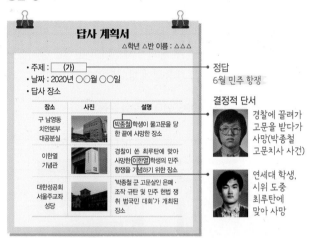

전두환 정부 말기 시민들은 대통령 직선제 개헌을 요구했어요. 박종철 고문치사 사건과 4·13 호헌 조치, 이한열 학생 사망 사건 등이 도화선이 되어 6월 10일 이후 전국적인 시위가 발생했지요. ③ 결국 정부는 국민들의 요구를 받아들여 6·29 민주화 선언을 발표하였고, 이후 5년 단임의 대통령 직선제를 담은 9차 헌법이 개정되었어요.

정답이 아닌 이유

① 이승만 정부의 3·15 부정 선거로 인해 4·19 혁명(1960)이 일어나 이승만 대통령이 하야하였어요.

② 박정희의 유신 독재에 반대해서 부산과 마산 지역을 중심으로 부마 민주 항쟁이 일어났어요(1979). 이후 10·26 사태로 박정희 대통령이 김재규에게 피살당하면서 유신 체제가 막을 내리게 되었지요.

④ 전두환 등의 신군부 세력이 비상계엄령을 전국으로 확대하자 이에 반대하여 광주에서 5·18 민주화 운동이 일어났어요(1980).

28강　경제 성장과 발전, 통일을 위한 노력

키워드로 풀리는 기출 문제 본문 154~155쪽

01 ①　02 ①　03 ④　04 ②　05 ②
06 ③　07 ④　08 ①

01 대한민국의 시기별 경제 상황

정답 ①

1950년대에는 이승만 정부 시기로, 미국의 경제 원조를 받아 삼

백 산업(제분, 제당, 면방직 공업)이 발달했어요.
1960년대에는 박정희 정부 시기로, 경제 개발 5개년 계획이 시작되었고, 경공업을 육성하며 사회 간접 자본 확충에 힘을 쏟았어요.
1970년대는 국가 주도의 경제 정책에 따라 중화학 공업을 육성하고, 수출을 장려했어요. 이 시기에는 두 차례에 걸친 석유 파동으로 어려움을 겪기도 했지요.
1980년대의 전두환 정부 시기에는 3저 호황(저유가·저금리·저달러)에 힘입어 빠른 경제 성장을 달성하였으며, 반도체·자동차·산업용 전자 등 기술 집약형 산업이 성장을 주도하기 시작했어요.

정답이 아닌 이유

② 중화학 공업의 육성과 석유 파동은 1970년대의 경제 상황이에요.

③ 산업 구조의 재편과 3저 호황은 1980년대의 경제 상황이에요.

④ 외환 위기 발생과 금 모으기 운동은 1990년대의 경제 상황이에요.

02 1970년대의 경제 발전 　137 경제 개발 5개년 계획

정답 ①

1970년에 경부 고속 국도가 개통되었고, 1973년에 포항 종합 제철 공장이 준공되었어요. 모두 박정희 정부 시기의 일이에요. 박정희 정부 시기에는 경제 개발 5개년 계획을 실시하는 등 국가 주도의 경제 정책에 따라 수출이 늘고 고도의 경제 성장을 달성했어요. ① 1977년에는 수출 100억 달러를 달성하기도 했답니다.

정답이 아닌 이유

② 1988년 노태우 정부 시기에 서울 올림픽 대회가 개최되었어요.

③ 1996년 김영삼 정부 시기에 경제 협력 개발 기구(OECD)에 가입했어요.

④ 2005년 노무현 정부 시기에 부산에서 아시아·태평양 경제 협력체(APEC) 정상 회의를 개최했어요.

출제 예감 자료 **경제의 발전과 변화**

03 전태일의 활동

정답 ④

'근로 기준법 준수', '온 몸에 기름을 뒤집어쓰고 분신'이라는 내용을 통해 (가) 인물이 전태일임을 알 수 있어요. ④ 전태일은 1970

년 평화 시장에서 근로 기준법 준수를 요구하며 분신한 노동 운동가예요. 전태일의 죽음은 우리나라 노동 운동의 발전과 근로 환경 개선에 큰 영향을 끼쳤지요.

정답이 아닌 이유

① 김주열은 마산상고 학생으로, 3·15 부정 선거를 규탄하는 시위에 참가하였다가 실종된 후 사망한 채로 발견되어 4·19 혁명의 도화선이 되었어요.

② 박종철은 서울대학교 학생으로, 치안본부 남영동 대공분실에서 조사를 받던 중 경찰의 고문으로 사망했어요(박종철 고문치사 사건). 이 사건은 6월 민주 항쟁으로 이어지는 계기가 되었어요.

③ 이한열은 연세대 학생으로, 1987년 6월 9일 전두환 정권의 독재 타도와 5·18 진상 규명 등을 외치는 시위에 참여하였다가 경찰이 쏜 최루탄에 맞아 사망했어요. 이한열의 사망은 박종철 고문치사 사건과 함께 6월 민주 항쟁의 도화선이 되었어요.

04 김영삼 정부 시기의 활동 　138 외환 위기

정답 ②

김영삼은 1979년 'YH 무역 사건'으로 '국회 의원에서 제명'당한 일이 있었어요. 이때 김영삼의 정치적 본거지인 부산과 마산 일대에서 학생과 시민들이 합세해 유신 철폐를 외치며 부마 민주 항쟁을 일으켰죠. 김영삼은 우여곡절 끝에 '3당 합당'(3개의 여당이 민주자유당으로 합당한 일)을 통해 제14대 대통령에 당선되었어요. 1993년에 출범한 문민 정부는 사회 전반에 걸친 개혁을 단행해요. 대표적인 것으로 '금융 실명제', 부동산 실명제, 지방 자치제 전면 실시 등이 있죠. 또 '역사 바로 세우기'를 내세워 '조선 총독부 건물을 철거'하고, 전직 대통령인 전두환, 노태우를 반란 및 내란죄로 수감하기도 하였죠. 그동안 사용되던 '국민학교'라는 명칭은 '초등학교'로 바꾸었어요. 한편, 1997년에는 'IMF 외환 위기'를 맞기도 하였지요.

정답이 아닌 이유

① 김대중은 제15대 대통령으로 남북한 긴장 완화에 기여한 공로로 우리나라 최초로 노벨 평화상을 받았어요.

③ 노태우는 전두환 정부가 붕괴된 이후 제13대 대통령에 오른 인물로, 전두환과 같은 신군부 출신입니다.

④ 전두환은 신군부 출신으로 12·12 사태를 통해 군부 내의 주도권을 장악하고, 5·18 민주화 운동을 무력으로 진압한 후 대통령 선거인단의 간접 선거를 통해 대통령이 되었어요.

05 통일을 위한 노력 　139 7·4 남북 공동 성명

정답 ②

② 박정희 정부 시기에 발표한 7·4 남북 공동 성명은 남북한이 최초로 자주·평화·민족 대단결의 통일 원칙을 합의했다는 데 큰 의미가 있어요. 이를 실천하기 위해 남북 조절 위원회를 구성하여 실무진 회의를 개최하였지요.

정답이 아닌 이유

① 남북 기본 합의서는 '남북 사이의 화해와 불가침 및 교류·협력에 관한 합의서'의 줄인 말로, 1991년 서울에서 열린 제5차 남북 고위급 회담에서 채택되었어요.

③ 6·15 남북 공동 선언은 최초의 남북 정상 회담에서 발표된 선언이에요. 2000년에 김대중 대통령이 평양을 방문하여 김정일 국방위원장을 만나 남북 정상 회담이 개최되었어요. 이 회담에서 6·15 남북 공동 선언을 발표하였지요. 이후 남북한의 이산가족 상봉이 이루어지고, 인적 교류와 경제 협력이 이루어졌어요.

④ 10·4 남북 정상 선언은 노무현 대통령이 2007년 평양에 가서 김정일 국방위원장과 남북 정상 회담을 열고 발표하였어요.

06 노태우 정부 시기의 활동

정답 ③

'서울 올림픽', '남북 기본 합의서' 등의 내용을 통해 (가) 정부가 노태우 정부임을 알 수 있어요. 노태우 정부 시기에 서울 올림픽이 개최(1988)되었고, 여소야대 정국을 극복하기 위해 3당 합당(1990)을 추진했어요. 여소야대란 국회 의원 선거에서 집권당인 여당 출신 국회 의원보다 야당 출신 국회 의원이 더 많이 당선되어 야당이 국회를 주도하게 된 상황을 뜻해요. 또한 남북 기본 합의서(1991)를 채택하여 남북한이 서로의 체제를 인정하고, 남북 사이의 화해와 교류·협력 등에 관해 합의하였지요. ③ 한편, 공산권 국가들과 관계 개선을 위해 북방 외교도 추진하여 이 시기에 소련 및 중국과 국교가 수립되었어요.

정답이 아닌 이유

① 농지 개혁법은 1949년 이승만 정부 시기에 제헌 국회에서 제정되었어요. 농지를 3정보 상한으로 유상 매수·유상 분배함으로써 '농사짓는 사람이 땅을 소유해야 한다'는 경자유전의 원칙에 따라 자영농을 육성하기 위한 법안이에요.

② 베트남 전쟁 파병은 미국의 요청으로 1964년부터 1973년까지 한국 정부가 베트남 전쟁에 국군을 파병하여 참전한 사건으로, 박정희 정부 시기의 일이에요.

④ 2000년 김대중 정부 시기에 남북 정상 회담이 최초로 개최되었어요. 김대중 대통령과 북한의 김정일 국방위원장이 평양에서 만나 함께 회담한 후 6·15 남북 공동 선언을 발표했어요.

07 노무현 정부 시기의 활동 　140 남북 정상 회담

정답 ④

노무현 정부 시기인 2007년에 남북 정상 회담이 개최되었어요. 이 회담에서 남북 관계 발전과 평화 번영을 위한 10·4 남북 공동 선언을 발표했지요. 김대중 정부 이후 들어선 노무현 정부는 김대중 정부가 합의한 개성 공단 사업을 실현시켰어요. 또한 행정 중심 복합 도시 건설을 시작하였고, ④ 부산에서 아시아·태평양 경제 협력체(APEC) 정상 회의(2005)를 개최하기도 하였지요.

정답이 아닌 이유
① 박정희 정부 시기인 1970년에 경부 고속 국도가 준공되었어요.

② 문재인 정부 시기인 2018년에 평창 동계 올림픽이 개최되었어요.

③ 김영삼 정부 시기인 1996년에 경제 협력 개발 기구(OECD)에 가입했어요. 1990년대 김영삼 정부 시기에는 금융 실명제와 지방 자치 제도가 전면 실시되기도 하였지요. 하지만 정부가 가지고 있던 외환이 부족해 큰 위기에 빠지기도 하였어요.

08 김대중 정부의 통일 노력 `138 외환 위기` `140 남북 정상 회담`
정답 ①
'금 모으기 운동', '국제 통화 기금(IMF)의 구제 금융 지원금을 예정보다 3년이나 빨리 상환하였다'는 내용을 통해 밑줄 그은 '정부'가 김대중 정부임을 알 수 있어요. ① 김대중 정부 때인 1998년 금강산 해로 관광이 시작되었어요. 노무현 정부 때인 2003년부터는 육로 관광이 시작되었지요.

정답이 아닌 이유
② 1980년대 말 냉전이 완화되는 상황에서 출범한 노태우 정부 때 남북 대화가 활발하게 이루어졌어요. 노태우 정부 때인 1991년에 남북 기본 합의서를 채택하고, 남북한이 유엔에 동시 가입하였지요.

③ 박정희 정부는 이산가족 재회를 위한 남북 적십자 회담을 1971년에 개최하였어요. 1972년에는 자주·평화·민족 대단결의 통일 3대 원칙에 합의한 7·4 남북 공동 성명을 발표하였지요.

④ 한반도 비핵화 공동 선언을 채택한 것은 1991년으로, 노태우 정부 때의 일이에요.

⑤ 전두환 정부 때인 1985년에 처음으로 고향 방문단을 구성해 이산가족 상봉이 이루어졌고, 예술 공연단 교환이 실현되었어요.

출제 예감 자료 **시대순으로 보는 남북 교류의 역사**

남북 적십자 제1차 예비 회담 1971	7·4 남북 공동 성명 발표 1972	최초의 이산가족 고향 방문단 1985
남북 기본 합의서 채택 1991	소 떼를 몰고 간 정주영의 방북 1998	금강산 해로 관광 개시 1998
제1차 남북 정상 회담 2000	개성 공단 착공 2003	10·4 남북 공동 선언 채택 2007

시험 전 1문제 더 맞히기 **세시 풍속과 민속놀이**

키워드로 풀리는 기출 문제 본문 159쪽

01 ②　　02 ④　　03 ①　　04 ④　　05 ①

01 정월 대보름
정답 ②
'음력 1월 15일', '정월 대보름', '달집 태우기'의 내용을 통해 (가)에 들어갈 세시 풍속은 부럼 깨기, 쥐불놀이, 오곡밥 먹기가 들어갈 수 있어요. 정월 대보름의 풍속은 전체 세시 풍속 중 1/4이 넘을 정도로 많아요. 정월 대보름에는 온 마을 사람들이 질병, 재앙으로부터 풀려나 농사가 잘되고 고기가 잘 잡히게 기원하였어요. 정월 대보름에는 부럼 깨기, 더위팔기, 귀밝이술 마시기, 시절 음식인 복쌈이나 묵은 나물을 먹기, 오곡밥이나 약밥, 달떡 먹기 등을 하였어요.

② 창포물에 머리를 감는 것은 단오(음력 5월 5일)의 풍습이에요.

정답이 아닌 이유
① 부럼 깨기는 정월 대보름 아침에 하던 풍습이에요. 호두, 잣, 밤 등을 깨물면서 1년 동안 건강하게 지낼 수 있기를 빌었지요.

③ 쥐불놀이는 정월 대보름 전날 논밭두렁의 짚에 불을 놓아 태우는 풍습이에요.

④ 오곡밥 먹기는 정월 대보름에 쌀과 보리를 비롯하여 5가지 곡식으로 밥을 지어 먹는 풍습이랍니다.

02 차전놀이
정답 ④
차전놀이는 정월 대보름을 전후하여 안동 지방에서 행해지던 민속놀이로 동채 싸움이라고도 불려요. 후백제의 견훤과 고려 태조 왕건의 고창 전투에서 비롯되었다는 설이 전해지고 있지요.

정답이 아닌 이유
① 강강술래는 전라남도 해안 지방에서 추석 전후에 하던 민속놀이예요. 이순신 장군이 임진왜란 때 적에게 우리 군사가 많은 것처럼 보이게 하기 위해 부녀자에게 남자 옷을 입혀 산을 돌게 했다는 데에서 유래되었다는 이야기가 있어요.

② 고누놀이는 땅이나 밭에 그린 판에 말을 움직여 상대편의 말을 잡거나 가두어서 움직이지 못하게 하는 놀이예요.

③ 줄다리기는 양쪽으로 편을 나누어 줄을 당겨 자기 편 쪽으로 향하게 하는 쪽이 승리하는 민속놀이로 보통 정월 대보름에 많이 하지요.

03 단오
정답 ①
단오는 음력 5월 5일로, 풍년을 기원하는 의미로 단오제를 지내요. 창포물로 머리 감기를 하고요. 수리취떡과 약초 떡 등을 해 먹어요. 또 그네뛰기, 씨름 등의 민속놀이를 하지요.

정답이 아닌 이유

② 동지는 일 년 중에서 밤이 가장 길고 낮이 가장 짧은 날로, 팥죽을 끓여 집안 곳곳에 한 그릇씩 떠 놓은 후에 집안 식구들이 모여 먹었다고 해요. 또 새 달력 나누어 주기 등의 풍습도 있지요.

③ 추석은 한가위라고도 하며, 강강술래, 가을걷이, 보름달 보며 소원 빌기 등을 해요.

④ 한식은 조선 시대 4대 명절 중 하나로, 조상의 산소에서 제사를 지냈어요. 이때 묘가 헐었으면 떼를 다시 입히기도 하였지요. 이날에는 더운밥을 피하고 찬밥을 먹는 풍습이 있어요.

04 칠석

정답 ④

그림은 견우와 직녀 설화를 나타낸 것으로, 음력 7월 7일 칠석과 관련이 있어요. ④ 칠석 날은 견우와 직녀가 까마귀와 까치들이 놓은 오작교에서 1년에 1번씩 만났다는 전설에서 비롯되었어요. 이날에는 보통 비가 내리는데 견우와 직녀가 만나는 환희의 눈물이라고도 하지요. 이날 풍습으로는 걸교(乞巧)라 하여 처녀들이 견우성과 직녀성을 보고 바느질 솜씨가 늘기를 빌고, 선비와 학동들은 두 별을 제목으로 시를 지으면 문장을 잘 짓게 된다고 하여 시를 지었어요.

정답이 아닌 이유

① 단오는 음력 5월 5일로 사람들은 모내기를 끝내고 한 해의 풍년을 기원하는 제사를 지내기도 했어요. 단오에 여자들은 창포물에 머리를 감고 그네뛰기를 했으며, 남자들은 씨름을 즐겼어요.

② 동지는 1년 중 밤이 가장 길고 낮이 가장 짧은 날로, 팥죽을 쑤거나 팥 시루떡을 만들어 먹는 세시 풍속이 있어요. 또 새로운 달력을 걸어 새해를 맞이했답니다.

③ 추석은 음력 8월 15일로 한가위라고도 불러요. 사람들은 추석이 되면 그해 추수한 햇곡식과 과일로 조상에게 제사를 지내고 송편을 빚어서 먹었어요.

05 격구

정답 ①

격구는 우리 민족이 오랫동안 즐겨 온 민속놀이로, 공을 사용하는 운동 경기를 뜻해요. 말을 타고 막대기로 땅바닥의 공을 쳐서 멀리 보내는 기마 격구, 걷거나 뛰어다니면서 공을 쳐서 구멍에 집어넣는 도보 격구가 있어요.

정답이 아닌 이유

② 씨름은 샅바나 띠, 바지춤을 잡고 힘과 기술로 상대를 먼저 땅에 넘어뜨리는 사람이 이기는 경기예요.

③ 투호는 일정한 거리에 병을 놓고 화살을 던져 승부를 가리는 민속놀이예요.

④ 고싸움은 두 편으로 나뉘어 고를 어깨에 메고 서로 부딪혀 상대편 고를 눌러 땅에 닿게 하는 쪽이 이기는 민속놀이예요.

시험 전 **1**문제 더 맞히기   **유네스코 세계유산**

키워드로 풀리는 기출 문제 본문 162~163쪽

01 ④	02 ②	03 ①	04 ③	05 ③
06 ④	07 ④	08 ①	09 ②	

01 조선의 궁궐(창덕궁)

정답 ④

'태종 때 이궁', '돈화문', '인정전', '후원' 등을 통해 (가)에 들어갈 문화유산이 창덕궁임을 알 수 있어요. ④ 창덕궁은 태종 때 이궁(별궁)으로 세워졌어요. 주요 건물로 돈화문, 인정전, 낙선재가 있고, 후원에서는 잘 보존된 조선의 정원 조경도 관람할 수 있어요. 창덕궁은 자연과의 조화로운 공간 배치로 그 가치를 인정받아 유네스코 세계 문화유산으로 등재되었어요.

정답이 아닌 이유

① 경복궁은 조선의 정궁으로 태조 때 세워졌어요. 임진왜란 때 불에 탄 것을 흥선 대원군이 왕실의 권위를 세우기 위해 중건하였어요.

② 경희궁은 광해군 때 세워졌고, 경복궁 서쪽에 있어서 서궐로 불렸어요. 인조 때부터 여러 임금들이 이곳에서 정사를 보았지요.

③ 덕수궁의 원래 이름은 경운궁이었어요. 고종이 아관 파천 이후 경운궁으로 환궁하고, 황제 즉위식을 한 뒤에 대한 제국의 정궁이 되었지요. 덕수궁 석조전은 최초의 서양식 건축물이에요.

02 남한산성

정답 ②

병자호란 때 인조가 머물며 삼전도의 굴욕을 겪었던 역사적 장소는 남한산성이에요. ② 남한산성은 11번째 한국의 세계유산으로 등재되었으며, 동아시아의 축성 기술을 잘 보여 주고 있어요.

정답이 아닌 이유

① 공산성은 충청남도 공주에 있는 산성으로, 백제 시대 때의 문화유산이지요.

③ 정족산성은 강화도에 있고, 병인양요 때 양헌수 장군이 프랑스군을 무찌른 곳이에요.

④ 수원 화성은 정조가 자신의 정치적 이상을 담은 새로운 도시를 만들고자 건립하였어요. 거중기가 사용되어 3년도 채 안되는 빠른 시간 안에 완성되었지요.

03 백제 역사 유적 지구

정답 ①

백제 역사 유적 지구 답사에서 볼 수 없는 문화유산은 경주 대릉원 일원이에요.

① 경주 역사 유적 지구에 있는 경주 대릉원은 신라의 왕과 왕비, 귀족의 무덤이 모여 있는 곳이에요. 이곳에는 23개의 무덤이

있는데 그중 금관이 발견된 금관총, 천마도가 발견된 천마총 등이 있어요.

정답이 아닌 이유

② 공주 공산성은 백제가 한성에서 웅진(공주)으로 도읍을 옮긴 후 흙으로 쌓은 산성이에요. 삼국 시대에는 웅진성으로 불리다가 고려 시대 이후부터 공산성으로 불리게 되었다고 해요.

③ 부여 정림사지는 백제의 절 정림사가 있던 터예요. 이곳에는 현재 백제의 대표적인 석탑인 정림사지 5층 석탑이 남아 있어요.

④ 익산 왕궁리 유적은 백제의 무왕 때 만든 왕궁과 절이 있었던 곳이에요. 무왕은 사비성을 보완하기 위해 이 궁을 지었는데 현재는 건물이 남아 있지 않고 5층 석탑만 남아 있어요.

04 허준의 동의보감

정답 ③

밑줄 그은 '이 책'은 『동의보감』이에요. 『동의보감』은 허준이 편찬한 의학서예요. 허준은 임진왜란 때 선조의 지시에 따라 중국과 우리나라의 의학책을 종합하여 책을 만들기 시작해서 광해군 때 완성했어요. 완성된 『동의보감』은 중국, 일본에서도 편찬되었다고 해요. 의학 서적으로는 최초로 유네스코 세계 기록유산으로 인정받는 등 세계적으로 가치가 높은 문화유산이에요.

정답이 아닌 이유

① 『북학의』는 조선 후기 북학파 실학자인 박제가가 청에 다녀와서 쓴 기행문이에요.

② 『농사직설』은 세종의 명을 받은 정초, 변효문 등이 편찬한 농업책이에요. 이들은 전국 각지에서 농사 경험이 풍부한 농부들의 농사 방법을 모아 『농사직설』을 편찬했어요.

④ 『자산어보』는 정약용의 형인 정약전이 쓴 책이에요. 정약전은 천주교를 믿었다가 흑산도로 유배를 갔어요. 그곳에서 조개류와 어류 등을 연구하여 『자산어보』를 썼어요.

05 국채 보상 운동 기록물

정답 ③

'일제에 진 빚을 국민의 힘으로 갚자는 민족 운동', '1907년부터 전국적으로 전개되었다'는 내용을 통해 (가) 문화유산은 국채 보상 운동과 관련 있음을 알 수 있어요. ③ 한국의 국채 보상 운동 기록물은 국가가 진 빚을 국민이 갚기 위해 1907년부터 1910년까지 일어난 국채 보상 운동의 전 과정을 보여 주는 기록물이죠.

정답이 아닌 이유

① 『승정원일기』는 왕의 비서 기관인 승정원에서 왕을 보좌하면서 날마다 쓰는 일기로 왕의 하루 일과, 지시 내용, 각 부처에 보고한 내용 등이 실려 있어요.

② 새마을 운동 기록물은 1970~1979년에 전개된 새마을 운동에 대한 대통령 연설문, 정부 문서, 마을 단위의 기록물 등이 포함되어 있어요.

④ KBS 특별생방송 '이산가족을 찾습니다' 기록물은 KBS가 1983년 6월 30일 밤 10시 15분부터 11월 14일 새벽 4시까지 방송 기간 138일 동안 생방송한 비디오 녹화 원본 테이프와 담당 프로듀서의 업무 수첩, 이산가족이 직접 작성한 신청서, 기념 음반, 사진 등 20,522건의 기록물을 총칭해요.

06 5·18 민주화 운동

정답 ④

'1980년 광주에서 신군부에 저항' 등을 통해 (가)에 들어갈 사건은 5·18 민주화 운동임을 알 수 있어요. ④ 5·18 민주화 운동 기록물은 1980년 인권 기록유산으로 시민의 항쟁 및 가해자들의 처벌과 보상에 관한 문서·사진·영상 등의 형태로 남아 있어요.

정답이 아닌 이유

① 부마 항쟁은 1979년 부산과 마산에서 일어난 민주화 운동이에요. 이 운동은 박정희 정부의 유신 체제에 반대해서 일어났어요.

② 4·19 혁명은 1960년에 3·15 부정 선거가 원인이 되어 일어난 민주화 운동으로 이승만을 대통령직에서 물러나게 했지요.

③ 6월 민주 항쟁은 전두환 정권에 대한 독재 타도와 대통령 직선제 개헌 등을 요구하며 1987년 전국 각지에서 일어난 민주화 운동이에요.

07 조선왕조실록

정답 ④

'세계 기록유산', '각 왕대의 일들을 날짜별로 기록하였다'는 내용을 통해 (가)에 들어갈 문화유산은 『조선왕조실록』임을 알 수 있어요. ④ 『조선왕조실록』은 유네스코에서 선정한 세계 기록유산으로 그 가치를 인정받고 있어요. 『실록』은 각 왕대에 일어난 주요 사건을 날짜별로 기록한 것이에요. 『실록』은 그것을 쓰는 사람이 사건을 사실대로 바르게 쓸 수 있도록 하기 위해 왕이라 해도 그 내용을 함부로 볼 수 없었지요. 또 각 관청의 문서들과 사초를 모아서 편찬하였고, 편찬된 『실록』은 전국의 사고에 보관되어 관리되었어요. 사고는 조선 전기에는 춘추관, 충주, 전주, 성주에서 보관하였는데 전쟁과 화재로 사라지자 접근하기 어려운 산에 보관하였어요.

정답이 아닌 이유

① 『고려사』는 조선 시대에 김종서, 정인지 등이 편찬한 고려 시대의 역사서예요.

② 『동국통감』은 성종 때 서거정 등이 고조선부터 고려 말까지의 역사를 엮은 책이에요.

③ 『동사강목』은 조선 후기에 실학자 안정복이 고조선부터 고려 말까지의 역사를 다룬 역사책이에요.

08 한국의 서원

정답 ①

(가)에 들어갈 교육 기관은 서원이에요. 조선 시대의 서원은 덕망 높은 유학자를 기리고 지방 양반의 자제를 교육하는 기관인

동시에 향촌 자치 운영 기구였어요. 우리나라 최초의 서원은 주세붕이 세운 경북 영주의 백운동 서원이에요. 이후 서원은 전국 각지에 세워졌어요. 조선은 성리학을 통치 이념으로 하는 국가이기 때문에 조정에서는 서원이 성리학의 보급과 향촌 사회의 교화에 큰 도움이 된다고 생각하여 사립 교육 기관인 서원 설립을 적극적으로 장려했어요. 2019년에 한국의 서원 9곳이 유네스코 세계유산에 등재되었어요.

정답이 아닌 이유
② 향교는 고려 시대와 조선 시대에 나라에서 지방에 세운 중등 교육 기관이에요. 나라에서는 향교에 교수와 훈도를 파견했어요.

③ 성균관은 조선 시대 최고의 국립 교육 기관이에요. 성균관은 고려 시대의 국자감을 계승했어요. 성균관에는 원칙적으로 소과에 합격한 생원, 진사가 입학하였지요. 서울에 위치한 성균관에는 학생들이 모여 공부하는 명륜당, 기숙사인 동재와 서재, 공자의 위패를 모신 대성전이 있어요.

④ 4부 학당은 조선 시대에, 나라에서 서울의 네 곳에 세운 중등 교육 기관이에요.

09 직지심체요절

정답 ②
현재 남아 있는 세계에서 가장 오래된 금속 활자본은 『직지심체요절』이에요. ② 『직지심체요절』은 1377년 청주 흥덕사에서 찍어낸 것이에요. 이 책은 프랑스 국립 도서관에 보관되어 있었는데, 이를 박병선 박사가 발견해 세상에 알려지게 되었어요.

정답이 아닌 이유
① 『악학궤범』은 조선 성종 때 편찬된 음악 서적으로 글과 그림으로 되어 있어요.

③ 『동국통감』은 조선 성종 때 서거정 등이 고조선부터 고려 말까지의 역사를 엮은 책이에요.

④ 『삼국유사』는 고려의 승려 일연이 쓴 것으로, 단군의 건국 이야기 외에 삼국 시대 불교 관련 이야기, 설화와 풍속 등도 쓰여 있어요. 일연은 이 책을 경상북도 군위군 인각사에서 완성했답니다.

01 제주도 지역의 역사

정답 ②
기행문 속 항파두리 항몽 유적, 4·3 사건과 관련된 답사 지역은

(나) 제주도예요. ② 제주도는 몽골의 침략 때 삼별초가 김통정의 지휘 아래 끝까지 싸운 곳으로, 항파두리 항몽 유적지는 삼별초 최후의 항쟁지를 말해요. 또한 광복 이후 남한만의 단독 정부 수립을 위한 선거에 반대하는 제주도민들이 무장 봉기를 일으킨 곳이기도 하지요. 한편, 하멜 기념비 역시 제주도 지역에 세워져 있어요. 17세기 중엽 네덜란드 사람인 하멜 일행을 태운 배가 태풍을 만나 제주도에 표류하였고, 표류한 지 14년 만에 고국으로 돌아가 조선에서 겪은 생활을 담은 『하멜 표류기』를 펴내기도 하였어요.

정답이 아닌 이유
① (가) 강화도는 무신 정권이 몽골의 침략에 맞서려고 개경에서 도읍을 옮긴 곳이에요. 이곳은 개경과 가깝고 밀물과 썰물의 차이가 커 몽골군이 쉽게 침략하지 못하는 곳으로 생각되었어요.

③ (다) 거제도는 임진왜란 때 이순신 장군이 해군을 이끌고 일본군을 물리친 곳이며, 6·25 전쟁 시기 전쟁 포로를 수용하는 포로 수용소가 있던 곳이에요.

④ (라) 울릉도는 삼국 시대에 우산국으로 불리던 곳으로 신라 지증왕 때 신라의 영토로 편입되었어요. 조선 숙종 때 안용복은 일본에 가서 울릉도와 독도가 우리 땅임을 확실히 했어요.

02 강화도 지역의 역사

정답 ③
강화도는 청동기 시대의 무덤인 고인돌 유적이 많이 분포되어 있어요. 고려 몽골 침입 때는 임시 수도였고요. 또 조선 시대에는 병인양요와 신미양요를 겪은 지역이지요.

③ 문무 대왕 수중릉은 경북 경주에 위치하고 있어요.

정답이 아닌 이유
①, ② 병인양요 때 양헌수 부대가 정족산성에서 활약하였고, 퇴각하던 프랑스군은 외규장각 도서를 약탈해 갔어요.

④ 청동기 시대의 무덤인 고인돌은 인천의 강화도에 있어요.

03 충주 지역의 역사

정답 ④
'고구려의 한강 진출 비석', '김윤후 항전', '탄금대' 모두 충주 지역의 역사적 사실과 관련이 있어요. 고구려 장수왕은 남진 정책으로 한강 유역을 점령하고 충주 부근까지 점령한 후 이를 기념하기 위해 충주(중원) 고구려비를 세웠어요. 당시 충주의 명칭은 한반도의 중앙이라는 뜻의 중원이었어요. 한편, 고려 시대 몽골의 제5차 침입 때, 몽골군이 충주성을 공격했어요. 이때 장수와 관리들은 도망가 버렸고, 충주성에는 병사 일부와 노비, 백성들만 남아 있었지요. 김윤후는 전투에서 승리하면 신분을 가리지 않고 모두 벼슬을 주겠다고 약속하고, 노비 문서를 불태우는 등 백성들의 사기를 높였어요. 백성들은 죽음을 무릅쓰고 몽골군과 싸워 몽골군을 물리쳤어요. 임진왜란 때 신립은 일본군을 맞아 충주에서 전투를 벌였어요. 신립은 탄금대에서 배수진을 치고 일본군에 끝까지 맞섰으나 결국은 패하였어요.

04 부산 지역의 역사

정답 ③

③ 부산은 임진왜란 때 송상현이 일본군에 맞서 싸우다 순절한 동 래성이 있는 곳이며, 조선 후기에는 내상의 활동 근거지였어 요. 또 2002년에는 아시아 경기 대회가 개최되기도 했답니다.

정답이 아닌 이유

① 인천의 옛 이름은 제물포예요. 조선은 일본과 강화도 조약을 맺고 인천을 포함한 3개의 항구를 개항했어요.

④ 강릉은 조선 시대에 율곡 이이가 태어난 곳이에요. 이이의 어 머니인 신사임당은 바다에서 검은 용이 집으로 오는 태몽을 꾸었다고 해요.

05 개경 지역의 역사

정답 ③

(가) 지역은 개성(개경) 지역이에요. 개경은 고려의 수도이자 궁 궐터인 만월대가 있던 곳이죠. 개경에는 별을 관측하던 첨성대 가 남아 있는데, 경주의 첨성대와 모습이 달라요. 그리고 고려 시 대에 개경에는 최고 교육 기관인 국자감이 설립되었는데, 이후 국학·성균감·성균관으로 이름을 고쳤어요. ③ 무신 집권기에는 최충헌의 사노비 만적이 신분 해방을 도모하며 개경에서 난을 일으키기도 했죠. 고려 말의 충신 정몽주가 피살된 선죽교도 개 경에 있어요. 또한 개성에는 김대중 정부 때 남북이 협력하여 만 든 개성 공단도 있어요.

정답이 아닌 이유

① 승려 묘청은 고려 때 서경(평양)으로 수도를 옮기자고 주장하였 는데, 김부식 등 개경 세력은 서경 천도를 반대하였어요. 서경 천도가 어려워지자 묘청은 서경에서 난을 일으켰어요.

② 고려 시대에 원이 쌍성총관부를 설치한 지역은 함경남도 영흥 지역인 화주입니다. 쌍성총관부는 원이 고려의 화주에서 정주 에 이르는 지역을 관할하기 위하여 설치된 통치 기구예요.

④ 삼별초는 몽골과의 강화에 반대하고 강화도에서 진도, 제주도로 중심지를 옮기면서 항쟁을 계속하였어요.

06 인천 지역의 역사

정답 ①

'온조의 형 비류가 터를 잡은 지역', '강화도 조약으로 개항된 지 역'을 지도에서 바르게 찾은 것은 (가) 인천이에요. 인천에서는 2014년 제17회 아시아 경기 대회가 개최되기도 했어요.

정답이 아닌 이유

② (나) 군산은 고려 말 최무선이 왜구를 물리친 진포 대첩이 일 어난 곳이에요. 또 일제 강점기 일본이 우리나라의 쌀을 일본 으로 가져가기 위해 이용한 지역이에요.

③ (다) 울산은 통일 신라 시대 경주와 가까워 국제 무역항의 역 할을 했어요. 이곳을 통해 아라비아 상인들이 와서 신라가 아 라비아 세계에 알려졌지요.

④ (라) 강릉은 신사임당과 이이가 태어난 곳이에요. 신사임당은 조선 성리학을 이끈 율곡 이이의 어머니이기도 하지요.

07 독도의 역사

정답 ①

숙종 때 어민 안용복은 울릉도에 불법 침입한 일본 어부들을 쫓 아내고 일본에 건너가 일본 정부로부터 울릉도와 독도가 우리의 영토임을 확인받았어요.

정답이 아닌 이유

② 고려의 삼별초는 몽골이 침입했을 때 강화도에서 진도로 근거 지를 옮겨 가며 끝까지 항전을 이어갔어요.

③ 1885년 영국은 러시아의 남하에 대비한다는 구실로 우리나라 의 거문도를 불법으로 점령하였어요(거문도 사건).

④ 1948년 제주도에서는 남한만의 단독 선거에 반대한 좌익 세 력과 경찰이 충돌하는 사건이 일어났어요. 이를 무력으로 진 압하는 과정에서 많은 민간인들이 좌익 세력으로 몰려 희생 되었지요(제주 4·3 사건).

08 독도의 역사

정답 ③

'조선 숙종 때 어부', '울릉도와 독도가 우리 영토임을 확인받았다' 는 내용을 통해 밑줄 그은 '이 사람'이 안용복임을 알 수 있어요. ③ 안용복은 조선 후기 부산 동래부 출신 어부예요. 숙종 때 울릉도에 와서 고기잡이를 하던 일본 어민들과 실랑이를 벌이다가 일본으 로 잡혀갔으나, 일본 관리들에게 항의해 울릉도와 독도가 조선 땅 임을 주장하여 확인을 받고 돌아왔어요. 이후 일본 어민의 울릉도, 독도 어업 금지 명령이 잘 지켜지지 않는 것을 보고 다시 일본으로 건너가 일본 태수에게 항의하고 사과를 받아 내기도 하였죠.

정답이 아닌 이유

① 김정호는 조선 후기의 지리학자로, 목판으로 제작한 지도인 대동여지도를 만들었어요. 이 지도는 22첩으로 제작되었고, 10리마다 눈금을 표시하여 거리를 알 수 있었어요.

② 유득공은 조선 후기 실학자로, 발해에 대한 역사서인 『발해 고』를 썼는데, 이 책에서 통일 신라와 발해가 있던 시대를 '남 북국 시대'라고 최초로 이야기했답니다.

④ 최윤덕은 세종 때 압록강 유역에 파견되어 여진을 정벌하고 4 군을 개척한 인물이에요.

09 독도의 역사

정답 ①

'울릉도를 울도군으로 승격', '대한 제국 칙령 제41호'를 통해 밑 줄 그은 '이 섬'이 독도임을 알 수 있어요.

정답이 아닌 이유

② 장보고가 설치한 청해진은 지금의 완도예요. 청해진은 통일

신라 때의 해군 기지로 무역 중심지 역할을 하였어요.

③ 강화도는 일본과 최초의 근대적 조약이자 불평등 조약인 강화
도 조약을 체결한 곳이에요.

④ 거제도는 6·25 전쟁 시기 북한군 포로 수용소가 위치했어요.

시험 전 **1**문제 더 맞히기   **역사 인물**

키워드로 풀리는 기출 문제 본문 170쪽

01 ③   02 ③   03 ②   04 ④   05 ③

01 정약용

정답 ③

'정조', '화성', 『목민심서』 등의 내용을 종합하여 알 수 있는 (가)
인물은 농업에 관심을 가진 실학자 정약용이에요. ③ 정약용은
조선 시대 실학자이며 지방관이 백성을 다스릴 때 지켜야 할 도
리를 적은 『목민심서』를 썼어요. 정조가 수원 화성을 쌓을 때 거
중기를 설계하여 도움을 주었어요.

정답이 아닌 이유

① 박지원은 청에 갔다 온 후 기행문인 『열하일기』를 쓴 실학자
예요.

② 박제가는 조선 후기 실학자로 소비를 늘려야 한다고 주장했어요.

④ 홍대용은 『의산문답』이라는 책을 쓰고 '지전설'을 주장했어요.

02 정도전

정답 ③

삼봉은 정도전의 호예요. 정도전은 조선을 왕이 아닌, 신하가 중
심이 되는 나라로 만들고자 했어요. 이로 인해 강력한 왕권을 세
워야 한다고 주장하는 이방원과 대립하였고 결국 죽임을 당하고
말았지요. 정도전은 유교의 정신에 따라 나라를 다스려야 한다
고 주장하면서 유교의 정신을 담아 경복궁, 종묘, 사직단 등의 위
치와 이름을 정하였어요.

정답이 아닌 이유

① 이색은 고려 말의 신진 사대부로, 정몽주, 길재 등과 함께 '고
려의 삼은'이라고 불려요.

② 조준은 고려 말과 조선 초의 문신으로, 조선 건국의 주도적인
역할을 한 조선의 개국 공신이에요. 조선을 다스리는 데 기본이
되는 조선 최초의 법전인 『경제육전』을 편찬하기도 하였어요.

④ 정몽주는 이방원의 설득에 굴하지 않고 고려를 지키려 하다가
선죽교에서 죽임을 당하였어요.

03 이회영

정답 ②

'신민회의 회원', '전 재산을 팔아 만주로 가서 독립군을 길러 냈
다'는 내용을 통해 밑줄 그은 '나'는 이회영임을 알 수 있어요. ②
일제가 국권을 강탈하자 이회영과 그의 형제들은 집안의 재산을

모두 처분해 만주로 건너가 한인 단체와 신흥 강습소를 설립하
였지요. 이회영이 설립한 신흥 강습소는 훗날 신흥 무관 학교로
발전하여 많은 독립군을 배출하였어요.

정답이 아닌 이유

① 진단 학회는 일제 강점기에 한국사, 민속학, 국문학 등을 연구
한 단체로 이병도, 손진태 등이 조직하였어요.

③ 한인 애국단은 김구가 침체되어 있던 대한민국 임시 정부를
다시 일으켜 세우기 위해 만든 의열 투쟁 단체예요.

④ 한국 광복군은 1940년 충칭에 정착한 대한민국 임시 정부의
정규군이에요.

04 최익현

정답 ④

최익현은 성리학적 질서를 지키고 서양 문물을 받아들이는 것에
반대한 위정척사파의 대표적인 인물이에요. 그는 흥선 대원군을
비판하는 상소를 올려 제주도에 유배되었고, 강화도 조약이 맺
어질 무렵에는 반대 상소를 올려 흑산도에 유배되기도 했어요.
을사늑약이 체결되자 전라도에서 의병을 일으켰어요. 최익현은
자신이 이끄는 의병이 대한 제국 군대와 맞서게 되자 스스로 해
산하고 체포되어 일본 쓰시마 섬에 끌려가게 되었어요.

정답이 아닌 이유

① 허위는 1908년 서울 진공 작전을 펼친 인물이에요. 서울 진공
작전은 해산된 군인들이 13도 창의군을 결성하고 일본군을
공격하기 위해 계획한 것이에요. 이때 허위는 선발대를 이끌
고 서울 근처까지 왔으나 일본군의 선제공격으로 뜻을 이루
지 못했어요.

② 신돌석은 평민 출신 의병장으로, 을사늑약이 체결되자 의병을
일으켰어요.

③ 유인석은 을미사변이 일어나자 충청북도 제천, 단양 등에서
의병 항쟁을 일으켰어요. 이후 평안도, 황해도를 거쳐 러시아
로 가 항일 운동을 펼쳤어요.

05 윤봉길

정답 ③

'한인 애국단', '훙커우 공원' 등의 내용을 통해 (가) 인물이 윤봉
길임을 알 수 있어요. ③ 윤봉길은 김구가 조직한 한인 애국단의
단원으로 활동했어요. 1932년 일본이 상하이를 차지한 것을 축
하하는 행사를 한다는 이야기를 듣고 상하이 훙커우 공원에서
일본군과 관리들을 향해 폭탄을 던졌어요. 윤봉길은 이 사건 직
후 체포되어 사형을 당했어요.

정답이 아닌 이유

① 신채호는 우리 역사를 연구한 역사가이자 독립운동가예요.
『을지문덕전』, 『이순신전』 등의 위인전을 쓰기도 했어요.

② 안중근은 1909년 하얼빈에서 이토 히로부미를 처단하였어요.
그는 이 사건 후 체포되어 중국의 뤼순 감옥에서 처형당했지요.

④ 이봉창은 한인 애국단의 단원으로 1932년 1월 도쿄에서 일왕 히로히토에게 수류탄을 투척하였어요. 사살 시도는 실패하였고 범인 검거를 위해 일본군이 현장의 사람들을 마구 구타하자 자신이 범인이라며 자수를 하였지요. 비록 실패한 거사였지만 일본 한복판에서 벌인 투쟁으로 일본의 간담을 서늘케 하였답니다.

01 ④	02 ③	03 ④	04 ②	05 ④
06 ④	07 ①	08 ③	09 ②	10 ④
11 ④	12 ②	13 ②	14 ④	15 ③
16 ③	17 ②	18 ③	19 ③	20 ②
21 ③	22 ③	23 ①	24 ③	25 ④
26 ④	27 ②	28 ④	29 ③	30 ②
31 ①	32 ④	33 ③	34 ④	35 ①
36 ③	37 ④	38 ④	39 ②	40 ④
41 ②	42 ①	43 ②	44 ③	45 ②
46 ①	47 ③	48 ④	49 ④	50 ③

01 도구의 변화

정답 ④

가락바퀴는 실을 뽑는 데 사용된 신석기 시대의 도구이고, 갈돌과 갈판은 추수한 곡식의 껍질을 벗기거나 가루를 내는 데 사용된 신석기 시대의 도구예요. (가)에 들어갈 유물은 낫처럼 벼이삭을 자르는 데 사용된 도구가 들어가야 해요. ④ 반달 돌칼은 청동기 시대에 곡식을 수확할 때 사용되었어요.

정답이 아닌 이유

① 뼈바늘은 가락바퀴와 함께 신석기 시대에 옷을 만들 때 사용되었어요.

② 조개껍데기 가면은 신석기 시대에 만들어진 장신구랍니다.

③ 빗살무늬 토기는 신석기 시대에 만들어진 대표적인 토기예요.

02 백제의 제도

정답 ③

고구려의 공격을 받아 옮긴 도읍이 웅진성(공주 공산성)이었다는 내용을 통해 (가) 국가는 백제임을 알 수 있어요. 백제는 한성(서울) - 웅진(공주) - 사비(부여)로 수도를 옮겼어요. ③ 백제는 웅진 시기 무령왕 때 지방에 22담로를 설치하고 왕족을 파견하여 지방 통제를 강화했답니다.

정답이 아닌 이유

① 고려 광종 때 쌍기의 건의로 과거제를 처음 도입했어요. 유학을 익힌 새로운 인재를 등용하여 왕권을 강화하려 하였지요.

② 고려 태조 때 실시된 기인 제도는 호족의 자제를 일정 기간 동안 수도에 머무르게 하는 제도예요. 통일 신라 시대의 상수리 제도와 비슷하지요. 기인 제도는 사심관 제도와 함께 호족을 견제하는 제도였어요.

④ 신라에는 엄격한 신분 제도인 골품제가 있었어요. 골품에 따라 벼슬뿐만 아니라 집의 크기, 옷의 색깔과 종류, 심지어는 사용할 수 있는 그릇까지 정해져 있었답니다.

03 화랑도의 특징

정답 ④

(가)에 들어갈 이름은 화랑도예요. ④ 화랑도는 청소년 수련 단체였는데, 원광의 세속 5계를 지키며 무예를 익히고 몸과 마음을 단련하였어요. 이후 진흥왕은 화랑도를 국가적인 조직으로 정비하였어요. 대표적인 화랑으로는 김유신이 있죠.

정답이 아닌 이유

① 경당은 고구려의 지방에 만들어진 학교로 청소년들에게 한문과 무술을 가르쳤어요.

② 별무반은 고려 시대에 여진을 물리치기 위해 만들어진 특수 부대랍니다.

③ 삼별초는 고려 시대에 무신 정권의 군사 기반으로, 몽골과 강화한 이후에도 끝까지 몽골에 저항하였어요.

04 삼국 문화의 일본 전파

정답 ②

삼국 시대에 우리나라의 많은 승려, 학자, 기술자 등은 일본에 건너가 문화를 전해 주었어요.

② 이삼평은 임진왜란 때 일본에 끌려간 조선의 도공이었어요. 그는 도자기 만드는 기술을 일본에 전해 주어 지금까지도 일본인들의 추앙을 받고 있어요.

정답이 아닌 이유

①, ④ 백제의 성왕 때 승려 노리사치계는 일본에 불교를 전해 주었으며, 아직기와 왕인은 유학과 한문을 전해 주었어요.

③ 고구려의 승려 담징은 일본에 종이와 먹을 만드는 방법을 전해 주었답니다.

05 고려의 후삼국 통일 과정

정답 ④

신라 경순왕의 항복은 고창 전투 이후, 후백제 멸망 전의 일이에요.

정답이 아닌 이유

① 신라 말 귀족들의 권력 다툼이 심해지고, 지방에는 호족 세력이 성장하였어요. 농민들의 삶은 피폐해져 원종·애노의 난(889) 등의 농민 봉기가 확산되었지요. 지방 호족 중 견훤과 궁예가 신라에 대항하여 각각 후백제와 후고구려를 세웠어요.

② 송악(개성)의 호족 왕건은 궁예의 신하로, 주변의 신망을 얻어 민심을 잃은 궁예를 내쫓고 고려를 세웠어요.

③ 고려는 고창(경북 안동) 전투에서 후백제에 승리한 뒤 후삼국의 주도권을 장악하였어요. 이후 힘이 약했던 신라의 경순왕은 스스로 나라를 고려에 넘겨주었지요.

06 최치원의 활동

정답 ④

'6두품', '빈공과 합격', '진성 여왕에게 10여 조의 개혁안' 등의 내용을 통해 (가)에 들어갈 인물은 최치원임을 알 수 있어요. 무성 서원은 최치원의 위패를 모신 서원이에요. 신라 6두품 출신인 그는 당으로 건너가 빈공과에 합격하여 관직 생활을 하기도 했어요. 귀국한 최치원은 진성 여왕에게 시무책 10여 조를 올려 골품제 사회의 모순을 극복하려 하였으나 진골 귀족들의 반대로 수용되지 못했어요.

정답이 아닌 이유

① 강수는 신라 6두품 출신의 유학자이자 문장가로 외교 문서를 작성하는 데 큰 역할을 하였어요.

② 설총은 원효의 아들로 이두를 체계적으로 정리하였어요. 이두는 한자의 음과 뜻을 빌려 우리말을 옮겨 쓴 것이에요. 또한 「화왕계」라는 명문을 지어 왕에게 조언하기도 하였어요.

③ 최승로는 고려 성종 때의 관리로 '시무 28조'를 건의하였어요. '시무'란 왕이 지금 당장 중요하게 해야 할 일을 뜻해요. 성종은 최승로의 건의를 받아들여 유교를 정치 이념으로 삼았어요.

07 살수 대첩과 을지문덕

정답 ①

중국을 통일한 수 양제가 많은 군사를 이끌고 고구려를 침략해 오자, 고구려의 장군 을지문덕은 유인 작전을 펼쳤어요. 이에 수의 군대는 평양성 부근까지 진군하였죠. 이때 을지문덕이 제시된 자료의 시를 수의 장수 우중문에게 보냈어요. ① 마침 수의 군대는 남은 식량도, 싸울 힘도 없었기 때문에 후퇴하였는데, 을지문덕이 이끈 고구려군은 살수(청천강)에서 수의 군대를 공격하여 큰 승리를 거두었어요. 이 전투를 살수 대첩이라고 해요.

정답이 아닌 이유

② 행주 대첩은 조선 시대에 일어난 임진왜란 때 권율이 일본에게 큰 승리를 거둔 전투예요.

③ 안시성 싸움은 고구려가 안시성에서 당 태종의 군대를 크게 물리친 전투를 말해요.

④ 김윤후는 고려를 침략한 몽골군을 처인성 전투에서 크게 물리쳤어요.

08 발해의 역사

정답 ③

전성기에 해동성국으로 불리고, 정혜 공주 묘와 관련 있는 '이 나라'는 발해예요. ③ 발해는 대조영이 고구려 멸망 이후 고구려 유민과 말갈족을 이끌고 동모산에서 건국한 나라이지요.

정답이 아닌 이유

① 9주 5소경 제도를 둔 나라는 통일 신라예요.

② 한강 유역 위례성을 도읍으로 한 나라는 온조가 세운 백제예요.

④ 별무반은 고려 예종 때 윤관이 여진을 정벌하기 위해 편성한 군대예요. 여진에 대항하기 위해 보병·기병·승병으로 구성되었지요.

09 호족의 등장

정답 ②

밑줄 그은 '이 세력'은 통일 신라 말의 호족이에요. 신라 말 귀족들은 자신의 권력을 지키기 위하여 왕을 죽이고, 자신들의 뜻대로 움직여 줄 왕을 세우기까지 하였어요. 흉년과 전염병으로 살기 어려워진 백성들은 고향을 버리고 떠돌거나 도적이 되기도 하였지요. ② 귀족들 간의 왕위 다툼으로 왕이 자주 바뀌는 등 혼란이 계속되면서 중앙 정부는 지방을 다스릴 힘을 잃게 되었고, 각 지방에서는 경제력이나 군사력에 바탕을 둔 호족이 등장하였어요.

정답이 아닌 이유

① 진골은 신라의 귀족이에요.

③ 문벌 귀족은 고려 전기의 지배층이었어요.

④ 신진 사대부는 고려 말에 중앙 정치 무대에 등장하여 권문세족의 비리를 비판하였어요. 급진파 신진 사대부는 이성계와 손을 잡고 조선을 건국하였답니다.

10 고려의 후삼국 통일과 의의

정답 ④

'왕건의 동상'을 통해 밑줄 그은 '이 나라'가 고려임을 알 수 있어요. ④ 고려는 거란에 의해 발해가 멸망하자 발해 유민들을 적극적으로 받아들였어요. 이렇게 고려는 후백제와 신라 세력뿐 아니라 발해인까지 받아들이면서 실질적인 민족 통일을 이루었어요.

정답이 아닌 이유

① 전국을 8도로 나눈 것은 조선의 지방 행정 제도에 해당돼요.

② 임진왜란 이후 조선과 일본이 국교가 단절되었으나, 조선은 일본의 요청에 의해 국교를 재개하고, 외교 사절로 여러 차례 통신사를 파견하였어요. 통신사를 통해 일본에 선진 문물을 전해 주었지요.

③ 신진 사대부의 주도로 건국된 나라는 조선이에요.

11 무신의 횡포에 항거한 백성들

정답 ④

무신 집권기에는 무신들의 권력 다툼으로 정치가 어지러워졌고, 무신들이 불법적으로 백성들의 토지를 빼앗고 세금을 정해진 것보다 많이 거두는 등 횡포가 심하였어요. 이에 더 이상 참을 수 없었던 백성들이 전국 곳곳에서 봉기하였어요. 당시 대표적인 봉기로는 망이·망소이의 난이 있지요. ④ 세금이 늘어나고 '소' 지역에 대한 차별이 심해지자 공주 명학소의 망이·망소이는 소에 대한 차별을 없앨 것을 주장하며 난을 일으켰어요.

정답이 아닌 이유

① 임오군란은 1882년에 구식 군인들이 자신들에 대한 차별 대
　우를 반대하며 일으킨 난이었어요.

② 정유재란은 임진왜란 중에 잠시 휴전했던 일본군이 1597년에
　다시 침입하여 일으킨 전쟁을 말해요.

③ 이자겸은 고려 전기인 12세기에 권력을 차지하기 위해 난을
　일으켰어요.

12 팔만대장경

정답 ②

'부처님의 힘', '고려인의 정신이 깃든'을 통해 밑줄 그은 '문화유
산'이 팔만대장경임을 알 수 있어요. ② 팔만대장경판은 몽골의
침입을 받은 고려 사람들이 위태로운 나라를 구하기 위해 부처
님의 말씀을 새긴 불교 경판이랍니다. 고려 시대 사람들은 전쟁
으로 힘든 상황 속에서도 16년 동안 팔만대장경을 만들었어요.
팔만대장경판은 모양이 뒤틀리거나 틀린 글자가 거의 없이 고르
고 정교하여 고려의 발달된 기술을 보여 주지요.

정답이 아닌 이유

① 직지심체요절은 현재 남아 있는 인쇄된 책 중에서 세계에서
　가장 오래된 금속 활자본이에요.

③ 수월관음도는 고려 시대 불화로 관음보살이 선재동자를 바라
　보고 있는 모습을 그린 것이에요.

④ 논산 관촉사 석조 미륵보살 입상은 고려 초에 만들어진 불상
　이에요.

13 고려의 대외 관계

정답 ②

고려는 끊임없이 외세의 침략을 받았어요. 10~11세기에는 거란,
12세기에는 여진, 13세기에는 몽골, 14세기에는 홍건적과 왜구의
침입이 있었어요. (가) 윤관은 별무반을 이끌고 여진을 정벌한
후 동북 9성을 쌓았어요. (나) 거란과 서희의 외교 담판 장면으
로, 서희는 뛰어난 외교술로 거란군을 물러나게 하고, 오히려 강
동 6주를 얻었어요. (다) 몽골의 침입 때 승려 김윤후가 처인성에
서 몽골군을 물리치는 모습이에요.

② 따라서 순서대로 나열하면 (나)-(가)-(다)예요.

14 최무선의 업적

정답 ④

'화통도감', '화약 무기 개발', '진포' 등을 통해 (가)에 들어갈 인물
이 최무선임을 알 수 있어요. 고려 말 최무선은 왜구를 물리치기
위해 화약이 필요하다고 생각하였어요. 그는 20년 가까이 연구
에 몰두하여 화약 만들기에 성공하였어요. 이후 최무선은 나라
에 건의하여 화통도감을 설치하고 여러 가지 화포를 만들어 왜
구를 물리치는 데 힘썼지요.

정답이 아닌 이유

① 김유신은 금관가야 왕족 출신의 신라 장군으로, 황산벌 전투
　에서 백제군을 물리치는 등 삼국 통일에 기여하였어요.

② 이사부는 신라 지증왕 때 장군이자 정치가로, 우산국(울릉도)
　을 정복한 인물이에요.

③ 정몽주는 고려 말 고려 왕조를 지키기 위해 노력하였으나, 이
　성계의 아들 이방원에게 선죽교에서 죽임을 당하였어요.

15 벽란도

정답 ③

'예성강 하구의 고려 무역항', '아라비아', '인삼' 등을 통해 대화가
이루어진 장소가 '벽란도'임을 알 수 있어요. 벽란도는 고려의 수
도인 개경 근처 예성강 하구에 있는 국제 무역항으로 중국, 일본,
아라비아 상인들로 번성하였던 곳이에요.

정답이 아닌 이유

① 군산진은 조선 초기에 해양 방어 및 물자 운송을 위해 설치되
　었으며, 전라북도의 군사적·경제적 관문을 지킨 항구 역할을
　하였어요.

② 당항성은 황해를 통해 중국으로 가는 배가 떠나는 항구예요.
　신라는 당항성을 차지하게 되면서 중국과 직접 교류할 수 있
　었어요.

④ 제물포는 인천에 있는 항구로, 임오군란 이후 일본과 제물포
　조약을 체결한 장소이기도 해요.

16 공민왕

정답 ③

'노국대장 공주와 혼인', '빼앗겼던 철령 이북의 땅을 되찾음' 등을
통해 인물 카드의 주인공이 공민왕임을 알 수 있어요. ③ 원에 인
질로 가 있던 공민왕은 고려로 돌아와 몽골식 옷을 벗어 버리고
고려의 옷으로 갈아입었으며, 당시 유행하던 몽골식 풍습을 버
리고 고려의 전통을 되살리는 일에 앞장섰어요.

정답이 아닌 이유

① 4군 6진은 조선 세종 때 개척되었어요.

② 독서삼품과를 실시한 것은 신라 원성왕이에요. 독서삼품과는
　독서 능력에 따라 관리를 3등급으로 나누고 관리를 뽑을 때
　참고했던 제도예요.

④ 도읍을 철원에서 송악으로 옮긴 인물은 고려 태조 왕건이랍
　니다.

17 조선의 도읍, 한양

정답 ②

유교에 따르면 도읍지에는 반드시 세 곳의 공간이 있어야 하는
데요, 이 세 곳은 왕이 머무는 궁궐, 조상에게 제사를 올리는 종
묘, 신에게 제사를 지내는 사직단을 말해요.

② (나)의 종묘는 왕실의 조상과 큰 공을 세운 신하들을 제사 지내는 곳으로, 유네스코 세계 문화유산에 등록되었어요.

정답이 아닌 이유

① 조선을 세운 사람들은 도읍을 한양으로 옮기고 경복궁을 지었어요.

③ 사직단은 나라 경제의 근본인 토지와 곡식의 신에게 제사를 지내는 제단을 말해요.

④ 도성 둘레에 성곽을 쌓고 성벽의 동서남북에 사대문을 만들었어요. 그중 숭례문은 남쪽에 있는 문으로 '예를 숭상한다'라는 뜻이 담겨 있어요.

18 추석

정답 ③

음력 8월 15일은 추석 명절이에요. 추석에는 조상의 산소에 성묘하고 제사를 지내요. 송편을 빚어 먹고, 강강술래를 하며 풍년을 기원하기도 해요.

정답이 아닌 이유

① 수릿날이라고도 하는 음력 5월 5일 단오에는 마을 사람들이 모여 놀이를 즐겼어요. 수리취떡을 만들어 먹기도 하고, 그네뛰기, 씨름, 줄다리기 등 민속놀이를 즐겼지요. 또 창포를 삶은 물에 머리를 감으면 나쁜 귀신을 몰아낼 수 있다고 믿었어요.

② 음력 1월 1일 설날에는 차례를 지내고 세배를 해요. 또한 떡국을 먹고, 윷놀이, 널뛰기, 연날리기 등의 놀이도 하지요.

④ 한식은 동지에서 105일째 되는 날로 양력 4월 5일 경이에요. 한식에는 불을 피우지 않고 찬 음식을 먹고, 조상의 산소를 찾아 제사를 지내요.

19 정도전의 업적

정답 ③

『조선경국전』을 편찬하고, 한양 도성을 설계했다는 내용을 통해 밑줄 그은 '나'는 정도전임을 알 수 있어요. 정도전은 이성계와 함께 조선을 건국하였으며, 한양을 설계하는 데 주도적 역할을 하고 경복궁의 이름을 지었어요. 『조선경국전』은 조선을 세운 직후 정도전이 왕에게 지어 올린 법전이랍니다.

정답이 아닌 이유

① 문익점은 원으로부터 목화씨를 가져와 목화 재배에 성공한 사람이에요. 이후 고려 사람들은 목화씨로 만든 무명옷 덕분에 겨울에도 따뜻하게 지낼 수 있었지요.

② 이규보는 고려의 문신으로, 『동명왕편』을 지었어요.

④ 최치원은 신라 말의 학자로, 당의 빈공과에 합격할만큼 학식이 뛰어났지만 6두품이라는 한계 때문에 높은 관직에 오르지는 못하였어요. 진성 여왕에게 10여 조의 개혁안을 올렸으나 받아들여지지 않았고요.

20 세종의 업적

정답 ②

훈민정음을 창제한 '이 왕'은 세종이에요. 간송 전형필은 우리 고유의 문화를 지키고, 문화재를 지키려는 노력으로 일제 강점기에 독립운동을 한 인물이에요. 전형필은 자신이 가진 재산을 털어 우리 민족의 문화재를 수집하고 지켜 내었지요. 전형필은 문화재가 지닌 가치를 알고 문화재를 살 때마다 정당한 값을 치렀다고 합니다. 그중 훈민정음 해례본은 전형필이 지켜 낸 우리 민족 제일의 문화재로 손꼽히고 있고요. ② 세종은 집현전을 통해 유능한 학자들을 길러 냈어요. 훈민정음 해례본 역시 세종의 명으로 정인지, 성삼문, 박팽년 등 집현전 학사들이 중심이 되어 만들었고요.

정답이 아닌 이유

① 영조는 균역법을 실시해 군대에 가지 않던 대신 내던 옷감(군포)을 1년에 2필에서 1필로 줄여 주었어요.

③ 『경국대전』은 조선의 기본 법전으로, 세조 때 편찬되기 시작하여 성종 때 완성하였어요.

④ 원산 학사는 1883년 원산에 세워진 우리나라 최초의 근대적 교육 기관이에요.

21 성균관

정답 ③

'한양에 설립한 최고 교육 기관', '유학 교육 실시' 등의 내용을 통해 밑줄 그은 '이곳'이 성균관임을 알 수 있어요. 성균관은 조선 시대에 높은 관리가 되기 위해 꼭 다녀야 했던 학교예요. 이곳에서 일정 기간 공부하면 과거를 볼 수 있는 자격이 주어졌어요. 성균관에는 학생들이 모여 공부하는 강당인 명륜당이 있고, 공자의 위패를 모신 대성전, 기숙사인 동재와 서재도 있어요.

정답이 아닌 이유

① 서원은 양반 사람들이 뜻을 모아 지방에 세워 선현을 제사하고, 유학을 가르치던 조선의 대표적인 사학 교육 기관이에요.

② 향교는 조선 시대에 지방에 세운 국립 교육 기관을 말해요.

④ 배재 학당은 선교사 아펜젤러가 세운 근대 교육 기관으로, 근대 학문을 보급하는 데 영향을 주었어요.

22 성종의 업적

정답 ③

성종은 조선의 최고 법전인 『경국대전』을 완성하였어요. 그리고 음악 서적인 『악학궤범』, 역사서인 『동국통감』, 지리서인 『동국여지승람』 등 다양한 서적을 편찬하여 문화 발전에도 이바지하였지요. ③ 성종은 홍문관을 설치하고 인재를 등용하여 서적과 문서를 관리하게 하였어요.

정답이 아닌 이유

① 세종 때 갑인자를 비롯한 다양한 금속 활자가 만들어졌어요.

② 태종 이방원은 호패법을 실시하여 인구를 파악하고 세금을 확보하였어요.

④ 삼포왜란을 계기로 중종은 비변사를 설치하였어요.

23 유성룡의 업적

정답 ①

'병산 서원', '임진왜란이 일어났을 때 훈련도감 설치를 건의' 구절을 통해 (가)에 들어갈 인물은 유성룡임을 알 수 있어요. 안동에 있는 병산 서원은 그의 학문과 업적을 기리기 위해 만들어졌어요. 유성룡은 선조 때 재상으로 임진왜란이 일어나자 선조를 따라 의주까지 피란 갔으며, 훈련도감의 설치를 건의했어요. ① 『징비록』은 임진왜란 전 일본과의 관계, 전쟁 상황과 이순신 장군의 활약 등을 기록한 책으로, 다시는 임진왜란과 같은 일이 일어나지 않도록 경계하기 위해 유성룡이 지었어요.

정답이 아닌 이유

② 4군 6진을 개척한 것은 조선 세종 때의 일이에요. 세종은 압록강 유역에는 최윤덕, 두만강 유역에는 김종서를 보내 여진을 몰아내고 각각 4군과 6진을 설치하도록 했어요.

③ 서경 천도를 주장한 것은 고려의 승려 묘청이에요. 묘청은 풍수지리설을 바탕으로 고려의 도읍을 서경(평양)으로 옮기고자 했어요. 묘청은 자신의 주장이 받아들여지지 않자 난을 일으켰어요.

④ 대동여지도를 제작한 것은 조선 후기 김정호예요. 김정호는 조선 시대 지도 만드는 기술을 바탕으로 도로망과 산맥·하천·포구 등을 정밀하게 표시했으며, 도로망에 10리마다 눈금을 표시하여 거리를 쉽게 알 수 있도록 했어요.

24 임진왜란의 과정

정답 ③

임진왜란이 발발하자 신립이 충주 탄금대에서 일본군을 막으려 했으나 실패하였어요. 일본군이 다시 쳐들어오자, 이순신 장군이 명량에서 일본 수군을 격파하였죠. 그러므로 (가)에 들어갈 사건으로는 행주 대첩, 한산도 대첩, 진주 대첩 등이 해당되지요.

③ 임진왜란 때 권율이 행주산성에서 크게 승리하여 한양을 되찾을 수 있었어요(행주 대첩).

정답이 아닌 이유

① 최영이 홍산에서 왜구를 물리친 일은 고려 후기예요.

② 강감찬이 귀주에서 거란을 격퇴한 사건은 고려 전기예요.

④ 김윤후가 처인성에서 활약한 것은 몽골군이 고려를 침입했을 때예요.

25 조선 시대 통신사의 파견

정답 ④

일본 에도 막부의 요청으로 조선이 파견한 공식 외교 사절단은 통신사예요.

정답이 아닌 이유

① 보빙사는 1883년 조선이 미국에 파견한 외교 사절단이에요. 조선과 미국 사이에 조미 수호 통상 조약(1882)이 맺어진 후 미국이 공사를 파견하자 조선이 이에 대한 답례의 뜻으로 파견한 것이에요.

② 연행사는 조선 후기 청에 보낸 사절단이에요. 조선은 해마다 청 황제의 생일이나 정월, 동지 등에 정기적으로 사절단을 파견하였어요.

③ 영선사는 강화도 조약을 체결한 후 청에 파견한 사절단이에요. 영선사에는 젊은 유학생과 기술자들이 있었는데, 이들은 청의 무기 제조법과 군사 훈련법을 배워 왔어요.

26 조선 숙종 때의 경제 활동

정답 ④

두 사람의 대화 속 백두산 정계비를 세워 청과 국경을 정한 조선의 '이 왕'은 숙종이에요. ④ 숙종 대에 조선의 경제가 발전하면서 상평통보와 같은 화폐가 널리 유통되었어요.

정답이 아닌 이유

① 장용영에서 훈련하는 군인을 볼 수 있던 시기는 정조 때예요. 장용영은 정조가 만든 친위 부대로 왕권을 강화하는 데 군사적 기반이 되었어요.

② 만민 공동회에서 연설하는 백정을 볼 수 있던 시기는 조선 말 고종 때예요. 만민 공동회는 독립 협회가 개최한 집회로 신분과 상관없이 누구든지 참석해 자신의 의견을 말할 수 있었어요.

③ 집현전에서 학문을 연구하는 관리를 볼 수 있던 시기는 세종 때예요. 집현전은 고려에서 조선 초 궁궐에 설치된 학문 연구 기관이에요. 특히 세종 때 활발한 활동을 펼쳐 『농사직설』과 같은 책을 편찬하였어요.

27 조선 후기 새로운 작물의 등장

정답 ③

『감저신보』는 감저를 재배하는 방법에 관한 책이에요. 감저란 '달달한 마'라는 뜻으로 고구마를 뜻하지요. 우리나라에서 고구마를 재배한 경험을 바탕으로 쓰였다는 점에서 의미가 있어요. 이처럼 조선 후기에는 다른 나라에서 고구마, 감자, 고추, 토마토 등 새로운 작물들이 들어와 이전보다 먹거리가 많아졌어요.

정답이 아닌 이유

② 인삼은 삼국 시대부터 재배된 우리나라의 주요 수출품이었어요. 특히 고려의 인삼이 유명하였지요.

28 영조의 업적

정답 ④

'탕평비', '청계천 홍수 방지 공사' 등과 관련 있는 왕은 영조예요.

④ 영조는 백성들이 군역으로 내야 할 군포(베)를 한 필로 줄이 도록 하는 균역법을 실시하였어요.

정답이 아닌 이유

① 흥선 대원군은 경복궁을 새로 짓기 위해 필요한 돈을 얻고자 당백전을 발행하였어요.

② 『경국대전』은 조선의 기본 법전으로, 세조 때부터 만들기 시 작하여 성종 때 완성되었어요.

③ 효종(봉림 대군)은 병자호란의 치욕을 갚자며 북벌 정책을 추 진하였고, 이를 위하여 성과 무기를 새롭게 정비하였어요.

29 세도 정치 시기의 농민 봉기

정답 ③

뮤지컬 안내 책자의 내용 중 밑줄 그은 '봉기'는 1862년에 일어난 진주 농민 봉기예요. 이 사건은 경상 우병사 백낙신이 백성들의 재물을 빼앗고 세금을 많이 걷자 몰락 양반인 유계춘을 중심으 로 농민들이 봉기를 일으킨 일이에요. ③ 이후 정부는 농민 봉기 의 원인이었던 삼정의 문란을 해결하고자 삼정이정청을 설치하 였어요.

정답이 아닌 이유

① 흑창은 고려의 태조 왕건이 설치한 빈민 구제 기관이에요. 흑 창은 고구려의 진대법처럼 가난한 백성에게 봄에 곡식을 빌 려 주고 가을에 갚게 한 제도예요.

② 신해통공은 정조 때 금난전권을 폐지한 조치예요. 금난전권 은 시전 상인이 난전(정부의 허가를 받지 않은 상인)의 활동 을 금지하는 권한이었는데, 정조는 이를 폐지하고 자유로운 상업 활동을 할 수 있게 하였어요.

④ 전민변정도감은 고려 공민왕 때 설치한 기관이에요. 공민왕 은 이를 통해 권문세족이 불법적으로 차지한 토지를 원래 주 인에게 돌려주고, 억울하게 노비가 된 사람이 양인의 신분을 되찾을 수 있게 하였어요.

30 신미양요의 발발 배경

정답 ②

'어재연 장군', '미군의 강화도 침략', '광성보 전투' 등을 통해 밑줄 그은 '이 사건'은 미국이 제너럴 셔먼호 사건을 빌미로 조선을 침 략했던 신미양요(1871)임을 알 수 있어요. ② 제너럴 셔먼호 사 건은 1866년 대포로 무장한 미국 상선 제너럴 셔먼호가 대동강 을 거슬러 올라와 통상을 요구하며 약탈하자, 분노한 평양 관민 들이 배를 불태워 침몰시킨 사건이에요.

정답이 아닌 이유

① 삼국 간섭은 일본의 세력 확대를 경계해서 일어났어요. 일본 이 청일 전쟁에서 승리하여 세력이 커졌거든요. 여기서 삼국 은 러시아, 독일, 프랑스를 말해요.

③ 운요호 사건은 일본 군함인 운요호가 강화도 앞바다에 침입하여 포격을 가하고 영종도에 상륙하여 피해를 입힌 사건을 말해요.

④ 제물포 조약 체결의 계기가 된 사건은 임오군란이에요. 일본 은 조선에게 제물포 조약의 체결을 강요하여 막대한 배상금 을 받아 냈지요.

31 조미 수호 통상 조약

정답 ①

두 학생이 가지고 있는 『조선책략』, '조약 체결 장면'과 관계 있 는 (가) 조약은 조미 수호 통상 조약이에요. 조선은 청의 주선으 로 1882년 미국과 조미 수호 통상 조약을 맺었어요. 이 조약은 조선이 서양 국가와 최초로 맺은 근대적 조약이에요. ① 조선은 조약을 맺은 후 미국에 보빙사를 사절단으로 파견하였어요.

정답이 아닌 이유

② 별기군은 강화도 조약이 맺어진 후인 1881년에 창설되었고 공식 명칭은 '교련병대'였어요. 조선 정부는 개항 후 적극적인 개화 정책을 추진하는 과정에서 일본인 교관을 초빙하여 별 기군을 훈련시켰어요.

③ 탕평비는 영조가 탕평책을 알리기 위해 성균관 앞에 세운 비 석이에요. 탕평비에는 붕당 정치의 잘못된 점을 지적하는 내 용이 새겨져 있어요.

④ 통리기무아문은 강화도 조약 후 정부가 개화 정책을 추진하기 위해 만든 기구예요. 통리기무아문에는 외교와 군사, 외국어 교육 등을 담당하는 12사를 두었어요.

32 대한 제국의 역사적 사실

정답 ④

고종이 러시아 공사관에서 경운궁(덕수궁)으로 돌아와 새로운 국가 모습을 갖추기 위해 한 일은 국호를 '대한 제국'이라 바꾼 것 이에요(1897). 고종 황제는 대한 제국을 수립하고, 환구단에서 황제 즉위식을 올림으로써 우리나라가 근대적인 자주독립 국가 로 출발했음을 세계에 알리고자 하였어요.

정답이 아닌 이유

① 임진왜란 때 불탄 경복궁을 다시 지은 사람은 흥선 대원군이에요.

② 육영 공원이 세워진 것은 1886년으로, 대한 제국 성립 이전의 일이에요.

③ 신분 제도가 폐지된 것은 1894년 갑오개혁 때의 일이에요.

33 개항 이후의 근대 문물 수용

정답 ③

개항 이후 들어온 근대 문물은 전화, 전차, 전등, 남포등(서양 등 잔), 화륜거(기차) 등이에요. 석유와 램프, 성냥 등이 소개되면서 사람들의 생활이 편리해졌어요.

③ 천체의 움직임을 정확히 계산한 『칠정산』은 조선 세종 때 만 들어진 달력이에요.

① 빠르게 소식을 주고 받는 전화, ② 밤을 대낮같이 밝히는 남포등, ④ 노량진에서 제물포까지 쏜살같이 달리는 화륜거는 개항 이후 들어온 근대 문물이에요.

34 대한 제국 시기의 국권 침탈에 대한 저항

정답 ③

(가)~(다)는 일본의 국권 침탈에 대한 우리의 저항 모습을 보여 주는 것이에요. 러일 전쟁에서 승리한 일본은 대한 제국을 보호국으로 만들기 위해 1905년 을사늑약을 강제로 체결했어요. 고종은 을사늑약의 부당함을 알리기 위해 (나) 네덜란드 헤이그에 특사를 파견하였지요. 일본은 이를 구실로 (다) 고종을 강제 퇴위시키고, 대한 제국의 군대를 해산시켰어요. 군대가 해산되자 (가) 박승환 대대장은 이에 항의하며 순국하였고요.
③ 사건이 일어난 순서는 (나)-(다)-(가)예요.

35 윤동주의 업적

정답 ①

윤동주는 민족이 처한 아픔을 시를 통해 표현했어요. 그는 유학 중 항일 운동 혐의로 체포되어 후쿠오카 형무소에서 숨을 거두었지요. ① 윤동주의 대표적인 작품으로 '서시'가 있어요.

정답이 아닌 이유

② 소설 『상록수』는 심훈의 대표 작품으로, 1930년대 농촌 계몽 운동을 배경으로 한 소설이에요.

③ 『조선말 큰사전』은 최현배, 이윤재 등이 활동한 조선어 학회에서 편찬을 시도하였어요. 조선어 학회는 광복 후 단체의 이름을 한글 학회로 바꾸었고, 『조선말 큰사전』을 완성하였어요.

④ 어린이날을 처음 만든 인물은 방정환이에요. 방정환은 어린이 문화 단체인 색동회를 조직하였고, 어린이 잡지인 〈어린이〉를 펴내기도 하였어요.

36 아관 파천

정답 ③

'러시아 공사관으로 거처를 옮겼다'는 내용을 통해 대화에 나타난 사건이 ③ 아관 파천임을 알 수 있어요.

정답이 아닌 이유

① 갑신정변은 우정총국 개국 축하 잔치를 틈타 개화파들이 일으킨 정변이에요. 급진 개화파들은 청 세력을 몰아내고 사회 제도를 고치기 위한 정책을 발표하는 등 개혁을 서둘렀어요. 그러나 청군의 개입으로 갑신정변은 3일 만에 실패로 끝났어요.

② 청일 전쟁에서 승기를 잡은 일본은 조선 정치에 간섭하기 시작했어요. 김홍집을 중심으로 친일 내각이 만들어졌고, 군국 기무처를 설치해 정치와 사회 분야에서 개혁을 추진하도록 하였지요. 이것이 바로 갑오개혁(1894)이에요.

④ 러일 전쟁에서 승리한 일제는 1905년 을사늑약으로 대한 제국의 외교권을 빼앗았어요. 이후 일제는 사법권과 경찰권마저 빼앗고 이완용 등의 친일 내각을 앞세워 국권을 강제로 빼앗았죠.

37 러일 전쟁 시기의 역사적 사실

정답 ④

'러시아와 전쟁을 하고 있는 일본'이라는 대화 속 내용을 통해 해당 시기가 러일 전쟁 때임을 알 수 있어요. 러일 전쟁은 1904~1905년에 만주와 한반도의 지배권을 두고 러시아와 일본이 벌인 전쟁이에요. 이 시기 일본은 군수 물자 수송을 위해 경부선 철도를 건설하고, 우리나라 황무지 개간권을 확보하여 토지를 약탈하려고 했어요. ④ 일본의 황무지 개간권 요구에 대항하기 위해 1904년에 보안회가 설립되었어요. 보안회의 활동으로 일본은 황무지 개간권 요구를 철회하였지요.

정답이 아닌 이유

① 훈련도감은 조선 후기 중앙군인 5군영 중 하나로 임진왜란 중에 조선의 전열을 정비하면서 설치되었어요. 포수·살수·사수의 삼수병으로 구성된 직업 군인이에요.

② 황국 신민 서사는 일제가 조선인에게 일본 '천황'의 신하 된 백성으로서 충성심을 세뇌시키기 위해 외우게 한 맹세예요. 1930년대 민족 말살 통치 방식 중 하나로, 황국 식민화를 표방하여 우리 민족을 침략 전쟁에 동원하기 위해 실시하였어요.

③ 치안 유지법은 1925년 일제가 천황제를 유지하고, 사회주의 운동이 확산되는 것을 막기 위하여 제정한 법령이에요. 식민지 조선에도 적용되었고, 독립운동을 탄압하는 대표적인 수단으로 활용되었어요.

38 원산 지역의 역사

정답 ④

'강화도 조약에 따라 개항된 곳', '일제의 조선인 노동자 구타로 일어난 대규모 총파업' 등과 관련 있는 지역은 (라) 원산이에요.

정답이 아닌 이유

① 인천은 강화도 조약으로 개항된 곳이에요. 또한 6·25 전쟁 때 인천 상륙 작전이 펼쳐진 곳이지요.

③ 울산에 울주 대곡리 반구대 암각화가 있어요. 또한 울산은 신라의 무역항이었고요.

39 물산 장려 운동의 전개

정답 ②

자료는 물산 장려 운동에 관한 것으로, 1920년대 초 일본 자본과 상품의 침투가 늘어나자 물산 장려 운동이 시작되었어요. 물산 장려 운동은 조선인 기업을 살리기 위해 국산품을 애용하자는 것으로, ② 평양에서 시작되어 서울에서 조선 물산 장려회가 조직되면서 전국으로 확산되었어요. 그러나 조선 물산의 소비가 늘어나자 물건 값이 오르는 부작용이 나타나고, 조선인 기업가를 위한 운동이라는 비판을 받기도 하였지요.

정답이 아닌 이유

① 대구에서 시작된 국채 보상 운동은 대한매일신보의 후원 속에 전국으로 퍼져나갔어요.

③ 개항 이후 외국 상인들이 개항장 밖으로 진출하여 국내 시장을 침범하자, 서울의 시전 상인들도 황국 중앙 총상회를 결성하여 외국인의 상권 침탈에 적극적으로 대응하였어요.

④ 독립 협회는 독립문 건립을 위한 모금 활동을 추진하였어요.

40 만주국 수립 이후 만주 지역에서의 독립운동

정답 ④

일제는 1931년 만주 사변을 일으켜 1932년 괴뢰 국가(꼭두각시 국가)인 만주국을 수립하고 이 지역을 통치하였어요. ④ 이에 만주 지역의 독립군들은 중국군과 연합하여 한·중 연합 작전을 펼치며 항일 투쟁을 전개하였어요. 북만주에서는 지청천이 이끄는 한국 독립군이 중국 호로군과 연합하여 쌍성보·사도하자·대전자령 전투 등에서 승리하였고, 남만주에서는 양세봉이 이끄는 조선 혁명군이 중국 의용군과 연합하여 영릉가·흥경성 전투에서 승리하였지요.

정답이 아닌 이유

① 1927년 국내에서 민족 유일당 운동으로 비타협적 민족주의 세력과 사회주의 세력이 서로 연합하였고, 이 과정에서 최대 규모의 항일 단체인 신간회가 창립되었어요.

② 1923년 대한민국 임시 정부의 독립운동 방향을 논의하고, 노선 갈등을 해결하기 위해 중국 상하이에서 국민대표 회의를 소집하였으나 이견을 좁히지 못하고 결렬되었어요.

③ 신흥 무관 학교는 이회영 등이 1910년대에 만주 삼원보(서간도) 지역에 설립한 독립군 양성 학교예요.

41 일제의 경제 수탈 정책

정답 ②

(가) 조선 총독부는 1912년 토지 조사령을 공포한 이후 대대적인 토지 조사 사업을 실시하였어요. 따라서 1910년대 일제의 경제 수탈 정책에 해당되지요. (나) 1941년 태평양 전쟁을 일으킨 일제는 무기를 만들기 위해 놋그릇, 수저, 가마솥 등 모든 금속 제품을 빼앗아 갔어요(공출). 이는 1940년대 일제의 경제 수탈 정책이에요. (다) 일제는 한국에서 쌀 생산을 늘려 자국의 식량 부족 문제를 해결하기 위해 산미 증식 계획을 실시하였어요(1920~1934). 따라서 1920년대 일제의 경제 수탈 정책이지요.

② 그러므로 일제 강점기 경제 수탈 정책을 시대순으로 나열하면 (가)-(다)-(나)입니다.

42 한인 애국단의 윤봉길

정답 ①

자료는 윤봉길이 펼친 독립운동과 관련이 있어요. ① 윤봉길은 김구가 조직한 한인 애국단원으로, 1932년 일본이 상하이를 차지한 것을 축하하는 행사를 한다는 이야기를 듣고 상하이 훙커우 공원에서 일본군과 관리들을 향해 폭탄을 던졌어요. 윤봉길은 이 사건 직후 체포되어 사형을 당했어요.

정답이 아닌 이유

② 이봉창은 한인 애국단원으로 1932년 도쿄로 가 일왕의 마차에 폭탄을 던졌어요.

③ 강우규는 서울 남대문에서 총독을 암살하기 위해 폭탄을 던진 독립운동가예요.

④ 김원봉은 만주에서 항일 무장 독립운동 단체인 의열단을 조직하였어요.

43 일제 강점기에 제작된 영화, 아리랑

정답 ②

자료 속 변사가 이야기하고 있는 밑줄 그은 '영화'는 나운규가 제작한 '아리랑'이에요. '아리랑'은 나운규가 직접 각본을 쓰고 주인공을 맡아 찍은 영화로 식민 지배를 받는 조선 사람들의 슬픈 현실을 담아냈어요.

정답이 아닌 이유

① '미몽'은 1936년에 상영된 영화예요. 여주인공 애순의 삶 속에서 1930년대 식민지 서울의 모습을 볼 수 있으며, 아리랑과 달리 대사와 소리를 함께 녹음한 영화예요.

③ '자유 만세'는 1946년에 상영된 영화예요. 광복될 무렵인 1945년 8월을 배경으로 만들어진 이 영화는 독립운동을 하는 사람들의 이야기를 담고 있어요.

④ '시집 가는 날'은 1956년에 '맹진사댁 경사'라는 희곡을 영화로 만들어 상영한 것이에요. 이 영화는 이후 다른 감독에 의해 다시 만들어지기도 하였지요.

44 모스크바 삼국 외상 회의의 결정을 둘러싼 대립

정답 ③

모스크바 삼국 외상 회의의 결정 내용 중 신탁 통치 문제를 두고 지지 세력과 반대 세력이 대립하였어요. 모스크바 삼국 외상 회의는 1945년 제2차 세계 대전이 끝난 후의 문제를 협의하기 위해 열린 회의로, 이 회의에서는 한국에 임시 민주 정부의 수립과 신탁 통치, 미소 공동 위원회의 개최가 결정되었어요. ③ 따라서 자료의 상황은 (다) 시기에 해당돼요.

45 6·25 전쟁

정답 ②

'임시 수도 부산', '피란', '천막 학교' 등을 통해 밑줄 그은 '전쟁'이

6·25 전쟁임을 알 수 있어요. ② 유엔군이 인천 상륙 작전에 성공하면서 전세가 역전되어, 서울을 되찾게 되었어요.

정답이 아닌 이유

① 금융 실명제는 1993년 김영삼 정부 시기 때 도입된 제도로, 우리나라의 모든 금융 거래를 금융 거래 당사자인 본인의 이름으로 하도록 한 제도예요.

③ 여수·순천 10·19 사건은 1948년 이승만 정부 때 여수·순천에 주둔하던 군인들이 제주 4·3 사건 진압 명령을 거부하며 일어난 사건이에요.

④ 조선 건국 준비 위원회는 1945년 광복 직후 여운형과 안재홍 등이 좌·우익 세력을 연합하여 결성한 건국 준비 단체예요. 전국에 지부를 설치하고, 치안대를 조직하여 치안 유지에 힘썼어요. 미군정 실시 소식이 들려오자 조선 인민 공화국 수립을 선포했지만 미군정의 승인을 받지 못해 해체되었어요.

46 김규식의 활동

정답 ①

김규식은 통일 정부 수립을 위해 남북 협상에 참여하였어요. 김구와 김규식은 남한만의 단독 선거에 반대하여 북측 지도자와 협상을 하고 통일 정부 수립 문제를 논의하였으나 성과를 거두지는 못하였지요.

정답이 아닌 이유

② 유엔은 한국 문제에 대해 선거할 수 있는 남한 지역에서만이라도 총선거를 시행하여 단독 정부를 세울 것을 결의하였어요.

③ 조선 혁명 선언을 작성한 인물은 신채호예요. 조선 혁명 선언은 1923년 1월에 신채호가 의열단의 요청으로 작성한 선언서로, 일제의 식민 통치를 규탄하고 민중의 의열 투쟁을 주장하였지요.

④ 종로 경찰서에 폭탄을 투척한 인물은 의열단원 김상옥이에요. 종로 경찰서는 독립운동가를 닥치는 대로 체포하고 고문하던 악명 높은 경찰서였어요.

47 이승만 정부의 농지 개혁

정답 ③

'정부가 지주에게 농지 매입', '농민들에게 유상 분배' 등을 통해 (가)는 이승만 정부 시기의 농지 개혁임을 알 수 있어요. 이승만 정부는 1949년에 농지 개혁법을 제정하고, 1950년부터 시행하였어요. 농지 개혁은 정부가 지주의 토지를 사들인 다음, 농민에게 돈을 받고 분배하는 방식으로 추진되었어요. ③ 그 결과 전통적인 지주제는 거의 사라지고 농민이 자기 땅을 가지고 농사를 지을 수 있게 되었지요.

정답이 아닌 이유

① 해방 후 제헌 국회는 친일파 청산을 목적으로 반민족 행위 특별 조사 위원회(반민 특위)를 조직하였어요. 하지만 이승만 정부의 비협조로 그 역할을 다하지 못한 채 해체되고 말았지요.

② 서재필, 이상재 등이 중심이 되어 1896년 우리나라의 자주 독립과 내정 개혁을 위하여 독립 협회를 만들었어요.

④ 농광 회사는 일본의 토지 침탈 기도에 맞서, 개간 사업을 목적으로 1904년 서울에서 설립된 근대적 농업 회사예요.

48 5·18 민주화 운동

정답 ④

신군부의 권력 장악이 원인이 되었고, 이에 대해 광주 시민들이 시민군을 결성해 저항했으며, 계엄군의 진압으로 많은 사상자가 발생한 역사적 사건은 1980년에 일어난 5·18 민주화 운동이에요.

정답이 아닌 이유

① 부마 항쟁은 1979년 유신 철폐를 외치며 부산과 마산 지역에서 일어난 민주화 운동이에요.

② 4·19 혁명은 1960년 3·15 부정 선거가 원인이 되어 일어났어요.

③ 6월 민주 항쟁은 1987년 군사 정권의 권력 유지 시도를 저지하기 위해 일어난 민주화 운동이에요.

49 금 모으기 운동

정답 ④

1997년 우리나라는 외환(달러)이 부족해 큰 경제 위기를 맞았어요. 정부는 국제 통화 기금(IMF)에서 외환을 빌려 위기를 넘겼어요. ④ 기업들은 구조 조정을 하고 국민들은 금 모으기 운동을 벌여 위기를 극복하고자 노력했어요.

정답이 아닌 이유

① 새마을 운동은 가난을 극복하고 생활을 개선하기 위해 추진되었던 농촌 근대화 운동이에요.

② 국채 보상 운동은 일본에 진 나라의 빚을 우리의 힘으로 갚으려고 했던 운동이에요.

③ 애국 계몽 운동은 우리 민족의 힘을 키우기 위한 운동이에요.

50 남북 정상 회담

정답 ③

분단 이후 민족 화해와 통일을 위한 다양한 노력이 전개되었어요. 1998년에는 정주영이 소 떼를 몰고 북한에 갔어요. 2003년에는 개성 공단이 건설되기도 하였고요. ③ 두 사건 사이에 있었던 일은 남북 정상 회담 최초 개최로 2000년에 있었던 일이에요.

정답이 아닌 이유

① 남북한 동시 유엔 가입은 1991년의 일이에요.

② 남북 기본 합의서 채택은 1991년의 일이에요.

④ 7·4 남북 공동 성명 발표는 1972년의 일이에요.

우리가 세운 목적이 그른 것이라면 언제든 실패할 것이요,
우리가 세운 목적이 옳은 것이면 언제든 성공할 것입니다!

초등 한국사
능력검정시험 2023·2024 시험 대비

나의 다짐

나는 ＿＿＿회 한국사능력검정시험에서

목표 달성을 위해 최선의 노력을 다하겠습니다.

목표 :

＿＿＿＿＿＿＿＿ 초등학교 ＿＿ 학년 ＿＿ 반

이름 ＿＿＿＿＿＿＿＿＿＿＿＿＿＿

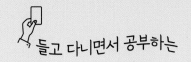

들고 다니면서 공부하는

키워드 그림 카드

카드 앞면 그림과 한 줄 설명을 보고, 키워드의 이름을 떠올려 보아요.

시험에 꼭 나오는 핵심 키워드 140

001
구석기 시대 최고의 만능 뗀석기

002
구석기 시대 사람들의 훌륭한 보금자리

003
곡식의 껍질을 벗기는 신석기 시대의 도구

004
밑이 뾰족한 신석기 시대의 그릇

005
실을 만들 때 사용한 바퀴 모양의 도구

006
계급 사회를 보여 주는 청동기 시대의 무덤

007
대한민국, 맨 처음의 나라

홍익인간

008
비파처럼 생긴 청동기 시대 지배자의 동검

009
고조선의 백성을 다스리는 8개의 법

8조법

010
부여의 여러 가(加)들이 다스린 지역

마가 / 우가 / 구가 / 저가

011
삼한의 제사장이 다스린 지역

소도 / 천군

012
동북아 최강국을 이끈 두 명의 왕

고구려

013
수의 침입에 맞서 을지문덕이 크게 승리한 전투

014
백제의 전성기를 이끈 왕

고국원왕

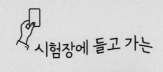

시험장에 들고 가는

키워드 그림 카드

카드 뒷면 키워드를 확인한 후 기출 문장과 중요 개념을 읽어 학습을 마무리해요.

동굴과 막집

기출 문장 ≫

주로 동굴과 강가의 막집에 거주하였다

- 구석기 시대 사람들의 주거지
- 비바람과 추위를 막아주고, 짐승의 공격을 피할 수 있는 곳

주먹도끼

기출 문장 ≫

뗀석기(주먹도끼)를 주로 사용하였다

- 주먹에 쥐고 사용하는 뗀석기
- 다양한 용도로 사용함

키워드로 이해하고 그림으로 기억해요

가락바퀴

기출 문장 ≫

가락바퀴를 사용하여 실을 뽑았다

- 실 잣는 가락이 돌아가도록 돕는 바퀴 모양의 도구
- 뼈바늘과 함께 사용해 옷을 제작

빗살무늬 토기

기출 문장 ≫

토기를 만들어 식량을 저장하였다

- 빗살무늬가 새겨진 신석기 시대의 그릇
- 음식을 조리하거나 식량을 담아 저장하는 데 사용함

갈판과 갈돌

기출 문장 ≫

갈판과 갈돌로 곡식을 갈았다

- 도토리 같은 열매를 갈거나 껍질을 벗기는 데 사용함

비파형 동검

기출 문장 ≫

비파형 동검을 제작하였다

- 칼날 부분과 손잡이를 따로 만들어 사용한 동검
- 지배층의 권위를 상징함

고조선의 건국 이야기

기출 문장 ≫

고조선의 건국 이야기가 삼국유사에 실렸다

- 환웅과 웅녀가 결혼하여 낳은 단군왕검이 고조선을 건국하였다는 이야기

고인돌

기출 문장 ≫

지배자의 무덤으로 고인돌을 만들었다

- 청동기 시대 지배자의 무덤
- 계급의 발생을 알 수 있는 유적

소도

기출 문장 ≫

소도라고 불리는 신성 지역이 있었다

- 종교적 지배자인 천군은 소도를 다스림
- 정치적 지배자인 군장의 힘이 미치지 못해 죄인이 숨어도 잡아갈 수 없었음

사출도

기출 문장 ≫

여러 가(加)들이 별도로 사출도를 다스렸다

- 부여의 정치 운영 형태
- 마가·우가·저가·구가는 말·소·돼지·개의 이름을 따서 지음

8조법

기출 문장 ≫

8조법으로 백성을 다스렸다

- 고조선의 사회 질서를 유지하기 위한 법
- 현재 3개 조항만 전해짐

근초고왕

기출 문장 ≫

근초고왕이 백제의 전성기를 이루었다

- 한강 유역을 차지하며 삼국 중 가장 먼저 전성기를 이끈 백제의 왕
- 고구려 고국원왕을 전사시킴

살수 대첩

기출 문장 ≫

을지문덕이 살수에서 대승을 거두었다

- 수의 침입으로 벌어진 전투
- 을지문덕의 유인 작전으로 고구려가 승리를 거둠

광개토 대왕과 장수왕

기출 문장 ≫

장수왕은 평양으로 천도하였다

- 고구려의 전성기를 이끈 왕들
- 광개토 대왕은 활발한 정복 활동을 펼침
- 장수왕은 남진 정책을 실시함

015 백제 무령왕이 지방에 설치한 행정 구역

016 불교를 공인하고 율령을 반포한 신라의 왕

017 신라의 영토를 크게 넓히고 점령 지역에 순수비를 세운 왕

018 알에서 태어난 금관가야의 건국 시조

019 가난한 사람을 돕는, 고구려의 농민 구제법

020 뒷면에 '연가 7년'이라는 한자가 새겨진 고구려의 불상

021 익산 미륵사 터에 있는 백제의 석탑

022 부여 정림사 터에 있는 백제의 석탑

023 골품에 따라 차등을 둔 신라의 신분 제도

성골 진골 6두품 5두품 4두품 1-3두품

024 가야의 철 가공 기술을 보여 주는 유물

025 백제와 일본과의 교류를 알 수 있는 칼

026 당과의 동맹을 이끌어 낸 신라 사람으로, 훗날 태종 무열왕

고구려 당 신라

027 신라의 김유신과 백제의 계백이 황산벌에서 벌인 전투

김유신 계백

028 동모산에서 발해를 세운 왕

동모산

029 번성기 때의 발해를 일컫는 말 '바다 건너 동쪽의 가장 번성한 나라'

해동성국

030 장보고가 설치한 해군 기지

청해진 장보고

031 불교를 일반 백성에게 널리 알린 신라의 승려

무애

032 통일 신라의 불교 예술을 대표하는 문화유산

진흥왕

기출 문장 »

진흥왕이 북한산에 순수비를 세웠다

- 한강 유역을 차지하여 신라의 전성기를 이끈 왕
- 영토 확장을 기념해 비석을 세움

법흥왕

기출 문장 »

법흥왕이 불교를 공인하였다

- 율령을 반포하고 병부를 설치한 왕
- 백성들의 마음을 모으고자 이차돈의 순교를 계기로 불교를 공인함

22담로

기출 문장 »

무령왕은 지방에 22담로를 두었다

- 지방의 중요한 지역에 설치한 행정 구역
- 무령왕은 22담로를 설치해 지방 통치 제도를 정비

금동 연가 7년명 여래 입상

- 신라 지역인 경남 의령에서 발견된 고구려 불상
- 불상이 만들어진 시기로 추정되는 '연가 7년'이라는 글자가 새겨져 있음

진대법

기출 문장 »

빈민 구제를 위해 진대법을 실시하였다

- 고구려의 고국천왕 때 재상 을파소의 건의로 실시한 빈민 구제 정책

김수로왕

기출 문장 »

김해 지역을 중심으로 금관가야를 세웠다

- 여섯 개의 황금알에서 가장 먼저 태어난 금관가야의 건국 시조

골품제

기출 문장 »

골품제라는 엄격한 신분제가 있었다

- 혈통에 따라 '골'과 '두품'으로 신분을 나눔
- 골품에 따라 집의 크기, 옷의 종류와 색 등이 달랐음

부여 정림사지 5층 석탑

- 백제의 세 번째 수도인 사비 (부여) 정림사 터에 있는 탑
- 당의 장수 소정방이 백제를 정벌하였다는 문구를 새겨 놓음

익산 미륵사지 석탑

- 백제 무왕 때 만들어진 익산 미륵사 터에 남아 있는 탑
- 우리나라 석탑 중 가장 크고 오래됨

김춘추

기출 문장 »

김춘추가 당과의 군사 동맹을 성사시켰다

- 백제가 공격하자 당에 도움을 요청해 나당 연합을 이끌어 냄
- 삼국 통일의 발판을 마련함

칠지도

기출 문장 »

백제가 왜에 칠지도를 보냈다

- 7개의 가지가 달린 칼
- 백제의 왕세자가 왜왕에게 전했다는 기록이 남아 있음

철제 판갑옷과 투구

- 대가야의 옛 영토인 고령의 무덤에서 발견된 유물
- 가야의 철기 문화가 발달했음을 알 수 있음

해동성국

기출 문장 »

발해는 전성기에 해동성국이라 불렸다

- 선왕 때 발해는 고구려의 옛 땅을 차지해 전성기를 맞이함
- 중국으로부터 해동성국이라 불림

대조영

기출 문장 »

대조영이 동모산에서 발해를 건국하였다

- 고구려 멸망 이후 고구려와 말갈 유민을 모아 동모산 기슭에 발해를 세움

황산벌 전투

기출 문장 »

백제가 황산벌 전투에서 신라에 패배하였다

- 백제의 장군 계백이 이끈 5천여 명의 결사대와 김유신이 이끈 신라군 5만여 명이 황산벌에서 맞서 싸운 전투

불국사와 석굴암

기출 문장 »

김대성이 불국사를 창건하였다

- 불국사 : '부처님의 나라'란 뜻의 절
- 석굴암 : 돌을 쌓아 만든 인공 석굴

원효

기출 문장 »

무애가를 지어 불교 대중화에 기여하였다

- '나무아미타불'만 외우면 극락에 갈 수 있다고 주장하며 불교 대중화에 앞장섬

청해진

기출 문장 »

청해진을 설치하여 해상 무역을 주도하였다

- 통일 신라 말의 장군인 장보고가 청해진을 설치함
- 당·일본과의 무역을 주도, 해적 소탕

033 발해의 고구려 계승을 알 수 있는 흔적
고구려 치미　발해 치미

034 후백제와 후고구려를 이끈 두 인물
완산주　견훤　궁예

035 신라, 후백제, 고려가 후삼국의 주도권을 놓고 겨룸

036 왕권 강화로 나라의 기초를 닦은 고려의 왕
노비안검법　과거제

037 유교 이념을 받아들여 고려의 통치 체제를 정비한 왕
유교통치

038 인종을 몰아내고 왕이 되기 위해 이자겸이 일으킨 난

039 수도를 서경으로 옮길 것을 주장한 운동
묘청　김부식

040 오랜 차별에 폭발한 무신들의 불만

041 무신 정권에 저항한 사노비의 난

042 거란 장수와 외교 담판을 벌인 고려의 외교가
소손녕　서희

043 후퇴하는 거란군을 귀주에서 물리친 고려의 장군

044 처인성에서 몽골 장수 살리타를 물리친 승려

045 몽골군에 끝까지 맞서 싸운 부대

046 원의 간섭에서 벗어나려 노력한 왕

047 고려 시대의 토지 제도

048 고려의 국제 무역항

049 배흘림 기둥으로 유명한 고려의 건축물
배흘림 기둥

050 우리나라에서 제일 큰 고려 불상

후삼국 통일

- 고려의 왕건이 후삼국의 주도권을 놓고 후백제와 겨룸
- 후삼국 통일 과정 : 공산 전투 → 고창 전투 → 후백제 분열 → 신라 항복 → 후백제 멸망

견훤과 궁예

기출 문장 ≫
견훤이 후백제를, 궁예가 후고구려를 세웠다

- 신라 말 등장한 호족 세력
- 견훤 : 완산주에서 후백제를 건국함
- 궁예 : 송악에서 후고구려를 세움

고구려와 발해의 닮은 꼴

- 온돌 유적, 연꽃무늬 수막새, 치미 등을 통해 발해의 문화가 고구려 문화를 계승했음을 알 수 있음

고구려 수막새   발해 수막새

이자겸의 난

기출 문장 ≫
왕실의 외척인 이자겸이 난을 일으켰다

- 이자겸은 대대로 왕실과 혼인을 맺은 경원 이씨 가문 출신
- 스스로 왕이 되려 난을 일으켰으나 실패

성종

기출 문장 ≫
2성 6부제를 마련하고 12목을 설치하였다

- 최승로의 시무 28조를 받아들여 유교를 통치 이념으로 정하고 통치 체제를 정비함

광종

기출 문장 ≫
과거제를 도입하고 노비안검법을 실시하였다

- 쌍기의 건의로 과거제를 실시하고 왕권을 강화함
- 호족 세력 약화를 위해 노비안검법 실시

만적의 난

기출 문장 ≫
최충헌의 사노비 만적이 봉기를 계획하였다

- 최충헌의 사노비 만적이 신분 제도를 없앨 것을 주장하며 봉기를 계획하였으나 실패함

무신 정변

기출 문장 ≫
무신들이 정권을 장악하였다

- 문신들의 횡포로 무신들이 난을 일으킴
- 이후 100여 년 동안 무신들이 권력을 잡고 고려를 이끔

묘청의 서경 천도 운동

기출 문장 ≫
묘청은 금국 정벌, 서경 천도를 주장하였다

- 묘청이 서경으로 수도를 옮길 것을 주장
- 개경 세력의 반대로 묘청은 반란을 일으켰으나 실패

김윤후

기출 문장 ≫
처인성에서 몽골군을 막아 내었다

- 처인 부곡의 주민들과 함께 몽골군에 맞서 싸워 몽골 장수 살리타를 사살함(처인성 전투)

강감찬

기출 문장 ≫
귀주에서 거란을 격퇴하였다

- 거란의 3차 침입 때 압록강 근처의 귀주에서 거란군을 물리침(귀주 대첩)

서희

기출 문장 ≫
강동 6주를 획득하였다

- 거란의 1차 침입 때 거란 장수 소손녕과 외교 담판을 벌임
- 싸우지 않고 강동 6주를 획득함

전시과

기출 문장 ≫
관직 복무의 대가로 전지와 시지를 지급하였다

- 관리를 18등급으로 나누어 관리들에게 국가에 봉사하는 대가로 수조권을 지급한 토지 제도

공민왕

기출 문장 ≫
쌍성총관부를 공격해 탈환하였다

- 원의 간섭에서 벗어나고자 몽골식 풍습 금지, 친원 세력 숙청, 전민변정도감 설치, 쌍성총관부 공격 등 여러 개혁을 실시

삼별초

기출 문장 ≫
몽골군에 맞서 삼별초가 끝까지 항쟁하였다

- 무신 정권의 군사적 기반
- 개경 환도에 반대해 강화도 → 진도 → 제주도로 근거지를 옮기며 끝까지 저항

논산 관촉사 석조 미륵보살 입상

- 호족 세력이 자신들의 힘을 과시하기 위해 거대하게 만듦
- 우리나라 석조 불상 중 가장 큼

부석사 무량수전

- 나무로 만든 부석사의 건축물
- 가운데가 볼록하고 위아래가 좁아지는 배흘림 기둥으로 유명함

벽란도

기출 문장 ≫
벽란도가 국제 무역항으로 번성하였다

- 벽란도에서 송, 일본, 아라비아 상인과 교역함
- 코리아(Corea)가 서양에 알려지게 됨

051	052	053
부처님의 힘으로 몽골을 물리치기 위해 만든 대장경	김부식이 편찬한 역사책	독창적인 기법으로 만든 고려의 자기
054	055	056
세계에서 가장 오래된 금속 활자본	이성계가 위화도에서 군사를 돌린 사건	이성계를 도와 조선을 세우고 여러 제도의 기초를 마련한 정치가
057	058	059
조선 시대 16세 이상 남자의 신분증	나라를 다스리는 조선의 기본 법전	6조가 나랏일을 왕에게 직접 보고하도록 한 제도
060	061	062
조선의 최고 교육 기관	지방에서 학문 연구와 교육에 힘쓴 세력	중종 때 급진적인 개혁을 추진한 정치가
063	064	065
임진왜란 때 조선 수군을 이끌며 일본군을 물리친 장군	행주산성에서 일본군을 물리침	중립 외교를 펼친 조선의 왕
066	067	068
광해군 때 허준이 완성한 의학책	청이 조선을 침입하여 일어난 전쟁	세종이 만든 우리나라 글자

고려청자

- 고려의 대표적인 예술품으로, 비색이라 하는 푸른빛이 특징임
- 고려는 독창적인 상감 기법으로 다양한 무늬를 새긴 상감 청자를 만듦

삼국사기

기출 문장 ≫

김부식이 삼국사기를 편찬하였다

- 유학자 김부식이 왕의 명령으로 편찬, 지금까지 전하는 가장 오래된 역사책

팔만대장경

기출 문장 ≫

팔만대장경은 목판으로 제작되었다

- 부처의 힘으로 몽골군을 물리치려는 마음을 담아 불경의 글을 모아 만듦

정도전

기출 문장 ≫

정도전이 조선경국전을 저술하였다

- 이성계와 손잡고 새 왕조, 조선을 건국하는 데 앞장섬
- 조선의 수도 한양을 설계함

위화도 회군

기출 문장 ≫

이성계는 위화도 회군으로 권력을 잡았다

- 고려 말 요동 정벌을 떠난 이성계가 위화도에서 군사를 돌려 개경을 점령하고 권력을 잡음

직지심체요절

기출 문장 ≫

금속 활자 인쇄본 중 세계에서 가장 오래되었다

- 금속으로 활자를 조합하여 청주 흥덕사에서 인쇄한 책
- 유네스코 세계 기록유산으로 등재됨

6조 직계제

기출 문장 ≫

6조 직계제를 시행하였다

- 6조가 의정부를 거치지 않고 바로 왕에게 나랏일을 보고하는 제도
- 국왕 중심의 정치 운영을 하고자 함

경국대전

기출 문장 ≫

경국대전을 완성하여 반포하였다

- 세조 때 만들기 시작하여 성종 때 완성하여 반포한 조선의 기본 법전

호패

기출 문장 ≫

태종이 호패법을 실시하였다

- 호패법을 실시해 인구를 파악하고 세금을 거두는 데 활용함
- 오늘날의 주민등록증과 비슷함

조광조

기출 문장 ≫

소격서 폐지를 주장하였다

- 소격서 폐지, 현량과 시행, 위훈 삭제 등 급진적인 개혁을 펼침
- 기묘사화로 조광조 등 사림이 피해를 입음

사림

- 중앙에서 정치를 하기보다 지방에서 성리학을 바탕으로 학문과 교육에 힘씀
- 성종 때 김종직 등이 과거를 통해 중앙 정치에 진출하면서 세력 형성

성균관

기출 문장 ≫

최고 교육 기관으로 성균관이 있었다

- 한양에 있는 최고 교육 기관(국립 대학)
- 명륜당, 동재와 서재, 대성전 등으로 구성됨

광해군

기출 문장 ≫

광해군은 중립 외교를 펼쳤다

- 명과 후금 사이에서 실리적 외교를 펼침
- 백성들의 공납 부담을 덜어 주는 대동법을 실시함

행주 대첩

기출 문장 ≫

권율이 행주 대첩에서 대승을 거두었다

- 행주산성에서 관군, 의병, 승병과 함께 힘을 합쳐 일본군을 물리침

이순신

기출 문장 ≫

이순신이 한산도 앞바다에서 승리하였다

- 이순신이 이끄는 수군이 옥포 해전, 한산도 대첩, 명량 대첩 등에서 승리함
- 노량 해전에서 전사함

훈민정음

기출 문장 ≫

세종은 훈민정음을 창제하였다

- 세종이 집현전 학자들과 함께 백성들이 읽고 쓰기에 편리한 우리나라의 글자를 창제함

병자호란

기출 문장 ≫

인조가 남한산성으로 피란하였다

- 청이 1636년에 조선을 침입하여 일어남
- 남한산성으로 피신한 인조는 45일을 버텼으나 결국 청에 항복함

동의보감

기출 문장 ≫

허준이 동의보감을 저술하였다

- 허준이 선조의 명으로 편찬을 시작하여 광해군 때 완성한 의학 서적
- 유네스코 세계 기록유산으로 등재됨

069 세종 때 펴낸, 우리나라의 농업 정보를 담은 농사책

070 스스로 시간을 측정하여 알려 주는 조선의 물시계

071 가마솥 모양을 한 조선의 해시계

072 세종 때 안견이 안평 대군의 꿈을 듣고 그린 그림

073 상복 입는 기간에 관한 논쟁에서 비롯된 대립

074 신하들이 편을 갈라 다투지 않길 바라는 마음으로 탕평비를 세운 왕

075 수원 화성을 세우고 문화를 꽃피운 왕

076 홍경래의 주도로 평안도에서 일어난 농민 봉기

077 세금을 쌀, 베 등으로 내도록 한 법

078 나라의 허가를 받지 않고 장사하는 상인

079 조선 후기에 전국에서 사용된 화폐

080 양반이 될 수 있었던 방법

081 『목민심서』를 저술한 조선의 실학자

082 『열하일기』를 저술한 조선의 실학자

083 마테오 리치가 제작한 세계 지도

084 김정호가 만든 우리나라 전국 지도

085 소리꾼이 고수의 북장단에 맞추어 노래, 말, 몸짓으로 하는 공연

086 조선 후기에 유행한 한글 이야기책

앙부일구

기출 문장 ≫

세종 때 앙부일구를 제작하였다

- 해의 그림자를 보며 시간을 측정함
- 백성들이 다니는 큰길에 두어 공중 시계 역할을 함

자격루

기출 문장 ≫

세종 때 자격루를 제작하였다

- 물의 양이 변함에 따라 시간을 측정하고 종, 북, 징을 쳐서 시각을 알려줌
- 흐린 날, 밤에도 사용할 수 있었음

농사직설

기출 문장 ≫

세종 때 농사직설을 편찬하였다

- 세종이 각 지방 농민들에게 농사짓는 방법을 직접 듣고 우리나라 풍토에 맞는 농사법을 정리한 책

영조

기출 문장 ≫

영조가 탕평비를 건립하였다

- 탕평책을 실시해 한쪽에 치우치지 않고 인재를 고르게 등용함
- 성균관 입구에 탕평비를 세움

예송

기출 문장 ≫

예송은 효종과 효종비가 죽은 뒤 각각 일어났다

- 효종과 효종비가 죽은 후 발생
- 자의 대비가 얼마 동안 상복을 입을지에 대해 서인과 남인이 대립함

몽유도원도

기출 문장 ≫

안견이 몽유도원도를 그렸다

- 안평 대군이 꿈에서 본 무릉도원을 화가 안견이 듣고 그린 그림
- 현실 세계와 이상 세계를 조화롭게 묘사

대동법

기출 문장 ≫

대동법을 처음 시행하였다

- 쌀, 베, 동전 등으로 세금을 내도록 함
- 경기도에서 먼저 시행, 전국적 실시까지 100년이 걸림

홍경래의 난

기출 문장 ≫

홍경래의 난이 일어났다

- 몰락 양반 홍경래가 평안도 지역에 대한 차별에 대항하여 봉기를 일으킴
- 정주성에서 관군에게 진압됨

정조

기출 문장 ≫

정조 때 수원 화성을 건설하였다

- 신도시 화성을 건설하여 새로운 정치를 펼치고자 함, 정약용이 만든 거중기 등이 화성을 축조할 때 활용됨

공명첩

기출 문장 ≫

국가 재정을 보충하기 위해 팔았던 관직 임명장이다

- 부유한 평민이나 노비가 공명첩(이름을 비워 둔 관직 임명장)을 사서 양반이 되기도 함

상평통보

기출 문장 ≫

상평통보가 널리 유통되었다

- 상업의 발달로 숙종 때 이르러 널리 유통된 화폐
- 물품 구입, 세금 납부에 이용됨

사상

기출 문장 ≫

내상은 일본, 만상은 청과의 무역을 주도하였다

- 한성의 경강상인, 개성의 송상, 의주의 만상, 동래의 내상이 대표적인 사상임

곤여만국전도

- 조선 후기 청에 파견된 연행사를 통해 조선에 소개된 최초의 서양식 세계 지도
- 이탈리아 선교사 마테오 리치가 제작함

박지원

기출 문장 ≫

박지원은 열하일기를 저술하였다

- 청을 여행하며 보고 느낀 새로운 문물에 대해 기록한 『열하일기』를 씀
- 상공업 진흥을 통해 현실을 개혁하고자 함

정약용

기출 문장 ≫

정약용은 목민심서를 저술하였다

- 『목민심서』, 『경세유표』 등을 저술해 사회 개혁 방안을 제시함
- 수원 화성 설계, 거중기 제작

한글 소설

기출 문장 ≫

춘향전 등의 한글 소설이 널리 읽혔다

- 조선 후기에 『홍길동전』, 『춘향전』, 『심청전』 등 한글 소설이 유행함
- 한글 소설책을 읽어 주는 전기수 등장

판소리

기출 문장 ≫

춘향가 등의 판소리가 성행하였다

- 서민들의 솔직한 감정을 표현함
- '춘향가', '심청가', '흥부가', '적벽가', '수궁가' 등 다섯 마당이 전해짐

대동여지도

기출 문장 ≫

김정호가 대동여지도를 제작하였다

- 하천과 산맥, 도로 등이 정밀하게 표현됨
- 목판으로 제작하여 찍어 낸 지도

087
일반 백성들의 생활 모습을
그린 그림

088
어린 나이에
왕이 된 고종을
대신하여
나라를 다스린,
고종의 아버지

089
1866년
프랑스가 강화도에
침입한 사건

090
1871년
미군이
강화도를
침입한
사건

091
서양과
교류하지
않겠다는
의지를
담은 비석

092
조선이 일본과 맺은
최초의 근대적
조약이자
불평등 조약

093
정부가
개화 정책을
추진하면서
만든
신식 군대

094
차별 대우에 폭발해
구식 군인들이 일으킨 난리

095
근대식 우편 업무를 보던
최초의 우체국

096
김옥균 등 개화파가
일으킨 정변

097
정치를 바로잡고,
외세의 침략에 저항하려 일어난
농민 운동

098
동학 농민
운동을 이끈
녹두 장군

099
근대적인
제도를
마련하기 위해
추진된 개혁
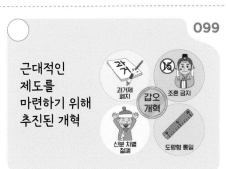

100
을미사변 이후 신변에
위협을 느낀 고종이
러시아 공사관으로
피신한 사건

101
서재필 등이
자주독립을 위해
세운 단체

102
독립 협회가
주도한
대중 집회

103
황제의 나라를
선포하며 바꾼
나라의 이름

104
스크랜턴이 세운
사립 여학교

병인양요

기출 문장 》
외규장각 의궤를 프랑스군에게 약탈당하였다

- 병인박해를 구실로 프랑스가 침입함
- 양헌수가 이끄는 조선군이 정족산성에서 프랑스군에 맞서 싸워 승리함

흥선 대원군

기출 문장 》
흥선 대원군이 경복궁을 중건하였다

- 서원을 철폐하고 경복궁을 중건하는 등 왕권 강화 정책을 펼침
- 호포제를 실시하여 민생을 안정시킴

풍속화

- 조선 사람들의 일상생활을 재미있고 현실감 있게 표현한 그림
- 김홍도의 '씨름도', 신윤복의 '단오풍정'

강화도 조약

기출 문장 》
외국과 맺은 최초의 근대적 조약이었다

- 운요호 사건으로 일본이 조선에 개항을 요구하여 체결됨
- 최초의 근대적 조약이자 불평등 조약

척화비

기출 문장 》
흥선 대원군이 척화비를 세웠다

- 흥선 대원군은 전국 각지에 척화비를 세워 서양과 통상하지 않겠다는 의지를 널리 알림

신미양요

기출 문장 》
제너럴 셔먼호 사건이 빌미가 되었다

- 광성보에서 어재연이 이끄는 조선군이 미군에 저항함
- 어재연 장군의 수자기를 약탈당함

우정총국

- 조선 최초의 우체국, '우정국'이라고도 불리며 우표를 찍고 우편을 배달함
- 당시 개화 정책에 따라 박문국, 전환국 등 근대 관청이 세워짐

임오군란

기출 문장 》
구식 군인들이 임오군란을 일으켰다

- 별기군과의 차별 대우에 불만이 쌓임
- 1년 만에 받은 급료인 쌀에 겨와 모래가 섞여 불만이 폭발함

별기군

기출 문장 》
신식 군대인 별기군이 창설되었다

- '특별한 기술을 갖춘 군대'라는 의미
- 신식 무기와 복장을 지급받는 등 구식 군인에 비해 대우가 좋았음

전봉준

기출 문장 》
동학 농민 운동을 이끌었다

- 어린 시절 키가 작아 '녹두'라고 불려 녹두 장군이라는 별명을 얻음
- 우금치 전투 패배 후 처형당함

동학 농민 운동

기출 문장 》
집강소를 설치해 폐정 개혁안을 실천하였다

- 탐관오리의 횡포를 막기 위해 전봉준과 농민들이 봉기함
- 전주 화약 이후 집강소를 설치해 개혁 실시

갑신정변

기출 문장 》
우정총국 개국 축하연에서 일어났다

- 근대적인 정부를 세우기 위한 정치적 사건
- 14개 조항의 개혁안 발표

독립 협회

기출 문장 》
서재필, 이상재 등이 주도하였다

- 자주독립과 근대적 민권을 강조한 단체
- 독립신문을 발행하고 독립문을 건립함

아관 파천

- 조선의 친러 정책에 위기를 느낀 일본이 명성 황후를 시해하는 만행을 저지름(을미사변), 이후 일본의 위협을 느낀 고종이 러시아 공사관으로 거처를 옮김

갑오개혁

기출 문장 》
김홍집 등이 개혁을 추진하였다

- 일본의 강요로 김홍집 중심의 친일 내각이 수립되어 과거제·신분제 폐지, 도량형 통일 등의 개혁을 추진함

이화 학당

기출 문장 》
여성 교육을 위해 이화 학당을 설립하였다

- 미국인 선교사 스크랜턴 부인이 세운 학교로, 여학생을 위한 교육을 시작함

대한 제국

기출 문장 》
고종 황제가 환구단에서 즉위식을 올렸다

- 고종은 대한 제국 수립을 선포하여 대내외에 자주독립국임을 알림
- 지계 발급, 상공업 진흥 등 광무개혁 추진

만민 공동회

기출 문장 》
독립 협회는 만민 공동회를 개최하였다

- 누구나 자유롭게 자신의 생각을 말할 수 있는 대중 집회로, 정부 대신이 참여한 관민 공동회가 개최되기도 함

105 우리나라 최초의 근대식 병원

106 일본이 대한 제국의 외교권을 박탈하기 위해 강제로 체결한 조약

107 하얼빈에서 이토 히로부미를 처단한 인물

108 일본에 진 나라 빚을 갚기 위해 일어난 운동

109 대성 학교를 세우고 신민회를 조직한 독립운동가

110 전 재산을 팔아 신흥 강습소를 세운 독립운동가

111 일제가 우리의 땅을 빼앗기 위해 실시한 사업

112 일제가 자국의 식량 부족 문제를 해결하기 위해 추진한 정책

113 우리의 민족성을 없애려고 한 일제의 통치 방식

114 일제가 인적·물적 자원을 수탈하려 실시한 정책

115 1919년 3월 1일 시작된 독립운동

116 3·1 운동 당시 일제가 제암리 주민을 학살한 사건

117 중국 상하이에 세워진 임시 정부

118 대한민국 임시 정부 주석이 되어 임시 정부를 이끈 독립운동가

119 봉오동에서 독립군 부대가 승리한 전투

120 독립군 연합 부대가 청산리 일대에서 일본군을 크게 물리친 전투

121 무장 투쟁을 위해 김원봉이 조직한 비밀 단체

122 일제의 주요 인물을 처단하고자 김구가 만든 비밀 단체

안중근

기출 문장 ≫

하얼빈에서 이토 히로부미를 저격하였다

· 중국 하얼빈역에서 우리나라를 빼앗는 데 앞장선 이토 히로부미를 저격함

을사늑약

기출 문장 ≫

대한 제국의 외교권을 빼앗는 을사늑약을 체결하였다

· 고종은 끝까지 거부하였지만, 일본은 을사오적을 앞세워 조약을 체결함

광혜원

기출 문장 ≫

알렌이 광혜원을 설립하였다

· 미국인 선교사이자 의사인 알렌이 고종에게 건의하여 세운 서양식 병원
· 이후 제중원으로 이름을 바꿈

이회영

기출 문장 ≫

삼원보에 신흥 강습소를 설립하였다

· 막대한 재산을 처분하고 만주로 건너가 신흥 강습소(훗날 신흥 무관 학교)를 세워 독립군을 양성함

안창호

기출 문장 ≫

안창호는 대성 학교를 설립하였다

· 양기탁 등과 함께 신민회 조직
· 대성 학교를 세워 인재를 키우려 함

국채 보상 운동

기출 문장 ≫

대구에서 국채 보상 운동이 시작되었다

· 대구에서 서상돈을 중심으로 시작됨
· 국민들은 패물을 모아 성금을 마련해 돈을 냄

민족 말살 정책

기출 문장 ≫

황국 신민 서사를 암송하게 하였다

· 1930년대에 실시한 식민지 지배 정책
· 황국 신민 서사 암송, 일본식 성명 사용, 신사 참배 등을 강요함

산미 증식 계획

기출 문장 ≫

산미 증식 계획을 처음 시행하였다

· 한국에서의 쌀 생산량을 늘려 일본으로 가져가려고 실시한 정책
· 한국의 쌀 부족 현상이 심해짐

토지 조사 사업

기출 문장 ≫

일제가 토지 조사 사업을 실시하였다

· 1910년대 토지 조사령을 공포해 기한 내에 토지 소유자가 토지를 신고하도록 함
· 신고되지 않은 토지는 조선 총독부 소유

제암리 학살 사건

· 일제가 3·1 운동에 참여한 경기도 화성의 제암리 주민들을 무자비하게 학살함
· 프랭크 스코필드가 외국 언론에 제보하여 일제의 만행을 폭로함

3·1 운동

기출 문장 ≫

만주, 연해주, 미주 등지로 시위가 확산되었다

· 민족 대표 33인이 독립 선언식을 함
· 학생과 시민들이 탑골 공원에 모여 독립 선언서를 낭독하고 만세 시위를 벌임

징병제와 공출

기출 문장 ≫

징병제와 공출을 실시하였다

· 침략 전쟁에 필요한 인적·물적 자원 수탈
· 전쟁에 한국인을 동원하고, 우리의 식량과 물자를 강제로 빼앗아 감

봉오동 전투

기출 문장 ≫

봉오동에서 홍범도 부대가 승리하였다

· 봉오동 골짜기로 일본군을 유인한 후 홍범도의 대한 독립군을 비롯한 독립군 연합 부대가 봉오동에서 일본군과 싸워 크게 이김

김구

기출 문장 ≫

김구가 한인 애국단을 조직하였다

· 대한민국 임시 정부에서 경무국장, 주석 등을 역임함
· 한인 애국단, 한국 광복군 조직

대한민국 임시 정부

기출 문장 ≫

상하이에 대한민국 임시 정부가 수립되었다

· 3·1 운동을 계기로 체계적인 독립운동을 위해 수립됨
· 독립운동 자금을 모으고, 외교 활동을 폄

한인 애국단

기출 문장 ≫

윤봉길이 상하이에서 의거를 일으켰다

· 임시 정부의 침체를 극복하고, 일제의 주요 인물을 처단하기 위해 조직함
· 한인 애국단원 : 이봉창, 윤봉길

의열단

기출 문장 ≫

김원봉이 의열단을 조직하였다

· 일제의 주요 기관을 폭파하고 고위 관리와 친일파를 처단함
· 의열단원 : 박재혁, 김익상, 김상옥, 나석주

청산리 대첩

기출 문장 ≫

청산리에서 일본군을 격퇴하였다

· 김좌진의 북로 군정서군, 홍범도의 대한 독립군 등 여러 독립군 부대가 연합해 청산리 일대에서 일본군을 물리침

123 대한민국 임시 정부의 정규 군대
우리 손으로 독립 쟁취 / 국내 진공 작전

124 민족 경제를 살리기 위한 국산품 애용 운동
내 살림 내 것으로!

125 광주의 학생들이 시작한 대규모 항일 운동
나주역

126 『조선말 큰사전』 편찬을 시도한 단체
우리는 우리말 지킴이 / 우리말 사전 편찬 / 맞춤법 통일

127 역사학자이자 무장 투쟁을 강조한 독립운동가
역사를 잊은 민족에게 미래는 없다 / 조선상고사

128 독립을 향한 마음을 '광야' 등의 시로 표현한 시인
육사 시집

129 광복과 동시에 여운형이 중심이 되어 조직한 최초의 건국 준비 단체
조선 건국 준비 위원회

130 1945년 12월, 미국·영국·소련이 모스크바에서 가진 회의
신탁 통치 반대 / 모스크바 삼국 외상 회의 결정 절대 지지

131 제헌 국회 의원을 뽑은 우리나라 최초의 보통 선거
5·10 총선거 / 남한 / 북한 / 선거

132 1950년 6월 25일 북한의 남침으로 시작된 한반도 전쟁

133 3·15 부정 선거를 계기로 국민들이 일으킨 혁명
3·15 부정 선거는 무효다

134 대통령이 국민의 권리를 제한할 수 있었던 헌법
통일 주체 국민 회의

135 1980년 광주 시민들이 벌인 민주화 운동
전두환은 물러가라 / 신군부 타도

136 독재 타도와 대통령 직선제를 요구한 민주화 운동
한열이를 살려내라! / 호헌 철폐 / 독재 타도

137 국민 경제 발전을 위해 5년 단위로 추진한 경제 계획
100 억불 수출의 날

138 1997년 외환 부족으로 국가 경제가 크게 흔들린 사건
금 모으기 운동

139 자주·평화·민족 대단결의 통일 원칙에 합의한 성명
자주 평화 민족 대단결 / 7·4 남북 공동 성명

140 처음으로 남한과 북한의 지도자가 만나 이루어진 회담
6·15 남북 공동 선언 / 김정일 / 김대중

광주 학생 항일 운동

기출 문장 »
신간회에서 진상 조사단을 파견하였다

- 한일 학생 간 다툼에 대한 일본 경찰의 차별적 처벌에 항의하며 광주 학생들이 시위를 벌임, 신간회의 지원을 받음

물산 장려 운동

기출 문장 »
조만식 등이 물산 장려 운동을 주도하였다

- 평양에서 조만식의 주도로 시작됨
- '내 살림 내 것으로'라는 구호를 내걸고 국산품 애용, 소비 절약 등을 강조함

한국 광복군

기출 문장 »
대한민국 임시 정부의 정규 군대이다

- 임시 정부가 충칭에 정착한 후 창설한 최초의 정규군, 지청천을 총사령관으로 함
- 미국과 협력해 국내 진공 작전을 계획함

이육사

- 항일 운동을 벌여 열일곱 번의 옥고를 치른 독립운동가이자 시인
- '광야', '청포도'와 같은 시를 지어 항일 정신과 독립 의지를 드러냄

신채호

- 일제가 왜곡한 우리 역사를 바로잡아 민족 정신을 높이려 함, 『조선상고사』 저술
- 의열단의 활동 지침인 '조선 혁명 선언'을 작성하여 무력으로 일제와 싸울 것을 주장함

조선어 학회

기출 문장 »
한글 맞춤법 통일안을 제정하였다

- 우리글의 가치를 알리고자 한글을 보급하고 우리말 사전을 편찬하려 함
- 일제가 조작한 조선어 학회 사건으로 해산

5·10 총선거

기출 문장 »
5·10 총선거가 실시되었다

- 국민을 대표하는 국회 의원을 뽑는 선거를 실시하여 제헌 국회를 구성함
- 우리 역사상 첫 번째 보통 선거

모스크바 삼국 외상 회의

기출 문장 »
임시 민주 정부 수립과 신탁 통치를 결의하였다

- 임시 정부 수립, 미소 공동 위원회 설치, 신탁 통치 실시에 대해 합의함

조선 건국 준비 위원회

기출 문장 »
여운형이 조선 건국 준비 위원회를 결성하였다

- 여운형 등이 건국을 준비하기 위해 조직한 건국 동맹이 광복 이후 조선 건국 준비 위원회로 발전함

유신 헌법

기출 문장 »
유신 헌법이 공포되었다

- 박정희 정부가 유신 헌법을 만들어 대통령 중임 제한을 폐지하고, 통일 주체 국민 회의에서 대통령을 선출함

4·19 혁명

기출 문장 »
대통령이 하야하는 결과를 가져왔다

- 이승만 정부의 독재와 부정부패에 분노한 시민들이 시위를 벌임, 전국으로 확대됨
- 이승만이 대통령직에서 물러남

6·25 전쟁

기출 문장 »
인천 상륙 작전을 전개하였다

- 국군과 유엔군의 인천 상륙 작전의 성공
- 3년 동안 계속된 전쟁은 정전 협정을 체결하면서 멈춤

경제 개발 5개년 계획

기출 문장 »
경제 개발 5개년 계획이 추진되었다

- 1962~1981년까지 4차에 걸쳐 추진
- 수출이 크게 증가해 '한강의 기적'이라 불리는 경제 성장을 이룸

6월 민주 항쟁

기출 문장 »
5년 단임의 대통령 직선제 개헌을 이끌어 냈다

- 박종철 고문 치사 사건의 진상 규명과 대통령 직선제 개헌을 요구하는 시위가 전개되어 6·29 민주화 선언이 발표됨

5·18 민주화 운동

기출 문장 »
신군부의 비상계엄 확대에 반대하였다

- 광주에서 계엄령 철폐와 민주주의를 요구하는 대규모 시위가 전개되었으나 신군부가 이를 탄압해 많은 시민이 희생됨

남북 정상 회담

기출 문장 »
6·15 남북 공동 선언을 발표하였다

- 평양에서 김대중 대통령과 김정일 위원장이 만나 최초의 남북 정상 회담을 개최함
- 6·15 남북 공동 선언이 발표됨

7·4 남북 공동 성명

- 박정희 정부 때 발표된 성명, 자주·평화·민족 대단결의 3대 통일 원칙에 합의함
- 이후 합의 사항을 추진하기 위하여 남북 조절 위원회를 설치함

외환 위기

- 1997년 말, 외환 위기가 발생해 국제 통화 기금(IMF)에 구제 금융 지원을 요청
- 금융 기관과 대기업의 구조 조정, 금 모으기 운동 등을 통해 외환 위기를 극복함